中国社会生活の変遷

李 友梅 等 著

毛 文偉・戴 智軻 訳

現代図書

本訳書は上海市哲学社会科学基金（Shanghai Philosophy and Social Sciences Fund）・上海市中華優秀学術図書多言語翻訳プロジェクト（上海市学术精品外译项目）の研究出版助成による成果である。

中国社会生活的変遷

　著者：李友梅 等

　出版社：中国大百科全書出版社（北京）

　初版：2008年4月　2008年12月第2刷

　体裁：A5版　473頁

　ISBN 978-7-5000-7891-3

目　次

序論　制度と生活から見る中国社会の変遷 1

第一節　制度と生活の関係についての論証 3
　　一、研究視点の設定 3
　　二、生活を規制するための制度構築 6
　　三、制度は生活を完全に支配できない 11
　　四、制度と生活の有益な相互作用の構築 15
第二節　自主性の社会理論の分析 20
　　一、自主性の多元的論考 21
　　二、自主性の条件 23
　　三、自主性のパラドックス 26
第三節　自主性の回帰とその制限 33
　　一、自主性の強調 34
　　二、自主性のジレンマ 36
　　三、ジレンマの超越：和諧社会理念の提示 39
第四節　本書内容の構成 42

第一章　社会の単位化：国家による生活方式の取決め 47

第一節　新制度、新社会、新アイデンティティ 48
　　一、革命後の社会再建の青写真 48
　　二、制度の定型化と新秩序の形成 52
　　三、全体主義社会の構造とアイデンティティ 58
第二節　規制された社会生活 59
　　一、再分配ロジックにおける生計：社会主義の福利体系 60
　　二、平等と不平等：経済―政治―社会的地位それぞれの現れ 69
　　三、「運動」が生活の一部に 74
　　四、同質化：個性の衰退 78
　　五、禁欲主義的消費と生活 84
第三節　隠匿された自主的空間 87
　　一、「単位人」の行動戦略：非正式ネットワークが潜在的に運営 87
　　二、ハニカム構造：単位間の行動空間 92

三、身分を変える：密やかな階層流動 96

まとめ 100

第二章　「確定性」の緩和：改革試行 103

第一節　「単位社会」の突破口を開く 104

一、破壊後の再建 105

二、「放す」と「譲る」：体制「緩和」の幕開け 106

三、自由な流動資源の流出 112

四、改革の共通認識の形成 120

第二節　階級関係の微調整 122

一、流動パターンの転換 122

二、知識価値の転換点：知識分子の地位の上昇 127

三、職業と財産基準の上昇：新社会集団の芽生え 132

第三節　政治の暗い影から脱した家庭生活 135

一、家庭経済の多様化：農村の家族関係の変革 136

二、政治の雲煙からの脱出：都市の家族関係の変革 142

第四節　自由と個性の復活 147

一、「読書はタブーなし」：新啓蒙運動 147

二、理想と現実の間：反省意識の顕在化 152

三、模倣から生まれた個性：政治を離れた流行の生活 156

まとめ 157

第三章　再分配体制の弱体化：自主性の芽生え 159

第一節　制度の急激な変化 162

一、配給券時代の終了：不足経済との別れ 162

二、戸籍制と単位制の弱体化 166

三、労働契約制：「鉄の茶碗」の打破 173

四、地域社会の復活：社会生活の自己手配 179

第二節　新階層の生長 182

一、頭脳労働者の収入が肉体労働者の収入を下回る：インテリの落ち込み 182

二、新富裕層の出現：創業ブーム 185

三、新産業労働者階層の形成：二重身分の農民工 189

四、ホワイトカラー：価値を表し、生活を味わう 192

目　次　v

　第三節　消費時代の到来...194
　　　一、消費水準の向上：量から質への転換...............................195
　　　二、娯楽性消費：プライベート化と産業化...............................198
　　　三、贅沢消費：流行と社会の礼儀...201
　第四節　家庭婚姻の新傾向...204
　　　一、自己空間の出現..204
　　　二、「踏み台」としての国際結婚...208
　　　三、婚姻のぐらつき：浮気を大目に見る...................................209
　第五節　自己意識と文化の失語...212
　　　一、「人の研究」：人間性の訴え..213
　　　二、自己価値の実現：第四世代..215
　　　三、文化の失語：大衆文化と人文精神...................................216
　まとめ...218

第四章　開放と流動：市場体制下の社会生活.............................221

　第一節　市場のパワーのさらなる放出..222
　　　一、「経済過熱」の抑制..222
　　　二、「内需不足」に直面..225
　　　三、グローバル貿易体制への参入..227
　　　四、社会生活の「市場化」...229
　第二節　階層分化：社会構造の新たな特徴...................................230
　　　一、社会の再構築..231
　　　二、新階層意識の出現...234
　　　三、ホワイトカラー集団：スタビライザー、それとも？.................238
　　　四、バランスを失った利益構造...243
　第三節　自主性のさらなる芽生え——権利意識と社会参加................244
　　　一、成長し続ける社会の「新細胞」——民間組織.......................244
　　　二、権利意識の覚醒と公民運動の始まり................................250
　第四節　消費主義時代の形成..252
　　　一、欠乏との決別：家庭収支構造の大きな変化........................252
　　　二、先行消費：信用制度が生活を変える................................256
　　　三、セグメンテーションと分化：消費が分層を形成...................260
　第五節　インターネット時代の生存方式：仮想の中の真実...............264
　　　一、インターネット時代のコミュニケーションと生活...................264
　　　二、ネットが民意を表す...266

第六節　福祉制度改革とその回顧：市場開放から社会保護への転換 268
　一、社会福祉制度の市場化改革及びその社会的結果 269
　二、第16回党大会以降の社会福祉制度の再調整 272
第七節　アイデンティティの喪失と再構築の努力 273
　一、社会的アイデンティティの基礎領域の構造変遷 274
　二、アイデンティティを再構築する革新の道 276
まとめ 280

第五章　調和：社会建設の新たな一章 281

第一節　調和のとれた社会と新たな改革共通認識 282
　一、改革共通認識が転換する内在論理 282
　二、調和のとれた社会：改革に対する新たな共通認識 287
　三、改革に対する共通認識の刷新：価値観の再構築 292
第二節　調和のとれた社会を構築する制度の取決め 295
　一、社会安全ネットワークの構築：調和のとれた社会の制度的基礎 296
　二、社会の利益構造調整：社会建設における関係調和 306
　三、ソーシャル・ガバナンス構造の初出：調和のとれた社会の内在的プロセス 315
第三節　調和のとれた多様化生活のはじまり 324
　一、現実と仮想の間：多様化する生活の社会的基礎 324
　二、細分化の中での選択：自主的生活 329
　三、調和のとれた新生活を構築：価値観の統合及び秩序の再構築 336
まとめ 340

余論　グローバル化を背景とした民族国家自主性の再構築 341

　一、グローバル化が提起する新たな問題 341
　二、複雑な社会における民族国家 344
　三、民族国家：グローバル化のコンテクストにおける積極的な行動者 353

あとがき 361

序論　制度と生活から見る
中国社会の変遷

　2008 年、中国の改革開放事業は 30 年目を迎えた。この 30 年間の中国社会の変遷を回顧し、研究することは今まさに国内外学術界の一大関心事となっている。歴史的経験や関連の先行研究文献から、中国社会の構造的変遷、中国の発展の経験、中国の政治・経済・社会の間の独特な関係を見ることが学術界では特に重視されている。

　社会主体の成長、すなわち自主性の成長という点からみると、この 30 年における中国の社会構造、社会生活がたどってきた道程は端的に以下の言葉でまとめることができる。すなわち、「一元主体」から「一体多元」的構造への不断の邁進、全体主義社会から集約と多様性の共存する社会への絶えざる邁進である。具体的に言うならば、社会階級・社会階層の面では「2 階級 1 階層」構造であったが、利益の分散、新興階層の出現、階層構造の高度な分散、複雑化が進んでいる。社会管理の面では、国家機関による一元管理の構造から、コミュニティレベルにおける多様な勢力の相互協力、共同統治・管理の構造へと変化している。福利供給の面では、国家権力の支配による再分配から国家、市場、社会、個人等の多様な勢力が共同で再分配を行う形へとモデルチェンジが進んでいる。社会的アイデンティティの面では、高度に一元化したイデオロギーによる制御から、グローバル化を背景として社会主義を中心としたアイデンティティとその他アジア文化のアイデンティティが共存する形へと変化している。社会動員の面においては、執政党に完全に依存した集中的コントロールから特定の利益の追求により形成される各種社会勢力による分散的な意思決定へと変化している。日常の生活形式の面では、総政治化から各個人が自らのアイデンティティや自主決定に依拠する形式へと変化している。

上記の自主性と多元性の成長は、中国がすでに開放社会への道を歩み始めたこと
を示している。開放社会は本質的にパラドキシカルな存在であり、自主性が全面的
かつ高度に顕在化する一方で、自主性に反する現象（各種社会リスクや不確定性を
含む）が多く出現する。中国社会の過去 30 年における変化は中国の特色ある社会
主義という目標を指針として、マルクス主義と伝統的な中国文明の衝突により生じ
た社会構造や文化的背景のもとで展開されてきたものであり、制度変革であれ、生
活上の変化であれ、中国の過去 30 年の改革の歩みはいずれも革命的な変革の性質
を有さず、基本的には「インパクト － レスポンス」式の漸進的、実用主義的路線に
従って推進されてきており、旧来の要素と新たな要素が相互に絡み合い、変革と再
構造化が常に同時進行して、相互に関係し、世界のあらゆる国家とも異なる独特の
開放社会の論理を徐々に形成してきたのである。このような社会においては、根本
的に新しい制度や生活も、また従来の枠内に強固に留まるような旧態依然とした制
度や生活も存在せず、理論上は相矛盾するように見える様々な要素が劇的に結びつ
いて一体となり、互いに対立し、また支えあっているのである。このような開放社
会は一面では効率的に現代化を推進し、同時に国家の安定維持にもつながるもので
あるが、一方で不可避的に多くの独特で新しい矛盾を生み出し、中国の発展を阻害
している。改革開放後 30 年間で形成されたこのような社会構造に直面し、新たな
改革の始動を求める声が絶えず挙がっている。

　しかし、中国の独特な変化の論理及びそれによって推進されてきた独特な社会構
造から、私たちは後続のいかなる改革も過去 30 年の改革理念やモデルを完全には
継承することができず、また線形的な思考を安易に用いることも、西欧の理性主義
を基礎とした現代化路線のイメージを模倣して構築することもできず、さらにこう
した改革開放以前及び以後に形成され、西欧の論理に受け入れられることのなかっ
た制度の蓄積を捨てさえすれば、中国が抱える全ての問題は容易に解決するとも考
えられない、ということに気付かされるのである。逆に、私達は改革者、改革政策
の一つ一つをより理性的に認識し、既成の社会構造にしっかりと組み込み、社会構
造によって繰り返される生産と再生産の中に巻き込んでいくべきであろう。した
がって、私たちは新しい改革をどのように取り入れれば目下の困難を克服できるか、
また安易に伝統を手放していいものか、という点について考える必要がある。一言
でまとめると、改革開放 30 年で得た大きな成果と新たな社会改革の必要性に向き
合って、私たちは絶えず思想を解放し、思考形式を転換し、戦略的に有利な位置か

ら出発し、具体的な現実に根を張り、制度と生活の間、制度と制度の間の複雑な連動関係の中で制度変革を推進し、できるだけ社会生活領域での自主性を開放させ、かつ効果的に社会を守ることができる制度体系を構築する必要がある。

第一節　制度と生活の関係についての論証

一、研究視点の設定

研究者の学術的方向性や関心の所在は各種各様であるので、研究視点の選択と研究パラダイムの設定も自ずと異なる。そのため、例えば社会資本論、組織社会学等といった多種多様な中国社会の変遷に関わる研究視点やパラダイムが形成された。そのうち、西洋政治・社会研究に由来する「国家 － 社会」という視点は中国国内の学術界において比較的多くの支持を得ている。概して言えば、この視点はいくつかの基本的特徴を備えている。一つ目は、主に西洋社会の市民社会論に基づいて構築されていることで、なかでも「社会」とは主に政治学的な意味での市民社会を指していることである。二つ目は国家・社会間の二元論的な権力の対応関係や相互の制約関係を強調していること、そしてこの種の緊張は消滅不可能であり、これを消滅させようとするあらゆる努力は全体主義社会か[1]、そうでなければ無政府状態を招くと主張している点である。そして三つ目は、高度な自主性を備える市民社会を形成し民主的な政治制度を確立することにその価値基準が置かれている点である。こうした視点から、国内外の関連研究者は中国改革開放の 30 年を、国家が徐々に社会の「開放」を進め、一方で社会が自ら成長を続け、国家から権力を争奪していくプロセスとして普遍的に認識している。

ただ大変奇妙なことに、「国家と社会」という分析の枠組みは一貫して実際の社会生活との間に抜きがたい緊張をはらんでいるのである。まず、このような分析の枠組みは西洋の経験に根ざしたものであって、中国の実生活に基づくものではなく、中国の実生活において立ち現れる多元的現代性の豊かな内実はすでに「国家 － 社会」というパラダイムに内在する単純かつ線形的な分析によって描き出すことができる図式を超えている。具体的に言うと、中国の 1978 年以降の社会の変遷過程は西洋市民社会の伝統を備えない背景のもとで発生し、社会変遷についての思考形

---

1)　本書第一章を参照。

式、行動形式及び価値観はいずれも東方のローカル文化の特徴を色濃く備え、かつ1949年以降に形成された国家と社会の相互浸透関係のような、複雑な伝統のもとで生じたものであり、政治体制の連続性を保持する前提で政府が推進した急速な市場化の変革過程である。同時にこの過程ではグローバル化、情報化、工業化及び脱工業化といった論理の影響を受けた。よって、この過程において制度変遷、メカニズム転換によってもたらされた実際の社会生活の内実の豊富化は、すでに「国家－社会」という枠組みそれ自体の理性的思考をはるかに超えてしまっている。次に、この分析の枠組みはマクロレベルで権力構造の転換を論じることを重視しており、これをもってメゾレベル、ミクロレベルの実社会に切り込んだり、日常生活に根ざした観念や行動が備える豊かな内実を観察することは難しい[1]。言いかえれば、「国家 － 社会」パラダイムは国家レベルの各種管理制度の設計と人々の日常生活との間の相互構築の過程を一定程度無視しているのである。

　この点を踏まえ、我々は実験的に「制度－生活」という分析の枠組みを構築し、これをもって1978年以降30年間の中国の社会生活の変遷過程をより効果的に提示し、解読することを試みたい。ここでいう「制度」とは主に国家を主体とする直接的もしくは間接的な社会管理制度を指し、これが社会的、観念的な制度と相互に絡み合うことで、社会生活に働きかける「制度群」(cluster of institutions) が形成される。一方制度と関連付けられる「生活」とは人々の日常生活において正式に官僚主義化されていない社会生活の領域に限定し、高度な道具的理性である経済、政治及び文化活動とは区別して扱う。「自主性」とは生活の中に嵌め込まれ、個人や集団が生活を営み、改善する上でする理性的な ── これは純粋な道具的理性ではなく、多元的で混成された理性である ── 自主選択、自主設計、自主組織及び自主コントロールの行為を指す。制度構築の直接的目標は生活の支配であり、生活主体の自主能力と行動の方向性をコントロールすることを通じ、生活を官僚主義的特徴を備えた秩序の中に置くことである。「制度－生活」という分析の枠組みは「国家－社会」パラダイムの価値基準と乖離するものでなく、当然ながら社会的権力による国家権力制約の目論見を否定するものでもない（国家と社会の権力制約関係は通俗的に言えばどのように制度を制定、実施するかという問題である）。しかしこの分析の枠組みは「国家－社会」パラダイムにはない触角と学術的な感度を幾分か備えている。第一に、

---

1) 李友梅、「基層社区研究提問法及其変化」、『当代中国社会分層：理論与実証』、李友梅、孫立平、潘原編、社会科学文献出版社 2006 年版、155 ～ 175 頁。

具体的な社会背景のもと、国家と社会という二元的対立関係をもとに制度と生活の相互浸透、相互構築のみならず、相互矛盾の動的関係をも解読しようと試みている。第二に、強い国家と弱い社会という権力構造における、あるいは「権利」意識がほとんど存在しない社会における制度と生活の力関係や、両者の相互改変の仕方の分析に取り組んでいる。そして三つ目として、制度と生活の連動関係の中から、社会的権力と権利意識の発育・成長過程、及びこの過程における制度と生活の関係の変化の論理について、分析を試みている。

　自主性の成長状況を尺度に、制度と生活の関係の変化という観点から 1949 年以降の中国の社会生活領域の変遷と軌跡を分析すると、大きく 3 つの段階に分けることができる。1978 年以前、中国は特定の政治的、経済的目的に支えられて、比較的整備された社会管理制度を大体において構築した。この制度は単位制、人民公社制、戸籍制、階級分類制及び高度に一元化されたイデオロギーを含み、社会生活はこれら制度によって組織され、全体主義社会の基本的形成にいたった。このような制度的枠組みのもとで、社会生活は国家が設定した制度の論理に組み込まれ、自主性はこれらの制度によって管理され、またこれらの制度によって覆い隠され、権利意識はほぼ鳴りをひそめた。この一連の社会管理制度は平均主義的な福利の浸透モデル、集団主義的な労働・生活倫理、共産主義理想を指針とする意味体系を構成し、かつこの三者を緊密に関連付け、相互に支え合い、最終的に社会構成員を階級によってまとめあげ、国家に対する強固なアイデンティティを実現した[1]。しかし、この一連の社会管理制度は閉鎖的な民族国家内部の計画経済体制からの要請に適応するために生まれたものであって、トップダウン的に社会生活領域に作用するものであり、個人の自主性や社会生活領域の独立性を極度に制限するものであった。これらの制度は自らの社会生活支配能力を過大に評価していたために、実際の社会生活に潜在する様々な可変性や能動性に対する感度や想像力を失ってしまい、それゆえに数十年来、制度自身がコントロールの論理について、ほとんど自己変革をしてこなかったのである。

　1978 年以降、こうした社会生活管理制度は課題に直面し、絶えず修正、再構築、ひいては廃止に迫られ、人々の自主性は成長と苦闘により開放され、社会生活は次第に官僚主義化された秩序を飛び出し、社会管理と社会生活の多様化構造が徐々に

---

1)　李友梅等、『社会認同：一種結構視野的分析』、上海人民出版社 2007 年版。

形作られてきた。しかし、この過程が進展するに伴い、生活領域における自主性の発展は矛盾的な軌道を描き始めた。市場化の力と非合理的な再分配制度の両者の作用により、社会の利益構造は深刻なバランス喪失に陥り、社会矛盾は激化した。これは、異なる個体間、集団間の自主性の衝突が日増しに激化し、私的領域と公的領域において自主性の発展がバランスを失い、末端レベルの社会的アイデンティティが従来のような制度による構造的支持を失っていくという形で表出した。どうすれば社会の自主性の持続的成長傾向を維持でき、また異なる自主性間の悪性の連動関係を効果的に防止できるか。これは経済発展において卓越した成果をあげた中国が直面する大きな課題である。2005年、社会主義による調和のとれた社会の建設という理念の提起に象徴されるように、中国政府は第二段階で提起された課題に正面から向き合い再分配制度の調整を行い、利益構造を調整し、市場と国家の権力制約関係を形作り、社会の防衛、すなわち日常生活領域の自主性の発育、成長の防衛を、この時期の制度設計及び改革の出発点としたのである。

　現在はまさに制度と生活の持続的な連動過程のさなかにあるわけだが、私達は過去30年間の中国社会のスピーディな変遷過程の中に、制度の生活に対する浸透、そして生活の制度に対する創造的影響力を色濃く見て取ることができる。この過程において、アイデンティティ構造と社会秩序は生産、再生産を繰り返しており、まさにこの意味において、我々は現代中国社会の変遷において最も活力を備える領域の所在をみるのである。

二、生活を規制するための制度構築

　社会学誕生以降、伝統と現代という二分法は基本的な思考形式のひとつとなり、例えばテンニエスの共同体や社会の区分、デュルケームによる機械的連帯と有機的連帯という区別、スペンサーの軍事型社会と産業型社会という二元構造、パーソンズの伝統社会と現代社会という二項対立等が挙げられる。エリアス等は社会の発展過程を単純化、抽象化、静止化した「状態」として扱うこの種の研究モデルに対し、強い不満を示した。しかし、これらがすでに社会学の基本的な言説となり、人々の思考や意識を表現する唯一のツールを構成している昨今、「状態」モデルを完全に超越し、かつ「過程」を重視した言説へとシフトすることができる学者がはたしているだろうか。本書は当然ながら可能な限り「状態」の言説を「過程」と意図的に結びつけて論じるつもりであり、制度と生活の具体的な力関係をもとにその相互変化及びそ

れぞれの自己変化についてのロードマップを模索したい。

　人類社会の発展過程において、制度とはすべて生活を規制するのを目標とするものである。学術界において、「制度」とは一つの多元的内実を有する概念であり、学科や学者によってその定義は全くといっていいほど異なっている。ここで我々は複雑な概念上の論争に介入することはせず、単に幅広い意味で、社会構成員の行動を調整する各種規則及び形式として「制度」を定義づけることにする。別の視点から見れば、制度の形式は多種多様であり、明文化された正式な制度もあれば、成文化されていない非公式の制度も存在するし、また国家が制定した制度もあれば、民間で形成された制度もあり、さらにいうと顕在的な制度もあれば、潜在的な制度も存在する。本書においては、「制度」は特に国家が特定の目的に基づいて制定し、民族国家の範囲内で普遍的効力を有する各種の明文化された法令、政策、主流のイデオロギーや規範を指す。一方「生活」とは非官僚主義的な社会生活領域に限定され、一般大衆が他人と絶えず関係を発生させる日常の実践により形成される存在形式であり、高度に組織化された政治活動や、コストと収益の計算を強調する経済活動とは異なったものとして扱う。一般的に言うと、（1）制度は統一的な執行者を有し、程度の差はあれ論理面で理性主義の法則を満たし、組織面で官僚主義の原則を満たしており、一定の所与の、かつ線形的な変遷に従い、ある点に還元することができるようなものである。一方生活は、その主体が多元的な個体もしくは集団によって構成され、拡散性と匿名性を有しており、そこには守り従うことができる所与の論理は存在せず、柔軟性、日常性、慣例性、自然性、複雑・循環性等の特徴を備えており、ある点への還元が不可能なものである。（2）制度が体現するのは人間の非連続的な、「言語意識」レベルでの反省的理性（道具的理性）である。これに対し生活は反省的理性を拒むものではないが、大部分が「実践意識」や「無意識」[1]の形式によって作用を生じ、各行動者の生命の過程に流れるものであり、かつ行動者の集団の属性及び集団的記憶によってこの集団の生命のうちに充満するものである。（3）制度構築の目的は生活及びその主体の自主性に影響を与え、それらを規律に従わせ、生活を理性主義の論理と前提に適合させ、特定の社会における特定の主体の秩序が追求するものを満たすことである。

---

1) 「言語意識」、「実践意識」及び「無意識」に関する論述は、ギデンズ著李康訳、『社会的構成』、三聯書店 1998 年版、65 頁を参照。

国家レベルの制度と一般大衆の日常生活の間には大きな距離がある。しかし、(1) 制度と生活は一貫して相互に浸透し合うものであり、生活の影響をうけずに完全に独立して運用される制度は存在しないのであり、同様に制度からの作用を受けずに純粋に自発的かつ自然的な生活というものも存在せず、生活領域が形成する非公式な制度はあるときに正式な制度内容として転化することもありうるし、その逆もまたしかりである。さらに (2) 制度がもし生活の管理を目的としていないのであれば、その合法性もまた問題となる。

　単純にみれば、我々はおおよそ人類が歴史上産み出してきた様々な制度と生活の関係の形態を三つの類型に区分することができる。一つ目は、両者は基本的に同一である、あるいは制度は基本的に生活に従属するかたちで保存されるという関係。二つ目は、制度と生活の間の緊張が高まり、制度が生活を支配し、生活領域における自主性の膨張を厳しくコントロールするような関係。そして三つ目は制度と生活の間の緊張が相対的に緩和し、両者が互いに調和状態に入っているような関係である。第一類型は主に伝統社会においてみられ、第二類型は主に国家の意思決定層が現代化を渇望し、かつ極度に理性主義を盲信しているような社会を指す。第三類型は相対的にみて理想的かつ調和的な社会の象徴である。第三類型については、本節四項において詳しく論じる。

　伝統社会においては、統治者及び一般大衆に関わらず理性能力が完全に発達しておらず、自己コントロールの欲望及び能力のいずれも比較的低い水準で、生活の質を有効に制御し向上させる制度体系を発展させることは難しかった。一つには、制度自体が非常にずさんであり、スコットが、「前近代国家は多くの重要な面でほぼ盲目だった。統治対象についての知識、すなわち彼らの財産、所有する土地及び生産物、彼らの居住地及び身分などについての知識が極めて少なかった。それらの国家には詳細な地図に類似した物によりその領土と人口を記載する点が欠如していた。また、その知り得るものを「翻訳」するための統一の基準及び度量衡もかなりの程度で欠如していたが、これは総括の基礎である。結果、社会に対する国家の干渉が往々にして粗雑で自己矛盾していた。」と指摘しているとおりである [1]。エリアスも同様に、中世期以前の欧州の社会生活は非常に野蛮で、生活を制御する多くの制度がまだ有効に生み出されていなかったと指摘している [2]。現代社会の観点から見て、

---

1)　スコット著、王暁毅訳、『国家的視角』、社会科学文献出版社 2004 年版、2 頁。
2)　エリアス著、王佩莉訳、『文明化的過程(1)』、三聯書店 1997 年版。

これらの論述は、伝統社会では、理性能力の発達不足と、知識の欠乏のため、制度は必要な技術内容に欠如し、ずさんであるか、個別の社会領域に限られた希少なものか、生活を十分に管理する能力の欠如したものであるため、生活に対する影響力の拡大が困難であることを十分に示している。一方、この時期の制度の主体は、生活の状況に満足しておらず、生活領域の高度な組織化と生活領域の多くの行動者の自主性を実現し、生活領域がある種の秩序状態に入ることを渇望していた。しかし知識や技術の欠乏がその生活に対する想像を往々にして非常に乏しくさせており、相対的に見て整った、生活を超越する制度体系を確立する事は難しかった。これに反して、制度の目標と実現手段の多くは生活の技術、及び生活における自然発生的な道徳倫理規範の極致化によって非理性化させられている。フーコーの述べる欧州の古典主義時代における厳しい刑罰が「報復」の目的に基づいて制定されたというのがこれに当てはまる。これらの極致化された制度は逆に生活の過程に対して管理、監督及び指導を実施する。この視点から言って、伝統社会における制度はかなりの程度で生活に由来しており、生活の中で創造され、運営され、再構築されており、その運営論理は生活の運営論理に近い。

　理性主義が一種の信仰に、現代化が一種の渇望になった後、制度と生活の上記の関係に重大な転換が生じた。理性主義神話（myth）の作用の下、制度自身は自己と生活の二元論関係に対する想像が高まり続け、生活に対する依存関係から抜け出すよう努力し、生活論理から離脱して、相対的に独立した運営を渇望するようになり、逆に生活を完全に把握し、改造し、配置することを試みるようになった。伝統社会と比較すると、この種の社会における制度と生活の目的及び手段の関係は逆転したようで、制度はもはや生活の論理に由来せず、生活の手段でもなくなり、生活の目的となっている。制度の構築は生活の外部において行われ、それは理性主義の政治、経済、文化及び審美を目的とするものであり、生活に対する干渉と再創造の過程であり、生活全体を理性主義に完全に合致させるための運営論理である。人間の理性能力をはっきりと示すため、制度は各種の最新科学技術及びその他の人類の理性活動の成果を絶えず吸収し、より精緻で緻密に変化するよう努め、「野蛮」、「無秩序」、「道徳に外れた」、「醜い」生活に対して全面的な監視と改造を展開する権力と能力をより大きく持つようになる。

　エリアスは欧州の文明化過程について論じた際、最も瑣末な日常生活及びジェスチャーの中から、中世期以降の制度がどのように個人の心理面で生活に対する構築

と再構築を実施し、生活が最終的にその本来の形態から完全に離脱するかを理解した。フーコーは懲罰の進化について論じた際、18世紀前後の欧州社会における懲罰規則の転換に対して非常に素晴らしい論述を残している。18世紀以前、懲罰は身体面に限られ、技術は非常に残忍だったが、しばしば効果が無く、法があっても従わず、命令しても従わない現象が非常に一般的だった。しかし、18世紀以降、資本主義制度の誕生と発展に呼応し、懲罰と規律権力の新しい構造と新しい技術が生まれ始めた。それらの制度と技術は科学的論理に立脚し、経済学の基準に適合し、利益と効率の原則に沿って、人間の身体から精神に至るすべてを科学的な観察下に置き、科学的な「治療」と「規律」の対象として扱い、最終的に「精密、有効、経済に関わる権力の技術学を形成した」[1]。その技術は、監獄、学校、兵営、病院、工場及び個人の生活に広く応用され、人々の日常生活様式を極めて大きく変化させ、再構築した。ギデンズも、現代の制度と伝統社会の秩序の間には一種の「非連続性」(discontinuities)の関係があり、現代社会の組織形態は伝統社会から単純に探し出せるものではなく、現代社会の時間と空間に対する仮想化と制御、全面的な監視制度の確立と運営の成功、暴力の高度な独占、工業技術の自然に対する支配等はすべて、伝統社会の秩序には存在していなかったと指摘している[2]。

　理性主義神話に沿って定義する制度及びその生活との関係はモダニティの体現であり、現代社会を定義する基本的基準の一つである。しかし、この種のモダニティの最も極端で純粋な例となるのはやはりスコットのいう「ハイ・モダニズム」現象である。スコットは、自由主義思想家のトクヴィル、ポパー、ハイエクのユートピア社会工学に対する批判を受け継ぎ、現代社会に存在する様々な「ハイ・モダニズム」の思想傾向の信奉者は、「科学や技術の進歩、生産能力の拡大、人々の需要が絶えず満たされること、及び自然(人類社会を含む)の把握に対して非常に強い自信を持ち、科学的に自然の法則を把握することで、人々は理性的に社会の秩序を設計できると強く信じており」、高度に単純化され、目的に適合した「自然と社会の管理制度」を確立し、かつこれを実際に運用して、生活の中にハイ・モダニズムの審美基準に適合する「理性的秩序」を構築することを渇望していると指摘した[3]。この論述から、現代化の過程における制度と生活の間には深刻な二元的張力関係を見ること

---

1)　M・フーコー著、劉北成等訳、『規訓与懲罰』、生活・読書・新知三聯書店 1999 年版、113 頁。
2)　ギデンズ著、田禾訳、『現代性的後果』、訳林出版社 2000 年版。
3)　スコット著、王暁毅訳、『国家的視角』、社会科学文献出版社 2004 年版、4～5 頁。

ができる。イデオロギーの宣伝において、この種の張力の存在は日常生活の主体となる者の生活の質を向上させるためにあるとされてきたが、その構築と操作には各種の不平等な力関係が秘められているため、実質的に、それは制度の設計や実施を担う集団の、生活における社会主体性に対する抑圧である。このような理論上一方通行の力関係は実際の操作において必ず複雑な相互対立関係へと変化し、程度の差こそあれ制度の効力を失わせる。

三、制度は生活を完全に支配できない

確かに、スコットの研究は、「ハイ・モダニズム」の全ての試み、すなわち理性主義制度の構築とそれにより生活を支配しようとする努力は例外なく失敗してきたことを示している。クロジェも、「我々はこれまで我々の渇望するしかたで社会を変えることに成功したことがない。我々は我々の大多数が我々の指導を受け入れるよう説得できない限り、社会のために計画を定めることに成功することはない。なぜなら社会、様々な人間関係及び社会システムのどれも複雑すぎるからだ。」と指摘している[1]。もちろん、ここに述べる「失敗」とは制度が生活を変えていない、または生活における行動者の自主性を規範化する目的を達していないということではなく、制度が生活の元来の状態を破壊したものの、その望むしかたで生活を支配・規律することに成功しておらず、自己の論理を有する生活に、制度が予め用意した型におとなしく入らせることができず、制度の論理に完全に沿って運営、成長できないことを指している。制度の「失敗」は、制度論理の単純性と生活論理の複雑性の間にある不可避的衝突もしくは対抗により決定される。

まず、制度と生活の間にあるのは主体対客体という二元論の関係ではなく、反対に、制度が変化させる対象は一定の理性能力を有する人々による日常の行動様式、すなわち生活である。制度が対面するのは独自の判断能力、内省力を備える多くの行動者である。理性主義の視点から見ると、制度と生活は二元的対立関係にある。制度は真理のマスターと自称する知的エリート、または権力のエリートが自ら宣揚する理性原則に基づいて制定したものであり、人類の進歩と発展の方向を表しているとされているため、主体的地位に置かれており、生活を支配し改造する無限の権力を有し、単一の理性に従っている。これに対し、生活は多様的理性を持つ一般大

---

1) Crozier, M. Strategies for Change: The Future of French Society, The MIT Press, London, 1982. p.1.

衆の行為連鎖から制限を受け、しばしば効率に欠け、かつ「無秩序」の可能性に直面している。この前提の下で、制度は往々にして正義、道徳、高尚、美学及び真理の栄冠を与えられるが、一方規律化されていない生活は落伍、愚か、無秩序だと悪者扱いされる。生活を制度に臣従させることはしばしば制度実施者の行動者としての要望だった。しかし、現実状況は理性主義者と制度の推奨者が想像するほどに単純ではない。

　事実、社会生活は現実において異なる個人の日常的相互活動において知らない間に創造されるものである。これらの個人は一定の理性行為能力を有しており、外来の制度がある種の生活を強制する場合、実際にはこの種の生活を創造する人々に対する強制であるが、一方後者は自己の形式によりこれらの制度の価値に対して判断を実施し、かつ選択し、様々な方法を取ってこれらの制度に対して利用、改造または障害の排除を実施できる。

　マートン（R.Merton）の緊張理論（structural strain theory）は生活の行動者がこの種の制度の圧力に対して示す反応の解説について非常に強い啓発を与えている。この理論に基づき、生活の行動者が制度の圧力に面する時に選択する行動は、服従、革新、形式化、消極的な後退、反発、うわべだけの服従のいずれかである。服従を除くその他の選択は全て、制度に対するねじれまたは反抗であり、制度を変更したり、制度にあるべき価値や目標を排除したりする。ところが、たとえ単純な服従であっても生活論理を破壊しながらも制度が目指す目標に到達できない可能性を有している[1]。

　マートンの想像したこれらの反抗形式の中に、我々は制度に対する非公式的抵抗というイメージ、すなわち「農民式の狡猾さ」を見ることができる。生活の主体が制度の背後にある暴力や権力またはその他の要素を畏れ、言論や行動により制度に対して直接的、正面からの拒絶、修正または抵抗を実施できない場合にも、怠けることや知らぬふり、うわの空、従うふりをするなど、自己の生活で蓄積・形成した想像力と技術を用いて、これを「弱者の武器」とし、裏では陰で巧妙に制度の有効性と合法性を排除するか、制度の内核を空洞化して外郭のみをとどめ、その後自己の利益、行動習慣に適合する思考習慣の内容を用いて制度を埋め合わせ、制度の実質的意義を消し去ることができる。制度における高圧的態度が非常に強くどこにでも存

---

1) R・マートン著、唐少傑等訳、『社会理論与社会結構』、訳林出版社 2006 年版、第 7 章。

在し、生活集団のつながりが制度によって故意に分割され、生活領域は正式な組織に欠乏し、有効な社会動員の形成が難しい背景の中、この種のたくらみは人々の既存の生活様式と利益を防衛し、制度の生活に対する破壊に抵抗する面で、確かに大きな効果を発揮できる[1]。例えば、20世紀50年代末に国家の力を借りて中国の農村で普及した人民公社制度の重要な目的は、労働力を家庭から解放することだった。これにより、農業の生産力を向上させ、農民の集団主義観念を育成し、工業の発展のためにより多くの物質的支持を造り出すことが期待されていた。大部分の農民はこの制度に直接反対することはなかったが、制度の実際の操作と運営において、彼らはしばしば消極的な怠業、全力で働かないなどの生活技術を通して個人の利益を防衛し、時には団体資産や生産手段を破壊する形式を通して家庭の利益を防衛し、それによって人民公社制度の設計時に期待された効力をある程度失わせた[2]。これらはいずれも、理性主義のみによる社会建設者はしばしば当然のように日常生活における主体を理性がなく、逆境におとなしく従うまぬけとみなすことを示している。しかし現実には、制度のこの種の二元論の想像は根本的に実現不可能で、生活主体の理性と技術が制度代理者の想像する一方向の権力関係を有効に排除し、二者の間に自己に有利な「権力ゲーム」関係を確立する。制度代理者が生活主体のこの種の能力と生活のゲームルールを洞察できない場合、その「意志決定行為は時に環境変化の一種の障害となる。またそうなればなるほどある種の『権力ゲーム』に巻き込まれるか影響される。その結果、誰が自己のために決定するのかについて分からなくなる[3]」。これはまさに、制度が生活領域に到達した時にしばしば効力を失う本質的な原因の一つである。

　次に、制度と生活の間に直接の対応関係が無く、制度の内に存在する静態化、抽象化、単純化及び直線化といった特徴は、生活自体の有する、類型化できない流動性、日常性、複雑性、パラドキシカルと結合させるのが難しい。制度が生活を完全

---

1)　スコット著、鄭広懐等訳、『弱者の武器』、訳林出版社2007年版を参照。
2)　20世紀50年代の中国政府が互助組、合作化、統一買付統一販売制度等の形式を通して農村社会に対し再組織を実施した過程における農民の非公式の反抗と制度の懲罰との間の経験に関する張佩国の研究も良い例である。この中から、農民の非公式の抵抗がどのように制度を変えていったかを見ることができる。もちろんこの中にも制度が農民に対する管理と懲罰を本来より厳しくしたことが含まれる。張佩国、「反抗与懲罰：20世紀50年代嘉定県郷村的犯罪与財産法秩序」、『社会』第4期、2007。
3)　李友梅、「基層社区組織的実際生活方式 —— 対上海康健社区実地調査的初歩認識」、『社会学研究』第4期、2002。

に変えられない根本的な問題点の一つは、制度の論理と生活の論理の間に存在する上記のような克服が困難な非整合性である。生活と比較して、全ての理論、計画は単純で、相対的に静止状態で、直線的論理を超越するのが難しい。制度は理論と計画の入り混じった産物として、おのずと直線的論理の作用を逃れることは難しく、制度の設計者はいつでも、生活を大枠から細部を把握できるような有機体であると想像する。しかも、制度の発表の過程は、かなりの程度でそれが従来まとっている具体的な生活状況を絶えずはっきりさせる過程であり、一つの制度が明文化されて以降、元来対応していた生活状況、目的及びこれらの状況が当該制度に与える制約は全て消失し、残るのは制度のテキストという抽象的な存在物のみである。

　制度の設計が生活の論理に適合できるとしても、この種の適合も一時的である。全ての制度の設計、操作は静態的構造の基礎の上にしか確立できず、ある時点での途切れることのない生活連鎖を切断・洞察し、次から次に流れる日常生活をある時点に固定させ、非常に機械的なプログラム形式に沿って推進することしかできない。しかし、現実の生活はいつも散漫で、矛盾し、この全体を支えられる支点が一つもなく、ある論理を用いて元に戻すことはできず、むしろ明らかに、または陰に多くの逃げ道を存在させ、様々な相互に矛盾する、ひいては衝突する論理が相互に入り混じっている。同時に、生活の異なる部分間も相互に影響しており、必然的に一部分が大局に影響を及ぼすことになる。このほか、異なる時空構造下の社会生活の構造も千差万別であり、もしくは、それぞれの社会生活全てが一種独特の地方性知識を構成している。さらに、生活は一人旅のようにいつでも停止できるものではなく、永遠に流れ変動する川の流れのようで、「刀を抜いて水の流れを断っても、水はとめどなく流れてやまず」、いかなる努力もこれを制止させることは難しい。制度論理と生活論理の間のこのような不一致の可能性は、制度の実施過程で各種の抵抗に遭遇する、または自己が破壊される、もしくは生活を破壊する根本的な原因である。現実において、二者の間の衝突はしばしば、中国人が非常に慣れっこになっている、ひいてはすでに見て見ぬふりをし、見ても驚かない一つの問題を示している。それは普遍的制度と地方的生活の間の関係をいかにして調整するかという問題である。この問題がしばしば提起されながら解決できていない現象は、制度と生活の論理上の非整合が根本的な解決策をほぼ見いだせないことを示している。

　さらに、いかなる制度も近視眼的で、当時の状況に基づいて次の行動の計画を判断することしかできず、制度自身が実施の過程で状況に対して実施する変化や再創

造、及びこの種の変化や再創造がもたらす社会行動者の策略的対応を把握することは難しいため、「頭が痛ければ頭を治し、足が痛ければ足を治す（その場しのぎの対応の意）」は、制度が根本的に避けられない落とし穴である。上に述べたように、制度と生活は終始、ギデンズの述べる「二重の解釈学」的循環[1]のうちにある。ある制度が複数の理性的行動者の相互作用により構成される生活領域に入る時、必ずこの制度を策略的行動の背景として利用する行動者が現れる。この過程がまさに生活領域を再構築することにもなる。この種の変化に敏感な関連行動者が自己の理解に基づき異なる反応を示す時、この場合の生活領域はすでに制度が最初に規律を試みた時点の生活領域ではなくなる。この意味から言って、生活領域の運営論理はかなりの程度で関連する理性的行動者の支配を受けており、この種の活力と柔軟性に満ちた生活領域に直面する制度は、異なるソースを持つ権力のすべてを支配することができない。したがって、そこには異なる権力属性の構造が存在し、複雑な不確定性に満ちている。いかなる単一の理性的制度もこれに対し即時かつ有効な前提を打ち出すことは難しい。

　この視点から見て、全ての制度確立はいずれもある問題の解決から始まるが、その多くは様々な新しい問題を引き起こし、新しい想定外の結果がその終着点となり、その後新たな制度の確立が叫ばれるようになる。エリアスは、人類の歴史全体が「計画によって形作られるが計画はなく、目的によって呼び起こされるが、目的は無い」状態で前に進んでいると述べた[2]。この言葉も大多数の制度確立及びその結果の評価に全く適用できる。

四、制度と生活の有益な相互作用の構築

　制度と生活の間にこのような多層的で、完全に排除できない張力が存在するとしても、現実の生活において、制度はやはり生活を絶えず構築し、かつ生活によって構成されている。周知のとおり、我々は今日、「人工世界」の中に生活している。この概念は自然環境がすでにその自然性を失ったことを指すだけでなく、我々自身の日常生活の過去、現在、未来の全てが理性化された制度と技術に絶えず改造され再度組織されている事を指している。このため、序論で述べようとした考えを正確にいうならば、制度は生活を変えられないのではなく、制度は生活を完全に支配する

1）ギデンズ著、李康等訳、『社会的構成』、生活・読書・新知三聯書店 1998 年版。
2）エリアス著、翟三江等訳、『個体的社会』、訳林出版社 2003 年版、75 頁。

ことはできないということになろう。

　スコットは一部の国家が始めたユートピア的社会工学がどのように成功したかを分析した際、制度が生活を変える四つの要素を提起した。それは、単純化した自然と社会の管理制度、極端な現代化イデオロギー、独裁主義の国家、軟弱な市民社会である[1]。スコットはマックス・ヴェーバーの「理念型」の方法論から制度の支持体系を構築しており、極端化の色を帯びることは避けられないが、ハイ・モダニズムの制度が生活を変える動力は制度と生活の論理上の符合ではなく、制度以外の不平等な力関係から来ている事をかなりの程度で説明している。

　さらに見ると、スコットの四つの要素が誘発する人々の考えは以下の点である。(1) ハイ・モダニズムを推進する制度の運営において、一見優しく見えるが、より有効でもある別の要素とは、高度に一元化されたイデオロギーである。有効なイデオロギーの宣伝戦略を通して、制度の征服対象の利益傾向、心理構造、思考形式を有効に制御することで、未知の制度を一般大衆が歓喜する対象へと飾り立て、一般民衆の自発的な選択とさせ、最終的に制度の実施と操作を意のままにできる。(2) 人類はすでに、生活を変えざるを得ないが変えずにいられない環境の中におり、つまり、制度により生活を変えることが、モダニティの起点であり、人類が自己の能力を証明し、意義を追及し、生産力の発展を推進するという逆戻りのできない道を構成してもいる。我々はこの道を歩み続けなければならないため、スコットが「制度は生活を変えられない」ことに対する経験的証明は制度と社会の関係を徹底的に断ち切り、制度により生活を変える価値を放棄するものではなく、どのように変化させるかとの問題を提起した。これもクロジェが述べた「法は社会を変えられない」という言葉の真の趣旨である。それで、(3) スコットの研究とクロジェの論述はいずれも我々の制度設計の内省及びその普及の意義に対しての視点を提供し、制度が社会生活を規律する限界や、制度がどのようによりよく生活に奉仕するかを、プラス面とマイナス面の両面から考える上でも想像の空間を提供した。

　歴史上にすでに現れているマイナス面の現象について、ポストモダニズムの理性主義に対する批判及びその特定領域における実践の成功を結びつけてみよう。以下の幾つかの面が構成する「理想モデル」は学理的次元から制度と生活の間の有益な相互作用関係を構築し、制度と生活の関係の第三類型を構成することにつながると考

---

1)　スコット著、王暁毅訳、『国家的視角』、社会科学文献出版社 2004 年版、4 ～ 9 頁。

えられる。

　第一に、主体対客体という二元論的イメージを打破し、制度と生活の間の「再帰性」(reflexivity) 関係を回復させ、両者の相互構築を推進して、制度構築をより生活領域の特徴に近づける。前に述べたように、制度と生活の間には強い張力がある。しかし、同時にこの種の張力関係が縮小する可能性がある点も考えなければならず、その鍵となる措置は理性主義の傲慢さ、制度と生活の関係が主体対客体という二元論であるとのイメージを捨てて、制度と生活を同じステージ上において、両者の間の平等な相互交流関係を保持することにある。これが、20 世紀 80 年代以降西洋の学術界で大変注目されてきた「再帰性」理論が示そうとする思想である [1]。

　我々は、制度の設計と操作は同様に「再帰性」の理念を導入する必要があると思う。すなわち、制度と生活の間の（変化と変化させられる者、現代と野蛮、目的と手段等知的差別、道徳的差別及び美学的差別等を兼ね備えたもの）二項対立の前提を変え、制度主体が生活主体の具体的な空間構造に回帰し、互いが率直に交流し、互いに耳を傾けるようにする必要がある。Z. バウマンは「共和」について論じた際、「共和の目的はある『良い』生活に関する予想モデルを強制するのではなく、その公民が彼らの好む生活モデルについて自由に討論しかつこれを実践できるようにすることである。」と指摘している [2]。この観点も制度と生活の関係の処理に適用される。制度は、事前に設置された後、無条件に生活を支配することに用いられるべきでなく、生活との相互作用の中でその内容及びその実施経路が徐々に形成されていくべきである。それでこそ、制度の目標が一般大衆の生活の要求により一致し、制度の論理も生活の論理により近づき、制度の美学基準もより生活の美学基準に近づくことができ、その逆もまたしかりである。率直に言えば、制度の制定と操作に対する知的エリートと権力のエリートの権力の独占を排除し、制度の生活に対する一方向の力関係を超越し、制度主体と生活主体の平等な双方向連動において、成熟した条件の下でのみ、制度主体は自由に生活主体の状況の中に入ることができ、生活主体も制度の主体になる機会を有し、制度と生活の間のひびを最大限に埋め合わせる事がで

---

1)　「再帰性」理論は、科学試験または技術操作の分野に関わらず、どれも主体と客体の区分と抽象化を備えることができず、双方の主体の存在、異なる主体が特定の言語環境下で相互に交流し、理解し、把握し、構築する過程であるべきで、異なる主体は相手に対する理解と解釈の中でも絶えず自己に対する構築と再構築を実施していると強調している（肖瑛、"反身性"研究的若干問題反思」、『国外社会科学』第 2 期、2005 を参照）。

2)　ベック著、呉英姿等訳、『世界風険社会』、南京大学出版社 2004 年版、15 ～ 16 頁から引用。

きるようになる。

　第二に、制度の拡張を制限し、社会を自己調整能力の育成に導く。前に述べたように、生活自体が目的であり、生活は自己の自主性と運営論理を有しており、制度や知識においては混乱し乱雑に見えるものが、実は生活において創造性や活力を最も備え、生活本来の姿を最も体現できる部分かもしれない。制度が有する合法性の源は生活を生活の中の人の需要により適うものに変えることにある。この視点から見て、我々は特定の時間的、空間的背景における具体的な大衆の具体的な需要に基づいて制度を構築し、生活を支配しなければならず、制度の意図に基づいて生活を改造するべきではない。このため、制度の無制限な拡張の意図を科学的に制限し、生活領域において良性の自己調整空間を残しておかなければならない。社会生活の視点から見て、1978 年以降の改革開放は、実際には生活を全面的に制御してきた既存の制度体系が徐々に生活領域から退き、生活の自主性と活力を回復させる一つの過程であった。そしてこのような過程の延長が、中国の経済、政治、文化及び社会の発展に無限の推進力を創造した。

　第三に、制度の構築において各利益集団の共通利益を追求するよう努め、より多くの大衆が生活領域の制度変革がもたらす福祉を享受できるようにする。「再帰性」の原則が制度と生活の間の張力を緩和する最も有効な手段であるというなら、この手段が達成しようとする直接の目的とは、制度主体と生活主体の間で利益の共考（ともに考え、ともに追求する）・共有関係を構築するものである。利益は社会生活領域の重要な次元であり、利益分配構造が一つの社会の基本的構造をかなりの程度で決定することになる。本書において、利益は多元化した概念であり、経済と物質利益に関わるものを指すだけでなく、政治、文化、価値、心理等の内容も含んでいる。一つの社会において、利益構造の形成と維持は人々の実際の所得に完全に依存しているとは限らず、イデオロギーの構築の成功はひいては「自己の自己に対する反対」の利益パラドックスを生み出す。中国人の言う「自分を売った人のために、お金を数えてあげる」という言葉が示すのはまさにこの種のパラドックスの典型的な形式である。しかし理想の社会において、利益共同体はまだ「虚偽意識」を通して構築できておらず、制度と生活の各主体がいずれも一定の理性能力を備え、各種の人を惑わせる事物を払いのけて、自己の真実の利益のありかを多かれ少なかれ理解することができるものと予め想像しなければならない。制度と生活の「再帰性」交流の過程で、異なる主体間が自己の利益と需要及びその実現条件を最も真実に認識・公

開し、かつ相手の利益と需要及びその実現条件を最もリアルに把握でき、これを基礎とした制度と生活の関係する各要素が相互に協力し、妥協し、大多数の人の希望する共通利益を形成する。この種の共通利益があれば、制度と生活の間の利益の共考・共有関係を形成でき、制度と生活の間の有益な相互作用関係が可能となる[1]。例えば、1978年の中国共産党第11期中央委員会第3回全体会議が提出した改革開放政策は、ほぼ全ての中国公民に自己の合法的利益を実現する機会を見出させ、この種の実践は改革開放に対するいかなる反対の意見も否定することにほぼ成功し、現代中国の第一次改革共通意識を形成した。しかし、改革のたゆまぬ推進に伴い、社会の貧富の格差が開き、社会問題と社会の矛盾が日増しに深刻化し、既存の改革共通意識は課題に直面し、「改革の反省」が声高に叫ばれるようになった。もちろん、「改革の反省」の本質は改めて「改革共通意識」を追求することにある。「和諧社会（調和のとれた）理念」の提出は、疑いなく第二次改革についての共通意識が達成されたことを象徴するものであり、中国の現在の制度改革と制度構築を有力に推進してきた。

　第四に、公民の社会参加意識を向上させ、相対的にバランスのとれた権力制約メカニズムを形成する。理想の状態の「再帰性」原則も同一のステージ上で相互構築の関係を確立し、制度主体と生活主体が完全に平等な地位にあることを求めている。この点を実現するうえで鍵となるのは、公民の比較的強い参加の自覚と参加能力である。人民は現代の意義における公民として、基本的な政治的権利、特に民主、自由及び自尊心を有し、生活主体と制度主体の地位と権利は平等である。公民の全ては自己の合法的な要求をする機会、条件、能力を有し、合法的な形式で自己組織等の形式を通して自己の合法的権益を防衛でき、さらに各種の公権力、すなわち制度主体の権力を監督・制約する。それによって、公民の各権利が尊重され伸張されることを保証でき、豊かで十分な自由と尊厳のある生活を送ることができ、生活領域の自主性を保証でき、異なる社会の力の間の相対的なバランスを保持することもでき、逆に社会の制度の公正さを保護し、社会全体の利益の共考関係を構築する。

　第五に、社会的アイデンティティを形成し、生活主体の制度及びその主体に対するアイデンティティを追求する。過去の理性主義という言葉の中には、「アイデ

---

1) ここでは叙述の関係で、制度と生活の間の「再帰性」の関係が静止した、あらかじめ設定したステップへと変化しているようだ。事実はそうではなく、再帰性の関係が形成するものは全て動態であり、その過程において徐々に実現されるものである。

ンティティ」というこの種の「ソフトパワー」はあるべき関心を受けてこなかったが、今日の社会では、アイデンティティの力はますます人々に重視されており、すでに個人が存在性の安全を確保し、生活と道徳の方向性を確立し、集団が自己のシンボルの境界を確定し、内集団の求心力の生産・再生産を維持する重要な推進力となっている[1]。カステルは、「組織の崩壊がいたるところで見られ、制度が合法性を失い、主要な社会動員が消え去り、文化の表現が短命な歴史の時代に、アイデンティティは主要な、ある場合には唯一の意義の源へと変化した。」と断言してさえいる[2]。アイデンティティの視点から見て、制度と生活の間の良性関係の構築は、生活主体の制度及びその代表する集団に対するアイデンティティにかなりの程度かかっており、生活主体が制度を異質なパワーとみなすことをやめ、後者によって「我々が誰であるか」を定義する時にのみ、両者の間に内在するつながりを合理化できる。また、アイデンティティは生活主体と制度主体の間の相互作用を確立できるか、両者の間の共通利益が存在するかをかなりの程度規定する。このようにして初めて、生活は制度を受け入れられるようになる。さらに、社会生活領域のアイデンティティ体系の構築は制度が生活領域の自主性の発展を指導し規範化するうえで重要な条件となっている。

　もちろん、ここに述べる制度と生活の間の有益な相互作用関係が構築する各種の基礎的条件は、この種の関係自体に外在するわけではなく、別に事業を起こす必要は無く、この種の連動の中に内在する。中国人はよく、「問題を引き起こした人がその問題を解決すべきだ」と言うが、共通利益の追求にせよ、公民の社会参加の推進にせよ、あるいは制度アイデンティティの生成にせよ、実際には全て制度構築に含まれるものである。制度と生活の連動過程を絶えず推進することによってのみ、たゆまぬ実現が可能になるだろう。

第二節　自主性の社会理論の分析

　制度と生活の関係の終着点は、生活領域で絶えず成長する「自主性」の問題を制度がどのように処理するかというところにある。すなわち、制度が「自主性」をどのように管理し、指導し、制約または開放するかである。このため、「自主性」とは何か

1）李友梅等著、『社会認同：一種結構視野的分析』、上海人民出版社 2007 年版、10 ～ 15 頁。
2）カステル著、夏鋳九等訳、『認同的力量』、社会文献出版社 2003 年版、3 ～ 4 頁。

については本書の序論で回答しなければならない重要な問題である。

一、自主性の多元的論考

「自主性」（autonomy）は字義的には一般に3種類の意味を有する。それは、独立性（independence）、自治（self-goverment）及び自己決定（self-determinate）である。主体の視点から見ると、自主性の意義は個人の意義での自主性と集団の意義での自主性に分けられる。個人の自主性の形成と発展の過程こそが、「個人化」（individualization）の過程である。集団の自主性は、集団または組織の自己運営、自己管理、自主発展、自主決定、自主サービスを指している。民族の自決権といった大きなものから、プライマリーグループの自己管理といった小さなものに至るまで、全てが集団の自主性の範疇に属する。

英語において、「自主性」はしばしば個人主義と自由主義の文化・伝統と関連付けられ、個人の自由と本質的に一致する。自由主義学者のバーリンは、それを積極的自由と消極的自由の二種類の自由に分けた。前者はルソーが「社会契約論」の中で、「人間は、理性の年齢に達するやいなや、彼のみが自己保存に適当ないろいろな手段の判定者となるから、そのことによって自分自身の主人となる。」と示している[1]。積極的自由の中心となるのは、「自主」である[2]。フランス啓蒙運動時代の自由主義者であるコンスタンの指摘によると、古代人の自由とは主に政治的自由、すなわち都市社会の政治生活に参加できる自由だったが、個人の生活面には少しの自由すら存在していなかった。これに対し、近代人の自由とは個人の自由であり、「個人の独立は近代人の第一の需要であるため、彼らに対して政治的自由を実現するために犠牲を払うよう要求することは決して誰にもできない[3]。」この論述は、消極的自由が法律により現代人の個人の権利を保護しなければならず、その他の要素の支配を受けないのに対し、積極的自由は法律で保護された個人の独立性、自己決定及び自己責任と緊密に結びついていることを意味している。我々はさらに、積極的自由の

---

1) 自由に関するルソーの定義は、その後コントが定義した「啓蒙」と本質的な一致性を有している。コントが言うには、啓蒙は人類が自ら招いた未熟から脱出することを意味する。一方未熟とは、他人に導かれない限り、自身の理性を応用できない状態を意味する（E.カント、「対這個問題的一個回答：什麼是啓蒙？」、『啓蒙運動与現代性』、シュミット編、上海人民出版社2005年）。後者はホッブスが意味するもので、すなわち自由は権力の制限を受けない、というものである。
2) 李強、『貢斯当与現代自由主義』、コンスタント、『古代人的自由与現代人的自由』、商務印書館1999年を参照。
3) コンスタント著、閻克文等訳、『古代人的自由与現代人的自由』、商務印書館1999年版、38頁。

本質とは人の理性能力の増大であり、個人の独立、自己決定及び自己責任がその理性能力の基礎の上に確立されていると指摘する。

　個人主義の意義での自主性は集団の自主性をもたらす。個人の自由を実現するための道具としての国家は個人の自由と相反する方向に走る可能性があるため、その権力を制限する必要がある。しかし、一個人では国家を制約することはできない。そのため、個人は自由結社の権利を付与されている。異なる個人が特定の目的に基づいて集合し、一定の組織を形成し、国家権力の運営に対して監督と制約を実施できる。これがロックの政治論とヘーゲルの「市民社会」の基本的な内容である。一つの社会に特定の利益に沿って組織された政治的集団は多数存在し、相互に衝突する可能性もあれば、相互に連携したり、権力分散の局面を形成したりする可能性もある。これらの組織は積極的な行動を通して国家に圧力をかけ、国家の意思決定に影響を及ぼす。これが政治の多元主義である。独立性と自主性を有する個人は、特定の目的に基づいて異なる市民組織に参加するか、これを組織できる。ある面では、個人は市民組織の前では自主的であり、参加するかしないかを自分で決定できる。別の面では、これらの組織が市民社会の具体的な形式として、国家と比較すると自己の独立性と自主性を備えており、自己建設と自己調整を首尾よく実施でき、異なる利益組織間が市場連動を通して自己建設、自己調整、自己連携及び自己統合を実施し、制度化された社会の自治領域を形成できる[1]。ここに、集団の自主性が表れる。

　カルバンの宗教改革は世の中の個人主義を形作ると同時に、個人主義の意義での自主性を絶対化へと導いた。カルバン宗教改革の中心思想に基づき、「個人の信仰に仲介は必要なく、彼が自己の精神・運命に対して主要な責任を負い、自己の形式で自己の努力を通し、神との関係を直接築く権利と義務を有する。」[2]ここで、個人主義は古典的自由主義の政治経済学と結び付けられている。俗世における全ては自分が神の選ばれた民であることを証明する目的で個人が利用できる道具及び手段であり、最も有効な形式を利用することのみが俗世でできる限りの富を生み出し、自己の神に対する忠誠を実現する。いわゆる原子論、道具的理性はこれによって発展させられる。各人が神の選ばれた民になれるかどうかはあらかじめ定められているとされるが、この定めも神秘的であり、個人の俗世での努力及びその成果によって

1）　張静、『法団主義』序文、中国社会科学出版社1998年版。
2）　ルークス著、閻克文訳、『個人主義』、江蘇人民出版社2001年版、88頁。

証明されるため、個人は必ず自己の運命に責任を負わねばならず、怠惰、道徳の退廃は個人が失敗する基本的な原因である。この種の個人主義の伝統が形作った個人は原子化され、縁者親戚のないものである。私利私欲を主張すると同時に、自立自足を果たす独立した存在である。このような個人は理性的能力を有し、自ら理性的能力に基づいて行動する。これは一種の絶対的な個人の意義での自主性である。

しかし、社会学の視点から見ると、人は終始社会に向けて開放されており、人類の生活において絶対的自主性が存在したことはかつてなく、自主性は終始相対的なものだった[1]。具体的に言って、現実の各個人は終始特定の社会ネットワークの中におり、様々な価値、感情等の要素から逃れられず、その束縛と指導を受けている。各個人は自主性を追求すると同時に、社会関係を考慮し、ある空間、時間及び次元における自主性の追求が別の空間、時間及び次元にもたらす結果や、自主性が他人との関係で得られることや、他人の自主性の目的性及び他人の自主性の追求が自己の自主性に及ぼす影響についても考慮しなければならない。20世紀の欧米の学術界に現れた社会福祉論、共同体主義、コーポラティズムは、かなりの程度で自主性と相対する系統的定義と見ることができる。共同体主義は、現実の生活には絶対的な個人主義が存在せず、社会における個人は必ず特定の集団の中に存在するもので、この種の集団は政治的多元主義の意味におけるものではなく、個人の階級、価値、信仰、感情、血縁等の非理性的要素と密接に連結し、ある種の優先順位を有するため、制度が許すとしても、個人はそこから自由に出入りすることはできない、としている。この視点から見ると、絶対的自主性が極力主張しようとする、他者が目的でなく手段に過ぎないという状況は、現実においては純粋な作り話である。事実、こうした人の自主性は常に必ずその所属集団及び他者の自主性を考慮し尊重しなければならない。つまり、社会関係が普遍的に存在しているため、全ての自主性は、個人または社会のいずれの視点から考えても相対的で限界があり、具体的な集団においてのみの自主性である。自主性のこの種の存在の特徴こそが、現実の生活における異なる自主性との間の矛盾と衝突を生んでいるのである。

二、自主性の条件

ベンサムは、土地財産の自由は個人自由に欠かせない部分であると考えている[2]。

---

1) エリアス著、王佩莉訳、『文明化的過程(1)』、三聯書店 1998 年、46 頁。
2) カール・ポランニー著、馮鋼等訳、『大転型』、浙江人民出版社 2007 年版、154 頁。

ベックは高度な現代的条件のもとに起こる「個人化」の動力を分析する際、労働力市場のほかに、次のような要因も関与すると指摘した。例えば、収入の増加は個人に自由自在な生活様式を選べる経済力を持たせる。女性は教育を受け、労働力市場に入り、収入を得ることによって、家庭における夫に対する依存から脱却し、独立した人格を発展させる。労働法の実行により、利益が侵害された労働者は各種の総体的利益組織に頼ることなく、直接に法廷で自分の権利を主張することができるようになる。新しい都市住宅の設計も個人化の助力となる。異なる文化背景の人々が同じ地域に住み、近所間の関係は緩く、家庭以外の伝統的地域組織が徐々に崩れる[1]。

20世紀60年代以来、欧米福祉国家の成立と整備は個人化強化の土台を築き上げ、集団への依頼を弱めた。これは、「第一の近代」が作り上げた集団生活の法律的基礎を奪い、さらに「普遍的自由と平等」という現代社会の核心原則を人に知られざる各種の社会形式の源と成り立たせた[2]。

ベンサムとベックの論述から分かるように、個人の自主性の獲得と強化は、経済、政治、法律、教育と社会福祉などの現代主義という背景で大いに重視される目に見える制度的要因のみならず、注目されていなかった空間の仕組みと価値体系という目に見えぬ要因をも含む多種多様な条件の支えを必要としている。

人間は生まれながらにして平等と、基本的人権という観念への承認は人の自主性を顕現する最も基本的な前提である。現実世界で完全に実現できる仕組みが存在しないものの、このような抽象的理念は社会、法律と制度の設計と運行に想像しうる目標と基準を設定した。この自然主義的な意味での理想的な目標なしには、社会生活は完全に現実主義の残酷さに左右されかねなく、自主性もごく少数の強力グループの特権となる。

比較的安定で一定の規模を持つ固定資産と収入の所有は人の自主性を顕現する経済基盤である。これがあればこそ、人々は (1) 人や物への依存からかなりの程度まで抜け出す; (2) 自己設計、自己選択と自己組織化を支える経済力を持つ; (3) 資産の価値維持、増殖及び安定した収入を保証するために、自主性を反社会的行為まで発展させない。これは、「恒産ある者は恒心あり」という中国の古いことわざの基本的な内容である。マルクスの階級分析という観点から見れば、その前の社会制度に

---

1) Beck, U. Risk Society: Towards a New Modernity, Sage, London, 1992, p.95-96.
2) Beck, U. & W. Bonss & C. Lau. "The Theory of Reflexive Modernization: Problematic Hypotheses and Research Programme." In Theory, Culture & Society Vol.20(2), 2003.

おける被支配者階級に比べ、プロレタリアートは個人の自由を持ち、人への依存から逃れたとはいえ、基本的な生産、生活資材の欠如により、物への依存に屈伏せざるを得ない。このような無一物の自由は本当の自由ではない。一方、ブルジョアジーだけがプロレタリアートの労働者の支配を含む本当の自主性を持っている。

　制度化を通じて全公民が政治に参加し政治を議論して国家権力を監督するような政治制度は、公共圏の観点において人の自主性を保護するための必要条件である。コンスタンは、古代人にとって自由とは近代的意義における個人の自由ではなく主に政治的自由を意味したと考えたが、政治的自由の適法性は否定せず、「政治的自由は個人の自由を保障するものであるからこそ不可欠である」と語っている[1]。つまり、公民が政治的に自主性を持ち、国家の自主性に対して必要な監督をし、制限する役割を果たしうる場合に限り、個人的意義における自由と自主性が、国家のような公権機関の自主性による侵害やコントロールを免れることが保証され、自己の主張に対する政策の支持が保障されるのである。国家公権力に対する公民の有効な監督を保証するためには結社における公民の自主性を認めなければならない。周知のように、単独の個体が国家のような公的権力機関に立ち向かっても全く無力であって、個人が結びついて集団を形成し大声疾呼しなければ、自らの主張を伝達し、政策に影響を及ぼすことはできない。このように、自主性を自己再生するメカニズムが出現したのであって、政治的な自主性が結社の自主性を促し、続いて個人の自由、即ち個人の自主性を逆に促している。

　開放的な教育は、自己認識、内省、自己改善及び環境の変化に速やかに反応する能力等、人々の理性力を開発し、育て上げる助けとなるもので、自主性を顕現する基礎として不可欠である。デュルケームは、個人主義の背景下にある人々は、高度な「思想、反省及び深慮する能力」を持つべきであって、「一人ひとりが社会の各所から自ずと湧き出る観念や印象について自由に思考し自由に感じることができ、制限されることなく流布できる」べきであると指摘している。この論断は自主性の観点において二つの面から理解される。一つ目は、自主性と理性力が日頃より日々高まる人々は、自らが一人の公民としてもつべき基本的権利とこれらの権利を実現し守るための有効な方法をより全面的かつはっきりと認識できることである。二つ目は、彼らは個人的意義における自らの自主性を保護するとともに、人を人ならしめ

1）コンスタン著、閻克文等訳、『古代人的自由与現代人的自由』、商務印書館 1999 年版、41 頁。

るあの共通で、普遍的な神聖な権利と利益の認識と、これらの権利、利益及び特性とがそのうちの「社会」を来源とすることも益々明らかに知るようになり、普遍的な権利及び利益を保護することの、個人の権利及び利益の保護における根本的な意義を一層明らかに認識できることである。こうして、かれらは、高度に個別的な利益及び権力を共同の権利及び利益の下に自覚的に位置づけ、個人の自主性を、社会全体の(公共的)自主性及び利益を背景として扱い、これら共同の権利及び利益からなる社会を守り、個人の自主性と他人及び社会の自主性の高度な統一を実現する。「現実の人、真の人は、自らを愛するように社会を愛することで、社会と不可分の一部となる」[1]。だが、そのためには開放的な教育が重要なのであって、教育だけが民智を開き、人々に反省する能力をもたらし得るのである。

　基本的な社会福祉制度は、個人の自主性がもたらし得るリスクを引き受け、自主性のパラドックスを超越するための必要条件である。前文でベックの論述を引用した際に述べたとおり、第二次世界大戦後のヨーロッパにおける社会福祉国家の建設と整備は個人化の重要な推進力であった。具体的に分析すると、この論断は次の各面から説明できる。(1) 社会福祉制度は、社会の富の二、三次分配を実現するための一種の制度的手段であって、富の分配の相対的均衡を実現するのに役立つものであり、深刻な貧富の格差を回避し、少数の金持ちだけに自主性が制限される現象を効果的に防止できる。(2) 社会福祉制度は基本的かつ相対的に安定した生活保障を人々に提供し、人々が物や人に対する依存関係を超越して自主性を強調することを可能ならしめる。(3) 社会福祉制度は自主性のパラドックスの問題を完全に解決できはしないが、失業、破産、様々な天災人災といった自主性の強調によってもたらされる一連のリスクを回避するメカニズムを提供した。社会福祉制度の建設には国家が積極的な役割を果たすことが求められる。すなわち、国家は市場化の条件下で社会を守る積極的な政策措置をとり、普遍的な意義における自主性の放任と制限との両者のバランスを図り、個人を助け、そのひとが負担できない自主性のリスクを代わりに引き受ける必要がある。

三、自主性のパラドックス

　自主性に関する以上の分析は、「自主性の成長は直線的に増加する簡単なプロセ

---

1) デュルケーム著、汲喆等訳、『乱倫禁忌及其起源』、上海人民出版社 2006 年版、241 ～ 243 頁。

ス である 」 という錯覚を人に与えやすい。実際のところ、状況は遥かに複雑であって、自主性は往々にして矛盾的で背理的な形で表わされる。

ドイツの社会理論家であるベックは、「 啓蒙哲学の観点から見て、個人化は自主性、解放、自由及び人間性の自己解放を意味するが、時によっては自主性ではなくアノミーが主導的位置を占める 」と指摘している [1]。これこそポパーの所謂「 自由のパラドックス 」であって、制限を受けない自由は自由それ自身を滅ぼす [2]。個人化のパラドックスであれ、自由のパラドックスであれ、いずれも自主性のパラドックスを強調している。つまり、自主性を追求するプロセスも往々にして自主性を失うプロセスとなる。生活環境において、自主性のパラドックスは主に次の各方面で表れている。

(1) 自主性の成長を助ける様々な条件は、自主性を生み出すと同時に自主性を抑制する張本人ともなりかねない。例えば、教育は自主性を成長させるための条件ではあるが、閉鎖的な教育は人の心智をある特定の方向に導くだけであって、人々に様々な視点や反省能力を与えず、却って自主性を歪曲させてしまう。さらに、社会福祉制度は、有形物や人に対する依存からの脱却を大いに助け、人格の独立性や行動の自主性を確保させるが、人々が社会福祉制度に依存する心理を生み出し、自己開発、自己実現の原動力を放棄させてしまうかもしれない。

(2) 自主性は常に特定の主体について言及されるものであり、ある主体が自主性を獲得するプロセスは往々にして他の主体が自主性を失うプロセスである。公平性や正義を欠く社会では、強者に区分される者が、日ごろから弱者の自主性の空間を自主的に押しつぶそうとする。エリアスは次のように指摘している。「 同一の社会空間にある人又は集団のもつ社会的権勢の隔たりがあまりにも大きくなると、社会における立場が特に弱いため地位も特に低いような階層は上昇のチャンスを十分得られないだけでなく、絶対多数の社会の権勢を勝ち取る極めて大きな可能性を独占する人々の間にあって立ち往生し、社会的に弱い立場にある人々が個体としての決断を享受できる空間は極めて狭いものになってしまう。そこで、この社会的弱者階層の中でも天性があり、非凡で特別な、他とは違った性格特徴を持つ人は更なる鍛錬の機会を得られず、或いは得られたとしても別の方向へ発展の道を求めることができるにすぎず、その当時存在する社会構造から判断して、このような発展が『反

---

1) Beck, U. Individualism, Sage, London, 2002, p.7.

2) ポパー著、陸衡等訳、『開放社会及其敵人』(第一巻)、中国社会科学出版社 1999 年版、199 頁。

社会的』と認められるのは必然であろう」[1]。

(3) 自主性は常に特定の内容に対して語られるものであって、ある主体のある側面における自主化のプロセスは、他の側面の自主性を失わせるプロセスである可能性が大いにある。例えば、自主的な選択、移動及び設計の強化には常に自己責任の強化と、より多くのリスクの自己負担を伴う。ある学者または学術活動全体は、援助を多く得るほど、経済面での制限が小さくなるが、学術の自由においては一層空間を失う可能性が大きい。

(4) 自主性は常に個人を社会と対立衝突する状態に置き、個人の自主性の強化は往々にして社会の自主性と団結性を問題に仕立て上げる。反対に、社会の自主性の防衛はしばしば個人の自主性を侵す。まさに後者の意義において、コンスタンは古代人の自由と近代人の自由の区別に努め、ロック等は国家を個人の権利を守るための道具にすべく力を尽くしたのである。さらに前者の意義において、個人のアトム化と社会の断片化が同時に生じたのであって、デュルケームが言う「アノミー」が発生し、はじめて社会学が必要となった。

(5) 自主性のパラドックスはさらに集団レベルでも表現され、トクヴィルの所謂「集団個人主義」を招く可能性が極めて高い。トクヴィルは次のように指摘している。「公共事務が益々代理人によって行われるようになったため、大革命の前夜には人々が市政生活に共同参与する機会は益々狭まる。さらには特権階層の生産と再生産が絶え間なく行われているため、集団的自主性は「私利のみを企図し、自分と無関係なことには全く関心をもたない」「集団的個人主義（collective individualism）」に変質し始め、誰もが小集団を離れて我が道を行くことはできないが、どの小集団もある特定のちっぽけな利益を巡って人々が組織されているのであって、それらは「ほぼ完全に外部との交渉を断ち」、「自分だけを顧み」て、他人も祖国も眼中になく、全社会の利益に完全に背く[2]。このような「集団的個人主義」は個人と集団の自主性に由来し、その極端な形態が特殊な利益集団であって、社会全体の団結の欠如をもたらす。

自主性のパラドックスに関する経験的分析において、近代後期を背景とする個人化及びそのパラドックスに関するベックの論述は最も精彩を放っている。ベックによれば、近代後期を背景とする個人化は新自由主義が公言してはばからない利己主

---

1) エリアス著、翟三江等訳、『個体的社会』、訳林出版社 2003 年版、62 頁。

2) トクヴィル著、馮棠訳、『旧制度与大革命』、商務印書館 1992 年版、134 頁

義でも、ライプニッツの意義におけるモナド化でもなく、個人の感じ方とともに、自己開発や集団の規則からの脱却の必要等、近代社会の中心となる様々な制度にも関係する[1]。このような個人化は労働力市場の産物であり、様々な労働スキルの取得、提供及び運用において自ら証明される[2]。つまり、個人化の張本人は「労働力市場」であって、後者の制度が要求するのである。「労働力市場」は次の三つの次元において個人化の歩みを促している。

　教育は、教育を受けた者の自己発見、反省及び選択能力を育成し高める役割を果たしており、個人化を推進する根本要素である[3]。ベックは、「学校教育は自己の教育生命課程に対する一個人の選択と計画を意味し、また教育を受けた者が自己の労働環境の生産者となり、これにより自己の社会的経歴（biography）の生産者となることを意味する」と指摘している[4]。教育を受けるプロセスで、教育が授ける普遍主義のスタイルは、伝統的価値の位置付け、思考方式及び生活方式に徐々にとって代わり、教育を受けた者に一定の自己発見と反省能力を獲得させる。教育を受けた者はこのような内省的知識（reflexive knowledge）を近代的状況と将来に融合するので、彼らは内省的な近代化の能動者となる。こうして、個体は労働分業内部の等級制度を知り尽すことになり、矛盾なくして運用できなくなる。それに、教育は選択と緊密に関連するものであり、このため教育を受けた者に対して向上を求める。反対に、学校と大学のフォーマルな教育も、また教育を受けた者に、彼らが労働力市場で流動し、または個人化のキャリアを形成させる上で、必要な素質を供給した。

　流動性は労働力市場のもうひとつの重要な次元であり、人々が労働力市場に参入することは流動性を体験し引き受けることを意味している[5]。流動性は伝統的なスタイルや段取りを脱し、自らの運命を自ら把握することを人々に求める。労働力市場は職業の流動性、居住又は就業場所、職業の種類及びそれらが引き起こす地方社会における様々な変遷を通して、人々の生活の個人化の背後にある駆動力として果たす実質的な役割を自ら示した。流動性の強化は人々を伝統の束縛から離脱させ、自己の個体としての運命を体験することをはじめて可能にした。

---

1)　ベック、ヴィルムス著、路国林訳、『自由与資本主義』、浙江人民出版社 2001 年版、69 頁。
2)　Beck, U. Risk Society: Towards a New Modernity, Sage, London, 1992, p.92.
3)　ベック、ヴィルムス著、路国林訳、『自由与資本主義』、浙江人民出版社 2001 年版、72 頁。
4)　Beck, U. Risk Society: Towards a New Modernity, Sage, London, 1992, p.93.
5)　Beck, U. Risk Society: Towards a New Modernity, Sage, London, 1992, p.94.

競争は労働力市場において人々が自己の素質の独自性や個人性の強化を促している。ブルデューの場の理論によれば、場の各参与者は自身を最も互角のライバルと区別することにより競争を減らし、場のある特定の局部を自ら独占する[1]。これはまさに競争が個人化を促すという基本運用の原理にあたる。普遍主義の教育は人々の間の基本的素質にある種の共同性と交換可能性をもたせ、競争を可能にする一方で、人々は競争に勝つため又は競争を弱化させるため、やむなく自身の素質の個体性や独自性の強調や宣伝に力を入れる。こうすることで、人々の間の共同の背景や「異なるライバルの間の平等性」(the equality of equals)が依然存在するとはいえ、競争はかなり削がれ、同質の社会組織内部の個体間の孤立を招く。

労働力市場の上記三つの次元は相互に補充し、相互に強化しながら個人化、即ち自主性の強化を推進し、伝統及び集団からの個体の離脱を推進し、自己設計、自己開発、内省、自己責任の主体となる[2]。もっとも、個人化のプロセスにおいて、自主性と歩調を合わせて増加するものとしてアノミー現象があげられ、個人生活の意義における「リスク社会」を形作るとベックは考えている。

社会的観点から見ると、自主性のパラドックスは核家族の解体と階級の性質の衰えに具体的に表れている。

(1)「個人化」は工業社会の決定した男女不平等の関係を変え、そのため核家族という形態の解消をさらに進めた。「性別の特徴の帰属性は、工業社会の基礎である……男女の役割の分化がなければ、伝統的な核家族はない。また、核家族がなければ、中産階層の工業社会やそれを代表する職業や生活スタイルはない」[3]。しかし、大変奇異なことに、男女の性別の役割の分化及び核家族という形態は工業社会が内在的に要求したものでありながら、両者の関係は矛盾している。つまり、個体競争と流動性が生産領域により必要とされる一方で、利他や家庭的集団的共同事業に集中することは、家庭の基本条件なのである[4]。このような矛盾やナンセンスは実際のところ工業社会制度に内在する矛盾であって、工業社会制度の基本的な特徴である。それは生産制度において十分な流動性、個体性及び平等性の確立を求める一方、生産制度に十分な労働力の基礎を提供するために、家庭内部における男女間

---

1) ブルデュー、華康徳著、李猛等訳、『実践与反思 —— 反思社会学導引』、中央編訳出版社 1998 年版、137 頁。
2) ベック、ヴィルムス著、路国林訳、『自由与資本主義』、浙江人民出版社 2001 年版、70 ～ 71 頁。
3) Beck, U. Risk Society: Towards a New Modernity, Sage, London, 1992, p.104.
4) Beck, U. Risk Society: Towards a New Modernity, Sage, London, 1992, p.107.

の不平等な分業形態の維持を試みることにより、「新たな社会の不平等」を生み出した[1]。この二重の原則は相互に交錯し、互いに補い合い、互いを条件とし、また互いに深刻な矛盾を孕んでいる。この意義において、工業社会は真の近代社会であったことはなく、一種の「近代封建社会」（modern feudal society）[2]又は「半工業半封建社会」（half industrial and half feudal society）である[3]。

　それだけでなく、衝突を避けることを目的として、工業社会制度はさらにこの二つの明らかに相反する要求を各自の領域内に限定することを企図した。しかし、工業社会の内在制度はまた家庭と仕事場所を隔絶しようとするそれ自身の努力を瓦解している。女性に教育を提供することは、実際のところ女性に自己発見、自己選択及び内省の知識を与えるのである。即ち、個人化の観点から工業社会における男女分業の不平等を女性に反省させ批判させることによって、家庭から出て職業をもつよう女性を促しているのである。女性が労働力市場に参入したことは、女性が経済的に男性への依存から抜け出し、男女関係の平等化が促されたことを意味する。他方で、工業社会がそれ自身によって予め定められた男女の性別による分業を超越したことは、男性と女性の報酬のある仕事と無報酬の家事という二つの役割の間の新たな位置づけと調整を意味し、深刻な結果をもたらす可能性があり、逆に工業社会の労働力市場に直接影響しかねない。さらに、家庭内の性別による分業という伝統的方法に対するこのような脱構築が、工業社会の要求する「家庭の道徳、性別による運命、婚姻のタブー、父母の身分、性関係、ひいては家事と工業仕事の再統合」を一層破壊するのは必然である[4]。そこで、「家庭（婚姻、性関係、父母の身分）の基礎も疑われる」ことになり[5]、核家族の形態は根本的な挑戦を受け、婚姻、家庭に関係する一切の要素は不確定なものに変わった。このような背景下にあって「交渉型家庭」（negotiated family）という形態が出現し、男女双方の個体は随時取消し可能で、多少ルールのある、心地の良い感情を交換する関係を結ぶに至ったのである[6]。

---

1)　Hustins, L.& F. Lammertyn,"Solidarity and Volunteering under a Reflexive-modern Sign: towards a New Conceptual Framework." In http://www.jhu.edu,2000.

2)　Beck, U. Risk Society: Towards a New Modernity, Sage, London, 1992, p.106.

3)　Beck, U. Risk Society: Towards a New Modernity, Sage, London, 1992, p.89.

4)　Beck, U. Risk Society: Towards a New Modernity, Sage, London, 1992, p.108.

5)　Beck, U. Risk Society: Towards a New Modernity, Sage, London, 1992, p.107.

6)　Beck, U. Risk Society: Towards a New Modernity, Sage, London, 1992, p.88.

(2)「性別の地位からの離脱と階級の地位からの離脱は同一のプロセスである」[1]。ベックによれば、単純な近代化の前提はシステム理論であって、「階級は核家族を、核家族は性別による役割を、性別による役割は男女の分業を、男女の分業は婚姻を前提としている。階級も核家族の総和とみなされる」[2]。この観点から述べれば、個人化は同時に伝統的な階層を基礎とする近代化社会における階級の地位をも弱め、階級の不平等を徐々に個体間の不平等へと変化させ、階級社会は個人化された被雇用者社会(individualized society of employee)へと変化した[3]。

　個人は個人化によって集団生活に対する依存から徐々に解放され、生活における社会再生産単位となり、市場を仲介として自ら生計を立てる能動者となり、自らの「経歴」を計画し組織する能動者となった。もっとも、逆説的には、個人化とはいっても実際の個人にとって一方的なものではなく、相反相補的プロセスなのである。即ち、人々は自主性を獲得すると同時に、不幸にも労働力市場に入り、消費者となる形で拘束されることになり、別の面で自らの自主性を失った。このような境遇にあって、個体は労働力市場に完全に依存し、市場への依存性は生計を立てようとするあらゆる片隅まで拡大し、個人の経歴にラベルを貼り付け、個体をして様々な流行、社会政策、経済循環及び市場に完全に依存させるようになったのである。この意義において、ベックは「個人化は市場に対する生活の全面的な依存を意味する」と述べている[4]。このとおり、個人化のプロセスは、近代化が自ら前提とした様々な反近代化の制度から自分自身を解放し、純粋な近代化の論理、即ち市場論理の上に自らを構築することを指す。もっとも、こうしつつも個人化に内在するパラドックスが形成された。つまり、一方で伝統的な束縛から脱却し、更なる自主性を獲得しつつも、他方で新たなより大きな束縛が形成されるため、個人は以前よりも一層狭小な「自治的な私的空間」に入ることになったのである。

　ベックの所謂個人化のパラドックスは、また自主性のパラドックスでもあって、社会に普遍的に存在する。この視点から考えているからこそ、われわれは個人と社会の関係は社会学を誕生させるうえで非常に重要な実践的理論的根源であると主張する。個人主義が強調されるようになり、社会の団結や社会の自主性がようやく問

---

1) Beck, U. Risk Society: Towards a New Modernity, Sage, London, 1992, p.89.
2) Beck, U. The Reinvention of Politics: Rethinking Modernity in the Global Social Order, Polity, Cambridge, 1997, p.95.
3) Beck, U. Risk Society: Towards a New Modernity,Sage,London,1992, p.99.
4) Beck, U. Risk Society: Towards a New Modernity, Sage, London, 1992, p.130-133.

題とされるようになった。個人主義の条件下で社会は如何にあるべきかが 18 ～ 19
世紀の思想家達の主に考える問題となったのだろう。そこで社会契約、社会分業を
基礎とした機能主義等の社会学説が出現することになった。もちろん、まさにベッ
クが嘗て指摘したように自由主義支配下の思想家達は自主性の増長が生み出すパラ
ドックスを目にすることはあまりなかったわけだが、彼らは自主性の増長とその結
果を単線的に扱ったかもしれないし、自主性増長のパラドックスを道徳、勤勉、知
能が高いなど、個人的な要素の結果であると解釈し、個人の外にある制度の決定的
な役割を軽視したかもしれない。あるいは、社会は元々存在せず、各個人が自らの
有限な理性に支配されながら自らの利益を追求するプロセスが自然と出現したにす
ぎず、個人の自主性が社会の団結や自主性を十分厳しく制限する現象は存在しない
と考えたかもしれない。しかし、このような論理的な推理は人々が生活の中で直接
体験したことに代わるものではないし、自主性のパラドックスを解決することはで
きず、現実において具体的な答えを模索するしかない。制度の構築は現実的な努力
であって、生活領域に普遍的に存在する自主性の矛盾やパラドックスの現象を最大
限緩和することがその重要な機能のひとつであり、こうしてはじめて生活の質にお
ける向上が可能となる。

第三節　自主性の回帰とその制限

　1978 年以降の中国の社会管理制度における変化は、基本的に経済体制改革を基
礎としている。制度と生活との関係において、この 30 年は次の二つの段階に大き
く分けられる。「和諧社会（調和のとれた社会：以下和諧社会とする）」の建設理論が
示されるまで、市場の力の解放はあらゆる改革の基本的な出発点であった。こうし
て自主性の成長と普及が大いに推進された一方、自主性のジレンマが形成され、大
量の社会矛盾が積み重なり、社会の統合が問題となった。ここ数年、和諧社会の建
設が明確に打ち出され、社会建設を経済建設、政治建設及び文化建設とともに中国
近代化建設の同一の目標プラットフォームに置き、制度建設を通して市場開放と社
会防衛の間のバランスを図ることに努め、両者の相互促進を確保し、社会生活領域
の各自主性間の関係の調整に力を入れることが求められたが、これは社会全体の秩
序と進歩の効果的な統一を図るための基本条件を生み出した。

一、自主性の強調

　総体的に見て、1978 年以来の中国社会の変遷は制度レベルで次のような基本的な趨勢を呈している。経済的には、計画経済体制から市場経済体制への転換を続け、社会主義市場経済体制をほぼ完成させた。社会管理において、国家があらゆる資源をコントロールし、単位制、人民公社制、階級分類制、戸籍制度を通して社会生活の各面から全面的に管理する、かつての「総体性社会」は徐々に弱体化し、社会管理主体の多様化が進み、自主的な民間組織が育ち始め、個人の権利が徐々に認められるようになった。こうした中、相対的に開放された「多元社会」が出現しつつある。社会福祉制度においては、再分配によって確保される社会保障から、国家、市場、個人の「三位一体」が引き受ける制度に転換した。イデオロギー面では、特定の政治的訴求を目標とする伝統的イデオロギーから、一層幅広い社会価値体系へと転換している。

　市場経済体制の構築と上記のような社会管理制度の変遷は人々の日常生活に計り知れない影響を与えており、この 30 年にわたる中国社会生活の基本的な変化の趨勢は「自主性の強調」に表象される。

　政治至上という伝統的イデオロギーの緩衝力が弱まり、単位制、人民公社制、階級分類制度の解体や戸籍制度が緩和されるにつれ、社会生活は制度の拘束から徐々に脱却し、個人の自主性は益々強いものとなっている。娯楽、消費、婚姻から職業の選択、移動、思想、価値観念等の各領域において、個人の自己選択、自己設計の権利は全面的に強まり、とりわけ私的生活、経済生活及び個人の思想の領域において人々が自由に選択する空間は益々広がっており、「多くの面で中国人は自らの運命の主人となっていることを人々ははっきりと感じている」[1]。

　市場化メカニズム、自由主義及び市場主義イデオロギーが作用した結果、個人主義が中国で台頭するようになり、自己中心論は益々強化され、功利主義は「義を重んじ利を軽んじる」思想が作り上げた 2 千年余りにわたる道徳の牙城から抜け出した。それらを受けて、父権を基礎とした中央集権主義及び共同体主義の生活方式に対する人々の一体感は総体的に弱まっており、伝統的社会資本は徐々に流失し、自己実現や自主的な行動が若者が普遍的に追求する価値となり、「1980 年代生まれ」

---

1)　徳国之声、2007、「徳学者点評中国社会発展」、www.singtaonet.com.

序論　制度と生活から見る中国社会の変遷 | 35

の中国の若者に非常に深い影響を与えた。

　西洋の個人主義イデオロギーの導入は、さらに公民の権利意識の覚醒と向上にも表れている。「民主」に対する人々の渇望は日増しに明らかになっており、「人権」に対する認識は益々はっきりして、私有財産、自由結社及び言論の自由等の適法な権利の保護を求める声は普遍的に高まっている。国家の法律、政策制定及びその施行のずれに対する、無関心や消極的な態度がなくなり、法律を武器に自らの適法な権益を自覚的に守るようになっている。孫志武の事件から重慶の立ち退き拒否世帯の現象に至るまで、近年の中国社会では「民間人が官僚を訴え」、様々な適法なルートを利用して政策の制定や法律の改正への参与、ひいては一部の法規について「違憲審査」を求めたりといった事例の数が直線的に増えていることはこの傾向を表すものである。

　伝統的な社会組織の復興や新しい様々な社会組織の成長を含め、社会組織の発達は速い。これら社会組織が、自己管理、自己サービス、損益に対する自分責任を追及する運用メカニズムを設け、自らの独立性の維持に努め、社会メンバーの適法な権益を保護する等の面において積極的であることは予想されるところである。2007 年 4 月 24 日に中国新聞網が報道したところでは、民政部の統計資料によると、2006 年 12 月末時点で全国の各種民間組織は約 32 万余に上るということだったが、一部の学者は中国の各種民間組織はすでに 300 万前後に上ると推計している。

　近代的な通信技術が中国で飛躍的に発展して自主性の拡大を技術的に支え、社会性の表現に新たな道を切り開いた。1990 年代後期以降、インターネットが中国の一般庶民の生活に入り込んだ。中国インターネット情報センター (CNNIC) より発表された「中国インターネット発展状況統計報告」によると、2007 年 6 月末の時点で中国のネットユーザーは 1.62 億人に達し、インターネットを利用するコンピュータは 6710 万台に上った [1]。インターネットの匿名性、空間の超越や時間性が、これをある程度民主の実現メカニズムとならしめ、中国人の自主性を鼓舞するという面で非常に積極的な役割を果たしたのは必然であった。2005 年の日本による国連常任理事国入りの申請から、2007 年に発生した陝西華南虎事件に至るまで、インターネットが、多くの公民が自らの政治的見解を表明し、メディアや国政に影響を与える重要なプラットフォームとなっていることを示している。また、国のリー

---

1) 中国インターネット情報センター、2007、『中国互聯網絡発展状況統計報告（2007 年 7 月）』、「中国インターネット情報センター」、http://www.cnnic.cn.

ダーがネット上で民衆の声を収集し、これに耳を傾けたことは公共理性を構築する面におけるインターネットのプラスの効果を一層促した。

　要するに、社会管理制度の緩和や情報交換ルートの絶えざる開拓は、生活の活力や自主性を解き放ち、民衆の新たな生活形態を再構築するという面で非常に直接的なプラスの影響をもたらした。

二、自主性のジレンマ

　前文で述べたように、自主性の拡大は直線的なプロセスではなく、矛盾とパラドックスを孕むプロセスである。この30年の中国における社会生活の自主化の歩みを振り返ると、人類史における自主性強化のプロセスと同様のジレンマを抱える一方、その自主性の拡大の抱える矛盾とパラドックスはまた中国の改革における実践の独自性のために明らかな中国的特色を帯びるものとなった。

　社会福祉制度の欠陥と自主性の喪失。1978年以降の一連の改革開放の歩みは、中国の社会管理制度改革を強力に推進した。一部の制度は明らかに放棄され、他の一部の制度は文書や会話において依然有効ながらもその実質的な内容は様々な観念や政策により骨抜きにされて現実における意義を失いつつある。私的生活や経済生活に対する規制がしだいに緩和されるにつれ、個人の自主性は明らかに強化された。しかし、中国の社会保障制度は、都市における就業を基礎として構築され、職場単位を媒体としているため、改革開放初期においては一部の自営業者は経済的な自主性を得られはしたが、社会保障体制から排除された。また、単位制、人民公社制および企業の改革が深まるにつれ、これらの制度を基礎に構築された社会福祉システムも1990年代中後期になると、基本的に放棄された。これとほぼ同時に、国有企業改革により1千万人を超える労働者が安定した職業を失い、膨大な数のレイオフされた失業者を生み出した。さらに、社会福祉制度は都市の就業者のみを対象とし、都市で就業しながら都市戸籍をもたない農民工（出稼ぎ労働者）を含む農村人口を長期的に疎かにしてきた。前述のような変化を経た中国の福祉制度には不完全さがあるため、中国の総人口の大きな部分を占める人々は生活上における自主性を獲得すると同時に、生存上の自主性を失った。彼らは様々な自主性のリスクに巻き込まれ、格好良く心配のない社会生活を送ることは困難であった。

　個人の自主性と伝統的な共同体式生活スタイルの衝突。社会主義市場経済の発展にともない、個人主義が台頭するようになった。こうしたなかで、中国人の価値観

念にはいくらか変化が生じた。例えば、市場経済競争原則が平俗化されて、親戚を親戚と思わず、弱肉強食をよしとし、食うか食われるかの「狼」哲学や、個人主義と自主性の果てに行き着いた純粋利己主義などが挙げられる。このような価値転換のプロセスにおいて、政治領域や経済領域の独立性および自主性に比べて、社会生活領域は利己主義や社会進化論による全面的な浸透や圧力に直面している。生活領域における個人の自主性の絶対化を制約する伝統的価値観念、例えば、義を重んじ利を軽んじる、老人を大事にし、子どもをかわいがるといったものは急速に衰えている。「殺熟（親しい人を騙す）」現象は普遍化し、離婚率は上昇を続け、隣近所との付き合いの「市場化」などの現象が出現している。これらは、個人の自主性を絶対視する傾向が高まるにつれ、中国の多くの伝統的な共同体式生活の地位が衝撃を受け、風前の灯になっていることを示している。これと同時に、社会資本の道具化の傾向も顕著になり、集団個人主義が特殊な利益集団を形成させ、社会の各集団間の利益衝突を増幅させた。

　社会資本の不足する集団の自主性は著しく剥奪されており、自主性の主張がお互いに益々激しく衝突する状態となっている。

　階級階層の分化と底辺階層の自主性喪失。貧富の分化が激化し利益集団が形成されたことは、中国社会の階級階層構造の分化を極めて強力に推進する役割を果たした。市場メカニズムと集団個人主義、権力資本が結びついて、中国で逆 T 字型の社会階級階層構造を作り出した[1]。上層にいる少数の人々が政治、経済、文化および社会生活面の自主性を声高に主張している。逆に、社会の最下層にある大部分の人々は必要な政治資本、経済資本および文化資本が不十分であるだけでなく、ひいては使用可能な社会資本さえも価値を失っている。これらの人々の自主性は自らの資本不足により抑制されるだけでなく、強勢集団（強力な上位集団）の自主性によっても妨害されている。空間が常に圧迫される中産階級は規模があまりに小さく、その自主性が主に私的生活領域に制限されているため、社会全体の安定装置としての機能を引き受けることは期待しかねる。つまり、階級階層間の利益が著しく分化され、バランスを失った社会構造[2]が中国でほぼ形作られた。

　私的自主性の鼓舞と公共領域の不足の併存。ベックは次の通り指摘した。即ち、「中国の私的生活領域における自由開放、国家権力機関および経済組織の併存およ

---

1) 李強、「"丁字型"社会構造与"結構緊張"」、『社会学研究』第 2 期、2005。
2) 孫立平、『断裂』、社会科学文献出版社 2003 年版。

び運営方式は西洋人には聞きなれないものである。しかし、このような構造は我々の想像するより遙かに安定している。我々は中国の私的領域における解放の火花は公共領域に飛び火すると考えていたが、現段階で見るところその必要はほとんどない」[1]。この判断は中国社会の自主性の分布の独自性を示している。私的生活と経済生活領域において、自主性は高まっているが、公共領域において自主性は未だ不足しており、市民社会は完全に成長し切っていない。西洋社会の発展理論から見て極めて矛盾しているような論理が主に次の点に表れている。人民による民主はさらに整備が待たれ、人民の政治参加はさらに学習する必要があり、人民による国家権力の監督制度および文化保障は未だ比較的に弱い。また、民間組織の成長は主として私的文化娯楽生活、個別の慈善活動、経済生活などの領域にとどまり、市民がみずから政治的見解を述べ、国家の政策に影響を与え、国家権力の運営を監督するための有効な政治的媒体とはなっていない。もちろん、市民社会が適法かつ有効に公権力の運営を制約し監督する重要な力であることに疑いはないが、他方で、まさにドイツの社会学者ダーレンドルフラルフが言ったように、市民社会は人々の社会生活における自己組織、自己管理および自己協力の機関でもある。「自由は、国家が人々をして自らその生活の広い領域に対応させることも意味する。そのため、人々は国家機関に対する反対闘争を展開する必要もなければ、国家機関を支持する闘争を繰り広げる必要もない。彼らは最終的に国家機関と共に市場経済の力を借り、生存の機会を共に促していく」。われわれはその両面に留意する必要がある[2]。1949年以前、この種の民間組織は中国社会における自己管理、重大な突発性事件への対応、社会秩序の維持の面で重要な役割を果たした。しかし、今日の中国においてこの種の民間組織の成長や再建は非常に未熟である。このことは、政治と市場の二重のプレッシャーからの脱出が難しいことだけでなく、様々な社会的突発事件および社会リスクに直面したときにその社会動員能力が微弱であること、ひいてはないことに示されている。この点は2003年のSARS勃発の時期や2008年初頭の南部の雪害において非常に際立って見られ、民間自身の生産救助能力が著しく欠乏し、主に政府の努力に頼ることになった。一言でいえば、西洋の市民社会の観点から見れば、「強い国家、弱い社会」の構図が中国の現在の政治と社会構造の基本的特徴であり、このことは社会的自主性と政治的自主性の生産と再生産を著しく制約している。

---

1)　徳国之声、2007、「徳学者点評中同社会発展」、www.singtaonet.com.
2)　ダーレンドルフラルフ著、林栄遠訳、『現代社会衝突』、中国社会科学出版社2000年版、60頁。

現在の政治制度を維持するという前提のもとに人民の政治的権利を如何に鼓舞し、人民の自己組織、自己管理および自己救助能力を再建するかは、現在、中国政治体制改革と社会体制改革領域の核心的な課題となっている。

三、ジレンマの超越：和諧社会理念の提示

自主性の発展における上記の矛盾とアンバランスは、ある側面において改革開放の歩みにおける社会建設の次元が相対的に立ち遅れていることを反映している。社会学の観点から見ると、個人主義的意義における自主性の過度の発展が社会の衰えをもたらすのは必然であり、逆に自主性それ自身を滅ぼすため、有効な措置をとって社会を守り、自主性の合理的発展を導き、社会関係の調和を促すことが当面の必要な選択となっている。社会の保護とは市場と国家および市場主義が社会生活領域へ過度に浸透、浸食することを防ぐことである。根本的に見て、社会を守れるのは社会自身しかありえない。もっとも、長きにわたり国家が強く社会が弱い状態にあった中国では、社会が発展できるかどうかは主に国家の役割により決められている。それ故、今日の中国において社会保護というフラッグを支えられるのは国家だけであり、これはまた国家が市場経済を主導する中国の運命と同じである。

歴史的に見ると、1949 年以前、中国の社会生活領域が受けた国家制度の影響は相対的に限られていた。1949 年以降、国家はシステムが膨大で機能的な社会福利制度を構築しただけでなく、同時にこれに対応するものとして渾然一体の社会管理制度をも構築した。かつて長期にわたり社会生活領域の成長と運営を支えてきた自主性の要素が違法化されたため、自主性は「農民式狡猾」により自らの生産と再生産を暗中模索するしかなくなった。1978 年の改革開放以降、社会生活に押しつけられていた各種の社会管理制度が徐々に改革され消滅し、自主性は再び人々の日常生活に戻ってきた。しかし、価値観念と社会福利制度の市場化への転向は、自主性をジレンマに陥れ、社会の安定と効果的な統合を直接損なった。制度上、如何に社会を再建し、防衛し、自主性の各種ジレンマを乗り越えるかが、執政党の執政能力を試す重要課題となった。

社会防衛の努力は和諧社会の理念が提示された時に始まった。中国共産党第 16 期 6 中全会は、全人民が社会主義和諧社会を共に構築し享受するという戦略目標を提示し、科学発展観により経済社会発展の全局を統率することを明確に要求し、民主法治、公平正義、信義友愛、活力に満ち、安定して秩序があり、人と自然が調

和的に共存するという全体的要求に基づき、人民大衆が最も関心をもち、最も直接的で最も現実的な利益問題の解決を重点として、社会事業の発展、社会公平正義の促進、和諧（調和のとれた）文化の建設、社会管理の改善、社会のイノベーション活力の強化に努め、共同富裕の道を歩み、社会建設と経済建設、政治建設、文化建設の調和のとれた発展を推進するとした。

　理論的に分析すると、和諧社会の理念が提示した社会建設目標の主な内容は次の３点である。まずは、社会利益構造の調整、貧富の格差の縮小、共同富裕の推進、社会的公平と正義の実現、ということである。次に、安定論の超越、活力を秩序と有機的に結び付けることである。さらに、社会主義和諧価値体系の建設、和諧文化の成長促進、社会責任と自主性の共同発展を導くことである。これら三つの内容は、中国人の自主性を拡大するものであると同時に、自主性のジレンマの緩和に直接関係している。

　利益構造の調整が意味するものはとても幅広いものであり、社会利益分配の不公平さに起因する各集団間の自主性の発展のアンバランスを緩和することをその根本の目的とする。消極的な観点から見ると、利益構造を調整するためには、市民社会を構築し、公平正義の法治環境を確立、整備しなければならない。違法蓄財、独占的蓄財およびこれにより出現する特殊な利益集団を取締り、これら極めて少数の成金集団による国家権力のコントロールや多くの弱者集団の自主性に対する抑制を防がなければならない。積極的な観点から見れば、利益構造の調整とはまさに経済建設を中心とする発展の旗印を堅持しつつ、改革を継続的に推進し、中国経済全体が良好かつ急速に発展することを保証するとともに、様々な効果的な措置により低所得者層の経済収入の継続的増加を保証し、中所得者層の拡大を推進することである。積極的でも消極的でもない中間の観点から見ると、利益構造の調整には、民衆の普遍的権利に基づく社会福利制度の構築と、弱者集団による自主性の回復と強化に安定した制度的保障を提供することが欠かせない。

　社会秩序の観点から見ると、和諧社会の提示は、ある程度において過去の安定論を深化させたものであり、公民の自主性を大切にするための基本的前提である。過去20年近くにわたり、「安定が一切を圧倒する」ことが中国で一種のイデオロギーとみなされ、経済発展および改革開放の礎となった。安定がなければ発展はなく、中国の今日の経済体制改革の巨大な成功と経済建設の偉大な成果がなかったことは疑いない。和諧社会が秩序立った安定型社会であるのは必然である。この観点から

見れば、安定論をどのように評価しようとも行き過ぎとは言えない。ただし、和諧社会の背景下で安定論を理解するために肝要なのは安定するかどうかではなくて、どのような安定を欲するかということである。単なる「安定」した社会は「和諧」社会とは言えないことは間違いのないところである。なぜなら、このような「安定」は「活力」、「民主」、「公平」、「正義」、「自主性」といった和諧社会の基本構成の特徴を内包できないだけでなく、社会構成員のイノベーション活力を制限し、社会矛盾の蓄積が著しいという事実を遮蔽する可能性があり、逆に「和諧社会」の構築にマイナスの影響を及ぼす。これは、消極安定論のパラドックスである。中国人の理性能力がますます高まり、中国政治制度および社会制度の有効性と合理性について人々がより成熟した認識をもつようになるなかで、党、政府および一般庶民はすでに自由、民主、平等、人権、正義など人類の普遍的価値[1]を受け入れるようになった。したがって、消極安定論はすでに場違いなものとなった。「和諧社会」が目指す目標とそれによって打ち出された要求に基づき、「安定」の含みを確定し、発展させ、各種利益集団の利益表現を支持しなければならない。また、矛盾を回避しないことも重要である。社会構造の中で出現した様々な矛盾の現象を速やかに発見、調整、緩和し、「秩序」、「進歩」および「活力」が日常生活のレベルで効果的に結び付いたときに限り、人々の「自主性」は経済領域と私的生活領域をはじめて越えることが保証され、政治、社会および文化領域において建設的なアピールが確保できる。また、個人指向の理性能力と公共指向の理性能力を含む人々の理性能力はそれにより初めてさらなる育成と発展が叶う。各主体の自主性の調和的発展は、社会のイノベーション活力を強化し、社会発展に内在する原動力と本質的要件を推進するのみならず、社会全体の利益均衡を実現するための必要条件でもあって、公民の社会参与意識を育成し、特殊利益集団の膨張を制約し、社会矛盾を緩和し、さらに最終的に社会の安定を確保する有効な決め手であって、その積極的意義は「静態安定」論[2]の背後にある秩序観

---

1) 温家宝総理は、2007 年 2 月に発表した文章の中で次のように指摘した。「科学、民主、法制、自由、人権は、資本主義独特のものではなく、人類が長い歴史の歩みの中で共に追求してきた価値観であり、共に創造した文明の成果である」(温家宝、「関於我国社会主義初級段階的歴史任務和我国対外政策的幾個問題」、『国務院公報』第 10 期、2007)。胡錦涛主席は 2008 年の新年を迎えるにあたり発表した「共同推進人類和平与発展的崇高事業」と題する新年の祝辞において「我々は各国の人民が同じ空の下で自由平等で、調和のとれた幸福な生活を送り、人類の平和と発展の成果を享受できるよう心より望む」と述べた。我々の国家がこれらの観念を人類文明の共同の成果と普遍的価値とみなしていることが簡単に読み取れるだろう。
2) 兪可平、「思想解放与政治進歩」、『新華文摘』第 22 期、2007。

を遙かに上回る。

社会主義和諧価値体系を建設し、和諧文化を大いに発揚することは価値と思想領域から個人の自主性の発展方向を適切に導き、個人の自主性と社会全体の「和諧」との関係を調和させるものである。文化は社会学において非常に重要な地位を占めている。コントからデュルケーム、パーソンズに至るまで再三強調しているとおり、文化はあらゆる社会現象の生産と再生産の背景を構成するだけでなく、社会の統合と団結を確保する根本的な絆である。和諧文化の建設は、実質的に中国人の千年来の伝統文化や社会主義核心価値体系と外来の先進文化を、中国の特色ある社会主義の実践において有機的に統合することである。自主性の観点から理解すれば、まさに「八栄八恥」や目下政府が奨励している家庭への回帰という道徳建設が強調するように、和諧文化の核心は、経済の個人主義、即ち利己主義による個人主義の過度な助長を制約し、企業の社会的責任とソーシャルケアを強調し、原子化した自主性とその集団的表現形式である集団個人主義の社会全体に対する自主性、他人の自主性への抑圧や破壊を制限し、中国人の共同体式生活スタイルを守り、個人と集団の自主性を、他人の自主性と社会全体の自主性を破壊しない範囲にコントロールすることにある。

上記の観点から見れば、和諧社会の構築は、まだ初期段階ではあるものの、全社会の各主体間の自主性の相対的バランスを維持し、自主性を秩序ある方向に発展するよう推進する力として成長しつつある。

第四節　本書内容の構成

本書は、改革開放以降の30年における中国の社会領域の変化について全面的に概観するものではなく、社会管理制度の変革と社会生活の変遷の相互関係の観点に立って、自主性を主要論題として、1978年以降中国の社会生活領域で発生した重大な変化を検討し、その過程における中国制度建設と一般庶民の日常生活の間の相互構築関係、およびその効果について分析する。指摘しておきたいのは、まさに「ルネサンス」が中世紀以前に戻ることを指すのではないのと同様に、「自主性の回帰」という本書の書名も単に伝統の回復を指すものではない。「回帰」とは単なる文学上の概念である。しかし、過去30年にわたる中国における自主性の成長と発育の実際の過程は非常に複雑で、一社会人としての様々な自然な活動空間の回復を内

序論　制度と生活から見る中国社会の変遷　43

包するのはもちろんのこと、さらには、新しい歴史条件における新たな自主性の芽生えと成長およびそれらの間の相互衝突を指すとともに、制度と生活の相互関係における異なる自主性の異なる命運を指す。

　本書において、我々は主に中国の社会管理領域で発生した社会生活領域の変化の目印となるような制度変革の情況を踏まえて、1949年以降の中国における社会変遷の歴史を五つの段階に分け、これらの段階区分により本書の篇章を設ける。

　中国共産党11期3中全会までを一つの段階として、本書第一章を構成する。この30年において、中国では社会管理制度と社会生活の面で未曾有の変化を経験した。これによって現れた社会問題が1978年以降の改革開放政策の実施を要請しただけでなく、それらの変化は、この段階の改革開放の歴史において物質的、制度的および文化的基礎を築き、さらに我々が今日改革開放30年の歩みを反省するための参照物をも提供した。この観点から言えば、初期の30年の社会主義建設の試みがなければ、1978年以降の改革開放事業はなかった。この章では、中国共産党の指導下での中国「総体性社会」の建設プロセスについて主に論述する。「総体性社会」の建設とは、主に相対的に整備され、厳格な社会管理制度を国家が如何に構築するかを指し、これには単位制、人民公社制、戸籍制、階級分類制および高度に一元化されたイデオロギーシステムが含まれる。これらの制度が構築され、機能的に運営されることによって、ほぼあらゆる経済資源、政治資源、文化資源および社会資源が国家により完全に独占された。国家は各種資源の管理と配置の権力を占有することで、経済生活、政治生活、私的生活、人口の流動、思想意識、価値観念など、社会生活領域の各方面を効果的にコントロールした。一方、人々の自主性が厳密に制限された結果、個人の自主性が歪められ、またそれによって、制度の価値が儀式化、形式主義化されるようになった。

　第二章では、1979～1984年について論じる。1979年は中国の改革開放元年であり、1984年の中国共産党12期3中全会では、経済体制改革を都市で重点的に取り入れ、社会主義経済は公有制を基礎とする計画商品経済であることを打ち出した。この期間は基本的に中国の改革開放の試行段階であった。「階級闘争を要」とすることはなくなり、「撥乱反正」（混乱を収拾し、秩序を回復する）キャンペーンが始まった。生産責任制が人民公社制度に変わり、農村生産単位は生産隊から家庭に変わった。郷鎮企業は再出発した。「経済特区」が出現し、中国は改めて世界に向かって自らの窓を開いた。計画経済体制改革が始まり、市場要因が経済生活領域に取り入れ

られた。企業の自主権を拡大する改革が全面的に推進された。「上山下郷運動」に加わった知識青年は徐々に都市に戻り始めた。これらの制度の変革は改革開放前までの30年に不適切な制度設計によって生じ、しかも制度そのものに隠ぺいされてきた様々な社会問題の一部をさらけ出しただけでなく、社会全体の急激な変動をもたらした。都市での失業、レイオフ人口の増加、自営業者が現れ始め、単位制の社会管理モデルは挑戦を受けた。農村人口は都市へ流れ込み、人口流動規模は急激に拡大し、戸籍制度は挑戦を受けた。都市と農村で先に豊かになった一部の人々が出現し、社会階級階層関係に調整が生じた。思想領域で雪解けが始まり、外界との接触が日増しに密接になって、様々な奇をてらった流行、思想が次々と現れ、社会帰属意識の多元化の趨勢が顕著になった。思想の啓蒙がはじまり、人々の想象力はこれまでになく活発になり、青年の人生選択と設計を激励した。この時代はなんだかんだ言って、傷を負いながらも、目新しさ、想象力に溢れた時代で、活力に満ちた、自主性が主張され始めた時代であった。

　第三章では1985〜1993年を検討する。1985年は「経済体制改革に関する中共中央の決定」が施行された初年であり、中国の全面的改革が徐々に始まった。1992年春、鄧小平が有名な南方講話を発表し、同年秋に中国共産党第14回代表大会が開催されて、社会主義市場経済体制の構築を中国の経済体制改革の目標とし、中国の改革開放事業は新たな出発点に立った。1993年末、中共14期3中全会では「社会主義市場経済体制の構築に関する若干問題の決定」が採択された。この9年間は改革開放以降最も激動する時期で、2回にわたり深刻な政治的事件が発生しただけでなく、改革開放事業も一時的に頓挫し、ひいては逆戻りするリスクを経験した。1992年に発表された鄧小平の南方講話により改革開放プロセスが再開した。この9年間、生活領域に対する制度変革による影響が徐々に広がるようになった。社会保障制度改革が少しずつ進み、単位制が不安定になりはじめ、収入が業績とリンクするようになり、都市部の「単位」に所属する人々の安心感ははじめて全面的な動揺を見せた。社会に対する制度の拘束力は変化し、衰えていった。選択の機会は益々増加し、人口の流動はさらに自由かつ頻繁になった。経済生活は一層豊富になり、政治的拘束から抜け出した人々が一斉にビジネスを始め、全国民が商売に飛び込む風潮が起こった。不足経済時代は終わりを告げ、配給券の日々は終わった。二重価格制と株式市場の確立はすぐに民衆の「労働蓄財」という心の支えを動揺させた。消費主義と道楽主義は生活と思想観念の領域に入り始めた。個人主義が高まり、自己

の価値実現の追求が徐々に主流を占めるようになり、伝統価値観念と倫理道徳は挑戦を受けた。階級階層構造に急激な変動が起こり、頭脳労働者の収入が肉体労働者の収入を下回る現象が顕著となった。思想領域では一旦かつてない活気に満ちあふれたが、また沈黙に戻ったという劇的な変化があった。自主性がより多くの領域で主張されながらも自主性パラドックスも顕著になり始めた時代に入ったのである。

　第四章では1994～2004年について検討する。中国共産党14期3中全会で「社会主義市場経済体制の構築に関する若干問題に関する決定」を採択し、中国改革開放事業が全面的に推進される新段階に入った時を起点とする。これは、中国の経済が急速に発展し、市場経済体制が基本的に確立され、社会が高度に安定する一方、矛盾が絶えず累積された11年であった。この期間において、社会市場化の制度変革の動きは人々の日常生活に極めて大きな影響を与えた。改革が「あまねく恩恵をもたらす」段階はひとまず終わりを告げ、貧富の格差が日増しに激化して、逆T字型の階級階層構造が基本的に形成された。地域の分化、都市と農村の分化は著しいものとなり、社会矛盾は顕著になった。娯楽主義、消費主義による主流イデオロギーの排斥は日増しに明らかになった。中国伝統生活スタイルと観念に対する市場主義の破壊力は完全な形で現れた。思想領域では新左派と自由主義の戦いが見られたが、1980年代のパトスに比べるとより成熟していた。ニューメディアとしてのインターネットの普及は人々の娯楽と消費方式を変えただけでなく、人々の付き合い方を変え、また情報公開と新型の民主化に未曽有の積極的な条件を作り出した。マクルーハンの「メディアはメッセージである」という言葉はインターネット時代に有力な論証を得ており、自主性は斬新なメディアの温床で成長し、変異した。社会矛盾に対する市場化の激化は、自主性の成長はパラドックス状態に陥り、人々が「社会防衛」の価値を裏側から考えるよう導き始めた。これは自主性の絶え間ない拡大、自主性のパラドックスにこれまでにないような膨張を見せたもので、中国社会が継続的に前進するのを脅かし、制度調整が日増しに緊迫し始めた時期にあたる。

　第五章では2005年から現在までについて検討する。2005年2月、中国共産党中央政治局は社会主義和諧社会を如何に構築するかについて集団で学び、市場を道案内とする改革開放から30年近くが経って社会建設と社会生活が初めて国家改革開放の主要内容となり、中国の近代化建設目標の三位一体は四位一体に変わった。和諧社会建設の具体的内容と計画はまだ模索と検討の段階にあり、各主体の自主性の間、内容の異なる自主性の間の関係を如何に調整するかは今も明らかではないが、

和諧社会の理念はすでに人々の心の中に深く入り込んでいる。利益構造の調整から社会福利制度の再建、道徳の再建から和諧文化に至るまで、和諧社会理念およびこれに対応する社会建設制度の登場が中国人の社会生活に与えた影響は極めて大きい。中国社会はまさに社会生活における自主性が健やかに成長する土壌の育成に努める一方、多元的な自主性の間の関係の調和を図るために制度と道徳条件を創造している最中である。

　前の数章では、民族国家の範疇でここ 30 年に中国の社会生活領域で生じた重要な変遷を考察し、制度と生活の関係の観点に立って社会生活領域の自主性の変化に関する論理を検討するとともに、国家の自主性のこの 30 年における変化の軌跡についても考える。ただし、この 30 年の社会変遷は決して民族国家の範囲に制限されたものではなく、グローバリゼーションの深刻な影響を受けている。まさにベックが指摘したように、グローバル化の時代において、社会学は民族国家のパラダイムを超越して、世界主義パラダイムを取り入れるべきである。事実、グローバル化の背景下で民族国家の自主性、地位およびその運営論理、具体的な機能には重大な変化が生じており、民族アイデンティティが顕著になっても、グローバル化の背景において有効な解釈が可能である。社会生活領域内の変遷も非常に顕著であり、人々の生活の最もプライベートな領域にも影響する。グローバル化を背景とする民族国家の地位、役割は即ち自主性の変化や、施行方式や行動戦略の変更を通して、グローバル化を背景とする自身の自主性の再構築を如何に実現すべきかが本章で検討する課題である。グローバル化に適応して、和諧社会の構築により作り出された新しい環境に適応し、民族国家は、理念を変え、イノベーションを怠らず、自身の制度の変革を図る一方、グローバル化の背景において各種権利と論理の相互関係をコントロールする能力を高める必要があり、とりわけ新たな協力能力を育成する必要があると考えられる。

第一章
社会の単位化：国家による
生活方式の取決め

　新中国が成立してから文化大革命が終了するまでの時期において、アヘン戦争以降中国社会が常に直面し、脱却し切れずにいた「全体的な社会危機」を如何に徹底して解決し、如何に資源の高度集中を実現して最短の期間で工業化と近代化を推進し、バラバラになっている農家を如何に組織して秩序のとれた、先進的かつ有機的に統一された社会主義社会を構築するか、ということが一貫して党と政府による社会管理体制建設の基本的な出発点であった。長年にわたる経済建設と社会管理の実践において、国家は、単位制、人民公社制、戸籍制、階級分類制および高度に一元化された集団主義イデオロギーを含む社会管理システムを徐々に構築した。これらの制度間は高度に統合され、寸分の隙もない、中国の歴史上未曽有の国家の力が社会生活のほぼ全領域に浸透し、社会の様々な資源を効果的に独占しただけでなく、人々の基本的生存および福利要件を保証した。このため、個人の自主性を拘束し、分散した社会生活を固定、統一し、秩序のとれた、閉ざされたレールの中の目標に詰め込むことに基本的に成功し、さらなる経済建設のために空前の有利な資源と力を統合する条件を作り上げた。

　形式上、このような社会福利制度を含む社会管理制度は中国文化の平均主義の訴えに大きく迎合したものだが、実際の運営を見ると、この種の制度は階級出身、戸籍、職業など新たな外的基準を基礎としたものである。様々な地域、職業、政治的背景をもつ人や集団グループがそれぞれ異なる階級階層の枠組みに分けられるため、旧来の社会不平等が消滅したとともに、経済、政治、社会地位の新たな不平等がある程度作りだされた。また、この種の制度は生活領域の自然発生的な自主性、無秩序を完全に奪うことを試みているため、推進の過程で様々な障害に遭遇することは

予想されたことである。制度推進の障害となる様々な力を取り除くため、自らの社会資源に対するコントロールを利用して、定期不定期に各種政治運動を発動し、反対に各種社会資源を一層独占するのがこの時期の国家の重要な政策となった。「運動」はこうして、この30年における人々の生活の基本的な構成部分となった。

　もっとも、この種の高度に融通のきかない制度システムにあっても、社会は依然として一定の自主性をもち、この種の「隠された」自主性は人脈やコネによるネットワークと既存構造の「裂け目」によって静かに機能しており、中国社会に最低限の柔軟性と弾力性を持たせている。

第一節　新制度、新社会、新アイデンティティ

　制度変遷の視点から見ると、1949 ～ 1978年の中国社会はほぼ全体主義的「単位社会」であった。単位制、人民公社制、戸籍制度、階級分類制度および高度に一元化されたイデオロギーは、この全体主義的社会を支える五つの基礎的管理制度となった。これらが成功裏に確立されたことで、斬新な社会秩序が構築され、中国人の社会生活を再組織するにあたり深刻な影響をもたらした。

一、革命後の社会再建の青写真

　1949年に中華人民共和国が成立されたことは、中国共産党が法理上革命党から執政党（支配政党)に変わり、経済建設、政権建設の歴史的使命を負っただけでなく、社会再建の任務も引き受けたことを意味した。清朝末以降、当時盛んだった西洋文化と制度の衝撃を受けて、社会の断裂や統合メカニズムの障害もしばしば発生し、数千年続いてきた中国社会を全体的危機に直面させた。社会危機に対する新中国の創設者の集合的記憶は、かなりの程度新社会制度の選択に方向性を与えた。

（一)全体主義的社会の再建：社会危機に対応する制度選択

　官僚式の集権帝国と分散された小作農経済を特徴とする中国の伝統社会は、秦から清の時代に至るまで2千年余にわたり連綿と続き、世界文明史上の一大奇観となった。2千年余の長い歴史において、王朝の交替が十数回発生したが、前王朝の制度の枠組みが比較的完全な形で継承され、または再建されることによって、いわゆる「千年一貫」した社会構造、官僚制度および社会認識システムの再生産を維持し

てきた。西洋資本主義列強が中国の扉をこじ開けるまで、中国の伝統社会は根本的な挑戦や危機に直面したことはなかった。19世紀半ば、イギリスの東方遠征軍の「堅固な軍艦と強力な大砲」により、清王朝に主権の喪失につながる恥辱的な「城下の盟」の調印を迫られた後、中華帝国は「数千年来なかったような変局」に見舞われるようになった。中国社会史上未曽有の危機と大転換、大変遷がこうして幕を開けた。ノーベル文学賞を受けた詩人パス (Octavio Paz) は、メキシコにとって「近代化は運命」(condemned to modernization) であり、「近代化を行うよう呪われている」が、これが唯一の理性的な出口だと語っている。中国においても同じである。一般的に、危機意識は人類文明の誕生、発展と切り離せない。しかし、ここにおいても我々が近代以降の中国の伝統社会が直面してきた「危機」を、「単位社会」が発生する最も基本的歴史背景とする理由は、この時期に中国が直面したのは一般的な意義における「危機」ではなく、過去数千年の間、かつて一度も現れなかった「全体的な社会危機」である、と認識しなければならないところにある。

　西洋列強の衝撃に直面した中国では数千年来続いてきた社会の伝統的運営方式に根本的な危機が現れ始めた。19世紀半ば以降中国が遭遇したこの種の「数千年に一度の変局」を振り返る時、多くの研究者はその深刻さと複雑性を深く理解している[1]。清末の思想家王韜はこの種の変化は王朝の変化ではなく、文明秩序の変化だと考えた。政治学者鄒讜は、「中国を襲う全面的危機の中核にあるのは経済制度の崩壊でも、経済階級の変化でも、人口の増加でも、社会制度の衰退でもなく、政治領域における危機であった。この危機は皇帝制度の廃止と『地主、儒家、官吏』という三位一体の統治階級の解体に直接現れている」としている[2]。皇帝を中心とする王朝は「最高の」権力をもっていたが、郷土社会がばらばらで自足的である背景において、全社会の力を統合し、西洋の挑戦に対応することはできなかった。中国社会は全体的な危機から脱却して、全体的変動 (total change) を実現しなければならない。「全体的変動」はアイゼンシュタットの提示した社会の変遷を分析するための概念である。同氏によれば、全体的変動において、既存の各グループ間の関係は打破され、各種制度の枠組み、基本的象徴記号と適法性の基礎すべてに根本的な変化が生じ、新たな制度規範、枠組みおよび象徴記号体系を形成する。全体的変動に対応するのは適応的変動 (accommodable change) であり、この種の変動はかなりの程

1）田毅鵬、漆思、『"単位社会"的終結』、社会科学文献出版社 2005 年版。
2）鄒讜、『二十世紀中国政治』、（香港）牛津大学出版社 1994 年版、234 頁。

度既存の制度体系に適応する。簡単に言えば、基本的な制度枠組みは内部の自己調整を通してこのような変遷に適応できる。全体的変動と適応的変動の間には限界的変動（marginal change）がある。この種の変動に含まれる価値方向性と象徴記号は現有の秩序とその論理的前提を否定するが、新たな構造と秩序を形成することはできない。簡単に言えば、これは古いものを破壊できるが、新しいものを創造できない変動である[1]。全体の危機に直面する中国社会の方向転換は全体的変動しか選択できず、適応的または限界的変動は論外である。このため、単位社会の構築は、決して社会管理システムの再構築のみを目的とするものではなく、むしろ中国の伝統社会において全体性危機が発生したなかで、社会のエリートが全体性社会の変遷と総体的な社会の再建を推進した結果である。

　上記のような社会危機を背景に、最も広義の近代中国革命（所謂「新旧民主主義革命」を含む）は 19 世紀後半以降の中国社会の全体的危機に対応する最も厳しい選択となった。この種の革命は非常に強烈な「大革命」または「社会革命」の色彩を帯びており、社会再建案の根本性と全面性が著しい特徴として挙げられる。「単位社会」はまさにこのような社会再建案である。この案を選択することは、共産党の価値体系の論理上の必然性に基づくものだけでなく、これまで共産党によって形作られてきた創造的な社会組織方式の延長でもある。共産主義革命の成功により、共産党はそれまで数々の勝利をもたらしてきた組織と制度に極度な自信を持つようになる一方、そこから脱却できない経路依存に陥った。また、中国共産党が武装革命により勝利を収めたことで、清朝末以来の全体的社会危機が克服されたため、中国民衆は共産党の有する巨大な権威に信頼を寄せるようになり、革命後の社会においても中国共産党による社会再建の精神と方式は依然として充分な存続理由および実践的空間があることを確信するようになった。

（二）全面的社会動員：資源制限下の行動戦略

　20 世紀以降の中国の激しい社会変遷は往々にして高度に組織化された「社会動員」の方法により展開された。1950、60 年代の社会動員は空前絶後のものといえよう。このような社会動員ができたのは、深刻な歴史および社会的原因がある。民族の独立と国家の統一、社会の再構築、民族解放運動の慣性、国際情勢の圧力、毛沢

1）アイゼンスタット著、閻歩克訳、『帝国的政治体系』、貴州人民出版社 1992 年版を参照。

東の威光と地位および中央集権体制など、そのいずれも要因として考えられる。社会動員に対する概略的な考察は、単位社会の形成プロセスを深く理解するために有用である。

革命以前の中国社会は長期にわたりばらばらで組織されない状態にあり、社会動員、統合の能力は低かった。中華人民共和国成立後、内憂外患の危機的情況において、社会は緊急状態にあり、政府の力だけに頼っては危機をコントロールするには不十分であり、政府は広範で、効果的な社会動員を必要とした。有効な社会動員を通じて、民衆は危機の性質、特徴、現状を理解し、危機に対して正確な認識をもち、情報遅滞による恐慌を避けることができる。また、社会動員を通じて、民衆は責任ある政府が積極的に危機をコントロールするのを目にすることができ、政府に対する信頼、危機の克服に対する自信は必然的に大いに強まる[1]。また、社会動員は社会発展に不可欠な団結力の形成を助けるものである。建国早々、人々の価値観念および行為の方向性は往々にして千差万別であって、ルールを守ろうとする意識も普遍的に低く、社会構成員間でも信頼関係や持続的かつ有効な社会協力メカニズムを築くことは難しい。社会動員によって社会構成員がある重要な問題について認識を共有し、社会有機体の断片化の危険性を払拭し、社会の団結力を強化し、有効な社会協力を実現させることができる。社会全体の潜在能力を十分に解き放つことで、社会発展の巨大な推進力を形成する[2]。弱肉強食を特徴とする当時の国際環境において、中国は生存を続けようとすれば、社会の再建を図り、これまで分散していた民衆を団結して一体化させることが不可欠であった。

中華人民共和国成立後、社会動員の思想は主に次の二つの面に表れた。(1)「組織する」という原則に基づき、伝統社会を根本的に改造し、「単位社会」と新しい社会組織モデルを作り出す。毛沢東は、次の通り指摘した。「我々は一層の組織化を図らなければならない。我々は全中国の絶対多数の人を組織して、政治、軍事、経済、文化その他の各種組織において、旧中国のばらばらで組織されない状態を克服し、偉大な人民群衆の集団の力を用いて、人民政府と人民解放軍を擁護し、独立で民主的平和的で、統一された強い新中国を建設しなければならない」[3]。ここにおいて、中国共産党の目標は、中国社会に対して全面的徹底的な組織改造を行うこと

---

1) 龍太江、「社会動員与危機管理」、『華中科技大学学報(社会科学版)』第1期、2004。
2) 呉忠民、「重新発現社会動員」、『理論前沿』第21期、2003。
3) 毛沢東、「中国人民大団結万歳」、『人民日報』10月1日、1949。

により、「民族－国家」建設の任務を完了することであった。(2) 共産党を指導の核心とし、「単位」を最も基本的な組織モデルとして、高度に集中された社会動員システムを築き、この社会動員システムと民族国家の独立維持と民族国家近代化の推進を緊密に結びつける。毛沢東は、立ち遅れた中国の近代化のためには、「国内外のすべての積極的な要素を動員して、社会主義事業に奉仕しなければならない。我々は、かつて帝国主義、封建主義および官僚資本主義の統治を終わらせ、人民民主革命の勝利のために、一切の積極的な要素を動員する方針をとった。現在は、社会主義革命を進め、社会主義国家を建設するため、同様にこの方針をとる」とした[1]。

　我々は社会主義改造と建設期の社会動員を「組織化動員」と位置付けた。組織化動員とは、既存の行政管理の枠組みを利用し、組織の推進の助けを借りて、国家と完全に同様な構造をもつ単位に社会動員の実現を託すことである。中でも、動員者と被動員者間に一種の隷属的組織関係が存在し、動員される側にとって極めて重要で希少な資源を、動員する側が掌握することはその基礎である。これもまさに建国後数十年において、中国の執政党と政府による、数々の大規模な全民的社会動員運動がスムーズに行われてきたための前提であった。

二、制度の定型化と新秩序の形成

　「根拠地（革命基地）」時代の戦時の共産主義的色彩を帯びた供給制を単位社会の最初の起源、原形とみなすなら、共産党の指導に伴う社会主義改造運動は「単位社会」を大規模に普及し拡大する時期となった。1949 年以降「単位社会」確立のプロセスは、実際のところ社会主義が中国で確立され普及されたプロセスでもあった。

(一)組織による生活の決定：単位制と人民公社制

　組織は制度の重要な構成部分である。「単位」組織は中国社会主義再分配体制下において制度構造、社会構造の中心である。単位組織から単位制、単位社会への発展は、制度の下準備、ならし運転、定型化および拡大の典型的なプロセスを経験した。

　一つ目に、「単位社会」の下準備である。中華人民共和国成立後、中国共産党が旧中国から受け継いだのは破壊された不完全な社会であり、各種経済、政治、社会問題は雑多かつ複雑で、解決が急務であった。毛沢東などのリーダーはまさにこのよ

---

1) 田毅鵬、漆思、『"単位社会"的終結』、社会科学文献出版社 2005 年版。

うなマクロ的な政治思考と大国の全体的近代化から出発し、国家のパワーを如何に運用して社会の改造と再建を推進するかを探っていた。1952 年に至っても、まだ単位社会の構築を模索していた。建国初期の 3 年間の発展の歩みから見ると、中国共産党がまず固めたのは政党と行政体制であった。政党と行政の二重の力により社会を徐々に制御し、革命後の社会の統合を実現した。新型国家政権は、急速で簡単な方法により高度に緊密で純粋な行政単位体系を確立した後、国家政権の力を運用して経済単位体系を構築する。まず、単一所有制構造の確立と財政経済体制の統一は、国家が一切の資源を掌握し配置するために最も堅実な基礎を提供し、単位体制の基礎を固めた。次に、党と国家の権威は都市社会に貫徹し浸透することを通して、単位体制に頼って社会に対する全面的コントロールを完成した。これによって、国家と社会が一体化された構造体制が確立した。3 つ目に、国家が支配した制度構造下で、国家、単位、個人の間の連帯関係が確立され、統一された賃金制度、一般就業制度など長い期間においてこの関係は確固として揺るぎないものである。

　二つ目に、単位体制の初歩的な定型化である。中華人民共和国成立初期の国民経済が回復した段階において、中国では高度に集中した計画経済体制の原形が確立されていたが、この「原形」の真の定型化は 1956 年の「第一次五ヵ年」計画において基本的に完成した[1]。まさにこの時期に、「単位体制」も基本的に確立された。

　初代国家リーダーたちは想定した社会主義の確立と国家工業化の実現のためにとった政策と制度の設計は、都市経済、とりわけ国営部門において特別な組織形態を作り出した。その主な制度要因は、一つ目に、国家は市場関係を消滅させ、行政手段を運用して資源分配を制御するよう努める一方、労働者の恒久的就業と福利を引き受ける責任を企業に押し付けた。それによって労働者が職場に全面的に従属することになったが、実際のところ個人が国家に従属したことであった。二つ目に、国家の組織プロセスを決める政治構造と原則によって、国家は社会を管理する際に、法律を主な手段として選ばないことにした公有制が実現され、行政組織構造に組み入れられた経済組織は、国家が社会に対して間接的に行政管理を行う組織手段となった。三つ目に、労働者の職場は同時に彼らの政治参加をする主な場所となった。四つ目に、個人にとって、職場の党組織と行政組織は、労働プロセスの管理者であると同時に、政治上においても法律上においても党と政府の代表者であった。社会

---

1)　王海波、『中華人民共和国工業経済史』、山西経済出版社 1998 年版、167 頁。

生活が国家行政権力の全面的制御を受けるなかで、職場の党政組織の認可と証明なくして、個人の社会活動はほとんど不可能であった（婚姻登記、戸籍登記、職場の異動など）[1]。職場の組織形態がこれらの制度関係を含むようになると、これら社会の基層組織は「単位」へと転換した。新中国社会体制の変化のプロセスから見ると、これら制度的要素は 1956 年になると全社会的範囲で基本的に整った。このため、単位体制は第一次五ヵ年計画の完成時にすでに初歩的に形成されたと言える。

　三つ目に、人民公社単位体制のコピーと拡張である。新中国成立から 1956 年までは政治的に安定し、経済が急速に発展した時期だったが、当時の計画行政体制と工業化モデルが輝かしい成果を上げたとともに、日増しに内在する欠陥を露呈することになった。これらの矛盾に直面しながら、1958 年の「大躍進」が始まり、中国は独自の発展の道を歩んだ。この転換をもたらしたのは中国共産主義革命の伝統に根付いた政治力であり、その実践は後の歳月において単位体制の成熟を推し進めた[2]。

　中国の社会主義改造が予定より早く完成し、とりわけ数億の農民が思いがけない速さで組織され高級社（人民公社の前身、高級合作社の略である）に入ったことは、社会主義制度に大衆運動を加えれば万能の武器になると毛沢東に確信させ、単位を農村まで拡大することを考えるようになった。これはまさに路風が述べたように、農村人民公社を単位として定義づけることはできないが、大躍進の時期において、毛沢東は人民公社の形で農民を網羅した組織を確立することを企図していた。毛沢東は当時、「やはり人民公社を作るのがよい。農、工、商、学、兵を結び付けることができて、指導しやすいことが利点である」と述べた[3]。1958 年 7月 1 日出版の雑誌『紅旗』に発表された「真新しい社会、真新しい人」という一文では「人民公社」の概念を打ち出したが、都市単位を模倣して農村を改造することの必要性を趣旨としていた[4]。当時の共産党員から見れば、単位制は都市だけの問題ではなく、全国をカバーする必要があった。

　1957 年冬から 1958 年春にかけて、全国では中央からの呼びかけを受けて、数千万ひいては億を超える労働力が出動して農田水利の基本建設が行われた。大規模

---

1) 路風、「中国単位体制的起源和形成」、『中国社会科学季刊』第 4 巻、1993。
2) 路風、「中国単位体制的起源和形成」、『中国社会科学季刊』第 4 巻、1993。
3) 王令金、「農村人民公社制度的建立与排除」、『党史博采』第 10 期、2000。
4) 田毅鵬、漆思、『"単位社会"的終結』、社会科学文献出版社 2005 年版。

な農田水利建設は、既存の小規模農業生産合作社の生産関係に対する挑戦だった。まさにこのような背景下において、毛沢東その他の中央指導者は合作社の規模の問題を再考し、小社を大社に併合する主張を正式に打ち出し、その後実践に移した[1]。大社への併合を行った上で、全国で人民公社化のブームが急速に沸き起こった。このような情勢において、北戴河で開かれた政治局拡大会議で「農村に人民公社を設立する問題に関する中共中央の決議」が採択され、農村で人民公社を設立することが決まった。決議は次のような内容であった。即ち、「人民公社は、情勢発展の必然の成り行きである」、「現在の情勢において、農、林、牧、副、漁業を全面的に発展させ、工農商学兵を結びつけた人民公社を設立することは、農民による社会主義建設の加速を指導し、社会主義を前倒しで作り上げ、徐々に共産主義に移行するために欠かせない基本方針である」、「人民公社は社会主義を作り上げ、共産主義に徐々に移行するための最良の組織形態であり、将来的に共産主義社会の基礎単位として今後発展していく」、「共産主義を中国で実現するのは遠い将来のことではなくなった。我々は人民公社の形態を積極的に運用して、共産主義に移行するための具体的な方法を模索しなければならない」[2]。その後、人民公社を大いに建設せよとする、全人民を巻き込んだ大掛かりな運動が一気に始まった。

　農村で人民公社がすさまじい勢いで推進されると同時に、都市でも人民公社運動が出現した。1958 ～ 1960 年の間、「中国都市で出現した人民公社は、組織生産活動を中心とし、共産主義原則と思想に基づき都市住民の社会生活と生産活動を組織する、政社合一（行政組織と経済組織が一体化された）の社会組織であった」[3]。それは、上級組織が規定した一切の行政職権を行使できる都市基層政権の組織者であると同時に、生産、交換、分配および人民の生活福利を統括する、都市住民の経済生活の統一組織者でもある。人民公社の最も重要な業務は、生産の全民化、生活の集団化および家事労働の社会化を組織することであった。都市人民公社化運動が展開される際、よく使われたスローガンは「町中で工場を運営し、どの家にも暇人はいない（街街巷巷辦工廠，家家戶戶無閑人）」というものだった。都市の余剰労働力の最大 85% 以上が組織され、組織された人は無条件で人民公社経営の工場や各種生活サービス組織に参加した[4]。当時の人々は生活の集団化や家事労働の社会化は

---

1)　薄一波、『若干重大決策与事件的回顧』下巻、中共中央党校出版社 1993 年版、729 頁。
2)　『中共党史学習文献簡編』（社会主義革命時期）、中共中央党校出版社 1983 年版、129 ～ 130 頁。
3)　趙徳馨、『中華人民共和国経済史』、河南人民出版社 1988 年版、503 頁。
4)　劉振清、「城市人民公社述論」、『長白学刊』第 3 期、2006。

共産主義に移行するための主要要素であると普遍的に考えた。これを実現するためには、公共食堂および託児所、幼稚園、養老院、文化補習班、文盲一掃班、衛生所、保健院、センタースクールなど各種生活サービス機構の組織を必要とし、その結果、都市社会が「完全に単位化」される構造ができあがった。「左」の思想の指導下で出現した都市の人民公社は都市経済と社会発展の規律に著しく背き、基本的な物質の基礎を欠いたため、すぐに続かなくなりその後鳴りを潜めたが、その後相当の期間にわたり、都市の「完全単位化」の歩みは続いた。町内工業を起こすことによって、公営企業・事業単位以外の従業員の家族その他の有閑者が次々と単位システムに組み込まれた。「文化大革命」が始まると、「知識青年」の「上山下郷運動」の展開に伴って、単位体系を離れる人々は益々減少し、社会管理事務はほぼ完全に単位に入り込み、単位以外のコミュニティ権力はほぼ「真空状態」に陥った。ここに至って、単位社会の発展はピークを迎えた。

　人民公社はある意味では家庭式の単位であった。公社の基本計算単位は、自然村または農民集中居住区域により分けられた生産隊であった。生産隊は当該年度の生産状況と農民の稼いだ労働点数により農家に実物分配を行った。集団分配ではあったが、農民は実質的に依然「損益に責任を負う」ことが求められた[1]。この観点から見れば、人民公社は標準的な単位ではなかったが、そうはいっても、依然として単位社会と単位体制の有機的な構成部分であった。なぜなら、単位体制の基本制度の内容は、国家が人民をひとつの行政ネットワークに組織したものであり、人民公社制はこのような組織方式の理論的延長線上に立っているからである。

（二）出身による機会の設定：階級分類と戸籍制

　中華人民共和国成立当初、財産所有権を区分の目印とする階級体系が打破され、身分制を目印とする階層構造、即ち「二大階級一大階層」という階層構造が発展して、農民が大多数を占め、労働者と知識分子が少数を占める「ピラミッド型」社会の階層構造が形成された[2]。この際、社会階層構造に根本的な変化が生じ、搾取階級がひとつの集団として歴史の舞台から退いていたが、これは中国がこれによって「均等」社会に入ったことを意味しなかった。現実において財産所有権を主とする社会分化

---

1)　路風、「中国単位体制的起源和形成」、『中国社会科学季刊』（香港）第4巻、1993。
2)　杜風、方青、「従"金字塔型"到"橄欖型" —— 建国以来的社会階層結構成変遷」、『合肥学院学報（社会科学版）』第1期、2005。

のメカニズムは、政治的身分、戸籍身分および行政身分を主とする社会分化メカニズムに取って代わられた。1950 年代中期になると、このような非財産所有権型の社会分層が比較的安定した身分制分層体系を形成した。

　身分社会が重んじたのは、身分や名声、地位を基準として人々の行為、利益取得および相互関係を展開することであった。身分の取得は大部分先天的なものであり、改変は難しかった。このようにして、客観的に社会の流動、特に垂直流動を規制した。ワルダーは中国は身分社会であり、各身分グループの生活におけるチャンスは異なると考えた[1]。

　人の政治的身分には高い伝承性があり、子女の出身は実際のところ彼らの両親（特に父親）の出身で決まった。この種の政治的身分の分層体系では、一般人のいうところの「二大階級、一大階層」が多くの細かい層に分けられ、彼らに異なる政治的地位、政治参与の権利、社会的名声ひいては活動の自由度を与えた。例えば、入隊、就学（特に大学進学）、就業、幹部への抜擢等の面において政治出身によりチャンスは大いに異なり、多くのチャンスは政治出身の好ましくない階層に開放されなかった[2]。

　当時、中国の都市の人々の職業身分の特徴は、「単位」により表わされた。都市で職に就いた人はほぼ誰もが単位に所属していた。単位は国家行政系列の基本要素であり、行政機能が与えられ、国家はおびただしい数の大小の単位により統制を実現した。これは当時の計画体制にふわさしく、各単位の行政レベルが定められ、単位に属する各人にも同じく行政レベルがあり、こうして身分が形成された。社会資源の占有や分配も、完全に単位と個人的行政レベルに基づいて行われた。その当時はボーナスもなく、賃金と一連の福利のみが行政レベルに基づき分配され、理路整然として操作は簡単でトラブルも少なかった。あるレベルに達しさえすれば、それに応じてレベル相応の待遇を享受できた。例えば、レベルが高ければ、部屋も大きかった。一部の地域ではいっそのこと「一律に処理」し、あらゆる単位、個人に対する基準を統一し、行政系列により一律レベルを定め、中、小学校もレベルがあれば、機関の食堂にも、敬老院にもレベルを定め、和尚、道士に対してもレベルを定めた[3]。

---

1) Walder, A.1986. Communist Neotraditionalism: Work and Authority in Chinese Industry. Berkeley: University California Press.
2) 陳光金、「身分化制度区隔 —— 改革前中国社会分化和流動機制的形成及公正性問題」、『江蘇社会科学』第 1 期、2004。
3) 李江涛、「階層関係：対伝統身分社会的衝撃」、『開放時代』第 4 期、1999。

1958 年、全人代常務委員会で『中華人民共和国戸籍登記条例』が採択されたことは、都市と農村の二元的な身分体制が出来上がり、中国の都市と農村の階層を分割する基本的枠組みが構築されたことを意味した。都市の人の身分は戸籍により示され、このような身分制において、都市の人は多くの社会福利待遇を享受し、国家がその住居、教育、医療、養老および各種社会サービスを引き受けた。一方、農民の身分にこの福利はなく、都市の人は仕事を失えば失業とみなされたが、農民に失業問題はなかった(観念上人々はこのように考えた)。身分の違いは非常に明らかだった。また、この種の戸籍制度が流動を認めず、戸籍身分の変更がきわめて困難であったことは、農村社会の閉塞状態と二元的な社会構造を強化した。

三、全体主義社会の構造とアイデンティティ

1949 年以降、中国大陸では全体主義社会が徐々に構築された。このような社会において、国家政権が経済その他のあらゆる資源を独占して、社会の生産生活領域に対する全面的コントロールを実現した。全体主義社会の 3 つの基本構成要素は、一つ目に、大部分の社会資源に対する国家による直接の独占であった。ここにおいて、資源とは生産資材を指すだけでなく、都市の住宅等の消費財、日常生活用品の供給および就業等の機会の資源も含む。すなわち、国家は生産資材の独占者となっただけでなく、消費財の支給者となり、ひいては権力と権威の配置者でもあった。二つ目に、社会政治構造の水平的分化の程度は低く、政治の中心、経済の中心、イデオロギーの中心は高度に重複した。イデオロギーは一元化され、政治は高度にイデオロギー化され、経済その他の社会生活は高度に政治化された。三つ目に、垂直的観点から見ると、過去の「国家—民間のエリートまたは社会の中間組織—民衆」という三層構造は「国家—民衆」の二層構造に変わった。全体主義社会は私的領域と公共領域を分けることの適法性を否認し、相互に依存するグループの中で直接的な互動関係を構築するものではなく、個人はただひとつの共同の権威によって結び付けられることになった。このような「原子化された大衆」は、権力維持に不可欠であるだけでなく、国家が全体主義社会を動員するにも便利であった。

上記構造の性質は全体主義社会の一連の特徴を決定した。即ち、社会動員力が極めて強く、全国的厳密な組織システムを利用して、全国の人的物的資源を動員することにより国家目標、とりわけ経済建設、イメージ向上プロジェクトおよび危機対応を実現できる。中間階層が機能してないため、国家は民衆と直面し、中間の緩衝

第一章　社会の単位化：国家による生活方式の取決め　59

に欠ける。社会秩序は完全に国家のコントロールに頼り、国家のコントロールが弱まると、社会は自発的な無政府、無秩序の傾向を有する。社会の自治と自己組織能力に劣り、中間組織が発達せず、コントロールシステムは不完全である。全社会生活は政治化を呈し、その管理は行政化の傾向を見せ、社会の各サブシステムは独立運営の条件に欠け、各機能システムを支配するのは同一の運用原則である。共鳴効果があり、如何なる局部的な矛盾または緊張状態も全局的な危機を内包する。社会で身分制が盛んになり、援助式の流動から指示性を帯びた流動に転換し、構造が硬直する。全体主義的イデオロギーは同時に社会統合と手段的理性の二重の機能を担い、機能的需要に矛盾が内包しているため、互いを弱体化する効果を生じる。エリートが不足するため、民衆の抵抗運動はレベルが低く、激しい一方、建設的要素は少ない。ボトムアップの交流が欠け、民衆の意見集約は必要な組織性に欠けるため、政策レベルとの距離が大きく、取り扱いにくい。言い換えれば、全体主義社会は社会が高度に一体化し、社会生活全般がほぼ完全に国家に頼って機械的に動かされる社会である。このような社会体制は、1949 年前後に中国が直面した政治の解体と社会の瓦解の併存を特徴とする全体性危機の解決に利するものであり、早期の規模拡大を基本内容とした外延型工業化のニーズにふさわしいものだった。しかし、社会生活における種々の弊害もこれにより生じた。文化大革命の終了する頃にはこのような体制はすでに行きづまっていた。

第二節　規制された社会生活

　社会生活の規制は、国家による社会の主要資源に対する全面的コントロールを基礎とした。国家は、都市の単位制と農村の人民公社に頼って、基本的な社会主義福利体系を作り上げ、個人は高度に組織化され国家に依存し服従するようになった。福利体系は平均主義の特徴を示すようにはなったが、階級出身、戸籍、職業を目印とする身分制は事実上経済的、政治的、社会的地位の不平等をもたらした。社会運動は国家の社会構成員に対する強大な動員力を呈し、「運動」は人々の生活の一部となった。政治教育、社会統合および組織体制の共同作用の下に、人々の思想観念、行為方式、生活方式は益々同一化され、禁欲主義的な消費観念や消費方式はまさにこのような標準化が如実に表われたものであった。

一、再分配ロジックにおける生計：社会主義の福利体系

ハンガリー籍の経済学家カール・ポランニー（Karl Polanyi）は、人類の経済生産方式を「再分配経済」、「市場経済」および「互酬経済」の３種類に分けた。そのうち、再分配経済は政治的および行政的権力を基礎とし、このような制度下において社会物品の生産と分配は集中と再分配の過程にあり、製品と生産の残りをすべて中央に上納し、中央はこれらの集中された財貨や物資、労務を、法律、習慣、イデオロギーおよび再分配権力を掌握するグループの方針決定に基づいて再分配を行うため、生産者と消費者の間には水平的コミュニケーションが存在しない[1]。この定義によれば、再分配経済は、かつて社会主義国家の目印のひとつであった計画経済にほぼ相当し、その基本的特徴は次の二つであった。一つ目は、希少な社会資源に対する国家の全面的コントロールと独占が再分配の前提であったこと、二つ目は、資源に対する国家の再配分によって、国家に対する民衆の高度な依存を生み出したことである。国家の資源に対する再分配の過程において、民衆の衣食住および交通、生老病死はすべて国家に託され、顕著な平均主義を特徴とする社会主義福利体系がこれによって形成された。

中華人民共和国成立以降、旧中国の「一窮二白（経済的に立ち後れ文化的には白紙に近い状態である）」の状態から迅速に脱却するため、全国の人力、物力および財力を動員して社会主義建設を行い、高度に集権化された計画経済体制が実施され、社会全体の経済資源に対して集中計画配置と管理が行われた。このような経済体制にあわせて、分配の領域では製品型の労務基準分配モデルが実施された。都市では、国有企業・事業者は等級賃金制を実施した。農村では、生産隊が社員の労働を評定して点数を記録し、年末にまとめて分配することを基本形式とする労働点数制が実行された。このような分配方式は真に労動を基準に徹底して分配する原則に従わず、平均主義の特徴をより顕著に表した。企業と労働者個人に自主権はなく、ましてや独立した物質利益を追求することはなく、人々は分配上の平均を社会主義の一種の価値目標とし、平均主義を否定すれば両極分化を招いて資本主義の道を進むことになると考えた。このような体制と観念の影響を受けて、最終的に平均主義の分配観ができあがった。

---

1) Karl Polanyi , The Great Transformation: The Politic and Economic Origins of Our Time, New York: Rinehart, 1944, p.243-270.

（一）単位制下の福利分配

　1949 年以降、国家による社会体制全体の選択にあわせて、社会資源の集中配分、高度に一体化した政治体制及び行政体制の需要によって、資源分配、社会調整及び組織管理の三つの側面において、単位体制を確立し、社会全体を調整する基層体制ができあがった[1]。資源不足の状況下において、国家が単位組織により社会資源の総量を調整したことは、立ち遅れた状況において現代化建設を推進するための便宜的な選択であった。単位組織は、資源を集め、公共製品を提供する機能を直接引き受け、国家は単位を介して資源の再分配を完成し、都市社会構成員の大部分は単位組織のみを通して自身の生存と発展に必要な資源を取得できた[2]。

　供給制と賃金制は、建国当初併存していた。都市に入ったばかりの各級党政機関の職員は一般に供給制を享受したが、労働者、店員、技術者、教師、職員等の古くからの人員は賃金制を享受した。当時、全国の賃金等級に統一された体系はなく、数百にのぼる賃金標準が並行して使用されていた。待遇と実際の需要に一致しないため、供給制は益々現実の生活にそぐわないものとなった。その後、「純粋」な供給制から特殊な賃金モデル、「包幹制（包括的支払い体系）」が生まれた。包幹制は、国家が一定の現物と貨幣を支給し、食事、手当、衣服、子女の保育、家政婦費用の供給標準を、米や金銭に換算して個々人に一括的に支払い、残りは保留してもよいとするものだった[3]。

　1954 年、国務院は、また国家機関の職員の賃金を「賃金点数」の形式により計算した。賃金点数は、食事点数、衣服点数、手当点数といった複数の点数より構成され、29 の等級により改めて基準を評定した。これこそ多くの古参幹部が語ったところの最も早い時期に稼いだ「点数」であった。これにはさらにれっきとした名前があり、「折実単位」と呼ばれた。いわゆる「折実単位」は、各種賃金を現物に換算し、現物を基礎として賃金を計算した。例えば、上海のある 1 賃金点数は、500 グラムの標準米、500 グラムの標準小麦粉、一尺（約 33 cm）の龍頭細布（比較的質の良い布）、500 グラムの石炭であった。当時の各点数値は約 6500 元（6 角 5 分）だった。包幹を享受する人員に対し、保育費用、家政婦費用、婦女衛生費用、老人優待費用等は元通り支給された。当時、少なからぬ幹部は、長期にわたり供給制生活方

---

1) 王滬寧、「従単位到社会：社会調控体系的再造」、『公共行政与人力資源』第 1 期、1995。
2) 路風、「単位：一種特殊的社会組織形式」、『中国社会科学』第 1 期、1989。
3) 黄新原、『真情如歌：五十年代的中国往事』、中国青年出版社 2007 年版。

式に慣れ、なかなか賃金制を選びたがらなかった。「生活上の事はやはり組織に面倒を見てもらうのが便利であって、自ら気を使うのは面倒」と考えていた。とりわけ、農村出身の一部の幹部は、革命の集団において食事や衣服の面倒をみてもらい、食堂でマントウや肉まんをたらふく食えるという供給方式に一種の強烈な安堵感を抱いていた。

　国内の経済情勢は引き続き好転し、一連の賃金改革もそれにあわせて新たに打ち出された。物価が基本的に安定し、生活レベルも徐々に向上するなか、賃金点数に含まれたいくつかの現物では生活の実際の需要を完全にカバーできなくなったため、国家はまず国家機関及び所属の事業単位の賃金点数を取り消し、貨幣賃金制を改めることを決定した。これにより全国賃金改革の幕が開けた。1955 年 8 月 31 日、周恩来総理が「国家機関の全職員を対象に賃金制を実行し、貨幣賃金制を改めることに関する国務院の命令」に署名し、1956 年 6 月 16 日、国務院は「賃金改革に関する決定」を採択した。これは時代を画する意義をもつ改革であり、その後の中国における 30 年の長きにわたる労働賃金の基礎を固め、深刻な影響を及ぼした。この賃金改革は、一部の職員に対する既存の包幹制待遇を一律賃金制待遇に変更して、国家機関の職員の待遇を統一した。この改革以降、職員及びその家族の一切の生活費用は、個人が負担することになった。既存の包幹費用、老人優待費用、家族接待費用等は一律廃止された。新しい賃金制待遇が打ち出されると、職員は職場が提供する家に住み、職場によって提供される家具、水道電気を使用する場合、一律家賃および費用を納めるようになった[1]。

　この賃金改革により、国家機関、企業・事業者等いくつかの分配制度が制定された。そのうち、党政機関では職務等級賃金制が実行され、幹部の点数を 30 の行政等級に分け、最高 560 元、最低 18 元とした。企業労働者点数は八つ（個別の職種については七つ）の技術等級に分けられた。エンジニア、教師、医療就業者、文芸工作者等の専門職にも等級系列が設けられ、各系列間はほぼ相互に換算できた。文芸 1 級は行政 8 級に相当し、高等教育 8 級は行政 17 級等に相当した。級を決定する基準では、一つの職を複数の級に分け、等級ラインの上下を交錯させる方法をとり、職務を基準として、品行、才能およびキャリアを参考に評定した。おおまかには、部長級 3 ～ 5 級、副部長級 5 ～ 8 級、局長級 8 ～ 10 級、副局長級 9 ～ 12 級

1）　黄新原、『真情如歌：五十年代的中国往事』、中国青年出版社 2007 年版。

等であった。級により賃金を取得し、最高賃金と最低賃金間の比率は約21：1であった。この級決定で重視されたのは官職ではなく、レベルであり、「等級分類」の色彩が非常に濃いものだった。同じ局長や県長であっても、その行政レベルと賃金待遇には往々にして少なからぬ差があり、異動しても級が変わらない場合もしばしばである。権限責任、業務内容は官職によって決められるが、地位や報酬は級によってはじめて決まったため、職位は高いが級は低い、級は高いが職位は低い、あるいは職位はあるがポストのない現象が多く出現した[1]。

　1956年の賃金改革では、産業企業の労働者の賃金基準を調整した。労働者の技術熟練度を高めるために、低級工（見習いなどを含む熟練度の低い労働者）と高級工（熟練度の高い労働者）との間の格差を広げ、1級賃金基準は、従来生活手当の重工業工場および従来賃金が低めだった個別の工場について引き上げた以外は、一般に引き上げ幅をわずかとした。高等級賃金基準を適度に引き上げ、最高賃金基準（8級）は、鉄鋼、機械メーカーについては従来の116.37元から123元に引き上げ、重工業・化学工業（制酸）は従来の116.37元から120.8元に引き上げたが、最高賃金基準と最低賃金基準の倍数は従来の2.75倍から、それぞれ2.9倍、2.85倍に広がった。

　1960年と1963年には賃金を調整し、国家は従業員の昇格について規定したほか、労働者の昇格条件は単に技術レベルによらなかったため、技術等級の考課において昇格条件を満たす多くの労働者も昇格できず、実際のところ技術等級賃金制は実行されなかった。新しく公私合営した企業の大部分は1957年の賃金改革において賃金等級制度を制定せず、1960年の賃金調整時には1等級3元の多等級賃金制（包括賃金制）を試行し、1963年の賃金調整時には同種の国営企業の賃金基準と賃金等級を参照して、各職種に対して若干の賃金等級ラインを引いた。

　1950年、上海に一連の穀物、綿、油、日用品の小売企業が立ち上げられた。市政府はビジネスに携わる新入社員の賃金基準を100〜150の折実（実物価格換算）単位と定め、人民元に換算して55〜80元とした。サービス業は営業額分解（報酬比率、歩合制）賃金制を実施し、例えば理髪業の分解率は40％、旅館業の分解率は10％前後、クリーニング、写真業の分解率は18〜22％であった。1952年、商業企業の賃金を賃金点数により計算するよう改め、新入社員の賃金を180〜330賃

1）黄新原、『真情如歌：五十年代的中国往事』、中国青年出版社2007年版。

金点数、人民元換算で 48 ～ 86 元とした。

　1956 年の賃金改革の際、商業企業の従業員について国家は営業員三類 5 級賃金基準を一元的に制定した。一類商品は金属機械、医薬、器具計器、電気器材、毛皮服等、二類商品は日用品、衣服、家庭用金属用品等、三類商品は煙草、酒、砂糖、日用雑貨、食器等とした。三類最低賃金基準は 43.5 元、一類最高賃金基準は 85 元であった。歴史的原因により、この賃金基準は全国の同類地域、同類商業より 13％ 高かった。1957 年、新しくできた公私合営商業企業は調整的賃金改革を行い、非固定収入部分を廃止して固定収入部分を固定賃金としたが、等級を定めず、国営商業企業賃金レベルを下回る従業員については賃金を適度に引き上げた。この賃金改革により、商業部門 10 万営業員のうち 3.5 万人を対象とした賃金等級制度が構築された。

　1958 年の「大躍進」の時期には、飲食業、サービス業の分解賃金は衝撃を受け、すべて固定賃金に変更し、前年の従業員月平均収入を固定した月賃金収入とし、月賃金は最高 100 元、最低 30 ～ 40 元とした。1963 年、賃金調整を踏まえて、上海の商業従業人員の三類 5 級賃金基準を廃止し、商業部の公布した賃金基準を実行し、九つの等級に分け、最低賃金基準を 37.5 元、最高賃金基準を 104 元とし、平均級差は 8.31 元となり、1956 年から 2 元減少した。

　政府はあらゆる社会資源を自らの手中に集中させて地域社会が自ら発展する可能性を絶った。政府はまた自ら掌握した資金を最大限に直接生産部門に投入し、都市インフラ建設と生活福利事業投資の責任を企業に転嫁したので「単位が社会を作る」構図を形作った。単位は本来ならば政府が引き受けるべき社会福利の機能を引き受けたが、これには従業員の住宅、各種生活福利、養老保険、医療保険および衛生防疫、託児所、幼児園、子女の小学校、社バスサービス等が含まれた[1]。単位は自らの各従業員の生老病死に対して無限の義務を負った。このような単位組織は福利共同体となり、機能が揃った小型の「社会」となった。単位は、単位内での各種福利機構の設置から各種社会管理職責に至るまで引き受け、専門機能、政治機能および社会機能の集中する複合組織となった[2]。

　住宅制度改革以前、都市・鎮住宅投資の 90％ 以上は各級政府が解決していたが、

---

1)　華偉、「単位制向地域社会制的回帰 —— 中国都市基層管理体制 50 年変遷」、『戦略与管理』 第 1 期、2000。
2)　李潔、「試論単位制的演変対市民生活的影響」、『重慶社会科学』第 6 期、2001。

政府住宅管理部門が直接管理した公共住宅は 25% に満たず、75% 以上は各単位に分配され管轄された。住宅管理部門直属の住宅であっても、歴史的原因により、実際のところ単位が自ら調整分配し、引っ越しにより空いた住宅には通常その単位の人員が入り、住宅管理部門の確認を受ける必要はなかった。1951 年に制定された「労働保険条例」に基づき、従業員の社会保険には養老保険、医療保険、労災保険および女子従業員生育保険が含まれ、労働保険基金制が実行され、企業が保険金を納付し、企業から独立した外部の工会（組合）が管理した。また、基金の 30% は全国総工会が掌握して全国または地域の調整に用い、70% は企業が留保して直接支払った。1969 年 2 月、財政部軍事管制委員会の「国営企業財務業務におけるいくつかの制度に関する改革意見（草案）」において、「国営企業による工会経費および労働保険基金の引当を一律禁止する」、「企業の退職従業員、長期の病人その他の労働保険の支出は、企業営業外に計上することに改める」ことを規定した。このように改めることにより、社会保険は単位保険に変質した[1]。

　単位が有するこのような特殊な性質により、個人と社会の利益関係は個人と単位の関係に直接内面化され、彼らの労働報酬、生活条件、社会福利および保障等の方面において唯一の資源となり、組織や単位を離れられなくし、単位に高度に依存することになった。彼らにとって単位を中心とする生活が社会生活の大部分となり、単位内で引き受ける社会的役割が彼らにとって最も重要な社会的役割となった。

（二）人民公社における福利分配

　1958 年 8 月、北戴河中央政治局拡大会議にて「農村で人民公社を設立する問題に関する決議」が採択され、公社化の嵐が全国で急速に吹き荒れた。8 月から 10 月にかけて全国 74 万の農業生産合作社が 2.6 万の農村人民公社に合併され、これは全国農産物総数の 99% 以上を占めた[2]。同年 12 月、中国共産党第 8 期 6 中全会ではまた「人民公社の若干問題に関する決議」が採択され、人民公社制度は堅固となり発展を見せて、中国の農村では、基本的に「一大二公（一つにはその規模はずっと大きく、二つには財産の共有化をいっそう進めなければならない）」、「三級所有、隊為基礎（三級の所有制とし、生産隊を基礎とする）」により生産、管理および計算する

---

1)　華偉、「単位制向地域社会制的回帰 —— 中国都市基層管理体制 50 年変遷」、『戦略与管理』第 1 期、2000 を再引用。
2)　段徳興、張鳳玖、張尚傑、「工分票：人民公社的縮影」、『山西档案』第 4 期、2002。

体制が出来上がった。

　1958 年に人民公社が成立するなり、農村では賃金制と供給制を結びつけた、供給制を主とする個人分配制度が開始された。このような分配制度の最大の特徴は平均主義であり、所謂「大鍋飯（共同の食事）」と言われたもので、共産主義の要素とみなされて高く評価され、改革開放前まで固守された。

　人民公社の初期、各地では賃金制と供給制を結びつけた分配制度が相次いで推進され、その具体的な形態は主として次の三つであった。一つ目は、穀物供給制度であり、これは当時各地で普遍的に推進された方式であった。社員個人に分配する消費基金から、公社が国家規定の穀物指標統一点数に基づき食糧部分を予め公共食堂に残し、社員は対価なしで公共食堂で食事ができ、副食品の部分は社員が支払いを負担するようにした。二つ目は、食事供給制度であり、副食品も供給の範囲に含まれた。三つ目は、基本生活供給制であった。例えば、七里営人民公社の供給範囲には、食事、住宅、衣服等の七つの項目が含まれた。河北徐水県人民公社の供給範囲はさらに広く、食事、住宅、衣服、教育、生育等 15 項目が含まれ、当時「十五包」と呼ばれ、基本生活供給制の典型であった[1]。

　賃金制と供給制を結びつけた分配制度の最大の特徴は「労働により報酬を得る分配原則を打破し、各人が自らの能力を尽くして労働する」というものだった[2]。このような制度が出現するやいなや毛沢東や中央のその他の一部指導者は直ちに賛成し、共産主義への過渡期における最良の方法であるとして各地で積極的に普及させるよう求めた。

　1960 年代初期の調整を経て、農村の人民公社では、社員の労働を評定して点数を記録し労働点数により分配する制度が改めて確立された。主な内容と特徴は次の通りであった。

　一つ目は、現物分配と現金分配であったが、実行の過程では依然として現物を主とし、現金分配は小さい部分を占めたにすぎない。現金分配は国家に穀物を納めた後の現金収入および生産隊が限られた農業副産物を販売した現金収入等により分配した。一般的に生産隊の現金収入は社員個人に分配する前に必要な控除を要し、大きな控除項目は、一定比率の積立金と公益金、各種生産費用および管理費用であった。人民公社の組織内では、社員に対する収入の現金分配は小さな部分を占めるに

1）　張文和、李艶、『口号与中国』、中国共産党党史出版社 1998 年版。
2）　焦春栄等、『中華人民共和国史研究』、档案出版社 1989 年版。

とどまり、現物分配が公社の個人収入分配の主体であった。

　二つ目に、社員の総収入においては、食糧を主とする現物分配の割合が絶対的な部分を占めた。現物分配の主要対象は生産隊の農業副産物であり、主に穀物、綿花、植物油の原料、砂糖及び炊き物用の柴・草、野菜等からなり、中でもやはり穀物が特に重要であった。生産隊の穀物総量からは国家の買い上げや集団留保の分を除いた後、残り部分を社員に対して個人分配を行い、その基本形態は食糧であった。1975年には、全国人民公社の現物分配が当時の一人当たりの平均集団分配収入に占める比重は80％に達した。このような状況は、「農村経済の発展レベルと農産物の商品率の低下を反映した一方、現物分配は社員その家族構成員の最も基本的な生活消費の需要を配慮し、満足した。特に家族の人数が多く、労働力の少ない社員の家庭生活に必要な手段となった」[1]。

　三つ目に、労働者の取得する労働点数は現金分配の基本的根拠となった。即ち、生産隊の集団労働に参加する各社員が一定期間内に取得した労働点数の数量を基に、各労働点数の現金額（即ち、労働点数値。「労働日報酬」とも呼ばれた）を乗じて、当該年度に取得できる現金収入を計算した。現金分配とは異なって、公社全構成員の基本的生活の需要を満たすことが現物分配の最も基本的な目的であり、年齢や身体の強弱にかかわらず、公社の各構成員が期日通りに集団経済組織から定量の基本穀物（食糧）の分配を受けることが現物分配の基本的出発点であり、集団から基本的食糧を得ることも公社の各構成員の最も基本的な生活保障であった。まさにこのような理由により、現物分配は現金分配のように完全に労働点数を根拠として行うことができなかった。これを出発点として、中国共産党第8期中央委員会第10回全体会議で採択された「農村人民公社工作条例改正草案」において、集団の現物分配、特に穀物分配のために設計された基本方法は、「基本的食糧と労働点数による穀物分配を組み合わせた方法をとってもよいし、労働点数により分配するうえで、配慮点数を加える方法をとってもよいし、その他の適切な方法をとってもよい」というものだった[2]。もっとも、基本的食糧と労働点数穀物を組み合わせることを概ね原則としてはいたものの、実際の分配過程では往々にして頭数により分配された。

　労働点数ではなく頭数を根拠とする基本的食糧の分配はまさに平均主義の分配方

1）　蘇少之、「中国経済通史（第10巻）（上）」、湖南人民出版社2002年版、404〜405頁。
2）　国家農業委員会弁公庁、『農業集団化重要文件匯編（下）』、中国共産党中央党校出版社1982年版、639頁。

式であり、基本的食糧の占める比率が大きいほど、分配における平均主義は深刻となった。「文化大革命」が始まると、公社の実行するこのような分配制度における平均主義の傾向は、大規模な「農業は大寨に学べ」運動においてさらに強化され、社員個人の収入分配の結果と社員個人労働投入の関係は益々かけ離れたものとなった。

　平均主義の分配方式は、労働が分配の基礎でなくなった以上、家族の人数が一定数あれば安定した基本生活資料が保証されるという印象を与えた。このため、家族の人数の多い(子どもの多い)家庭に対する一種の社会福利と優遇であったとともに、労働力が多く、働き手の多い家庭にとっては一種不公平な、形を変えた懲罰であった。さらに重要なのは、基本的食糧は労働量でなく家族の人数により分配されたため、労働に参加しなくとも、一人当たりの平均分配の収入として、集団労働に参与した社員の労働成果を占めることを意味したため、このような状況は集団労働に参与する社員にとって集団労働へ参与しても集団に提供した労働量に相当する部分の収入を得られない、つまり、労働と等量の報酬を得られないことを意味した。こうして、「農民の得る収益は労働の限界生産量と異なったため、収入により最適な産出と投入の組み合わせを選択し、その有限の労働を各種生産活動間で最適に分配するよう農民を刺激することはできなかった。産出の増加に努めても、これらの恩恵は生産隊の他のすべての構成員と平均して分けたため、増加した産出から得られるものは極めて少なかった。容易に予想できることだが、農民の労働に対する刺激が欠けていたことが見て取れる」[1] ことになり、労働効率の低下は必然の成り行きとなった。

　単位制であれ人民公社であれ、いずれも高度に集中した計画経済体制に適していた。国家はこの二つの制度を利用して、都市社会と農村社会に対する厳密なコントロールを実現し、個人の自主性はほぼ完全に抑制された。どの個人も単位または公社に組み込まれ、組織を離れればほぼ生存できなかったし、単位または公社に資源を提供するのは国家だけだった。生まれてから死ぬまで、就学から病気の治療に至るまで、漏れのない福利体系によりどの社会構成員も従順に依存する行為形式ができあがった。国家が社会に対するコントロールの実現に成功する過程で、その「全能主義」の特徴は日増しに顕著となった。

---

1)　鄒至庄、『中国経済』、南開大学出版社 1984 年版、67 頁。

二、平等と不平等：経済―政治―社会的地位それぞれの現れ

中華人民共和国成立前、中国の社会構造は主に階級体系により示された。階級社会は、社会で不足する資源を多元的に占有した上で形成された。建国当初、土地改革運動と社会主義改造を経て、国家はほぼすべての希少資源を独占し、階級はひとつの全体として歴史の舞台から姿を消した。もっとも、階級体系が打破されたことで巨額の財産または大規模な生産資料を占有する集団の力は存在しなくなったが、中国がこれにより「均等」な社会に入ったことを意味するものではなかった。

国家が資源を高度に独占する状況下では、階級社会が形成され存在するための深い基礎は失われ、最終的に出来上がったのは一種の等級社会であった[1]。従来は財産所有権を主とした社会分化メカニズムが、政治的身分、戸籍身分および行政身分を主とする社会分化メカニズムにより代替されたことが、このような等級社会を最も鮮明に示すものだった。国家は政治および行政手段を運用して、人々の歴史的背景や現実の職業の状況により、社会全体に及ぶ新たな経済的分層体系を作り出した。1950年代半ばになると、この身分制分層体系は安定したものとなった。家庭出身を示す政治的身分であれ、戸籍や職業を示す行政身分であれ、いずれも高度に伝承性があった。より重要なのは、これらの身分は人々の政治的地位、政治に参加する権利、経済的権利、社会的名声ひいては活動の自由度と緊密に関係していたことだった[2]。このことは、「社会主義の平等に対する追求と現実における経済―政治―社会的地位の不平等に著しい差異が生じる」というパラドックスをもたらした。

このような身分化された分層体系は一旦固定されると、制度的含意を持つようになった。「身分制」とは、全社会の構成員が制度化のルールにより異なる社会グループに分けられることを意味した。このような地位のルールは境界が明確で、個人が自由に変更することは難しく、場合によっては生まれながらのものであり、人の一生において特別な事情がなければ変化することはなかった[3]。それは主に国家行政権力が社会資源を不公正に分配する、という一種の人為的な制度によるものであっ

---

1) 孫立平、「改革前後中国国家、民間統治精英及民衆間互動関係的演変」、『中国社会科学季刊』（香港）第6期、1993。
2) 陳光金、「身分化制度区隔 ―― 改革前中国社会分化和流動機制的形成及公正性問題」、『江蘇社会科学』第1期、2004。
3) 張宛麗、「中国社会階層研究二十年」、『社会学研究』第1期、2000。

た[1]。改革開放前、中国の身分制度は主に階級身分、都市と農村を分割する戸籍身分制度、単位制および行政等級制の四つの条件に依存していた。

(一)境界の明らかな階級身分

新中国の農村土地改革の際、生産資料の占有状況、搾取の有無および搾取の程度により農村の人々を、地主、富農、中農、貧農、雇農等、家庭と個人の出身区分に分け、都市では 1954 ～ 1956 年の期間、この基準にならい、個人の職業を参考に都市の階級出身区分を画定した。即ち、革命幹部、革命軍人、労働者、店員、資産階級、商工業者兼地主、零細企業主、手工業者、会社員、自由業者、高級会社員、都市貧民、露店商等である。都市におけるこれらの階級出身区分については、さらに毛沢東が「中国社会各階級の分析」の一文において都市階級を分析して区別した無産階級、半無産階級、小資産階級、資産階級および大資産階級等も参照することができた。こうして、都市と農村それぞれで誰に依存し、誰と団結し、誰と敵対するかという問題が解決され、これを基礎とした中国都市と農村社会の政治および階級構造が出来上がった。このような政治分層は新たな身分制度を生み出し、長期間にわたり政治的身分と経済収入との間に必ずしも必然的な連帯関係はなくなった。当時、全国の賃金表はひとつで、人々の収入格差は主に労働年数によるもので、人々の社会的格差は主に「政治生命」にあった。例えば、民族資本家、個人労働者は闘争の対象となり、知識分子は「臭老九(九番めの鼻つまみ者)」とされて、彼らの政治的地位は産業労働者や貧農、下農、中農よりも明らかに低かった[2]。このような階級身分(出身家庭)は何代にもわたり継承されることがかつて規定され、「四清」運動や「文化大革命」においても再検査や再確認が行われており、当局による政治的審査制度や人事檔案制度により個人檔案に記録された。階級身分系列には一定の先天性があり変更は難しかった。1978 年以前、就業、結婚、学生や従業員の募集、幹部の選抜、入党、昇級等に大きく影響した。

階級身分を画定したことで、労働者・農民階級の国家の主人公としての意識が強まり、彼らが各種社会活動に参与することを促したので、大きな動員力となった。階級闘争理論の指導下では、内部を団結させる役割も果たした。

---

1) 許欣欣、『当代中国社会結構変遷与流動』、社会科学文献出版社 2000 年版、107 頁。
2) 朱光磊、「従身分到契約 —— 当代中国社会階層分化的特徴与性質」、『当代世界与社会主義(季刊)』第 1 期、1998。

（二）都市と農村で分かれた戸籍身分

社会主義制度が確立された当初、完全に自主的工業蓄積を求める工業化の道が選択された。この路線は農民が工業発展に蓄積を提供することを求めたので、当然ながら農村の余剰労働力の都市就業という問題を解決することはできなかった。都市と農村の住民身分を分けてこれを不変とすることは、生活資源の分配をコントロールして初めて可能となるものであった。農業、手工業および私営商工業に対して社会主義改造を行い、国家行政の干渉が都市と農村のあらゆる場所で役割を果たした後、この可能性は現実のものとなった。

1958年、全人代常務委員会で『中華人民共和国戸籍登記条例』が採択されたが、これは都市と農村の二元身分体制が定まり、中国の都市と農村の階層を分割する基本的枠組みが出来上がったことを意味した。このような都市と農村を二元化する戸籍制度は、人々を都市戸籍と農村戸籍の2種類に分けたので、これに伴って都市・鎮住民と農村住民には政治権力、経済地位、経済収入、福利待遇、社会的地位等の面で顕著な格差が生じた。また、これにあわせて、戸籍定量、配給券により生活資源を供給する制度、計画性の極めて強い人事・檔案制度および労働者使用制度が全国で普遍的に実行されるようになり、これら相互に関係する制度は農村では「人民公社制」と、都市では「単位制」と緊密に結びつき、すべての社会構成員を強力な行政コントロールの下に置いたので、生活資源のコントロールを通して都市と農村社会の流動に対するコントロールを実現した。社会的地位の面では、都市・鎮で最も地位の低い者であってもその社会的地位は農民より高かった[1]。中国の農民にとって、戸籍身分の変更は極めて困難であり、政府の関連部門の許可を得なければ農村戸籍を変更してはならず、彼らが他の身分グループに入ることは極めて難しかった。農村の経済資源はほぼ一方的に都市に流入し、農村人口は国家が特別に必要としなければ、基本的に都市の正常なルートにのることはなかった。個人の後天的努力と地位の変化はあまり関係がなかった。このため、都市と農村の居民身分は著しい先天性を帯びたものとなり、その職業選択の範囲を制限することになった。

（三）再分配の単位身分

中国の都市就業者の大多数は単位に属し、国家による社会資源の占有処分と分配

---

1) 王漢生、張新祥、「解放以来中国的社会層次分化」、『社会学研究』第6期、1993。

は、国家の設立した各等級、各類型の単位を通して実現された。このため、単位は個人にとって非常に重要であった。これらの単位は内部の就業者に収入を与えただけでなく、彼らに住宅、医療、福利等を提供し、単位は国家が社会資源、社会的地位を統一的に分配する主要なルートとなった。社会構成員は単位に入って初めて国家のコントロールする資源を得られたし、まさに単位を通して自らの社会的地位を表わした[1]。国家行政体制における位置づけ、その所有制の性質の違いおよび国家工業化目標における影響力によって、国家の掌握する資源は一様でなく様々な単位組織に分配され、単位からさらに構成員に再分配された。所在単位のランクにより、そこで就業する社会構成員の享受する社会資源や社会的地位に顕著な格差が見られた。人々の社会的地位の高さは職業的地位や人的資本だけによって決まったのではなかった。しばしば職業的地位や人的資本ではなく、主としてその所在する単位により決まった[2]。

　単位制身分において最も際立っていたのは所有制身分であり、所有制身分は1950年代中期に都市手工業及び私営商工業に対して社会主義改造を行った後で形成された別の身分類別だった。まず国営商工業及び私営商工業（後に国営商工業に変わった）と合作個体手工業、合作個体商工業の違いを説明する。これらの企業生産方式は立ち遅れ、なおかつ国家はすべてを引き受ける財力が不十分であったため、これらを集団所有制の性質をもつ企業に変更した（1958年以降はさらに街道企業もあったが、所有制レベルはより低かった）。集団企業の従業員と国営企業・事業者の従業員は、賃金、労働保険福利待遇において性質上の違いがあった。これら2種類の所有制に属する従業員の「所有制」身分は一般に改変不可能であった[3]。

　所有制身分類別が出来上がったのは、当時国家が所有制形式に対して社会主義改造を行った結果であった（全民所有制と集団所有制が併存した）とともに、「資源の限られていた」ことの必然的結果であった。国家は生活資源の分配をコントロールすることを通して、集団所有制従業員が全民所有制従業員になるのをコントロールし、それによりこの身分類別の区別を効果的に維持した。所有制身分類別が出来上がると、経済構造上、都市社会における社会等級を反映し、守るものとなった。

---

1)　陳江、「我国現階段階級階層分析」、『福建論壇』第1期、2000。
2)　李路路、「論"単位"研究」、『社会学研究』第5期、2002。
3)　孫立平等、「改革以来中国社会構造的変遷」、『中国社会科学』第2期、1994。

(四)官僚主義の行政身分

国家は行政権力の形式に基づき、身分と単位を基礎として、一部の人々およびほぼあらゆる単位に一定の行政級別(等級)を与え、行政級別に基づいて異なる級別の個人と単位に異なる量の社会資源と社会資源を支持する権力を分配した。各個人や単位組織は、行政化された国家資源分配体系における彼らの各級別を根拠として、異なる量の社会資源を占有した。行政級別の高さによって社会資源を占拠する多寡が決まった[1]。

改革開放以前の社会分層体系には、「官本位(官僚至上主義)」という顕著な特徴があった。改革開放前の身分制分層体系においては幹部の分層が主要な内容であったため、人々はこれを「官本位」と呼んだ[2]。「幹部」の身分と「労働者」の身分は主に都市・鎮の在職者を対象とした。「幹部」は「行政幹部」と「技術幹部」に分けられ、技術幹部は一般に中等専門学校以上の学歴をもつ知識分子からなり、行政指導に参与しなかった。行政幹部は各級の指導責任を担うことができた。建国初期の行政幹部はおもに軍隊や元地下党幹部から任命されたが、その後、当時の行政指導者に選ばれた労働者と知識分子も加わった。これら2種類の幹部は出自、権力、名声および取得できる資源において大きな違いがあった。

1949年後に制定された人事管理制度と労働者使用制度は従業員募集と幹部募集に分かれ、労働者の管理と異動、幹部の管理と異動も分け、幹部の選任ルートの固定化を通してこの二つの身分類別を確立した。1955〜1956年にかけて、都市手工業と私営商工業に対して社会主義改造を行った結果、都市住民の職業身分は簡素化され併合された。こうして、元は政府部門と国営企業・事業者のみに存在した「幹部」と「労働者」の身分はすべての非国営企業・事業者にまで推進され、都市のすべての在職者が「幹部」または「労働者」の身分を取得し、最終的にこの二つの身分類別が出来上がった。

幹部と労働者というこの二つの身分系列は一般に先天的なものではなかったが、同じく改変が難しかった。このような身分類別区分とこれに緊密に関係する等級賃金制は都市社会における社会等級を構築し、等級に基づき資源を分配する制度を作り上げた。ある意味において、資源の有限性がこのような身分類別の出現を招いたのであり、この二つの身分系列の存在はまた都市の行政管理を大幅に簡略化した。

---

1) 陳江、「我国現階段階級階層分析」、『福建論壇』第1期、2000。
2) 李強、『転型時期的中国社会分層構造』、黒龍江人民出版社2002年版、16頁。

この時期、都市と農村間、地域間の分化はあったが、社会全体は分化の程度が小さく、社会の流動が緩慢であることを特徴とした。各種身分類別は一種強力な行政コントロールにより形成されたもので、また強力な行政コントロールにより維持された。その存在は都市における社会流動や都市と農村間の社会流動を基本的に断ち切り、大幅に弱めたので、当時、都市と農村人口の空間、社会の位置分布はいずれも非常に安定した。これらはあたかも縦方向と横方向から中国の社会構造を固定する複数のロープのようであった[1]。

　身分制は国家の社会に対するコントロールを大幅に強化し、先天的で固定化された各種身分は各社会構成員をある特定の規範体系に固く縛り付けた。身分には高低があり、身分が異なれば政治、経済、社会的権利も異なるとともに、政治、経済、社会的地位も異なることを意味した。改革開放前、政治、経済、社会的地位は高度に一体化されたが、このことは身分を目印とする分層構造を一層硬直させた。身分の転換は非常に困難であり、社会流動のルートは狭く、道は険しかった。構造の流動という観点からみると、改革前の社会は静止した社会により似ていた。

三、「運動」が生活の一部に

　改革開放前の中国に関して、「社会運動」は人々に与える印象の最も深い言葉のひとつである。統計によれば、1949〜1976年、全国的な社会運動が70余回あり、社会運動は中国人社会と政治生活の重要な構成部分となった[2]。社会心理学的観点から言うと、社会運動の基本的特徴は、人々の関心の高い問題に対する集団による表現を組織したもので、運動の目的は人々の関心をもつ問題について「何かする」ことだったという点にある[3]。一般的にみて、社会運動は一種の組織された集団行動の動員である。改革開放前の全体主義社会において、国家には強力な動員力があり、全国規模の厳密な組織系統を利用して、全国の人的物的資源を動員して国家目標を達成することができた[4]。このような一種の参与式の動員方式により、人々は大小様々な社会運動に取り込まれ、他人を改造しつつ自らをも改造したのであった。

1) 孫立平等、「改革以来中国社会構造的変遷」、『中国社会科学』第2期、1994。
2) 周暁虹、「1951-1958：中国農業集体化的動力」、http://shlwater.bokee.com//tb.bdiaryId＝10361597
3) Rosenberg & Turner 著、孫非など訳、『社会学観的社会心理学手冊』、南開大学出版社 1992 年版、462 頁。
4) 孫立平、「改革前後中国国家、民間統治精英及民衆間互動関係的演変」、『中国社会科学季刊』（香港）第 6 期、1993。

1950年代の歴史から見ると、新政権の成立と自らの階級の基礎固めをする重要な手段がまさに「運動」であって、階級闘争を中心内容とする政治運動が絶えず行われた。「運動」が中国で慣例となったのは、まず共産党の革命年代に常用された効果ある方法だったためであり、それゆえ建国後一種の経路依存に陥ったのであった。政治運動の力を借りて、党は自らの力を社会生活の各側面に浸透させ、積極分子（意欲のある協力者）を発見し、党の建設、政権の樹立、基層組織の建設を行い、民衆を異なる「階級グループ」に分け、組織することによって、敵、味方、友人と区別をつけた。「運動」の便利さは、短期間内に至るところに強力で急速な攻勢を繰り広げて、革命の目標を達成できることにあった。党の指導者は政治運動のこのような特殊な効用を隠そうとしなかった。1954年、政治法律業務を担当した指導者董必武、彭真のいずれも「共産党はまさに運動によって食べている」と言っている[1]。

　1953年は新中国の歴史的な分水嶺であった。この年、毛沢東は新民主主義路線をやめ、社会主義への過渡期であることを宣言した。その後、社会経済生活に対する国家のコントロールは日増しに強化され、計画経済体制も基本的に定まり、政治とイデオロギーの領域において各種批判運動が次々に出現したが、クライマックスは1955年の「反胡風運動」と続いて全国規模で展開された「反革命分子粛清運動」だった。これらの運動において、経歴、社会関係、生活に対する調査が行われ、家庭出身、個人の経歴はすべて調査の重点項目となった。人々は一人残らず運動に巻き込まれ、運動は徐々に日常生活の一部となっていった。

（一）人民公社の時期：共産風

　公社設立時、「共産風」が吹いた。農村で人民公社を設立する過程において、当時の「共産風」は主に次の2点に表れた。一つ目は、公社が個人の財産を無償で共有し、社員の自留地、家禽家畜、自営の果樹園および一部の大きい生産農具はすべて回収されて集団の所有に帰した。農民の一部消費財、例えば家屋、衣服・夜具、家具等は無償で調達使用された。二つ目に、貧しい集団は豊かな集団の財産を共有するようにして公社内で貧富の格差をなくした。公社成立の過程で、元々経営の重点や経済条件が異なる貧富まちまちの数十の合作社を合併して、人力、物力、財力の一元的配置、一元的使用、一元的計算を行った。都市においては、都市人民公社弁街道

---

[1]　高華、「新中国五十年代初如何社会統合 ── 十五個 "小人物" 的回憶録研究」、『領導者』第17期、2007。

工業、社弁工場はほぼどれも一代で事業を築く精神と協力精神に頼った。所謂「一代で事業を築く」、「協力精神」とは、「寄せ集め主義」、「無私の奉仕」を意味し、大衆と企業の財産を共有したが、それは自発的なものではなく、行政命令によるものだった。公社による公共食堂、託児所等の様々な生活組織も同じく少なからぬ個人住宅や住民の他の財産を侵害した。

　婚姻生活の面では、公社の時期、若者の自由恋愛の割合は低かった。自由恋愛の機会がなく、また外的環境のために、彼らは「紹介人」(「媒人(仲人)」と呼ばれた)の仲立ちで結婚した[1]。

　処世において、人々は「中庸」と「大勢に順応する」態度をとった。1958 年前後、農村でも「反右派、反右傾、焼中游(中級以下の事物を滅ぼす)、白旗を抜き取る(落伍した人・事柄を批判する)、資本主義の尻尾を切り落とす(資本主義的要素を徹底的に否定し取り締まる)」運動が展開され、運動においては異なる二つの性質の矛盾が混同し、各方面から典型が作られた。弱点につけこみ、打撃を与え、レッテルを貼る状況が至る所で見られ、多くの農民は本当のところを語ることができなくなり、「革命にどれほど熱心でもよいが、冷淡であることだけは許されない」、「『右』寄りの思想には反対するが、『左』寄りの思想には反対しない」という気風ができあがった。その結果、「衛星 (新記録)」が続出して、最終的に広西環江で水稲 1 ムーあたりの収穫量が 13 万斤の「スーパー衛星 (特級の新記録)」が生まれるに到った[2]。このような政治的、社会的雰囲気において、右寄りであることを主張して厄介事に巻き込まれようとする人はいなかった。人々には「できるだけ関わらないようにすれば、面倒も少なくて済む」、「穏健な意見を示し、口を慎めばどこでも身は安全だ」、「何かあっても発言を慎んだ方がよい」と考える傾向が生まれた[3]。大衆におけるこれらの考え方は民主的空気が抑圧され、多くの農民も保身のために中庸態度をとるほかないことを反映したものだった。合作化運動において、小社を大社に合併し、初級社を高級社に合併する過程で農民たちが不満を持つ事態もいくらか発生したが、それでも依然として大いなる興味と熱意を公社化運動につぎ込んだ。公社化運動には非常な勢いがあったので、「異なる意見は埋もれ、日和見的な人々を大量に巻き

---

1)　「人民公社時的婚姻生活」、『中華読書報』10 月 21 日、1998。
2)　薄一波、『若干重大決策与事件的回顧(下巻)』、中央党校出版社 1993 年版、686 頁。
3)　何光国、『歴史巨人劉少奇 ── 从工人運動到国家主席』、海天出版社 1998 年版、356 頁。

込み」、「このため誰かが腕を振り上げて一度叫べば、百人の群れがこれに応えた」[1]。

(二)「文化大革命」の時期：革命潮

文攻武闘。「文攻」と「武闘」は、「文化大革命」時代の二大主要闘争方法だった[2]。「文攻」は毛沢東が提起した「自由に発言し、大いに意見を述べ、壁新聞を書き、大論争をする」運動から発展したもので、宣伝ビラ、ラジオ、タブロイド判新聞、印刷物、歌や舞台公演、宣伝隊、美術、彫刻等表現方式が様々で奇をてらっていた。あの時代においては、「文闘」という言葉がしばしば使われたが、デマや攻撃、無法で専横的、独断的、狂躁的な情緒に満ちていた。宣伝ビラは「文攻」の手軽な武器であり、宣伝ビラを作成し、ばらまく人はある種のパトスに鼓舞され、宣伝ビラの配布方法も動乱の時代の強烈で浮わついた特色を強く帯びていた。「タブロイド判新聞」と「ラジオ」もまた「文攻」でよく使われた。ラジオは、実用的で伝達が速く、簡単であるため、一部の大衆組織が最も常用する「文攻」の武器となり、当時全国各地では都市農村を問わず、電信柱、木、ビルに大音量のスピーカーが掛かっているのが至るところで見られ、朝から晩まで放送が絶えず流れていた。「文攻」にはしばしば「武闘」が組み合わされ、多くの人が批判闘争の対象となり、冤罪やでっち上げが頻繁に発生した。

上山下郷。都市の就業圧力を緩和するひとつの措置として 1960 年代後半に知識青年を対象として上山下郷運動が行われたが、この運動は多くの要因により文化大革命の重要な内容となり、10 年も続く無数の知識青年の前途と運命に影響する運動となった。1978 年、全国で農村に下放された知識青年は合わせて 1776 万人にのぼった[3]。知識青年たちは理想を抱え意欲的に辺境の農村に向かい「貧農下層中農から再教育を受けた」。しかしながら、知識青年たちの美しい憧憬は農村という広い天地では思うようにいかず、彼らが加わっても農村の生産力は増えなかったし、逆に彼らの食や住居の改善が難しく、最終的に農村に残って事業を行うことを望んだ知識青年はほぼゼロであった。

指導者崇拝。文化大革命時期において、毛主席語録が全国各地で流行し、人々は日常生活においても毛主席語録をしばしば引用したが、そうしなければ革命ではな

---

1) 薄一波、『若干重大決策与事件的回顧(下巻)』、中央党校出版社 1993 年版、778 頁。
2) 劉忠、劉国忠、「"文革"時期的社会生活及其対後現代文化的影響」、『甘粛理論学刊』第 6 期、2006。
3) 何光国、『歴史巨人劉少奇 ── 従工人運動到国家主席』、海天出版社 1998 年版。

く、真に毛主席に忠誠でないかのように見なされた。

　土地改革以降、「耕す者は土地を持つ」状況が実現され、貧窮していた多くの農民の強烈な要求と望みが真に叶ったが、続いて数年にわたり農民の生産における積極性が高まったため農業生産は年々増大した。巨大な成果を目の当たりにした農民は共産党の指導に確かに感激した。貧しい農民にとって「共産党は最終的に、限りない力を持ち貧乏人に配慮する絶対的かつ正確な中心的象徴となり、農民の心では、指導者毛沢東は偉大な救世主であった」し、「共産党と毛主席に従えば間違いない」と考えた[4]。こうして農民の指導者に対する崇拝は盲目的なものとなった。それは次のような歌にも表れていた。「毛主席が山を指させば山では木が育ち、毛主席が川を指せば川は清み、毛主席が地図に線を引けば道路や鉄道が出来上がる」[5]。当時、ほぼどの家にも毛主席の肖像画が貼られ、毛主席の言葉や呼びかけにも皆が必ず賛成し、服従した。多くの人々は毛主席に会って毛主席と一言言葉を交わすことを生涯最大の栄誉とした。指導者を囲んで声高く「万歳」を叫ぶ情景、大勢の人々が集まった狂った場面は、今に至るまで人々の記憶に残っている。

　社会運動は特定の観点から見れば一種の集団的な心理現象である。集団行動に参与すると往々にしてある種の情緒的波動が生じ、自分が身を置く実際の状況に影響されて集団の熱狂的な雰囲気に感染しやすく、自己の理性的思考能力を部分的あるいはすべて喪失しやすいものだが、これが所謂「集団無理性（集団的理性喪失）」である。改革開放前の社会運動は国家が意識的に動員したもので、国家は参与式社会運動によりある特殊な目的を達成することを期待した。希少資源に対する国家の独占、組織に対する個人の依存、固定化された身分制度はいずれもこの種の動員に極めて効果的であった。このような社会運動において体現されたのは主に国家の意志であって、個人の意識はとるに足らないものとされ、常に「集団無理性」の中に完全に埋もれることになった。

四、同質化：個性の衰退

　デュルケームはかつて社会の団結と統合を「機械的団結」と「有機的団結」の二種類に分けた。「機械的団結」は、相似性による団結である。構成員の同質性が高いため、相互依存こそ大きくないが、比較的一致した感情やモラル基準を有している。同氏

---

4)　張楽天、『告別理想 —— 人民公社制度研究』、東方出版中心 1998 年版、237、417 頁。
5)　陸学斌、「進一歩発展新民歌運動」、『人民日報』、12 月 10 日、1958。

によれば、「機械的団結」から分業協力に基づく「有機的団結」に至るのは社会発展の
ひとつの趨勢である。しかし改革開放前の中国では、国家は「機械的団結」社会の建
設に一層力を尽くしているかのようであった。国家は国家官僚以外のすべての構成
員を国家の資源配置を直接受けられる同様の立場に置いただけでなく、彼らのため
にほぼ同じ社会、経済および政治環境を創造した。このような環境において、各社
会構成員の生活経歴までも極めて似通ったものとなった。まさにこのような共通の
特徴と類似性のために、社会構成員の行為には共通の特徴が見られるようになっ
た[1]。そして、日増しに社会構成員の思想、行為、生活方式の標準化が進み、自身
の個性や自主性は益々衰退していった。

　「個人の標準化」の最も根本的な特徴として、高度に同一化された「集団意識」が挙
げられる。中華人民共和国が成立してからというもの、社会構成員の階級的背景と
思想の一致性が高度に重視され、社会統合の基礎となった。国家はイデオロギー的
言説やそれを強調する世論宣伝制度とメカニズムにより社会への帰属意識を強制し
た。古い習俗、習慣は批判や排斥を受け、政治教育制度と道徳教育制度が社会への
帰属意識を効果的に徹底させるための二つの柱とされたが、主に前者を主とした。
また、政治、社会、生活を連動させた社会生活モデルのために人々の高度な同質化
が進んだ。「階級闘争を忘れるな」、「階級闘争を要とする」時期には階級闘争への動
員やイデオロギー批判が日常的に行われ、社会構成員に芽生える異質性が常に排除
された[2]。

（一）政治教育と政治文化の同質化

　建国初期、戦争の傷跡に嫌というほど耐えた中国ではあらゆる面で極めて深い社
会変革が進められた。数千年にわたる生産手段の私有制が社会主義公有制に変わり、
数千年におよぶ搾取制度が永遠に消え失せ、すべての人々が各種労働者に変わろう
としていた。天変地異というほどの変化が起こった結果、社会生活や思想領域の各
方面で強烈な反応が起こるのは必然であった。新しい社会に入ったばかりであった
ため、思想領域における資本主義、個人主義および理想主義の影響は完全に払拭で

---

1) 孫立平、「改革前后中国国家、民間統治精英及民衆間互動関係的演変」、『中国社会科学季刊』（香港）第 6 期、1993。
2) 何愛国、「従 "単位人" 到 "社会人"：50 年来中国社会整合的演進」、中国改革論壇、http://www.chinareform.org.cn、5 月 17 日、2006。

きなかった。全国政権が確立されるに伴って、党による人民の思想政治教育は各領域にまで普及することになった。

反米援朝（米国に対抗して北朝鮮を助ける）運動を巡って展開された愛国主義と国際主義教育。1950年10月、朝鮮戦争が始まると、党中央は通常の思想政治教育を速やかに変更し、反米援朝をその具体的内容とする思想政治教育を計画的、系統的に進めるよう、と指示を出した。思想政治教育の変更が全国範囲で展開されるにつれ、党の思想教育もこの運動により台頭した愛国主義や国際主義教育が中心となった。反米援朝思想の政治教育の浸透によって、人々は愛国主義と国際主義に大いに教育され反米援朝を積極的に支持しようとする情熱に燃えた。反米援朝の英雄が放つ愛国主義と国際主義の輝きは全国の人民を激励し、さらには溢れんばかりの熱意を「反米援朝を行い、国家を防衛する」という偉大な運動につぎ込むよう促した。毛沢東は先頭に立って自分の息子である毛岸英を前線に送り、朝鮮人民のために命を捧げさせた。多くの青年学生が勇んで参戦した。後方の大学生や中高生も自ら組織して、綿入れ、手袋、慰問袋を作り、慰問品を寄付したり、見舞いの手紙を書いて愛する人に捧げたりした。医療従事者は自ら志願して医療隊を結成し朝鮮戦争の前線に駆けつけた。また多くの作家も朝鮮の戦場に赴いて実地で視察やインタビューを行い、戦地に関する記事を大量に書いた[1]。

思想改造運動を巡っては敵味方を区別する階級的観点から行われた教育。革命の立場を確立することは、階級的観点から党による人民に対する教育を進めるための主要内容のひとつであった。共産党は歴史経験を総括し、労働者階級の立場を離れ、反動階級に妥協したことこそ、過去に「右」または「左」の誤りを犯した原因であるとした上で、労働者階級、労働人民の思想、観念を真剣に学び、無産階級の立場に立たなければならないと指摘した。しかし労働者階級の立場を固めるのは簡単ではなく、長期的な模索、学習、実践を要した。革命的観点と態度の確立も、人民に対して階級観点教育を行うにあたって主な内容であった。共産党は、立場の発展過程を明らかに認識すれば、態度の問題も簡単に解決されると指摘した。即ち、「世界情勢を前にして、人民大衆は明確な態度を持たなければならず、まずは誰が敵で誰が友なのかはっきりさせなければならない。人民の立場および愛国的立場に立って、全世界の人民や帝国主義に抑圧されている植民地半植民地国家の政府を味方につけ

---

1) 邱忠信、「建国初期党対知識分子的思想政治教育」、『吉林師範大学学報（人文社会科学版）』第1期、2005。

る必要がある。彼らは我々の友人である。我々の敵は、アメリカ帝国主義とその同盟国、共犯国家の反動政府である。国内では労働者階級の立場に立たなければならず、まず労働者階級と農民階級の連携を固め、さらにプチブル階級、民族資産階級その他すべての愛国分子を団結させなければならない。我々の敵は反動階級であり、国民党の反動残存集団および反革命残存分子に最も集中している。人民大衆はこの種の敵味方を明確にした階級観点および態度を確立しなければならず、中間的態度は一切あってはならない」とされた[1]。党の階級観点教育により、多くの人民大衆は人民や社会主義に奉仕し、労働者階級と農民階級を連携させる必要があるという考えを持つようになった。

あの時代の人々は、政治信仰上は確固とした理想主義者であり、倫理観念上は集団主義であり、個人と社会的関係上は国家主義であった[2]。信仰または理想の対象はもちろんマルクス主義、共産主義であって、宗教その他のものではなかった。革命成功後、マルクス主義が指導的思想となったが、それは政府が提唱したからだけでなく、その提唱者が人民生活の生産条件の改善に大きく貢献し、さらにはその理論が人心を動かす、論理的に厳密なものであったとともに、その理想が崇高で共産主義の前途に魅力があったからであった。このような理想社会では、あらゆる搾取圧迫が消滅し、物質は極めて豊富で人民自ら家で采配をふるい、各自が能力に応じて働き、各人の必要に応じて分配が行われるはずであった。「現在、共産主義建設の第一段階である社会主義社会にある。この段階では生産手段の公有制が実現されているが、物質が極めて豊富な状態にはないため、各自が能力に応じて働き、その労働に応じて分配する」のであった。

あの時代は一般に集団主義の精神が行き渡っていた。集団は、単位、組織であっても、個人の所属する工場鉱山学校、機関部門、人民公社、大隊および小隊でもよかった。つまり、個人ではなくグループであった。グループは個人よりも高い地位にあり、集団利益は個人の利益に優先され、個人は集団のために大いに貢献し、値切ったり、個人の損得にあくせくしてはならないというのが基本原則だった。さもなければ、自分勝手な小人と見なされ、社会の非難ひいては懲罰を受けた。

集団主義は社会主義における倫理的基本原則、ひいては最も重要な善であると見なされた。個人主義は資産階級思想の核心であるとして批判され、「個性」さえもプ

---

1) 周恩来、「関于知識分子的改造問題」(1951年9月29日)、『周恩来教育文選』。
2) 陳剛、「六十年代回眸 ── 改革開放前的中国人」、『南京工業大学学報』(社会科学版)第1期、2002。

チブル階級思想の傾向があるとされた。「個性」という言葉はあの時代にはマイナスの意味をもっており、無産階級の戦闘集団は整然画一的であり、意思を統一することを重んじ、特別な個性は不要とされたことも知っておく必要がある。このような思想に導かれ、絶対多数の人々は相当長い期間にわたり集団の利益のみ重視し、自己の個性を抑え、仕事に励み、黙々と奉仕したのであった。

（二）社会統合メカニズムにおける同質化

改革開放前、社会統合は基本的に政治的要求（階級分析、階級区分と階級闘争、イデオロギー）と政治力（与党、政府、指導者、単位、人民公社）により実現された。社会統合の基本形態は、外在する行政的統合、内在するイデオロギー上の要求であった。国家はトップダウンの全体的組織系統により[1]、各種社会資源を全面的にコントロールした。社会の分業と社会の分化は人為的に最大限抑制され、社会の異分子の持つ力やその役割は最低限にまで抑えられた。

社会の組織類型や組織方法は簡単で画一的であり、いずれも同じ方法により設置され、一元的な方法により運営された。行政的、事業的なものであれ、経済的、政治的なものであれ、どの社会組織も政府にコントロール、管理され、一定の行政的所属関係と行政レベルを与えられ、さらにこれを元に、計画に則り区分された資源を政府から取得した。同類別、同レベルの組織であれば、内部構造、社会的地位および行為方式において違いはほぼなかった。各類別、各等級の組織間では取得する資源の多寡や権力の大小、専門的職能等の面で一定の違いはあったが、行為方式や制度の枠組みにおいて顕著な違いはなかった。国家との関係においては、どの社会組織も独自の利益を得ず、自主権を欠いていた[2]。

都市と農村という二大社会グループと、都市の幹部、インテリおよび労働者グループとの間には身分等級の差異が存在し、またこの種の身分等級の境界も出入りのルールも明確であり、一旦何らかの身分を得ればそれを改変するのは困難であった。しかし、身分間の異質性や不平等が顕著だったのとは相反して、身分内の各社会構成員の間は高度に同質で平等であった。このため、社会構成員間の有限な分化は所謂「自ら達成された」分化ではなく、「先天的」色彩を強く帯びていた。個人の地

---

1) 全体的組織システムについての分析は、孫立平、『転型与断裂：改革以来中国社会結構的変遷』、清華大学出版社 2004 年版を参照。
2) 孫立平等、「改革以来中国社会結構的変遷」、『中国社会科学』第 2 期、1994。

位に決定的意義をもっていたのは職業、地域、所属組織あるいはグループではなく主に身分であった。個人の地位は各方面で高度に統合され、身分の違いや収入、声望、権力上の差異と同型であった。

(三)単位制下における人民生活の同質化

単位制は都市社会の基本構造における特徴を作り上げただけでなく、社会構成員の行動構造に相当程度影響する主な要因となった。単位制度下において、人々は統一され標準化された思想方法、行動戦略を持つようになり、個性は抑圧された。

国家と社会構成員の仲介物としての単位の主要な機能のひとつは規定の分配ルールに照らして資源分配を行うことであった。単位は資源分配主体である国家を唯一代表した。単位は構成員の発展の機会や必要なほぼすべての資源を全面的に占有しコントロールし、単位の社会構成員に対して全面的な社会コントロールを実現する可能性を有したとともに、単位構成員との間で支配関係を作り上げた[1]。単位が単位構成員に対する国家の統合とコントロールを徹底し得たのは主に単位構成員が全面的に単位に依存していたからであり、単位自身の機能を多元化することを通して実現したのであった[2]。単位は単なる政治単位、生産単位ではなく、生活単位でもあった。一方で、単位は学校、病院、食堂、浴場等の各種福利施設を提供することで単位構成員の基本ニーズを満たした。大規模な単位の中には専用の広い敷地を有し、単位の人員が終日生活をともにするところもあった。この種の単位は内部で自足していたので、人々が単位の外と交流する機会はかなり少なくなった。他方では、単位構成員に自由な流動空間はなく、単位は人員をそれぞれの職場に固くしばりつけ、「単位に入れても出られない、ある職位に着いたら変更できない」ことになり、異動は非常に困難で社会全体の流動が益々少なくなっため、各単位構成員の生活空間は相対的に安定し閉鎖的なものとなった。つまり、単位は政治、経済、社会資源を独占して単位構成員を支配した。単位構成員の社会における自由な流動を厳格にコントロールし、単位構成員の空間を閉鎖的なものとしたため、人々の行為方式は単一的なものとなった。

自由な流動資源がなく、自由な流動空間を欠く中、単位構成員は全面的に単位に

---

1) 李漢林、「中国単位現象与城市社区的整合机制」、『社会学研究』第5期、1993。
2) 殷京生、「論中国城市社会整合模式的変遷」、『南京師大学報(社会科学版)』第2期、2000。

依存するしかなく、依存的な人格を最終的に作り上げた[1]。この種の単位制、単一公有制および計画経済体制下において、都市住民は基本的に個人の財産をもたず、自らの所属する経済組織に大きく依存し、豊かになろうとする個人の意欲は抑圧され歪曲され、個体間の収入格差や生活消費の格差もあまりなかった。農村について見ると、政党と行政は区別されず、行政組織と経済組織が統一された体制下にあった、各農民の日々の活動はすべてそれらに管理され、農民の自主的権利が実際に実現されるすべはなかった。

　厳しい政治教育はイデオロギーの統一に好都合だった。イデオロギーの統一を基礎として、行政化された組織統合メカニズムは人々の行為を規範化するにあたり効果的であったし、このような規範化は人々の組織に対する依存をさらに日常生活の領域にまで拡大して、ほとんどの人が「従順なツール」と化した。全体的に、この時期の人々は政治上単一の理想信念を持ち、社会生活において単一的な行為方式をとり、個性は抑圧され、経済と精神文化における分化が小さく、非常に同質であった。整然とした画一的な世界、機械的に団結した世界、さらに型にはまった単調な世界であった。

五、禁欲主義的消費と生活

　改革開放前、計画経済と市場経済はいずれも社会主義と資本主義の基本特徴であり、いずれかひとつを選ばなければならない、互いに相容れないものと見なされていた。様々な生活消耗品を更に要求すれば贅沢であると見なされ、資本主義市場経済と結び付けられた。計画経済体制が確立すると、国家はほぼすべての資源を再分配する権力をコントロールし、消費を含む人々の社会生活は国家のコントロール下に置かれた。平均主義を追求しながら、資源が相対的に欠乏したので、国家は統一標準により定量供給方式を選択し、自由市場を一切禁じた。苦しく質素な生活の受け入れを求めるイデオロギーが喧伝され、禁欲主義的消費観念が最終的に形成された。

(一)計画経済体制下の消費抑制政策

　消費は社会生産の最終目的であり、生産発展を促す大いなる動力でもある。社会

---

1)　何海兵、「我国城市基層社会管理体制的変遷：从単位制、街居制到社区制」、『管理世界』第 6 期、2003。

主義の初級段階において、消費政策は国家にとってマクロ調整を行い、国民経済の持続的、急速かつ健全な発展を促す重要な手段であった。中国の社会主義制度が確立されてから 1978 年の改革開放までの時期において、消費を制限し蓄積を促すことが消費政策の主要目標だった。当時、消費を調節する主な手段は次のようなものだった。

まず、蓄積と消費の割合を調節した。建国初期、中国では重工業の発展を優先させる戦略を策定した。しかし、財力には限りがあり、また消費の位置づけに対する認識も不足していたため、往々にして蓄積基金や消費基金の割合を調節し、蓄積を補うため消費を圧縮して重工業の発展に必要な資金蓄積を調節したほか、住民の消費レベルを最低限度に安定させた。統計によれば、1955 ～ 1975 年における中国の蓄積率は 22.9% から 33.9% に上昇したが、消費率は 77.1% から 66.1% まで下がった（1960 年には 60.4% まで低下した）。

次に、低収入分配政策である。低収入は自ずと低消費をもたらしたため、政府は収入分配政策においてその役割を存分に発揮し、低賃金政策により消費の抑制を図った。また製品の供給不足のために住民生活に必要な消耗品は基本的に定量供給が実施され、お金があっても定量割当て以外の商品を購入することができなかった。統計によると、1960 代半ばにおいて、中国の都市・鎮住民一人当たり毎月 20 元以下の戸数が全体の 59.74% を、20 ～ 35 元が 33.22% を占め、35 元以上はわずか 7.04% であり、農村住民一人当たりの毎月の生活費用支出は 10 元未満だった。

最後に、中国では低収入政策に合わせて長期的に安定した低価格政策が実行された。計画経済体制において価格は政府により一元的に制定された。低収入における住民の低消費を維持するため、政府は商品価値を下回る価格を制定し、このような価格の長期安定を維持した。統計によれば、1978 年の全国小売物価指数は 1952 年比でわずか 121.6、従業員の生活費価格指数は 125.3 であり、とりわけ 1965 年以降の消耗品物価はほとんど変動しなかった。1978 年の従業員生活費用指数は 1965 年比でわずか 99.20 であった。このような低価格政策により低収入条件下における住民の基本生活の需要は満たされたが、長期的に安定した低価格政策に加え、全網羅型の福利制度のために、住民の可処分所得の大部分は基本生活消費に使われ、将来消費することも予想されなかったため、住民収入の貯蓄率が低めで消費率が高めであるという傾向を生み出した[1]。

---

1) 李新慧、謝佳偉、「建国以来我国消費政策的変遷与啓示」、『理論界』第 8 期、2005。

(二)苦しく質素という個人生活の決まり

あの時代、苦しく質素であることが個人生活の決まりであった。倹約であってはじめて家を維持できるのであって、質素は美徳であり、浪費や安逸をむさぼるのは資産階級の行いとされた。人々は苦しく質素であることを誇りとし、豪奢浪費を恥とした。前者は善、後者は悪であった。中国人の観念において、これら享楽を追求するあらゆる悪徳は実際のところ穀つぶしと同義語だった。その上、あの時代は資源が非常に限られていたため穀つぶしの浪費には確かに耐えられなかった。「ただ座して食えば山もむなし」と言われるが、この常識に隠された道理は現在にも通じるものである。ただあの時代にはその役割の極致を発揮して圧倒的価値を持ち、ほぼすべての人の行為を左右した。日々の生活はもちろんつましいことが望ましいとされた。個人の身なりも古着が美しいとされ、ほつれが直してあるのは普通のことで新しい服は豪奢であるだけでなく、たまに着るのは不自然だった。一般人も大人物とされる人もこうだった。所謂「南京路上好八連」は、「新しい服を三年着た後、古くなった後も三年着る。その後繕ってさらに三年着る」というスローガンを打ち出した。このようにつましい生活は、凶作や戦争の際はもちろん好ましいが、生産や経済の更なる発展に向かないのは明らかである。なぜなら消費を過度に抑制すれば、生産が発展しないのは言うまでもないからである。しかしあの頃人々はそうとは考えず、彼らが節約したのは工業化のために資本を蓄積しようとしただけでなく、政治的配慮もあった。というのも、浪費は資産階級の穀つぶしのやり方であり、節約は無産階級の美徳という政治用語が流行していたし、人々としてはもちろん無産階級を発展させ資本主義を消滅させる必要があった。外資導入や生活の質を高め生活方式の現代化を追求するのはもっと後のことである。あの時代にこのようなことを持ち出すのは犯罪行為だった[1]。

禁欲主義的消費と生活が形成されたのは、国家が社会を高度にコントロールしたことと関係していた。国家による資源の独占は、社会生活をコントロールするための基本条件であり、再分配という経済モデルと高度に組織化された生活方式は人々が国家に服従し依存する重要な柱であり、イデオロギーの単一化は人々の生活と消費方式に対する心からの賛同を根本から強固なものにした。最終的に、消費と生活面における禁欲主義という特徴が個人標準化の礎となった。

---

1) 陳剛、「六十年代回眸 —— 改革開放前的中国人」、『南京工業大学学報(社会科学版)』第1期、2002。

第三節　隠匿された自主的空間

　改革開放前の再分配経済体制において出来上がったのは総体性（全体主義的）社会と呼ばれる社会構造だった。この種の総体性社会構造において、国家が重要な希少資源をほぼ一切独占することを前提に国家は制度を通して社会生活領域を効果的に調整した。もっとも、この頃一般人が思うように国家によるコントロールに一切調整の余地がなかったわけではない。言い換えると、国家によるコントロールと国家の一切を圧倒する地位との釣り合いが完全にとれていたわけではない。ある状況において国家の意志形成と貫徹とは完全に一致するが、別の状況において両者はかなり異なることもあり得る。一般的に、ある組織または機構の意志形成能力は意志貫徹能力を下回ることはないが、意志貫徹能力が意志形成能力を下回ることは完全に可能である。改革開放前の中国における総体性社会において、このような非常に独特な現象が見られた。即ち、国家の制度制定に対するコントロール能力は非常に高く、実質的にこのプロセスに介入したり、政府のある制度に効果的に挑戦できる社会的勢力はほぼ皆無だった。しかし他方では、制度実施の過程で制度制定の過程のようなコントロールを維持することができなかった。国家の制度実施能力は必ずしも制度制定能力ほど強力とは限らない[1]。このため中国社会に隠匿された自主的空間が残された。自主性の存在はある意味において「非意識の結果」であり、自主性の存在は正式な制度に漏れがあったことに起因した。

一、「単位人」の行動戦略：非正式ネットワークが潜在的に運営

　大量の研究が示すように、資源や権力分配の結果など組織における結果は、正式の規則および制度の産物であるだけでなく、相当程度組織構成員の様々な人間関係の結果でもあった。組織中の正式な構造や結果は、組織構成員と環境による共同の産物であった。組織の正式な構造や規則がある状況において、組織構成員は各種拘束条件下で行動者として自らの必要と利益を踏まえながら戦略的行動をとったので、特定の行為方式や戦略が出来上がった。このような行動方式や戦略は組織内の資源分配に影響しただけでなく、組織の制度配置や権力関係に極めて大きな影響を与えた。このため、個人が単位で地位や資源、利益を獲得するためにとった実際の行動

---

1)　孫立平、「向市場経済過渡過程中的国家自主性問題」、『戦略与管理』第 4 期、1996。

が資源の獲得や満足度にも大きく影響した可能性がある[1]。この点は単位組織において特別な意義をもつ。

(一)新伝統主義下の庇護と依存

　中国研究の専門家アンドリュー・ウォルダーは他に先駆けて中国単位組織の制度と行為間の関係を研究した。同氏は1986年に出版した『共産党社会の新伝統主義』において、計画経済体制下（1950年代から80年代初期）の中国国営工場における権力関係の形成過程について非常に詳しく分析している。工場における現実の行動、即ち権力関係の運用について考察を行った結果、中国国営工場では依存（dependence）、庇護（patron-client）、特殊主義（particularism）等の「伝統的」現象が普遍的に存在していたことを発見している。同氏がこれを中国伝統文化の遺産と見なさず、中国共産党特有の政治および経済組織形態が導いた結果だと帰結したのは興味深い。そして、現代(西洋)的工業社会では基本的に消滅しているが、中国単位組織になおも見られる、このような社会的特性を「新伝統主義」と定義した。

　新たな視点からウォルダーを再読すれば、「新伝統主義」研究の真義を発見するのは難しいことではない。それは中国の単位組織の生活における現実の行動と制度の再構築を明らかにしたものである。ウォルダーは直接中国内地に赴き実地調査を行う許可をもらえなかったため、1979～1980年にかけて、香港で中国国営工場出身の80名の移民（労働者、職員および管理職等が含まれた）を詳しくインタビューし、中国単位組織の実態を調査し、分析を行うことしかできなかった。それでも、彼は1950年代以来、中国共産党は国家の経済と社会を全面的に改造しコントロールしつつも、国営工場で意思決定者達の理想と完全に一致する単位組織を最終的に作り上げられなかったことを把握できた。真実の単位組織は組織における個人の行動と制度の再構築によって作り上げられた「新伝統主義」の権力構造であった。

　ウォルダーは、単位が資源配分の権力を握り、個人に対するコントロールを行う中で、個人は単位および単位指導者に対して政治的経済的に著しく依存するようになったのを見出しただけでなく、このような組織の中での個人行動によって、指導者と個人労働者の間に独特な「庇護−依存関係」(patron-client relations)が形成されたことを発見した。それは西洋の現代的組織に見られる「非正式的構造」ではなく、

---

1)　李漢林、『中国単位社会：議論、思考与研究』、上海人民出版社2004年版、229頁。

上下間（指導者と積極分子の間）で構築され、「個人的要因」を帯びながらも、「非個人的道徳信念や正式な制度的役割」を同時に持つ互恵的取引ネットワークである[1]。その点がユニークだとウォルダーは考えていた。さらに、彼はこのような実用的互恵関係の蔓延が共産党の社会において個人の工場における行動を支配する実際のメカニズムだと指摘した。垂直の忠誠関係は労働者階級の団結と集団による自発的反抗の可能性を打ち消し、単位組織内部で互いに敵意をもつ縁故主義が出来上がった一方、単位内の労働者が私的取引や相互協力を求めることを特徴とするサブカルチャーの発生を促したとウォルダーは考えた。

　計画経済体制の下では国家が資源の取得と配分ルートを独占していた。三大改造が完成すると、都市社会では完全な計画購入・供給体系が確立され、自由交換市場は廃止され、都市の人々が資源を入手する他のルートは閉鎖された。このように高度に集中した計画体制が実施された結果、労働者は制度に依存するようになった。即ち、労働者は経済的に企業（単位）に依存し、政治的には工場内の政党指導者に依存し、個人関係においては現場の直接の指導者に依存した。このような制度への依存構造が機能することによって、工場内では制度的サブカルチャーが徐々に形成された。これらのサブカルチャーには指導者と部下との間の関係、労働者間の関係および労働者による行為の戦略的選択が含まれている。制度的依存と制度化されたサブカルチャー間の相互作用や実際の運用における緊張感により、中国社会において新伝統主義の形成と継続が促された。

　中国の単位は元々資本主義の経済組織と異なり、単位組織がより重要な政治機能と社会機能をも担っている。中国の単位において指導者と被指導者の関係が終始最も基本的な社会関係であった。計画経済は組織の生産および資源分配において工場指導者に特権を与えたので、彼らは権力を代表し、利益の表出と実現を代表した。また党と政府の統治権力も彼らを通して具現された。工場指導者には多くの従業員を動員する役目があり、また自分自身のために一部の積極分子に特別な業務を行わせる必要があった。他方で、工場内の雇用関係は市場関係ではなく行政関係であって、労働者と単位指導者に対しては行政レベルにより賃金と福利分配が規定された。公有制の前提において労働者側と資本家側の分離や対立はなくなったが、再分配の権力は指導者に集中し、一般労働者はこれらの指導者と特殊な関係を築き、さらに

---

1)　Andrew G.Walder 著、龔小夏訳、『共産党社会的新伝統主義』、（香港）牛津大学出版社 1996 年版、197 頁。

これを維持することによってはじめて利益を得ることができた。また、市場条件に基づく労使双方の契約が欠けるため、単位労働者は相対的に弱い立場に立ち、単位指導者の権力の範囲が相当広かった。工場内部では政治的動機や意識を強調するという伸縮自在の評価体系が採用されているために、単位指導者が一層思うままに権力を行使できた。それと同時に私的取引の空間も提供された[1]。こうして、「正規」および「非正規」のものが同居する、特殊な互恵取引関係即ち「庇護－依存関係」が指導者と積極分子との間で絆を形成させた。このため、ウォルダーは単位組織の中からある種の現実の行動を見出した。即ち、指導者であれ、労働者階級グループにおける積極分子、一般労働者であれ、組織における正式な制度および、制度内に置かれる彼ら自身の制度的役割を利用し、自らの利益を獲得しようとしたのであった。彼らは公には正式の制度に反対せず、個人化された便宜的行動をとることによりこのような制度に適応したのであった。このような戦略的行動が累積された結果、正式な制度の形態を維持しつつ、制度の実質を修正し、ひいては完全に変えたのであった。

「原則つき特殊主義制度」(principled particularism)とは、単位の指導者が便宜的行動により正式な制度を変更した結果だった。本来、意思決定者は国営工場で政治信仰や道徳品性の奨励を目標とする非個人化された一連の「政治インセンティブ体系」(system of political incentives)の確立を望んだはずだが、現実では、代理人である単位指導者が自己の利益追求の立場に立ち、労働者と指導者の長期的で親密な協力関係の確立を目標とする個人化のインセンティブ制度に変わった。「それが奨励したのは、もはや政治理想の信仰自体ではなく、労働者の党支部および現場指導者に対する確かな忠誠であった」[2]。これらの関係は表面的には政治経済活動の必要により発展したものだったが、実際のところ個人関係ネットワークを確立しようとした指導者の需要に非常にふさわしいものだった。

「原則つき特殊主義制度」の確立と運用は、上下間の互恵取引関係の発展を奨励しただけでなく、意思決定者も予想しないような結果を生み出し、労働者階級グループの分裂をもたらした。一般労働者と「積極分子」は互いを敵視する集団に分裂した。積極分子は、日ごろ「積極的競争方式」(active-competitive orientations)によ

---

1) 李猛、周飛舟、李康、「単位：制度化組織的内部机制」、『中国社会科学季刊』(香港)秋季巻、1996。
2) Andrew G.Walder 著、龔小夏訳、『共産党社会的新伝統主義』、(香港)牛津大学出版社 1996 年版、147 頁。

り、「党と行政指導者の側に立って単位中の党代表と特殊な関係を結び、労働者集団全体の利益と敵対した」。また、一般労働者は所謂「消極的保身方式」（passive-defensive orientations）を含む様々な非公式の方式により保身を図った。即ち、「儀礼的服従」の態度により、「誤り」を犯して様々な処罰を受けないようにしたのであった。一般労働者はさらに、より積極的だが「不法」な競争方式、即ち、権力者（現場主任、工場各部門のリーダー、食堂の職員、工場の医者、総務部門の幹部等）と「実用的個人的関係」（instrumental-personalties）を結んで利益を図った[1]。主に親戚や縁故者から人を採用する指導者の行動であれ、労働者が自ら実用的個人的関係を発展させる戦略であれ、いずれも正式な制度において自らの利益を図ることが目的だった。このような戦略的便宜的行為が重なった結果、正式な制度はその儀礼的役割を維持しながらも実質が修正され、場合によっては完全に変更したので[2]、中国の単位社会における多くの正式な制度は儀礼的な規則に変質し、実効を失った。

（二）「一致的政治学」と「背後での解決」の併存

単位組織の中に複雑な関係ネットワークがある場合、このような関係ネットワークと単位における個人の行動は庇護関係を基礎とするだけでなく、より複雑な性質も帯びるかもしれない。単位組織においては、単位に所属する者が自己の利益を追求し実現するための権力は主に単位における「派閥構造」を源とした。即ち、単位内のあるレベルの要人を中心に形成され、上下に拡大し、平行に断裂する関係ネットワークであった。このような派閥構造は単位人の行動、情報および交換ルートを作り上げ、単位における資源分配の追求に影響し、またはこれを実現する[3]。

単位は制度化された組織が発展した極端な形態だが、その最も重要な特徴は単位内の各種活動が強烈な儀礼的色彩を帯びていたことであった。

中国の単位内における各種規則は、不完全な官僚主義的規則や未発達の官僚主義的意義の下で制定されたため、これら規則の実施は厳格な審査監督プロセスではなく、多くの儀礼的活動により保証された。例えば、周期的に行われる「大検査」、「視察」、各種報告、会議、比較評定等はいずれも単位に置かれている人々が熟知す

---

1) Andrew G.Walder 著、龔小夏訳、『共産党社会的新伝統主義』、（香港）牛津大学出版社 1996 年版。
2) 汪和建、「自我行動的邏輯 —— 理解 "新伝統主義" 与中国単位組織的真実的社会建構」、『社会』第 3 期、2006。
3) 李猛、周飛舟、李康、「単位：制度化組織的内部机制」、『中国社会科学季刊』（香港）秋の巻、1996。

る儀礼活動だった。上司であれ部下であれ有効性をさほど考慮せず、ただ一般的な儀礼的プロセスに沿って、これらの儀礼を周期的に繰り返した訳だが、これもまた所謂「形式主義」を採ったものであった。

　この種の「形式主義」的儀礼活動の裏には多くの「背後での解決」が存在した。恒久的な就業再分配福利体制が加わった結果、単位は個人生活の主要部分となった。前記のとおり、個人が単位を利用して自己の多様な利益や目標の実現を図ったのは必然であった。このような個人的利益や目標は大多数儀礼的活動ではなく「背後」の個人的方式、即ち「個別の話し合い」や「業務時間外の率直なおしゃべり」等によって解決された(即ち、ゴッフマンの提唱した「楽屋裏での解決」にあたる[1])。これには2つの原因があった。まず、これら個人的目標の追求は往々にして公に「称賛」されるものではなく[2]、儀礼的規則の精神と実質的に矛盾した。儀礼的規則の「神聖さ」を守るため、利益を追求するこれらの行動を公にすることは往々にしてできないことであった。次に、まさにウォマック[3]が指摘したように、単位で恒久的に就業することになっているため人々はしばしば長期間共に働くことになるが、このような利益追求の行動もまた往々にして互いに矛盾し、衝突を引き起こしやすい。単位内の人々の相互関係を保証するため、所謂「一致的政治学」が生まれた。人々は表面的には一致して衝突を公にせず、表面的には一致性を維持し、衝突を背後の解決に委ねた。一部の「権威主義」学者は、制度化された組織としての単位に表れた高度な制度化は、必然的にトップダウン式に行われる「水も漏らさぬ」社会コントロールだと指摘しているが、必ずしもそうではなかった。儀礼性や「一致性」を脅かす存在を取り除くために生じたこの種の背後での解決は、単位における「派閥構造」が生まれる温床を作り出した[4]。

二、ハニカム構造：単位間の行動空間

　改革開放前の中国における総体性社会では、国家が社会資源を完全に掌握し再分

---

1) Erving Goffman 著、黄愛華、馮鋼訳、『日常生活中的自我呈現』、浙江人民出版社 1989 年版。
2) Walder, A.1986. Communist Neotraditionalism: Work and Authority in Chinese Industry. Berkeley: University California Press.
3) Womack, B.1991.“Transfigured Community: Neotraditionalism and Work Unit Socialism in China” China Quarterly: p.126, p.313-32.
4) 李猛、周飛舟、李康、「単位：制度化組織的内部机制」、『中国社会学』（第二巻）、中国社会科学院社会学研究所編、上海人民出版社 2003 年版、147 ～ 148 頁。

配を行い、経営と生産の主体であった単位は国家に依存するしかなかった。政治学的観点から見ると、単位の国家に対する依存はまさに国家権力が過度に強大となったことの直接的結果だった。国家権力が資源分配を独占すれば、単位は付加価値を高める空間を自主的に開拓する必要がなかったし、事実、単位の自由な活動空間はなかった。このため、単位は特定の利益を持つ実体として、如何に国家からより多くの資源を獲得するかに主にエネルギーを注いだ。単位生存のボトムラインは国家権力による資源の再分配に依存したため、国家権力の中心に入り込むことが単位にとって最重要任務となった。そこで、単位の有する様々な「関係」が単位の生命力を最終的に保障するものとなり、各種の「関係ルート（コネ）」に頼って各種資源を獲得したため単位における主権確立が自然と促された[1]。

（一）単位主権：隠蔽された「自由空間」

中国の単位は上級部門により一律操縦された組織でもなかったし、西洋市場経済において「コスト － ベネフィット」を原則として経済的理性により奉仕する工場や会社でもなかった。単位は制度化されるとともに、隠蔽された「自由空間」を獲得した。「単位主権」は、単位が、国家コントロール体制の裏で国家のコントロールから独立し、あるいはコントロール体系に潜在する一種の優位的地位を有し、単位内部の問題や対外的な付き合いを処理する規則となった。単位依存と単位主権は表面的には相矛盾するようだが、実際には表裏一体で、単位依存という性質は自身と直接対立する結果を生んだ。単位主権と単位依存という性質の直接の関係は理論上「反論理」的であっても、現実においては共存可能だった。

単位主権という現象が存在したことは、単位制が修正不可能な程度にまで緊密ではなく、単位が争奪し補てんする十分な空間があったことを証明している。国家が単位に対して分配資源を行う基準や単位に対するコントロールのメカニズムは、動揺が生じ変化できないほどのものではなかったため、単位が国家から資源を争奪する現象が見られた。

彼らは様々な「関係」のルートを利用してより多くの資源を得ようとした。例えば、単位の行政レベルを上げたり、財政支出金を増やしたり、各種手当や表彰を受けたりすることで、単位体制における制度化されない権威メカニズムを一層堅固にし

---

1) 劉建軍、『単位中国 ── 社会調控体系重構中的个人、組織与国家』、天津人民出版社 2000 年版、85 頁。

た[1]。

　ここで当時の社会構造という最も基本的な背景に注意する必要がある。この種の構造の背景には少なくとも注目に値する特徴が二つあった。一つ目は、上述のように高度に組織化されていたことであり、二つ目は組織体系があまり統合されていないことであった。これに対し、この種の構造を「高度に組織された国家における低統合」と呼ぶ人もいる[2]。言い換えると、改革開放前の総体性社会において、国家は絶対的大部分の希少資源を独占し、国家の意志を執行するために厳密な組織系統を作り上げた。しかし、これは高度に統合された社会であったことを意味しない。ドニソーンは「蜂の巣状構造」という表現を用いてこのような構造の特徴に言及した。同氏は、このような「蜂の巣状経済」において各地方や企業は実際のところ自給自足の自治体系を形成し、国家全体があたかも互いに無関係の多くの単位から成り、中国経済は著しい分割の局面を呈したと考えた[3]。より正確に言えば、軍事工業部門が国家の厳密なコントロール下に置かれたほか、基本的生活の需要に関係する他の部門はすべて自力更生の原則を順守し、非常に分散した状態にあった[4]。中国の単位は国家制度が強制的に計画する、多元的機能を有する社会生活共同体となり、他の企業や外部の地方政府に全く依存しない、独立した生活が可能であった[5]。どの単位にも明確な定員配置、権限および資源規模があったが、計画体系において単位間の連絡はスムーズではなく、競争不足でもあった。計画経済体系下において単位間の同質性はこの種の閉鎖性を一層強めた。そうは言っても、単位間では依然として「互恵原則」が機能し、互いに便宜と実利をいくらか提供しあっていた。即ち、単位間の連絡は実際のところ利益、感情、血縁関係等の要因が錯綜した互恵型の交換関係であり、厳密な行政コントロールから便宜や実利を追求する隙間を見出すことを目的とした。単位体制における閉鎖的な秩序は単位がこの種の秩序構造において自らに便宜をもたらす空間を模索するのを排除するものではなかった。この種の隙

---

1) 劉建軍、『単位中国 ── 社会調控体系重構中的个人、組織与国家』、天津人民出版社 2000 年版、112 ～ 114 頁。

2) 陸徳泉、「"関係" ── 当代中国社会的交換形態」、『社会学与社会調査』第 5 期、1991。

3) Andrey Donnithorne, "China's Cellular Economy: Some Economic Trends Since the Cultural Revolution", China Quarterly, No. 52, p.605-612, Oct.-Dec., 1972.

4) D. H. Perkins 等、『走向 21 世紀：中国経済的現状、問題和前景』、江蘇人民出版社 1995 年版、34 ～ 36 頁。

5) 張翼、『国有企業的家族化』、社会科学文献出版社 2002 年版、65 頁。

間は計画体系にあって自身の生存機会を少しも無駄にしなかった[1]。

（二）ハニカム経済：単位による資源の占有と分割

Thomas P. Lyons も、1985 年発表の「China's Cellular Economy: A Test of the Fragmentation Hypothesis」および 1986 年発表の「Explaining Economic Fragmentation in China: a systems approach」においてこの点に着目している[2]。本来であれば計画は資本主義の不備を克服するためのより高級な資源配置方式のはずである。しかし、毛沢東時代には、中央指導者が各省や小規模な地方単位に食糧その他の農産物の自給自足を呼び掛け、整備され、独立した工業体系の構築を各地に求めたため、同一類型の単位が各地で生まれ、資源が重複して浪費されたり、単位が資源を分割したりする現象が非常に顕著となった。Lyons の研究によると、中国経済には二つのサブシステムがあるという。「計画内サブシステム」は中国の概念における「国営部分」にほぼ対応し、毛沢東時代に国営企業が中国の物質純資産に占めた割合は 50％ に満たず、それが擁した労働力も総数の 1/5 未満であった。「計画外サブシステム」は「個人」と「集団」部分にほぼ対応した[3]。計画体制の構造と運用の過程で生じた問題であったゆえに、これら二つのサブシステムには資源が単位により占有され分割されるという問題があった。

　資源に対する単位の占有と分割が、体制と政策が二重に作用した結果であることは明らかである。体制面から述べると、資源分配のメカニズムは中央の部門や委員会、地方省市のコントロール下にあり、単位が資源を占有し分割する潜在的基礎を作り出した。中国経済において、資源の合理的配置を計画する統一的仕組みがなく、まさしく計画部門が幾重にも林立したために「閉鎖された地域」や「勢力範囲」が生じることになったもので、ある地域や勢力範囲にある単位が資源を占拠し分配する主体となるケースが存在した。政策面では、単位制における中央と地方の権限が終始変動し調整されたため、単位の帰属は長きにわたり根本的かつ明確な解決を見なかった。建国初期に現代化が進む中で社会資源の総量が著しく不足する局面に直面

---

1) 劉建軍、『単位中国 ── 社会調控体系重構中的個人、組織与国家』、天津人民出版社 2000 年版、279 ～ 281 頁。

2) D. H. Perkins 等、『走向 21 世紀：中国経済的現状、問題和前景』、江蘇人民出版社、1995 年版、51 ～ 81 頁。

3) Thomas P. Lyons, "Explaining Economic Fragmentation in China: A System Approach", Journal of Comparative Economics, No.10, pp.209-236, 1986.

したことから、国家が資源を強制的に引き取る政策がとられた。この政策は「第一次五ヵ年計画」において目覚ましい成果を挙げたが、厳密な単位体制が社会資源総量を全体的に増大させることはなかった。そこで社会制御体制それ自体の調整は地方権限と単位権限の適度な拡大につながった。このような調整は地方と単位における自給自足政策の実現を奨励し推進するものだった。包括的で整備された経済体系の構築を望む地方は政策上合法的な根拠を見出した。いうまでもなく、資源に対する単位の分割と占拠はこの政策の必然的結果であった[1]。

　政策の実際運営に見られる融通と柔軟さは、このような構造上の整合性の低さを示したものである。その融通は社会生活の多くの領域に見られ、制度運用、政策自体及び社会生活の具体的ルールの一部まで及んでいた。高度な集権的体制と、体制運用に求められる技術条件や粗末な体制との間に明らかに緊張関係が存在したため、このような体制により制定された政策は往々にして大雑把なもので曖昧であった。曖昧な原則的目標しか持たなかったので、各地方や単位は実情を踏まえ手を加えた上で実施するよう求められた。さらには計画制定時にも「大まかなところを制定し、詳細は定めない」、「十分な余地を残す必要がある」ということが常に強調された。実際の運用プロセスから見ると、政府部門の制度化および手順化された運用を除き、体制運用はしばしば党の文献、長期あるいは短期的作業部会、現場の経験交流会という三つの具体的手段に頼っていた。イレギュラーな方式としての政治運動も各プロジェクトを推進する際に常用される手段のひとつとなっていた。これらの活動方法に対して具体的な分析を行うと、「非手順化と非制度化」という共通特徴があり「融通」にかなりの余地が残されたことを見出すことは困難ではない[2]。柔軟性は似て非なるという点において最も微妙であった。言い換えれば、表面的には、順守される原則や実現しようとする目標は元の政策目標と一致していたが、「融通」を経て実際に到達した目標をより深層的な内実から考察すれば、元の目標と根本的に相反しあるいは関連しない可能性が大いにあるということであった。

三、身分を変える：密やかな階層流動

　前述のとおり、建国から改革開放にかけて中国社会は総体性社会であった。この

---

1) 劉建軍、『単位中国 ―― 社会調控体系重構中的個人、組織与国家』、天津人民出版社 2000 年版、116 〜 118 頁。
2) 孫立平、「向市場経済過渡過程中的国家自主性問題」、『戦略与管理』第 4 期、1996。

ような社会において、計画と管理コントロールの色彩を強烈に帯びた単位制、戸籍制、雇用制度、階級分類制度等一連の制度が構築され、複雑で厳格な手順により構成員が異なる社会的位置に配置された。このような理想主義的、人為的社会調整メカニズムの直接的結果として、各地域、階層、身分、職業間の流動は少ないものとなった。

（一）制度による大きな隔たり

厳格な戸籍制度と人民公社制度の影響を受け、社会構成員とりわけ農村住民は特定の生活空間に厳しく拘束された。これが所謂「都市と農村の二元分割体制」である。このような体制下において農民の主な生産や生活は狭小な農村コミュニティに主に集中したが、当時これは「生産隊」あるいは「生産集団」と呼ばれた。人々の社会関係、コミュニケーションネットワーク、流通ルート、生活費の出所は大部分所属する生産集団に制限された。これに加え、農民は生産生活において集団農業生産方式や社会の主流経済観念の影響を受けて農村からの自由な流動は困難なものとなり、自主的に職業を選び、親戚回りをすることさえ難しかった。農民の身分はその生活、役割分担に先天的な意義を持った。父母が農村で生活していれば、農村社会構成員に許される生活方式は父母の農民としての身分によって先天的に決定された。

人々の階級身分における差異は、社会構成員の各階級や階層間の流動をも制限した。さらには、当時の階級分類制度下において人々の階級属性がひとたび確定されると、これを変更するのは困難あるいは不可能であった。地主、資産階級、反動分子等「専制の対象」となった社会構成員は、長年にわたり政治的重荷を背負い、その子女もこの種の階級身分の影響を脱却するのは困難であった。

都市の単位では、労働者階級グループにおいても身分、職業等級は明らかに区別され、このような等級区分のために各レベルの社会構成員の上向きの自由流動が困難となった。例えば、単位の幹部と労働者には政治、経済待遇および社会的名声において明らかな格差があった。労働者と幹部の間には身分上明らかに大きな隔たりがあり、この種の大きな溝を乗り越えるのは困難だった。職業分層上、単位内で提供可能な地位や資源は限られていたため、労働者グループも異なるレベルに分けられた。

このような一部の制度的、体制的拘束のために、社会構成員は相対的に固定された形で特定の社会的地位に配置されたが、これは総体性社会秩序の形成に有利で

あった。その一方で、社会の流動、とりわけ階層を超えた流動はある意味において極端に制限された。それゆえ、社会における人材の最適化や配置に不利に働き、社会構造の自己調整や社会の進歩を阻害した。

(二)堅固な構造下の流動空間

　総体性社会は厳密で、堅固な社会組織構造形態として具現化され、人々の身分、階層、職業上の社会流動率は非常に低かったとはいえ、(とりわけ特定のミクロ的領域、個別の意義において) 厳格に規定された階層間に一定の流動空間や可能性が残されていたことが依然として見出せる。それゆえ、この時代の人々は身分変更の夢を抱き[1]、自らの社会的地位の変更に成功して上昇を実現した人も確かにいた。

　段階的な政策緩和と社会流動。短期間に社会主義の現代化を実現し、その共産主義的政治理想を実現するため、中国共産党の指導の下、国家は1956年以降社会主義的工業体系の建設と工業生産の発展に力を入れ始めた。このような状況において、都市の工場、企業ではとりわけ油田開発、鉄道建設等の領域で農村労働力に対するニーズが生まれ、関連政策も一部労働力が国家単位の募集に応じて労働者となることを認めたので、農民という元の身分が変更されることになった。

　「循環革命」と階層の変動。この時期、総体性社会を構築する過程で党は様々な社会勢力を制度構築や社会運動へ動員するのに成功した。毛沢東等エリート指導者の思想によれば、無産階級政権の純潔性と人民性を長期にわたり保証するため、一連の社会運動あるいは循環革命を通して政権の中にある資産階級、封建主義等の腐敗思想の影響を取り除かなければならなかった。このような状況下で様々な社会運動が展開されたのであった。また、まさにこのような壮大な社会の流れの中で、ある特定のグループの身分や階層に大きな変化が生じた。例えば大規模な「上山下郷」運動に伴い一部の都市知識青年は農村に入って労働により鍛えられた[2]。これは一定の意味において特定の社会流動をもたらした。また、度重なる社会運動において、下層の一般農民や一般労働者の一部は積極的なパフォーマンスを示して革命積極分子となり、その一部が地方の政治エリート、指導者、官僚となる可能性もあった。

　入隊、労働者・農民・兵士出身の大学生、婚姻による身分の転換。改革開放前の長い期間にわたり、中国の社会組織方式は軍事化の色彩を強く帯びていた。長い戦

---

1) 李培林、「流動与中国夢」、『経済導刊』第3期、2005。
2) 任南、「1976-2006中国知青沈浮録」、『晩報文萃』第6期、2006。

争経験を経た後も、党は依然軍隊と国防建設を国家建設の重要事項としていた。この時代、軍人はカリスマ的イメージを帯び、人々は軍人に対して大いに好感を抱いたとともに、従軍にも相当熱心であった。当時の条件下において入隊して従軍することは農村青年にとって一種の理想であり、身分を変更する重要な方法でもあった。一部の兵士は退役後に工場、政府部門に仕事を割り当てられたが、これが所謂「転業（除隊後の転職）」である。農村兵士にとってこのようなチャンスは多くはなかったが、人生を変え得るルートであることは確かだった。

「文化大革命」が始まると大学入試制度も廃止されたので、身分を変更し、上昇を図る重要なルートがひとつ失われた。しかし、後に実施された労働者・農民・兵士出身の大学生を募集する制度により一部の社会構成員が流動する可能性が残された。一部の運動積極分子、労働模範あるいは優秀な兵士は上司の念入りな選抜推薦を受けて、高等教育機関で学ぶ機会に恵まれ、労働者・農民・兵士出身の大学生となって大きな身分転換を果たした[1]。

また、一部の人々は婚姻により身分の転換と社会流動を実現した。伝統的制度的システムの中で、人々が見出した極めて合法的な移動方法が「婚姻」だった。国有企業内部の結婚適齢期にある従業員の男女比がバランスを欠く状況において（男性が多く女性が少なかった）、これ（国有企業の男性従業員との結婚）は農村の若い女性が都市・鎮戸籍に移り、労働者身分に転換する主要なルートであった。改革前の、上昇ルートが極めて限られていた状況において、婚戚関係は社会資源を蓄積して関係を作り出すために得難い方法であったことは確かだった[2]。

以上から見て取れるように、総体性社会は表面上人々の社会流動と身分変更を非常に制限し、社会構造を相対的に固定させたが、この期間に行われた一連の制度実践や社会運動はまた社会構成員に対し、一定程度分散された、従来とは異なる機会や資源を提供した。そこで、一部の人々は身分変更という強烈な想いに励まされて得難い機会をつかみ、異なる身分、職業、階層間の流動を実現した。

このため、改革前の中国社会における自主性を評価するにあたり、その閉鎖性、流動性の低さ、自主性のなさを強調しながらも、計画体制の制度設計、政策実践、各段階のつながり等の面で体制が粗末で整合性が低かったために国家による強力な

---

1) 劉少才、「我経歴的工農兵学員時代」、『縦横』第 6 期、2005。
2) 陳光金、「身分化制度区隔 —— 改革前中国社会分化和流動機制的形成及公正性問題」、『江蘇社会科学』第 1 期、2004。

コントロールが相対化されたことを軽視してはならない。単位組織内やミクロの行動領域において社会構成員の有した自由の余地とその自主性に注意する必要があり、この種の自由の余地や自主性が総体性社会体制、厳格な形式的組織制度によっては完全に設定されず掌握できなかったことは看過できない。それゆえ、総体性社会体制において、社会構成員個人から組織化された単位に至るまで、行動主体が具体的なケースや措置に直面した際には、体制の中に秘められている自主空間をいくらか見つけだすことができると考えられよう。

まとめ

1949～1978年にかけて、国家は新たな生産力の発展要求に見合った政治、経済、社会、文化の運用と管理枠組みの構築に成功した。このような制度的枠組みにおいて、共産主義の理想、平均主義の分配原則および集団主義の活動、生活倫理は社会生活の隅々まで浸透した。この30年、社会生活は国家政治に左右され、人々の生計はほぼ平等であった。また、このような福利浸透方法と当時国家の構築した、マルクスレーニン主義や毛沢東思想を核心とする価値系統と高度に整合していた。後者はまた「単位制」、「人民公社制」等の社会の基本的組織方法と緊密に結びついていたため、社会構成員は国家に高度に賛同することになった。

このように生活制度の調整が成功したのは、国家が重要な希少資源をほぼ独占したことを前提とした。このような資源は物質や財産だけでなく、人々が生計を立てて発展する機会や情報資源をも含み、中でも最も重要だったのは就業機会と生活必需品の配給を得る機会であった。このような不足資源に対する独占を基礎として、国家はほぼあらゆる社会生活を厳格かつ全面的にコントロールした。しかし国家の社会生活に対するコントロールは秩序を形成したとともに、いつの間にか社会の活力を抑制した。社会の行動者は様々な「隠された」行為により日常生活における自主性を勝ち取ったが、これらの活動は総体的に非連続的な原子的状態であったため、社会の自ら進歩する原動力が抑制された。

改革開放前までの30年の間、中国は制度建設を効果的に進めた。当時の社会ニーズに合わせて設計し、制度間の整合がうまく取れていたことが成功の前提になっていたことを、われわれはよく理解する必要がある。制度間でうまく調整がなされ、各勢力がうまく動員され、様々な潜在力がうまく発揮されて初めて社会構造

の速やかな転換（分散した、整合性の低い伝統社会から、高度に集中し、整合された総体性社会への転換）が叶う。もちろん、これら基本制度は当時の閉鎖的で相対的に変化の緩やかな社会に適していた。1978年以降、改革開放、すなわち新たな総体性社会の変遷が始まると、これらの基本制度は新しい社会生活によって徐々に相対化されることになった。

第二章
「確定性」の緩和：改革試行

　1978年12月18日、党の第11期3中全会が開催された。会議では「実践は真理を検証する唯一の基準である」に関する議論が高く評価され、「思想を解放し、頭を働かせ、事実に基づいて真理を求める(実事求是)、一致団結して前に向かって進もう」方針が決定されたほか、「階級闘争を綱要となす」というスローガンの使用停止が決定され、「プロレタリア独裁下の継続革命」という誤った理論が否定されて、活動の重点と全国の人民の関心は社会主義現代化建設に移った。1979年には第11期3中全会の精神を徹底させ、改革開放元年となった。1979年から1984年の中国共産党第12期3中全会にかけて経済体制改革の重点は都市に置かれ、社会主義経済は公有制を基礎とする計画的な商品経済の時期にあり、基本的に中国の改革開放試行の段階であるとされた。

　この段階において、「階級闘争を綱要となす」というスローガンは廃止され、「混乱を収拾し、秩序を回復する」活動が始まった。人民公社制度は農家請負制に取って代わられ、農村生産単位は生産隊から家庭に変更された。郷鎮企業は新たなスタートを切った。「経済特区」が出現し、中国はその窓を改めて世界に向かって開いた。計画経済体制改革が始まり、市場要因が経済生活領域にまで入り込んだ。企業の自主権拡大改革が全面的に推進された。上山下郷運動に加わった知識青年が徐々に都市へ戻り始めた。大学入試が回復した。これら制度の変革は、「文化大革命」において蓄積されながら厳密な制度やイデオロギーによってコントロールされ、覆い隠された多くの問題や矛盾を日の下に曝け出し、総体性社会は空前の危機に直面した。その一方で、社会政治環境は全体的に緩やかになり、一般庶民の自主性が声高に叫ばれるというように、中国社会は急激な変動の中にあった。都市の失業者、レ

イオフ人員が増加し、個人経営者が現れ、単位制社会管理モデルは挑戦を受けた。農村人口の自発的移動が顕著になり、人口流動の規模も急速に膨張して戸籍制度の合理性に疑問符が打たれた。また、生存の新しい道を切り開いた農民や、都市で単位制を捨てて個人経営の列に加わった人々が先に豊かになり、収入分化の観点において中国の社会階級階層関係に微妙な変化が生まれた。思想と精神の領域でも緩和が見られ、思想の啓蒙が始まり、西洋的な考え方は若者、とりわけ知識分子への影響が日増しに明らかになり、高度に一元化されたイデオロギーに対するコントロールがいくらか弱まって、奇をてらった様々な流行や考え方が次々と生み出され、社会の多元化傾向に賛同する兆しが見られるようになった。党と国家の活動のポイントが経済建設と現代化に移ったことは人々の想象力をかつてなく活発化させるのに積極的な条件を作り出し、社会の各階層やグループにポスト「文化大革命」時代に情熱をもって取り込むよう促し、特に青年の人生の選択と設計を効果的に導いたので、国家社会全体の共通認識が再形成されるのを促した。

第一節 「単位社会」の突破口を開く

　第一章で述べたように、中華人民共和国成立後、各部分が高度に整合された一連の社会管理体制が構築され、人々の日常生活に対する厳格で全面的な拘束と管理が実現した。この間、多くの人々がこのような体制の突破口を開こうと度々試みたが、堅固な体制やイデオロギー的言説という壁にぶつかり、結局失敗に終わった。「満身創痍」で総体性危機に陥る社会が[1]、濃厚な理想主義的色彩を帯びた「国家による救出措置」を難航させる中で、貧困から脱却し、近代的総体性社会の実現への期待は人々のロマンチックな想像力に火をつけた。また、それと同時に、国家指導者層の変更や政治指導者の戦略的推進も進んだ。それらの条件がなければ、今日の中国がどうのようなものとなったか想像するのは難しい。

---

1) ここでいう「総体性危機」は、第一章で述べた1949年以前に中国社会が直面した「総体性社会危機」と性質を異にする。前者は「数千年来未曾有の変局」を意味し、伝統が現代化の挑戦に如何に対処するかという根本的な問題に中国社会が直面したものであり、後者は中国社会がある現代化発展戦略を選択した後で挫折した問題である。もっとも、人々が危機に対処するにあたり同一の思考と方法をとったことから中国社会特有の生活ルールを見出すことができる。つまり、「自己の過去と最も徹底的に決別する」ことが危機から脱却する唯一の道であり、「思想の解放、実事求是」により「文化大革命」を批判し、「階級闘争を要とする」思想を放棄することで最終的に勝利を掴めると人々は考えたのであった。

一、破壊後の再建

　中華人民共和国成立以降、党と政府による各種社会福利制度の建設を通して人民の生活問題は大きく改善されたが、頻繁に発生する政治運動に妨げられて人民の生活全体は非常に貧しい状態にあった。1976 年、全国の農民一人当たりの平均収入は 125 元で、1966 年の 106 元と比べ 11 年間に 19 元増加したに過ぎなかった。多くの地方の農民は基本的な衣食の問題も解決できなかった。例えば、湖北の水産物や米の穫れるある豊かな地方では、当時壮年労働力の 1 年間の食糧は 200 キログラム弱のもみ米、女性と子供では 1 年にわずか 100 キロ強のもみ米であり、食用油や豚肉は全くのぜいたく品であった。1978 年に新華社の記者が安徽省の定遠、鳳陽、嘉山等を取材したところ、鳳陽県の上位 5 つの生産隊では 10 戸のうち 4 戸でドアがなく、3 戸で机がなく、68 人中 40 余人は綿ズボンがないことが分かった[1]。極度の貧困は、一部農村地域で「試行」する（生産責任制を静かに推進する）重要な推進力となった[2]。都市従業員の生活もなんとか維持されている状態であり、収入レベルは下降傾向さえ呈した。1966 年、全民所有制の各部門職員の年間平均賃金は 636 元で、1976 年には 31 元減の 605 元にまで減少した。1974 ～ 1976 年にかけて国家予算は従業員賃金調整を 3 回行ったが、財政難その他の原因により失敗に終わった。1971 年、国家は 1958 年以降に就業した低収入従業員の賃金を一部調整したが、対象者も金額も少なく、「焼け石に水」であった。

　「文化大革命」後期、復活した鄧小平は鉄道、工業、教育、科学技術等の分野の正常な生産秩序の回復に着手した。しかし、「鄧批判と右傾巻き返しの風潮に反撃する」運動により鄧小平が再び失脚すると整頓活動は中断を迫られ、1975 年にようやく好転し始めた国民経済は再び深刻な挫折に見舞われて、またも低迷期に向かった。

　「まずは農民を安定させよ」というのは、陳雲が当時の社会情勢を正確に判断して示した危機対策である。しかし、経済体制と社会管理制度を如何に扱えばこの差し

---

1) 楊継縄、『鄧小平時代 ── 中国改革開放二十年紀実』(上)、中央編繹出版社 1998 年版、176 頁。
2) 林毅夫、Zweig、曾毅、Schults 等学者の研究により、異なる観点からこの点が実証されている。次を参照のこと。曾毅、Schults、「農村家庭承包責任制対生育率的影響」、『中国社会科学』第 1 期、1998; Lin, J. Y. "The Household Responsibility System Reform in China: A Peasant's Institutional Choice."American Journal of Agricultural Economics, 69(2), 1978, p.410-415;Zweig, D. "Peasants, Ideology, and New Incentive Systems: Jiangsu Province, 1978-1981." In: Chinese Rural Development: The Great Transformation, ed. W. L. Parish, M. E. Sharpe, New York, 1985.

迫った目標を実現できるのかが問題だった。過去の政治理念や統治方法がこの目標と相容れず、考え方や政策を変更して初めて希望が生まれるのは明らかであった。まさにこの頃より、中国の管理思考や管理体制は厳格な拘束による安定維持から、緩和と自主性の解放により社会の安定を促す軌道に乗ったのである。

二、「放す」と「譲る」：体制「緩和」の幕開け

（一）生産責任制の登場

農村における生産責任制の主な内容は家族請負であった。これはイデオロギー上、農業合作化や農業合作化生産を体現した人民公社体制とは対角にある発展戦略である。前者は個人生産で、個人が国家の提供したサービスに基づいて税金を納付するが、後者は集団で生産をし、収穫の全体を集団でコントロールし、配分をする。中国において、人民公社の運営と農家の運営は論理的にも実質的にも「集団」と「個人」の関係ではあったが、中国の社会発展は基本的に国家主導であり、「実質」的に合致していても、「名目」上（イデオロギー上）両者を分けなければならない。まさにそうであるがゆえに国家は社会動員のパワーと成りえたのであり、「集団」の「言い分に筋が通っている」時には「個人」の合法性は必然的に放棄された。これとは反対に、「家族請負」と「合作化生産」という二種類の社会動員モデルのイデオロギー闘争において、前者が徐々に国家と社会の認めるパワーに成長すると、後者の合法性も終わりを告げた。生産責任制が社会動員方法として合法的に確立されたことは、1950年代末以降確立されたのと異なる新たな生活ルールが生じ、確認されていることを意味したのは必然であった。この種の新ルールにおいて、家庭の自主性、個人の自主性が芽生えて声高に叫ばれ、中国農村社会の生活方式や全体的な仕組みに直接影響した。

生産責任制が全面的に合法化される前、国家主導の政策は農村に対して主に「利益幅の抑制」（農産物価格、輸入食糧の調整等一連の農民負担軽減政策）と「多種経営の承認」（農村で様々な経営、家庭の副業を認めた）の政策をとった[1]。これらの政

---

1) 「四人組」を失脚させた後、国は「農業は大寨に学べ」運動の継続を試み、理想主義的色彩と精神動員的意義を強く帯びたこのような措置によって人民の積極性を全面的に呼び覚まし、労働生産率を引き上げ、国民経済を急速に回復させようと図った。しかし、国家の財力と当時の農民の実生活はそれが期待された効果を上げることを困難にした。このような背景において、「思想を解放し、実事求是を求める」旗印の下で生産責任制を不断に拡大するというもうひとつの生産動員モデルが「大寨」式動員モデルを打破する先鋒となった。

策、とりわけ「多種経営の承認」政策は、実際のところ依然として運用されていた堅固なイデオロギーにある程度の衝撃をもたらした。なぜならば、「文化大革命」の時期には様々な経営や家庭での副業はすべて「資本主義」の範疇に入れられていたからだった。もちろん、この時期の「多種経営の承認」と「利益幅の抑制」政策には賃金調整、価格手当、企業自主権の拡大等が含まれ、広く都市住民や都市の国有企業に恩恵を与えるものだった。一方、生産責任制は「多種経営の承認」と「利益幅の抑制」の国家農村政策をさらに発展させたものだった。より重要なのは、国家政策の規制が益々緩和されたおかげで、生産責任制が「解放思想」の前衛的役割をひっそりと担うことになったことである。それゆえ、農村の生産責任制は公社体制を静かに消滅させ、経済再分配を行う権力を失わせた。それだけではなく、生産責任制の全面的な合法化は、改革に関する共通認識を生み出す条件を初めて作り出した。即ち、改革は社会発展、新政策策定の合法的根拠であった。農村で生産責任制が普及し、その他にも「多種経営の承認」と「利益幅の抑制」という民心安定政策が取られたことはいずれも一元化された「単位」体制に風穴を開ける突破口となり、他のレベルにおける「確実性」の緩和を促した。

　1979 年以前、農村発展に関する国家の主導政策として依然、都市モデルが踏襲された。人民公社では経営管理上、ノルマ管理や労働点数を記録する方法がとられ、労働のノルマ管理に適した農作業である限り、労働ノルマを定め、ノルマに基づいて任務を分配し、検査確認を行い、労働成績を査定しなければならないことが定められた。また、「労働組織を強化し厳格な生産責任制を構築」し、「生産の必要に応じてグループまたは個人の職場責任制を構築し、人員、任務、品質、報酬、奨励制度を定める必要がある」とされた。新「農業六十条」はさらに「生産隊が一元的に計算分配を行う前提において、作業グループの請負、生産量と関連付けて報酬を計算してもよく、ノルマの超過を奨励する。具体的な方法としては、社員が議論して決定する」ことを打ち出した [1]。もちろん、この頃には農産物価格手当、食糧輸入等農民の負担を軽減する様々な対策がすでに少しずつ展開されていた。

　1979 年に出現した家族請負は「家族請負の性質は何か」という論争を引き起こした [2]。万里が国務院副総理として農業を主管するまで、国家農業委員会は生産責任

---

1) 黄道霞等編、『建国以来農業合作化史料選編』、中共党史出版社 1992 年版、906 頁。
2) 1979 年 3 月、「張浩」という読者が『人民日報』宛に次のような手紙を出した。「管理上の便宜や責任感の強化に着目するなら作業グループに分けるのもよいだろう。しかし、『隊を基礎となす』や

制に対して態度を保留していたが、このことは論争を一層拡大させた[1]。

　改革により局面を打開することを強く望んだ鄧小平等の指導者は、農村生産責任制を積極的に支持した。新しい人事異動により改革者に改革の重責を負わせただけでなく、講話を度々発表してこの改革を支持した鄧小平は、「生産が発展しさえすれば、農村の社会分業と商品経済も発展し、低レベルの集団は高いレベルにまで発展し、集団経済も確固なものとなる。ポイントは生産力を拡大させることである。これに関しては集団化のさらなる発展のための条件を生み出す必要がある」と語った[2]。鄧小平の講話は生産責任制が最終的に合法化されるにあたり重要な役割を果たした。

　生産責任制が全面的に実施されると、人民公社体制の機能は重大な変化を迫られた。かつて人民公社体制が農村社会の管理を組織し、資源分配と福利救済を実行する基本的な手段であった。政社合一（行政と経済組織が一体化した）という人民公社体制下で、公社革命委員会は公社全体に対して指導権を行使し、全公社の政治、社会および経済活動を管理し、その権限が公社生活の隅々にまで及んだ。そのうち、

り方を安易に廃止して『分田単干、包産到組（各農家に土地を分配して農業生産を行い、グループが請け負う）』のは大衆からの遊離であり、人心を得られない。これはまた『三級所有、隊を基礎となす』体制をかき乱すものであり、生産を脅かし、農業の機械化にも不利である」と主張した。これは当時の代表的な反対意見であり、安徽省委員会書記に就任していた万里は肥西県山南公社の家族請負の問題を積極的に支持して次のように述べた。「家族請負の問題が過去十数年にわたり批判されてきたため多くの幹部は怖がっている。『家族請負』を持ち出すだけで動揺し、『請負』と言えば顔色を変える。しかし、過去の批判が正しい場合もあれば、本来正しいものながら誤って批判された場合もある。実践において検証を行わなければならない」（万里、『万里文選』、人民出版社1995年版、121頁を参照）。当時、貴州等の省がこのやり方を支持し、積極的に推進した。

1) 1979年と1980年、国家農業委員会は家族請負の問題に関し時期をずらし一部の省代表を招待し北京で農村工作座談会を開催したほか、同委員会自ら調査チームを作り、手分けして各地方の農村に調査に赴かせ、農業生産責任制の実施状況に関する調査報告と理論を模索する文章を大量に書かせた。しかしこの2回の座談会によっても根本的な共通認識を形成することはできず、家族請負に小さな風穴を開けたに過ぎなかった。1979年、中共指導部に提出された「座談紀要」では、「主要作物の全農作業を個人が引き受け、生産量も個人が完全に責任を負う」家族請負は、「集団労働と統一経営のメリットを失い」、「本質的に分田単干とさほど違いはないので、一種の後退である」とし、人民公社の「三級所有、隊を基礎となす」体制の安定が欠かせないことが強調された。それゆえ、「特別な状況により県委員会の許可を得ない限り、家族請負を行ったり計算単位に分けたりしてはならず、一分田単干を一律認めない」ことになった。しかし、「座談紀要」はまた「家畜の飼育、養魚池の管理、少量作物等の農作業経営について個人責任制を実行し、生産量（生産額）を規定して超過生産を奨励することは、統一経営を否定するものではなく統一経営における専門化生産であって、認めるべきである。山奥や辺鄙な山間部の人里離れた場所に住む家族が家族請負を実行するのも認めるべきである」とした。

2) 鄧小平、『鄧小平文選』2巻、人民出版社1994年版、315頁。

政治的機能は最重要なものとされていた。言い換えると、人民公社体制下では、農民の一切の運命は人民公社に委ねられていた。自決、自立の権利を取り上げられた農民にとっては、人民公社は唯一の拠り所となった。これに対して、生産責任制下では農村の経済活動を各家庭が完全に自主的に決定することになった。このことは公社が引き受けていた経済機能が失われたことを意味した。1983年10月、中共中央と国務院は通知を公布し、各地方に対して行政と経済を分離し、郷政府を設立するよう求めた。この作業は1984年にほぼ完成し、人民公社体制はこうして中国の歴史の舞台から静かに姿を消した。経済再分配の権力により拘束されなくなったことは束縛から放たれたことを意味し、農民は都市の人々よりに先んじて「単位制」の組織ネットワークから解き放たれ、家庭、家族が再び彼らの社会における組織者となった。もちろん、如何なる制度も歴史の慣性から逃れられず、人民公社制の育て上げた「大家庭」的慣性はその後の長い期間にわたり郷鎮企業などの組織において引き続き重要な役割を果たした。

(二)戸籍制度の軽微なショック

中国で政府が当初戸籍制度を制定した目的は、中国1949年以前の戸籍登記や東アジアの一部国家の戸籍登記制度のように人口移動を登記し管理しようとするところにあった。1951年、公安部より「都市戸籍管理暫定施行条例」が公布され、外地から都市に入った人々は当地の公安局で登記する必要のあることが規定された。1955年、国務院はさらに「経常戸籍登記制度の制定について」を公布し、都市住民であれ農村住民であれ居住地を変更する際には関係政府部門の許可を要することを定めた。しかしながら、上記の二つの条例はいずれも移動を明らかに制限せず、移動する者に登記を求めたに過ぎなかった。1953年以降一連の政策が打ち出された結果、移動が制限された。1953年以降、食糧、福利や社会保障、および就業機会の提供に伴って厳格な戸籍管理制度が制定され、都市と農村間の流動を阻害する三つの主なハードルとなった。しかしながら1970年代末以降国家の政策が相対的に緩和されたことで、完全ではないものの、「自由の身」となった農民や都市に戻る「知識青年」により食糧と就業提供の障壁が打破されはじめ、流動を制限する戸籍制度に突破口が開かれた。

1978年以前において、厳格な郷村集団経済のために農民は労働点数の取得を目的に行動することを余儀なくされたが、1978年以降、農村で多種経営政策が認め

られるようになったことで農民の流動と自由な職業選択は必然の流れとなった。都市の近くに住む農民からまず都市に入り、自らの生活必需品以外の余剰農産物を都市に運んで販売した。この過程で、一部の農民は都市農村間で副農産物の販売に徐々に専従するようになった。

1970年代半ばから末にかけて、「文化大革命」が終わりに近づくにつれ都市の知識青年の「上山下郷」運動や幹部の下放改造に関わる政策が緩和されると、一部の下放幹部が業務の必要から、あるいは少数の「知識青年」は推薦入試で大学に入学したり、父母の退職により欠員補充で就職したり、病気で退職したりする、などの名目で都市に戻り始めた。1977年に高等教育機関の入学試験が再開されたことも「知識青年」が都市に回帰する重要なルートを切り開いた。1979年には都市への回帰がピークに達し、この年に農村を離れて都市に戻った人は395.4万人にのぼった。上海を例に挙げると、上海市では1968～1976年にかけて「上山下郷」運動により60.16万人が市外に転出したが、1982年末には政策により半数近くが上海に戻った。1979年に知識青年の上海への回帰はピークに達し、同年の上海市の純転入者は26.49万人となった[1]。

都市人口の急速な増加は都市の就業圧力を突如として押し上げた。国家は都市の就業圧力を解決するために都市の就業ルートを絶えず開拓した一方で、農民の都市での出稼ぎをさらに規制した。1981年、国務院の「農村労働力の都市への移転と農業人口の非農業人口への転換を厳格に管理することに関する通知」には次の通り規定された。即ち、「一つ目に、都市地域で農村労働力の雇用を厳格に禁止する。二つ目に、止むを得ず農村の労働力の雇用を要する場合、国務院の許可を得なければならない。三つ目に、国家計画において人員の増加を必要とする場合、まずは都市の求職青年を雇用し、それでも労働力の需要を満たすのが困難で農村の労働力を必要とするときには各地方人民政府の許可を必要とする。四つ目に、戸籍と食糧管理を強化するため、都市で臨時に雇用する農村労働力は必ずすべて農村に戻らなければならない」というものである。

一連の措置が講じられたにもかかわらず、土地と制度からすでに解放された農民が都市に入るのを止めることはできなかった。北京では、農民を追い出す措置もはっきりした成果を挙げられず、特に重点地域から離れた街道では効果はゼロに近

---

1) 李徳濱、「当代中国移民基本経験」、『人口研究』第2期、1995。

かった。「各地で農民の数が益々増え、都市の隅々にまで深く入り込み、管理者も防ぎ切れなくなった」のであった。その後、苦難に満ちた都市の生活において巨大な収益をあげた農民は都市で足場を固めるための「命綱」を徐々に見つけ出した。即ち、自らの生活を都市生活に溶け込ませ、しかも自らの存在を都市の不可欠な一部とさせるよう、努力することである。彼らの「創業」は実際のところ都市住民の選択をさらに豊富にし都市住民に生活上の便宜をもたらしたので、住民もこのような「実利」に抵抗できなくなったのである。こうして都市で「金を稼ぐ」農民はむしろ増加し、余った農産物を都市で販売するだけでなく、活動領域を益々広げて修理、家政婦、雑貨の売買等に従事した。農民は近くの都市だけでなく他の都市へも流動し始めた。1983 年には、北京市内で 5 万人の農民が「家政婦」として働いていた[1]。浙江温州の一部の農民が北京で衣服の商売を始め、その後所謂「浙江村」が出来上がった。内モンゴル、甘粛等の辺境の地域では、江蘇浙江一帯の職人が益々増加した。

　1984 年 10 月、「農民が集鎮に入って定住する問題に関する通知」が打ち出され、「建制鎮と非建制鎮を含む県城以外の各種県鎮、郷鎮、集鎮はすべて農民に開放する」、「集鎮での出稼ぎ、商売、サービス業を申請する農民と家族が、集鎮に固定された住所を有し、経営能力を有し、あるいは郷鎮企業単位で長期的に出稼ぎをする」場合、公安部門はすべてこれに常住戸籍を許可し、すみやかに戸籍届出の手続きを行い、「食糧自己負担戸籍簿」を発給し、非農業人口として統計しなければならない」ことが規定された。この政策は農民が鎮に移動する基準を緩和し、農村の余剰労働力が鎮に移動するための一定の条件を作り出した。これは、中華人民共和国成立以来、戸籍制度と農民の就業政策に対する初めての重大改革であった。

　もちろん、1984 年まで流動に対する制度規制は強かったが、突破口が開かれたのは確かであった。都市部の人材流動問題が台頭するように、実際のところ、流動を規制する制度の突破口を開こうとする動きがますます強まった。一部の地方では招聘による人材募集制度が導入され、より多くの人材が南東沿海部に向かって流動しはじめた。これらの人々によりその後の戸籍制度の自由な流動、自由な職業選択や生活に対する規制緩和がさらに促された。

---

1) 費孝通、『費孝通文集』9 巻、群言出版社 1999 年版、308 頁。

三、自由な流動資源 [1] の流出

ここでは、流通体制、労働就業体制、物資資源および関連計画体制が如何にして後退し、それゆえ物資、労働力等の資源の自由な流動が可能になったかについて述べる。

(一)自由市場が「統一買付・統一販売」構造を突破

「四人組」が失脚させられた後、一部の地方では家庭の副業が奨励され、自留地や多種経営、社隊企業の発展が認められるようになった [2]。この政策を受けて、一部の地方の農村生産経営構造は静かに変わり始めた。江蘇の江村では党の第11期3中全会の精神を貫徹するため、1979年以降農村経営構造に変化が見られるようになり、村営工業の生産額は19万元、一人当たりの平均家庭副業収入は120〜150元にのぼり、年間総収入の半分を占めた [3]。

家庭の副業、多種経営および社隊企業の発展により、自由市場は静かに回復した。しかしながら当初、主流イデオロギーや世論はこのような措置を支持せず、人々は依然懸念を抱いていた。当時国家が打ち出した「投機空売買行政処罰暫定条例実施

---

1) アイゼンシュタットは、「自由に流動する資源」を、人的、経済的、政治的支持と文化的な共通認識を含む、社会構造の分化により不断に生成されながらも組織、コントロールされない資源であると定義し、そのうち、経済資源は主に労働力、資本および交換手段であるとした。本文ではこの概念を借用するが、主に同氏の定義における経済資源を指すものとする。もちろん、経済資源が組織されずコントロールから外れることは、文化観念や共通認識、社会関係や行為の変革をもたらす。本章でもこのような論理が見出される(アイゼンシュタット、『帝国的政治体系』、貴州人民出版社1992年版)。

2) 1977年、安徽省では「四人組」失脚後全国に先駆けて農村政策に関する画期的な文書が打ち出され、生産隊の自主権を尊重し、生産隊と社員の負担を軽減し、分配の換金を適切に行うことを求めるとともに、社員の正当な家庭副業経営を許可・奨励し、国家の買い付け任務を終えた後は自由市場で販売できること等が示された。安徽省委員会が「六条」を制定した後まもなく四川省委員会も「十二条」と呼ばれる農村発展政策を制定した。1978年4月、『人民日報』に「正当な家庭副業をどのように扱うか」という題名の文章が掲載され、家庭の副業と多種経営の提唱を求めた。1978年末に党の第11期3中全会が開催されて『中共中央関於加快農業発展若干問題的決定(草案)』が制定された。決議の指導精神は生産拡大を奨励することであり、家族請負を認めないながらも、生産隊の自主権を尊重し、自留地と自由市場を回復し、副業、多種経営の拡大を奨励し、社隊企業を大いに発展させる必要のあることが提示された。国家が自留地の範囲を回復し、適度に拡大し始めるにつれ、多くの省でこの政策が実行され、一部の地方では自留地が耕地の10%まで拡大された(中共中央党史研究室第三研究部、『中国改革開放史』、遼寧人民出版社2002年版、87頁を参照)。

3) 王淮氷、『江村報告 —— 一個了解中国農村窓口』、人民出版社2004年版、23頁。

細則」は、穀物や食用油、綿花、配給等国家が統一買付・統一販売した物資を仕入れ運搬、転売する行為を投機空売買行為と画定し、栗の販売、綿布購入券の取引などすべてを投機空売買行為と見なした。

　とはいえ、人々の自主性はやはり旺盛なバイタリティを示した。例えば、1970年代末以降、浙江の義烏出身者が最初の「鶏の羽を砂糖と交換する」商売から徐々に日用品の売買まで手を広げ、闇の日用品卸取引市場を作り上げた。それとともに、義烏出身者の商売は江西、安徽等近隣の省市にまで広がった。

　生産責任制が拡大するにつれて農民は一層市場に食い込み、ノルマを達成した後の余剰製品が益々取引領域に入るようになった。1982年以降、国家は国営経営販売システムと供銷合作社（購入販売協同組合）以外に、社隊集団ビジネスを試み、拡大することを許可した。そこで、各種取引倉庫、連合購入販売経理部および家庭工商連合企業が発展し始め、個人による長距離仕入れ輸送が出現した。1982年、中共中央1号文書は、「農民個人あるいは合作方式長距離仕入れ輸送を行うことは、副農産物の販売、産地の過剰在庫、販売先での品不足という矛盾の解決に利するものであり、認めるべきである」として長距離仕入れ輸送を認めた。最終的に、自由市場は「社会主義経済に必要な補足部分であり、誰も過度に干渉してはならない」ものと見なされた[1]。

　「統一買付」体制の突破と「統一販売」体制の突破はある程度歩調を合わせている。1979年、国家は食糧、綿花等18種の主要農産物の買付価格を引き上げ始めた。この年、国家はさらに食糧、植物油の原料等農産物の協議価格による買付を徐々に復活させ、価格上昇幅は15% ～ 30% となった。所定量を超えた購入や協議価格政策の実行を促すため、1979 ～ 1980年にかけて国家は統一買付、割当購入の品目を一元的に限定したので、それまで国家があらゆる農産物を管理していた局面がある程度「緩和」された。農産物の買付価格の引き上げは農民の生産における積極性を大いに引き出したので、1983年と1984年にかけて国家はさらに協議買付と協議販売を行う商品範囲を徐々に縮小し、一部品目の価格管理権限を委譲した。中央政策の指導の下、各地域、各部門は次々と副農産物の管理権限を調整し、統一買付、割当買付を行う品目と数量を減らし、一部の二類製品をまとめて三類製品とし、自由な買付販売を行った。1984年末になると、統一買付、割当買付の対象とされた農

1）　中共中央文献研究室、『三中全会以来重要文献選編』（上）、人民出版社 1982年版、8頁。

産物はわずか 38 種となった(これには 24 種類の漢方薬材が含まれた)。

こうして、農産物の「統一買付」と「統一販売」の局面は打破された。1983 年になると、全国の農村食糧商品率は 1978 年の 20% から 31% に、副農産物の商品率は 49% から 55% に、現金支払いを行う消耗品が全生活消費に占める支出は 39.7% から 58.8% に上昇し、自給性消費は 60.3% から 41.2% に低下した。集団商業取引の合法化に伴って活発化した農村商品流通領域は、最終的に都市流通領域における様々な経済要因が共存して華々しい繁栄を見せた。

(二)個人経営が様々な経済形態の出現を推進

1970 年代末から 1980 年代初めにかけて、都市・鎮では就業問題の解決という大きな現実的圧力のために、個人経営はイデオロギーや制度という障害を打破できるようになり発展の契機を掴んだ。個人経営は都市で様々な経営形態が出現するのを促した。これらはみな社会主義公有制経済に必要な一部であると定義されるが、それが創造し把握したのは国家コントロールシステムの外に遊離する資源であった。

1970 年代末、中国は一連の社会問題に直面したが、中でも大量の都市・鎮労働者の就業問題は最も重要で緊迫していた。1979 年 4 月、中共中央の李先念副主席は中央工作会議で経済の現状を分析した際、次のように指摘した。即ち、「現在、全国では約 2000 万人が就業を望んでいる。主なものは、大学、専門学校、中専、技術学校の卒業生や都市の無職の復員転業軍人 105 万人、政策により都市にとどまっている知識青年 320 万人、生産隊に入って労働した知識青年 700 万人、都市・鎮の非正規労働力 230 万人、反右派闘争や文化大革命で処置を誤り現在仕事を必要としている 85 万人等である。この 2000 万人のうち、年内に急遽配置を必要とするのは 800 万人にものぼる。多くの人々が就業を必要としていることはすでに大きな社会問題となっており、うまく処理しなければ非常に危険な状態となって社会の安定や団結に著しく影響しかねない」[1]。

各都市では、深刻化する就業問題を解決するため可能な限りの方法が尽くされ、ほぼ次の四つの方法が採られた。即ち、「定年退職の年齢に満たない従業員に前倒しで退職するよう呼び掛け、子女が代わりに職に就くのを認める」、「地域別に請け負う」方法を実行し、各機関、企業、事業単位に対して従業員のレイオフ状態にあ

---

1) 中共中央文献研究室、『三中全会以来重要文献選編』(上)、人民出版社 1982 年版、114 頁。

る子女を引き受け、期限を設けて解決するよう求める」、「レイオフ青年による都市集団所有制企業の積極的な発展を組織し、就業ルートを広げる」、「農民を都市から追い出す」というものであった。

1980 年 8 月 2 日から 7 日にかけて中共中央は全国労働就業工作会議を開いたが、会議では就業問題解決のための一連の措置が提出され、「都市・鎮の労働就業工作をより適切に行うことについて」という文書により各地に下達された。文書が下達されると、各地で就業制度改革が強化された。上海では、それ以降、大衆による就業の組織と個人経営を青年が就業するための重要ルートとすることを明らかにし、その結果、全人民所有制企業が集団経済組織の創業を助け（全市でこの種の集団経済組織 600 社が設立された）、労働サービス企業を創業し、生産・サービス合作社を設立し、家庭手工業を行い、個人経済を発展させ、企業が社会に対し契約従業員を募集し、職業学校(研修班)を設立する等の七つの柔軟な就業形態が生み出された。こうして「自ら出口を見出す」ことを原則として、個人、集団経済組織の大いなる発展を目指す就業方針が出現した。

1981 年、中共中央、国務院が再び共同で下達した「ルートの拡大、経済の活性化、都市・鎮就業問題の解決に関する中共中央、国務院の若干決定」という文書において、「今後、産業構造を調整するとともに、集団経済組織と個人経済における就業ルートの拡大に着目しなければならない」ということが指摘された。また、「社会主義公有制が優位に立つことを根本的前提として様々な経済形態を実行し様々な経営方式を長期的に共存させることは我が党の戦略であり、間に合わせの処理ではない」ということも強調された[1]。国務院はこの精神に則り資金調達、経営場所、供給販売ルート、価格税収、利益分配等に関し一連の政策を前後して公布し、集団、個人経済の発展を積極的に奨励し支援した。

(三)「経済特区」の「ドミノ効果」

1970 年代初中期の中国においては「資本主義国家との取引」が完全に停止されていたわけではなく、当時、国家は主に農産物の輸出に頼って少量の外貨を取得し、技術や設備の導入を図った。1970 年代末になると、新しい世界的な科学技術革命の流れにあって、国際政治経済に新たな局面が出現しつつあり、中国と世界の急速

---

1) 中共中央文献研究室、『三中全会以来重要文献選編』(下)、人民出版社 1982 年版、983 ～ 984 頁。

に発展する経済、科学技術との間で差が開きつつあったことは国の扉をわずかに開いた中国人の神経を強く刺激した。それゆえ、「四人組」が粉砕された後、「四つの現代化と中華振興」が当時、党と国家全体を最も奮起させるスローガンと原動力となった。このような意識は「設備輸入」の波をもたらした。しかし、当時の指導者は先進的設備導入のための資金をどう確保するかという重大な現実問題に向き合わざるを得なかった。中央は広東、福建の両省に目をとめ、1979年に広東、福建両省に「特殊な政策、柔軟な措置」を認めることを決定し、両省が香港・マカオに近く、華僑が多く、資源が豊富であるという優位性を発揮し、輸出特区として初めて実験的試みを行うことを期待した。

　当時、全国で「調整、是正」が進められ、至る所で「重要な計画が停止され」、「企業の閉鎖・生産停止・合併・生産転換」が行われていたが、遼寧省から広東省共産党委員会書記に就任したばかりの任仲夷は中央に状況報告を書き送り、広東省の現状を踏まえて「一歩先んじた」調整を模索することを提案した。即ち、中央が広東省に認めた政策を利用して全国に先駆け外資導入によるインフラ建設を行い、電気やガスの不足、交通のひっ迫等のインフラが停滞する状況を改善することを提案したのであった。

　広東省では1979年に価格改革を始め、副農産物、工業消耗品および生産財の価格の調整から着手したのであったが、具体的には「調整と開放を同時進行させ、開放を前提としつつ管理も行う」やり方を採用した。

　広東省の価格開放は、近隣省からの大量の商品流入を招いた。当時、依然として計画価格体制下にあった湖南省の豚が次々に広東市場に流入したことは湖南省において豚の供給不足をもたらした。当初、湖南省では「追い詰める」方法をとり、幾重にも検問所を設けて湖南省の豚が広東省に入るのを禁じたが、それでも大量の農民は依然として豚を広東省に隠れて売った。このような圧力を受けて湖南省では一部副農産物の価格の開放を迫られたので、広東省の改革は当時少なからぬ物議をかもした。まず、中央紀律検査委員会が広東省で検査を行い、続いて、広東省の開放を支持した時の総理であった趙紫陽総理も圧力に屈し、両省の指導者に「副農産物をすべて放任せよ」との指示を出さざるを得なかった。いずれにせよ、広東、福建両省の改革措置は他省の手本とされ、他省でも価格改革が推進されるようになった。

　1984年の春節期間中、鄧小平は広東、福建省等を視察した。同氏は複数の特区で題辞を書き広東省の改革開放を支持、肯定し、「現在の特区以外にも、大連、青

島等いくつかの港湾都市の開放を考えてもよい」ことを提案した。こうして沿海 14 都市が開放された。

　国家も条件が熟し、人民生活への影響が少ない商品を選択して相次いで価格調整を始めた。続いて、他省でも広東、福建両省のような特別な政策が認められるようになり、より多くの資源の自由処分権を持つことになった。「広東モノ」は依然として「北伐」の歩みを続け、この波は 1980 年代中期以降さらに広東製品の「北伐」へと進化した。人々は、広東製品が思いがけず「上海モノ」にも打ち勝って上海の伝統市場を席巻するのを目のあたりにすることになった。

（四）国有経済体制における資源の溢出

　都市では、出来高払い、賃金の引き上げに始まり、国営企業の経済責任制、企業の自主権拡大等の改革措置が一層進んだ。このため国家は却って計画の一部を開放せざるを得なくなり、資源の出入りにおいて企業は徐々に市場志向に向かうことになった。

　企業の自主権拡大。1970 年代末、国家は一部地域で企業に自主権を委ねる改革を試みた。四川省は最も早く試行が行われた地域のひとつであり、試行の重点は、企業 1 社 1 社の利益指標を査定し、年間増産増収指標を定め、計画を完了した後少額の利益を企業基金として留保し、従業員に少額の奨励金の支給を認めるというものだった。それゆえ、四川省には「5 元の奨励金を支給する権利を与えてくれれば、企業の収益を倍増してみせる」と豪語する工場長まで現れた。

　1979 年 4 月に開催された中央工作会議では企業の自主権拡大の必要性が提起された。これによって、国務院の統一的指導下で、企業の自主権拡大を図る改革が徐々に試行されることになった。

　1980 年 6 月には 6600 社の大中企業が試行に加わったが、これは全国の予算内にある産業企業総数の約 16%、生産額の約 60%、利益の約 70% を占めた。この試行では、さらに進んで企業が自主計画権、製品販売権、資金使用権、幹部任免権等を有することになった [1]。

　企業の自主権拡大に伴い、国家は都市の商品流通体制に対し、さらに「一少三多」という改革を実施したが、これは工業品計画管理の対象品目を減らし、様々な経済

1）中共中央党史研究室第三研究部、『中国改革開放史』、遼寧人民出版社 2002 年版、78 頁。

形態を発展させ、統一買付・統一販売方式を採用し、様々な流通のルートを開拓し、都市と農村間の開放された流通体制を確立するというものだった。1980年には、山東省で商品流通の段階を減らし、手順を調整し、多くのルートを使用する措置が実行され、上海では1981年に様々な形態の工業・商業を結びつけた販売方法が出現した。

この段階において流通ルートの円滑化を図る改革が全国規模で行われたほか、ビジネスシステムに関しても企業の自主権拡大を図る改革が始まった。1979年以降、企業に対する国家の統一収入・統一支出の実施状況に変化が生じ、全業種で利益を留保するビジネスシステムが実行され、各企業はこれにより一定の財力を蓄積することになった。1980年にはさらに8900社の国有企業、食糧企業および供給・販売社の自主権を拡大したので、これらの企業は一部業務について経営権、財産権、製品の値引き処分権等を有することになった。

これらの改革は「大釜の飯を食う」という企業の状況を打破し始めただけでなく、企業としての自主意識を徐々に形成することになったとともに、計画などの資源に対する国家の全面的独占が全体的に打破された。企業は市場志向に向かい、組織としての自主的能力と権力を市場において徐々に形成していった。

郷鎮企業の台頭。郷鎮企業の前身は社隊企業であった。1970年代初頭、国家の提起した農業機械化という目標の実現に協力するため、国家は農村公社、大隊、生産隊に対し、「五小工業」、即ち、製鉄所、炭鉱、農業機械工場、セメント工場、化学肥料工場の設置を奨励して、社隊企業の誕生を促すことを決定した。当時、社隊企業を発展させるにあたり、農業の発展と農民生活に必ず奉仕することが求められ、現地で資材調達、現地生産、現地販売という「三現地」政策がとられたので、都市の資金、技術および市場をあてにすることはできなかった。つまるところ、社隊企業政策は、農業の発展を支援するものにすぎず、国家の工業化を目指したものではなかったので、都市工業との競争は絶対に許されなかった。1978～1980年にかけて、主に江蘇省無錫の社隊企業を巡り激しい論争が国内で繰り広げられた[1]。本来であれば社隊企業を支持する文書が早々と出されるはずだったが、この論争のために正

---

1) この時期、社隊企業発展の要否について、『理論研究』、『経済研究』、『経済管理』、『中国金融』、『紅旗』、および雑誌『内部文稿』、『新華日報』等に大量の文章が掲載された。当時論争となった文章の一部は江蘇社会科学院経済研究所編集の『江蘇社隊企業経済文選』に収録された。

式な公布が 1979 年までずれ込んだ [1]。同年、中共中央は「農業発展の加速に関する若干問題の決定」を打ち出した。この農村改革の政策的綱領および国務院の社隊企業の発展に関する文書において「社隊企業の大いなる発展が必要である」ことが明確にされ、都市における工業と関連付けて経営範囲を拡大することが認められたほか、税金の減免という優遇政策が受けられることになった。

　社隊企業もまた国家計画の壁を打破する踏み台となるべく運命づけられていた。財務制度を厳格に順守しなければならない国営企業に比べ、社隊企業の財務制度にはかなり柔軟なものがあり、賄賂、リベート、柔軟な価格設定や顧客に適した品質を提供したので、国家計画による独占を打破することが可能となったのであった。1980 年、全国計画会議において社隊企業による十数の主要経済分野への参入が禁じられた [2]。1981 年、社隊企業の享受していた免税政策が廃止されたが [3]、各分野の各国営工業部門は、社隊企業が「三つの排斥」を行うこと、即ち、小型工場が大型工場を排斥し、新工場が古い工場を排斥し、立ち遅れた技術により先進的な技術を排斥するのに日ごろから不満を抱いていた。1981 年、国務院は「十六条」と呼ばれる規定を下達し [4]、十六条の是正措置を提示したが、その主な目的は社隊が国営企業を排斥し、国家経済計画を乱すのを防ぐことにあった。

　しかしながら、農村からの労働力流出が止まることを知らず、政府は農村人口の移動に対するコントロールを強化することを決定した。このような社会的圧力を受けて、中央政府は度々文書を公布し、郷鎮企業の発展を大いに推進し、農村の余剰労働力の郷鎮企業への積極的移動を推奨した。蘇南（江蘇省の南部）地区では「農村に留まりながら、耕地から離れて非農業生産に従事する」、「工場で就業するが、都市には入らない」という農村余剰労働力の移動パターンを率先して編み出した。最終的にこれが認められて当時の中国農村労働力の「現地で農業以外の仕事に従事する」主な方法となった。またこれに伴い、郷鎮企業も当時、農村の労働力の移転を吸収する巨大な「貯水池」となった。

　全体的に見て、社隊企業と農村経済が活気づいたことは、次の 2 点において国有企業に衝撃を与えた。一つ目に、流通ルートが単一で、段階が多く、生産と販売

1)　本文書は正式名称を『関于発展社隊企業若干問題的規定』とする国務院 1979 年第 170 号文書である。詳細については『中国郷鎮企業年鑑（1978 ～ 1987 年合訂本）』、427 ～ 432 頁を参照。
2)　馬傑三等、『当代中国的郷鎮企業』、当代中国出版社 1991 年版、91 頁。
3)　『中国郷鎮企業年鑑』（1978 ～ 1987 年合訂本）、中国農業出版社、490 ～ 492 頁を参照。
4)　馬傑三等、『当代中国的郷鎮企業』、当代中国出版社 1991 年版、92 頁。

が分離している等、流通体制における弊害は、農村経済の活性化や農産品の増産によって日増しに明らかになった。二つ目に、発展し始める郷鎮企業が国有企業と計画内外の資源を争奪し合うことになったので国家計画体制は一層衝撃を受けた。

計画権限を次々と委譲。様々な外的要因が国家の全体計画に絶えず衝撃を与えた一方、国家もその計画の範囲を常に調整して環境の変化に適応しようと図った。1978年12月28日、国家計画委員会、国家建設委員会、財政部により「47都市で工業・商業利益の5%を都市保護建設資金として引当てるのを試行することに関する問題についての通知」が公布され、1979年1月1日より施行された。同年12月31日、国務院から指示を受け、国家計画委員会、国家建設委員会、財政部より「固定資産の更新改造のための奨励金を改善することに関する報告」が公布され、減価償却積立金の50%を国営企業が保留し、50%を国家に上納することが認められた[5]。これが国家による計画権限の委譲の始まりと言える。

1984年になると、国家は指令性計画の管理範囲とその割合を大幅に減らし、市場メカニズムを導入した。そのため、指令性計画、指導性計画および市場調整という三つの管理方法が出来上がった。当時、生産分野において国家は農業生産における指令性計画を廃止し、主要農産物の生産量と作付面積について22の指導性計画指標を出すだけで、その他の農産物については市場調整に委ねた。工業領域において、指令性計画の管理下に置かれた製品は1984年以前の120種類から60種類前後に、省庁から指示した指令性工業生産製品は1900種類から380種類前後にまで減少した。国家が70種類前後の工業製品および総生産額指標について指導性計画を実行し、各省庁や地方も一部工業品について指導性計画を実行したが、他の製品については一律開放して企業が自主経営を行った。

四、改革の共通認識の形成

1976年に「四人組」が失脚されたことで、民衆は幸せな生活への期待を抱くことになったが、このような一過性のイベントは社会への動員力として長続きするものではなかった。

新しいイデオロギーについての解釈体系において、労働者、農民以外の複数の集団の地位を改めて確立する必要があったが、これには、歴史が残した様々な問題に

---

5) 上海市体制改革委員会、上海市経済体制改革研究会、『中国経済体制改革20年大事記1978～1998』、上海辞書出版社1998年版、3頁。

よって誤った取扱いを受けた老幹部、知識分子や労働者の外に排斥されてきた「地主、富農、反革命分子、悪質分子および右派」が含まれた。

党の第11期3中全会では、「思想解放、実事求是」思想路線をもって上記の問題を解決するための思想路線上の障害を一掃した。「両個凡是（二つのすべて）」が破たんしたことが宣言され、過去の「階級闘争を要となす」という発展路線にも終止符が打たれた。「思想解放、実事求是」思想路線は社会大衆によって急速に受け入れられた。しかしながら、人々は「実践が真理を検証する」という神通力を完全に信じ、「思想解放」という号令を完全に受け入れはしたが、これは社会を前進させる力として全く不十分であった。なぜなら、それは如何なる実践であれば真理を検証する基準と成り得るのか、如何なる「思想解放」路線であれば「実事求是」であるのかを伝えなかったからである。これらの問題に答えるには、国家による明確な発展戦略の制定を必要とした。

伝統的体制の突破口を直接開いたのは後に人々が口を揃えて認めたように農村の生産責任制であった。これは「大寨」モデルと真逆で極めて急進的な生産責任制であった。多くの改革措置にサポートされたこの制度は国家が苦心して数十年にわたり経営した人民公社制と集団経済組織を静かにかつ非常に直接的に廃止へと追い込んだ。そして、生産責任制が大きな成果を収め、勝利を勝ち取り、知れ渡ったことこそ、農村経済の大いなる勝利である、と世に示した。

1984年は改革政策が大きくまい進した一年であった。同年3月末から4月初めにかけて、中共中央書記処と国務院は沿海部分都市工作座談会を開催し、5月には、沿海14の港湾都市を開放することを正式に決定した。同年4月には、都市体制改革の実施が確認された。10月に開催された党の第12期3中全会では「経済体制改革に関する中共中央の決定」が採択され、中国の社会主義経済は「公有制を基礎とする計画的商品経済」であることが確認され、都市を重点とする全面改革をスタートすることが決定された。同全会が終了すると、企業自主権の拡大、株式制の試行、所有制構造改革、雇用制度の変更、工場長責任制の実行等を巡って都市を重点とした経済体制改革が次々と実施された。

すべての農村部で生産責任制を実施する必要がもちろんなく、都市でも改革開放が全面的に展開された前後も、請負制が唯一の試行案だったのではなく、他の方法も実施された。しかし、文書が公表されると請負制は合法性を獲得し、企業だけでなく、事業単位ひいては地方政府等の行政組織の財政予算体制においても実施された。

生産責任制が合法化されたことは、改革が正しく、確かに人民に福利をもたらしたことを証明した。これにより、思想解放の共通認識は改革の共通認識となり、改革は正しい道であり、合法であると見なされた。改革はまた社会動員における一種の共通認識として「請負の問題が解決されれば他の関連する問題も自ずと解決され」るものと見なされ、社会の請負制に対する共通認識へと簡略化された。中国の改革は、請負制を主要手段としてこの時より全面的に展開された。

第二節 階級関係の微調整

党の第11期3中全会は「階級闘争を要となす」路線を放棄し、代わりに経済建設を中心とした改革開放を現代化発展戦略として打ち出した。その後、国家は一部の地域、一部の人々が先に豊かになることを認め、一連の政策や制度改革を行った結果、従来の確固とした「単位」体制構造が緩み、階級内部関係の調整も不可避なものとなった。即ち、各階級階層関係を線引きする根拠、人々の利益取得または資源占有を確定する報償メカニズムは、国家の主要イデオロギーや価値観念や先天的身分によって決められるものではなく、現実の社会経済利益における格差や「労働所得」の合法化を背景に重視されるようになった職業知識、技能、および相対的な平等を特徴とする「利益取得」の機会により決定されるようになった。その結果、社会階級階層の分類基準に多元化傾向が見られるようになった。このことはある観点から見れば、社会における個人の自主性の成長を反映したものであったとともに、自主性意識のさらなる形成のために必要な条件を作り出した

一、流動パターンの転換

(一)「階級闘争を要となす」運動の終結

1979年初め、「撥乱反正」（理論戦線の誤りを正し、秩序を回復）するため、党中央は理論工作検討会議を開催した。この会議では、「両個凡是」と思想の硬直化を鋭く批判し、胡喬木によって作成された「社会主義時期における階級闘争の一部提起方法に関する問題」を公布して議論した。会議期間中、鄧小平はそれをめぐっていくつかの重大な理論問題について意見を発表し、党の経済建設と階級闘争関係における「左派」の誤った思想の清算を図った。会議では、今後、中国社会における主要矛盾は「階級闘争」ではなくなり、「我々の生産力の発展レベルが低く、人民と国家

の必要に遥かに及ばない」とし、社会主義社会の主要任務は生産力の発展にあることを明確に指摘した。もちろん、これにより社会生活に階級闘争が長期的に存在することを完全に否定したのではなく、「社会主義社会における階級闘争は客観的存在であり、これを縮小しても誇張してもならない」ことを指摘したものであった。後者は社会全体の大まかな連続性の維持を意図するものとすれば、主な社会矛盾が「階級闘争」から「生産力の発展」に代わったという指摘は、社会はもはや階級的属性と階級立場、政治態度の代わりに、「生産力の発展」により人を使用、評価、奨励し、人々が各自の生産力の発展過程における「パフォーマンス」と能力により上昇の機会を得ていくことを意味した。

(二)「名誉を回復し冤罪を晴らす」：階級関係の是正

　中国共産党の階級分類体系における知識分子の地位はそれまでは終始曖昧であった。文化大革命に突入すると、知識分子は「臭老九(九番めの鼻つまみ者)」と呼ばれ、先天的に一段劣るとされた。1970年代中後期以降、中国では科学技術の発展が至上課題とされ、科学技術が生産力であり、科学研究が労働であり、科学技術の業務に従事する人が労働者であることをそれまで以上に認めざるを得なくなった。それゆえ、「四人組」が粉砕され、新しい時代が到来すると、知識分子の属性を再定義する問題が大きく打ち出されたのであった。この問題を解決しようとすれば、まずは「文化大革命」における「二つの評価」を批判しなければならなかった。このため、ある意味からいうと、知識分子の階級的属性の再定義と、理論上の「撥乱反正」とは互いに促しあう関係にあった。

　「四人組」粉砕後、党と国家の指導者は知識技能を有する集団が資質、内在的性質において、労働者階級に求められる政治性質と一致することを長い時間をかけて繰り返し証明した。鄧小平は、「知識と人材を尊重し、知識分子を尊重しない誤った思想に反対しなければならない。頭脳労働であろうと、肉体労働であろうといずれも労働である。頭脳労働を行う者も労働者である」と繰り返し呼びかけ[1]、「文化大革命」において形成された「二つの評価」(知識分子の間では、解放後17年「毛主席の無産階級教育路線が基本的に徹底されておらず」、「資産階級の無産階級に対する独裁が行われている」こと、解放後に養成された大多数の学生の「世界観は基本的に

---

1) 鄧小平、『鄧小平文選』第2巻、人民出版社1994年版、41頁。

資産階級である」こと）は実情と符合しないことをはっきり指摘した。「科学研究に従事しようと教育に従事しようと、いずれも労働者である」、「知識分子の名誉回復が必要である」としたのであった[1]。社会主義社会において、知識分子の「絶対多数はすでに労働者階級と労働人民自らの知識分子であるため、労働者階級自らの一部であると言える。彼らと肉体労働者の違いは、社会における業務分担が違うことに過ぎない」ともされた[2]。

　打倒され、不公正な待遇を受けた老幹部の名誉回復も混乱収拾、秩序回復を促し、発展を深める重要な原動力となった。党第11期3中全会開催前夜の中央工作会議においては、議論の主題を主に農業と工業問題とすることが元々決まっていながら後に議題が大きく変更された。その主なきっかけのひとつは古参幹部の名誉回復であった。「文化大革命」において打倒された幹部約4600名が元の職に戻り[3]、党の第11期3中全会以降、中共中央により全国規模で大規模な名誉回復と「汚名をそそぐ」運動が展開された。

（三）大学入試の復活：教育の前では誰もが平等

　「文化大革命」の期間において中国で実行されたのは「推薦による大学進学」制度であったが、それ以前は大学が学生を募集し、全国統一試験を行う制度が実施されていた。「推薦による大学進学」という教育進学方式のため個人は家庭出身、社会関係により運命が根本的に異なり、人々はこれに基づき前もって各等級に分けられた。「文化大革命」が終了すると、鄧小平同志は科学教育を自ら担当し、革命的意義をもつ「高等教育機関の学生募集試験を復活させる」業務を自ら指導した。

　1977年9月19日、鄧小平は教育部の主な責任者と面会し、一里塚的意義をもつ重要談話を発表して、教育システムの「撥乱反正」問題について厳粛に述べ、この問題における教育部の懸念と対応の不十分さを批判し、思想を解放し、主導的に行動すべきことを鋭く指摘した。学生募集においては、第一に本人のパフォーマンスがよく、第二に優秀な者を採用するという2点に力を入れるべきとした。

　1977年10月5日、中共中央政治局は学生募集に関する新しい文書について議論した。その後、中共中央の葉剣英副主席、鄧小平その他の中央指導者が学生募集工

---

1)　鄧小平、『鄧小平文選』第2巻、人民出版社1994年版、50、51頁。
2)　同上注、89頁。
3)　楊継縄、『鄧小平時代 —— 中国改革開放二十年紀実』（上）、中央編譯出版社1998年版、155頁。

作会議に出席する代表と引見した。10月12日、国務院は教育部第二次学生募集工作会議にて作成された「1977年高等教育機関学生募集工作に関する意見」に指示を添えて転送した。文書は、労働者、農民、上山下郷運動により故郷に戻った知識青年、復員軍人、幹部および高校卒業見込み者は誰でも試験への参加を申し込めると規定した。実務経験が豊富で、研究を重ね業績を上げた者や確かな専門技術を有する者については年齢を30歳まで緩和し、既婚未婚は問わず、1966、1967年両年の卒業生を重点的に選抜する必要があるとされた。新学生募集制度は、徳育・知育・体育を全面的に評価し、優秀な者を選抜することを原則とし、自由意思による申し込みを行い、統一試験（省、市、自治区が問題を作成し、県、区が一元的に試験を組織する）を行い、地方・市で一次選抜を行い、学校が最終的に選び、省、市、自治区が許可する方法をとった。

　大学入試復活の知らせが中央人民放送局と「人民日報」により全国遍く伝えられると、多くの人々はゴミの山から久しぶりに高校の教科書を探し出した。図書館、新華書店は一時人であふれ、最も人の多い賑やかな場所になった。巷には様々な補習塾が出現した。

　1977年冬、570万の受験生が試験場に赴いた。これに1978年夏の受験生を加えて合計1160万人が大学入試に参加し、公平な競争が行われた[1]。世界の試験史上受験生が最多であり、「オリンピック的」とされるその記録は未だどの国によっても破られていない。

　新しい高等教育機関の学生募集試験制度により、試験点数が合否のほぼ唯一の決定要因となった。これは家庭、出身により高等教育への進学が決まるというこれまでの不公平な方法を覆したので、高等教育はより多くの人々に一層公平な流動の機会を提供することになった。

(四)四化：幹部昇進基準の革命
　改革開放前に国家の幹部指導者の職を担った人々には主に次の二種類があった。一つ目は、建国前に「革命」に参加し、武器をかつぎ戦争に参加し、功を立て勲章を取得した人々であり、彼らは「戦功」により相応の職を獲得した。二つ目は、建国後の様々な生産活動や政治運動において勤勉、積極的、忠誠であった人々であった。

1）　謝春涛編、『改変中国 ── 11届3中全会前后的重大決策』、上海人民出版社1998年版、323頁。

「階級闘争」が国家の主要任務となったころ、幹部を決定する条件はその政治資質、階級態度および身分属性であった。国家の中心的任務が経済建設や、生産発展の社会主義現代化建設に移行すると、従来の幹部昇進メカニズムは社会化大生産と知識技術の急速な発展という要求に適さなくなった。このような背景において、鄧小平をはじめとする国家指導者は幹部を選抜し、任用する政治的基準の改革を検討しはじめ、「専門家を見出し、養成し、重用する」ことを打ち出した[1]。1980年、鄧小平の「党と国家指導者制度の改革」において今後の国家指導者制度改革の方向性、即ち、「古い枠を打ち破る」、「四項目の基本原則を堅持し、比較的若く専門知識を有する社会主義現代化建設人材を大量に養成し、発見し、選抜し、使用する」ということがより明確になった。

　それ以降、国家は幹部人事制度改革について大いに模索し、試行錯誤を繰り返した。幹部の人事任免、昇進等の制度に次の特徴が見られるようになった。一つ目に、今後の幹部人事業務のために、指導思想と幹部の「四化」（革命化、知識化、専門化、若年化）方針を定めた。二つ目に、老幹部の退職制度を設け、新老幹部交替の正常化と制度化を実現し、事実上、幹部の「終身制」を廃止したものだった。三つ目に、幹部人事管理体制の改革が行われ、分類管理で幹部任用の単一委任モデルを打ち破った。それによって、委任、選任、試験による任用、招へい等様々な幹部の任用形態が生まれた。

（五）「三種の人」：下方へ流動する集団

　混乱を収拾し、秩序を回復する過程において、国家の指導者は「文化大革命」における「三種の人」（林彪、江青の側に付いて利権を得た人、派閥思想が極端な人、ぶん殴り・打ち壊し・略奪を働いた人々）を慎重に取扱い、幹部任用にあたり「絶対に選んではならない、一人も選んではならない、すでに指導者の立場にある場合、必ず解任しなければならない」ことを繰り返し強調した[2]。これについて、国家は相次いで文書を発行し、「三種の人」について徹底的調査を行った。

　しかし、これは「三種の人」と過去の「地主、富農、反革命、悪質分子および右派」分子を単に同様に扱うことを意味したのではない。国家は政治運動を行わないことを明らかにしながら、他方では林彪、江青一味に騙されて若干の間違いを犯したも

---

1)　鄧小平、『鄧小平文選』2巻、人民出版社1994年版、151頁。
2)　同上注、323頁。

のの、後で確かに悔悟したり、真の才能や学問をもつ人については適材適所により任用した。

この政策によって、かつて「造反派」に積極的に参加し、破壊活動を働いた人々の一部は自己発展に適した道を見つけることができ、中には専門性ある職場において積極的な役割を発揮し、後にこれらの職場の主力になった者もあった。

二、知識価値の転換点：知識分子の地位の上昇

1978 年以前、「左派」思想の影響を受けて、知識分子が熱心に仕事に取り組むのは「政治的に無関心で専ら専門分野で業績を上げ」、「個人の名声への追求」を図ろうとするものであり、「名を挙げ一家を成す」ものと批判されたので、知識分子の労働における積極性が長きにわたり抑圧された。1978 年以降、党の第 11 期 3 中全会により社会主義現代化建設、改革および開放が確定されるという複雑な背景において、科学技術の現代化が現代化建設のポイントとなり、現代化建設において知識分子が激増し、その役割は日増しに社会から重視されるところとなった。1978 年、中国の自然科学技術者は 434.4 万人だったが、1983 年になるとこの数は 685.19 万人にまで増加した。

（一）労働者階級の隊伍への復帰

建国当初、労働者、農民の政治的地位は非常に明確で、当時、民族ブルジョア階級は革命統一戦線の一部として「人民」の範疇に属し、その政治的地位も比較的明らかであった。一方、知識分子の階級地位については終始はっきりとした定義がなされなかった。階級闘争が不断に拡大するなか、知識分子は最終的に「臭老九」とみなされて社会から差別を受けたが、「文化大革命」が終了すると国家の知識分子政策にも変化が見られ始めた。

1977 年、鄧小平はまず「文化大革命」初期に形成された「二つの評価」の廃止を提起した。1978 年、鄧小平は全国科学技術大会の開幕式で再度講話を発表し、知識分子が労働者階級と労働人民自らの一部であることを確認した。同年 10 月 31 日、胡耀邦は中共中央組織部開催の知識分子政策の実施に関する党の座談会において、現在我々の知識分子の人数は二千万余にのぼり、その絶対多数が建国後我々自ら養成したものであると指摘した。即ち、建国初期に就職し、あるいは旧社会からの知識分子は一部を占めるに過ぎないし、世界観の改造を経て、絶対多数が数十年も党

にしたがい、社会主義事業のために努力してきており、「であるから、我が党が建国後に提起した、旧社会からの知識分子を主な対象とする団結、教育、改造という方針は今ではふさわしくなっている」とした[1]。

同年末、中共中央組織部は、「党の知識分子政策実施に関するいくつかの意見」において、「中国の現在の知識分子は、90％以上が解放後党により養成教育され、70％以上が労働人民家庭の出身である。旧社会からの知識分子であっても、党の長期的教育と業務実践、および20年余の試練と鍛練を経て、世界観の改造において大きく成長した」とした。彼らは「党、祖国、社会主義を非常に愛し、科学文化教育事業に熱心に取り組み、林彪や『四人組』にひどく迫害され仕事が極めて困難な状況にあっても、その多くは依然として職場を堅く守り、高い政治的意識を示した。彼らは自らのことを労働者階級に属し、革命的で専門的な知識分子だと証明し、党の拠り所である」とした[2]。

1979年、中共中央は1971年作成の「全国教育工作会議紀要」と馬振扶事件に関する「速報」の廃止を決定し、1982年、胡耀邦は中共第12期全人代の政治報告において「知識分子は、労働者、農民と同様に社会主義建設の拠り所である」ことを厳かに宣言した。同年、第5期全人代第5回会議で新たな憲法改正案が採択され、その「序言」では「社会主義建設事業は必ず労働者、農民および知識分子に頼り、団結できるすべての力を団結しなければならない」ことが明確に規定された。これには、知識分子と労働者、農民が同列に置かれ、知識分子と労働者、農民とは労働方法が異なるにすぎず、いずれも社会主義建設事業の拠り所であることを強調する意図があった。正式な制度により、知識分子の階級的性質と政治的地位が建国後見られなかった、明確で堅固な定義を付されたのであった。

それ以降、一千万を上回る知識分子が政治的に解放され、彼らは「資産階級知識分子」の謗りを免れることになった。党と国家指導機関、指導者による詳しい説明や、世論による宣伝や呼びかけが繰り返された結果、知識や知識分子を尊重する観念や社会的気風が徐々に確立され、知識分子に関する各種具体政策の実施やそれ以降の知識分子に関する理論や政策を促すための基礎が固められた。

---

1) 中共中央組織部、中共中央文献研究室編、『知識分子問題文献選編』、人民出版社1983年版、48～49頁。
2) 同上注、53頁。

（二）政策の実施

1978年以降、知識分子に関し、冤罪やでっち上げ事件からの名誉回復、専門技術職称の復活、専門科学研究の時間の確保、専門や能力を生かすための状況改善、仕事と生活条件の改善、信頼や自由を与える政策などが実施された。

復活してまもなく、鄧小平は1977年に科学研究従事者は主なエネルギーを科学研究に注ぐべきこと、就業時間の少なくとも6分の5の時間を、できればより多くの時間をこれに使うべきことを示した。また、学術および職称(資格称号)を復活すべきことを提起し、学校では、教授、副教授、講師、助教(助手)等の職称を、科学研究単位では研究員、副研究員、助理研究員、実習研究員等の職称を、企業では高級工程師、工程師、総会計師等の職称を設けるべきとした。鄧小平の意見を踏まえ、中共中央と関連部門は知識分子の科学研究業務時間を確保すべきことを文書で明確化し、職称の復活と学位制度の確立を決定した。1985年には、29系列の職称が復活、新設され、学士、修士、博士等の各種学位制度も相次いで設けられた。この時期、全国2300余万人の専門技術者のうち、95万人が高級技術職称（職務）を、542万人が中級技術職称(職務)を取得した[1]。

（三）寸暇を惜しんで解決を図る

1978年の全国科学代表大会以来、「撥乱反正」を通じて知識分子の仕事に対する追求、自己実現の必要性が充分肯定、支持されたことは、多くの知識分子の労働における積極性を大いに刺激した。知識分子の間には強烈な緊迫感が遍く見られた。老知識分子が最も強く望んだのは「幸いにも繁栄し平和な世にあって、社会に対してさらに貢献したい」ということであった。

例えば当時すでに70歳に近かった著名な社会学者費孝通氏は、改革開放によって授かった「二回目の学術生命」を非常に有難く感じ、「社会科学院の成立により自分たちのような社会科学従事者が無限の期待を持てるようになった」とし、「滇山の道を塩を背負って進む駄馬のように、弛むことなく人民に貢献したい」とした。同氏は自らのことを、「ポケットに十数元しかなく、大切に使わなければならない」と喩えて言った。新たに成立された社会学研究所の定員は数名に過ぎず、費氏は中国民主同盟から一部屋借りて社会学の再建を図るべく作業を始め、長年にわたり中断

---

1) 賈春増編、『知識分子与中国社会変革』、華文出版社1996年版、267頁。

された国際学術交流をも一部復活させた。最初の三年は教師の育成、教材の作製、機関の設立、生徒募集の再開等大量の作業を行った。

　中年知識分子も失われた貴重な時間を取り戻そうと業務知識のアップデートや向上に努め、重い職責を担った。青年知識分子は自らにより高い要求を課し、より重要な役割を果たすことに努めた。蒋築英、羅健夫等数多くの中年・青年知識分子が不治の病に罹りながらも刻苦勉励し、科学事業のために命をささげた。1980年代初めにこのような例は枚挙の暇もない。1977年に大学入試が復活すると、各所から長年にわたり改造労働をさせられながらも、自主学習を続けてきた人々が頭角を現した。1966年から68年までの間、中学・高校を卒業した生徒は「老三届」と呼ばれるが、その多くは大学合格時にすでに二十代の後半から三十代の前半となっており、若者のような記憶力を期待できず、家庭の負担も大きかった。学業の中断を埋め合わせるために彼らは常人の想像し難い努力をして外国語や数学等の先端科学分野にかかわる学科に精通したのであった。5年間の大学生活において彼らは時代がもたらした傷を全力で癒し、「文化大革命」を反省して再び団結し、理論と実践分野における新たな黄金時代を切り開いたのであった。

　1978年、改革の春風が長らく閉鎖された国の扉を開き、国家は公費派遣留学制度を導入し、1982年以降、公費生を大規模に派遣し始めた。「位卑しけれど未だ敢て憂国を忘れず」という知識分子の伝統を継承して、国外の科学発展動向を理解し新技術を学習することを切に望んだ中国の知識分子は、救国救民の理想を抱いて意気揚々と出国した先輩に倣い、胸一杯期待を抱き、大荷物を慌ててまとめて外国へ飛び出した。出国ブームの中最初に出国した人々は、その後大部分帰国して各業界の主力あるいはリーダーとなった。

　知識分子の労働における積極性の空前の高まりは主に科学研究成果が倍増し、大量の専門人材が現れたことに結実した。1979年に国家の重大な科学技術研究成果として評価されたのは2790項目であったが、1983年には5400項目となり、5年間でほぼ倍増した。社会科学研究成果の向上は人々の注目を一層引くことになり、過去には見られなかった新たな状況を生み出した。大量の中年・青年科学技術者が科学研究の第一線に赴き、『走向未来（未来に向けて）』叢書の発行があらわれたように、彼らの研究成果は国内で強烈な反響を呼んだ。

（四）象牙の塔からの脱出

1982年12月23日、「光明日報」のトップページに「工場の再生に功あり、報酬の収受は無罪」と題して「韓琨事件」の真相が紹介された。翌年1月8日からはこのニュースに関して「科学技術者の就業時間外業務に対する報酬をどう扱うか？──助理工程師韓琨問題に関する討論」というコラムが一面に掲載され、同月31日まで集中討議が行われていた。「韓琨事件」は上海を揺るがした。韓琨は上海のある研究所に勤める科学技術者であり、就業外の時間を利用して郷鎮企業で新製品の開発を手伝い、顕著な経済収益を上げて一定の報酬を受け取った結果、経済犯罪として処分を受けたのであった。この事件は社会の強烈な反響を呼び起こし、多方面の干渉を受けてようやく是正されたのであった。当時、このような事件や論争が少なからず発生した。1982年、中共中央研究室による労働者階級状況に関する調査報告にも、無錫において国営企業の主力科研人員を含む多くの科学研究者が就業外時間を利用して郷鎮企業で働き報酬を得たことが報告された。このことは「国家幹部」としてのあるべき品性が失われ、個人の「私的」利益をむさぼる行為と見なされた[1]。こうした中で、広東省では他の地域に先駆けて法人格を有する「星期六工程師之家（土曜エンジニアホーム）」が設立された。評価は様々であったとはいえ、いわゆる「土曜エンジニア」の存在が多くの人々に知られるようになった。

「星期六工程師」は知識、技術の生産力への転化を加速し、蘇南郷鎮工業、沿海経済、北京中関村の振興を強力に推進した。もっともこの集団が出現したことは知識分子が世俗化の道を歩み始めたことを意味した。知識分子に対する社会からの評価や彼ら自身の自己定義を見れば、知識分子はもともと次のような集団として見られていた。即ち、過去に不公平な扱いを受け、現実生活による何重もの重責を担い、低賃金や貧しい生活を強いられても不平不満を言わない。しかし、ロマンチックな思いや理想主義が依然として知識分子の価値基準において主導的立場を占めたとは言え、社会の現実主義と世俗化が日々進む結果、多くの知識分子が「象牙の塔」、「知識の神殿」から飛び出して市場に参入し、個人の利益得失を計算するようになった。

---

1) 中共中央書記処研究室理論組、中華全国総工会弁公庁編、『当前我国工人階級状況調査資料匯編』（3）、中共中央党校出版社1983年版。

三、職業と財産基準の上昇：新社会集団の芽生え

改革開放前、国家は社会主義改造運動を通じて社会で取得可能な一切の資源の分配権を制御しただけでなく、すべての個人を社会主義の新しい存在として改造した。このことは経済活動に従事する自由がなかっただけでなく、社会が無産階級の形態により統一されたことを意味した。無産階級の一分子である以上、収入であれ、生活方式や消費方式であれ、どの個人にも違いはなかった。1978年以降「単位体制」に亀裂が生じるに伴い社会で取得可能な資源が徐々に体制外に溢れ出し、個人は経済活動に自由に従事し、資源を自由に入手する権利を得るようになり、他人と異なる個人が現れ始め、一部の新興社会集団を次第に形成した。これら集団の台頭は、職業、財産の取得能力を目印とする新社会階級階層が中国社会に現れ始め、各社会集団間の順位の入れ替え問題を浮き彫りにした。それによるプレッシャーは多くの人々や集団に衝撃を与えた。

（一）「万元戸」と「専門農家」

万元戸。1980年代の最初の数年において、まずニュースや世論の注目を浴びたのは農村で大量に発生した各種専門農家、自営業者であった。彼らの一部は「先に豊かになった人々」の典型として政府から熱心に奨励され称賛されたので、ニュースや世論の注目、追跡の的となった。一時期、農村における「万元戸」が都市の人々の間でしばしば話題になり、新聞やテレビでも彼らに関する誇張された報道が相次ぎ、真偽の入り混じった「万元戸」が登場して時代の風雲児となった。

かつて農業が盛んに行われた三峡庫区忠県は、当時重慶市でも早くから「万元戸」を生み出した地方だった。2007年のある日、ある記者が同県の档案館で思いがけず1984年の「万元戸名簿」を見つけた。これには当時の「忠県『両戸』代表大会記録」が添付されていた。名簿には7名の万元戸が記載されており、彼らは当時10,109名いた「両戸」（農村加工と運送専門農家、栽培養殖を行う複合経営農家）の典型であった。それによると、「両戸」代表大会終了後、「万元戸」は県でラジオや魔法ビンといった奨励品を支給されたほか、大きな赤い花を身につけて小型車で都市を一周するという栄誉を与えられたという[1]。「万元戸」を招いた当時の報告会の様子を記

---

1) 顔明華等、「当年"万元戸"今安在」、http://chongqing.zaobao.com、2007年12月10日。

憶している人も、彼らは確かに教養がなく、話が支離滅裂で、一生で初めてこのように丁重なもてなしを受けたので、いささか緊張しぎこちない部分もあったが、創業に関する苦労話は参加者全員を感動させた、と証言した。

専門農家。1978年以降、農村改革は生産における農民の積極性を大いに触発し、多くの農家では余剰労働力や資金を利用して多種経営に乗り出した。これは農村における分業を一層促した。一部の農家では様々な栽培や養殖業を発展させ、各種の栽培・養殖専門の農家となり、一部の農家では食糧生産の規模を拡大し、レベルアップを図り、食糧を商品として生産経営を行う食糧専門農家への転身を実現した。また、土地を離れて工商業の発展を図り、自営業者となる者もあった。仕事の面から見れば、彼らは基本的に栽培、養殖または工業輸送、商業、運送業を専門的に行い、さらに相当数の余剰労働力が農村あるいは都市・鎮で個人経営に従事した。当時の「両戸」、即ち、農村加工と運送専門農家、栽培・養殖業の複合経営農家は1980年代初めに騒がれた万元戸の主な来源であった。

専門農家が中国の農村に初めて出現したのは1981年であり、1982年に広く増加し、1983年には急速な発展を見せた。当時、国家に対して「一万斤の肉」、「千羽の鶏」、「二千斤の卵」、「四、五百羽の鴨」を提供し、収入が一万元を超える「万元戸」、専門農家、複合経営農家が全国各地で数多く現れた。1982年末、山東省泰安地域では各種専門農家が63760戸にまで増加し、農家総数の4.8%、複合経営農家は16.82万戸で総戸数の12.7%を占めた。農牧漁業部の統計によれば、全国農村において専門農家は1983年末には農家総数の13.6%にのぼった。

農村の各種専門農家の大部分は農村でも一定の文化知識や専門技能を有し、柔軟な考え方を持つ農民であった。例えば一定の教育を受けた「準知識分子」、見聞があり、視野の比較的広い退役軍人や何らかの技術に長けた職人、あるいは柔軟な考え方をもち聡明で向上心のある農民はそれであった。農業文化あるいは自然経済の価値基準に基づけば彼らの多くは良い農家とは言えず、無力で技能を持たない「見掛け倒し」、「無精者」であって、ぶらぶら遊んでまともに仕事をしない「与太者」だった。しかし、このような歴史的変革期において思いがけず時代の先端を行くことになり、伝統的経済の枠を飛び出す「先鋒」となった。

(二)「自営業者」と「私営業者」

1980年代初頭、中国において農村地域で広く見られた個人経済の発展が最初の

発展ピークを迎えた。請負制が実行される農村では余分な労働力が活路を見出さなければならなかったが、何も失う恐れのない農民は「左派」の堤防を破壊する先鋒となった。その後、都市・鎮の「自営業者」が相次いで発展し始めた。一部の老工商業者、農村に下放され都市に戻った無職の市民、労働改造・教育改造から釈放された公民が個人経済活動に身を投じた。彼らが都市・鎮で従事した主な業種は第三産業であり、中でも手工業、建築業（建物の修理）、運送業、卸売業、飲食業、サービス業、修理業等に従事した者が多かった。中央が都市と農村個人経済の解禁を決定しても、自営業者はまだ数少なく、なかなか発展しなかった。1979年、都市・鎮の個人工商業者は31万人まで回復したが、前年から16.1万人増加したに過ぎなかった。1980年には80.6万人まで増加し、1981年以降毎年比較的大幅な増加が見られるようになり、1981年には227.5万人に、1982年には319.9万人、1983年には大幅に増加して746.5万人にのぼり、1984年には1303.1万人、1985年には1766.2万人となった[1]。

　相当数の個人労働者は一定期間におよぶ資金の蓄積を経て、経営条件が改善し、経営分野が拡大し、経営方式も変更した。都市・鎮の1戸あたりの平均資金は、1983年末の465元から460元増加して925元となり、ほぼ倍増した。また、農村の1戸あたりの平均資金は1983年の542元から581元増加して1123元となり、107.2％増加した。資金の増加に伴い、個人工業、手工業、交通運送業の機械化が進んだ。洋裁、編み物、機械、自動車修理に従事する一部の自営業者は機械設備を保有し、また中には大、中、小型の輸送車を有する者もあった。

　経営規模が益々拡大するなか、労働力不足の問題が突出し始め、一部の経営者は間もなく雇用者の増加を考えるようになった。1980年における全国の自営業者あたりの従業員数は1.16人、1983年は1.26人であった。また自営業者はまさに内部分化の最中にあり、数は少なかったが雇用や投入の増加により経営規模の拡大を図り、数多くの従業員を雇うようになった。

　数多くの従業員を雇用する人々が各地で続々と出現すると、社会各界から広く注目を集め、これに関する内部討論も始終行われた。この新しい経済現象に関して、国務院から1982年に「都市・鎮非農業個人経済に関する国務院の若干政策性規定」が公布され、自営業者が「一、二名の人の助けを借り、三から五名の弟子をとる」こ

1）『経済参考報』、1994年12月1日。

とが明確に認められた。1983年の中共中央1号文書においても、「中国は社会主義国家であり、搾取制度を許してはならない。ただ、我々は発展途上国でもあり、特に農村では生産力が比較的低く、商品生産もまだ発達していないのであるから、資金、技術、労働力の一定程度の流動や様々な方法の組み合わせを認めることは、社会主義経済の発展にとって有利である」と指摘した。また、農村自営業者や栽培・養殖業に優れた者は、手伝いを雇い、弟子をとり、「都市・鎮非農業個人経済に関する国務院の若干政策性規定」を参照して実施すべきとされた[1]。1983年以降、この政策の限界である8名を超える雇用者を雇う私営企業が様々な隠蔽された形式により誕生し、発展し始めた。

　生産額が倍増する経済成長に衝撃を受けて、一部地方政府は当初の躊躇した傍観的態度を転換して私営企業に積極的に資金支持を与えるようになったので私営企業の創業資金が保証されるようになった。資金サポートに関しては、基本的に多様なルートを認め、制限を設けない地方もあるので、自己資金が少なく、場合によっては元手も技術も持たない人であっても大量の借り入れを行って企業を興すことができた。関連部門が行った典型的な調査によると、私営企業の創業資金において自己資金は一般に三分の一を占めたに過ぎない[2]。1983年以降、政府は私営企業に対する貸付をさらに緩和し、大多数の私営企業が程度の違いこそあれ、銀行借入れや流動資金の借入れが可能であった。とりわけ1984年以降、政府は私営企業の設立に対してさらに積極的な奨励政策を採ったので、借入れは大幅に増加した。

第三節　政治の暗い影から脱した家庭生活

　家庭は社会関係の細胞として特定の社会構造を引き受け、社会経済生活、イデオロギーの変革は家庭の構造や関係に変革をもたらす。1978年以前、都市であれ農村であれ家庭生活は中国の政治単位の背後に消失していた。というのも社会主義の「政治的人間」は家庭生活の温かい雰囲気に染まることを許されなかったからであった。1978年以降、家庭における副業、多種経営が認められて生産責任制が推進され、社会的に一元化された「単位体制」や計画体制が緩み始めると、家庭は政治的基本単位としての性質から日ごとに離れ、社会の基本単位としての役割や機能を取り

---

1)　中共中央文献研究室、『十二大以来重要文献選編』（上）、人民出版社1986年版、260頁。
2)　林青松、Byrd William 編、『中国農村工業：結構・発展与改革』、経済科学出版社1989年版。

戻した。「家庭のことは家庭に、政治のことは政治に任せる」という新しい条件の下、家族と個人は一層自由な選択空間を獲得した。しかしながら、このような自由な選択空間は家族と個人が社会の座標や組織の枠組みを新たに見出したことを意味せず、家族関係はこの時期の自主性を反映していた。

一、家庭経済の多様化：農村の家族関係の変革

（一）家庭が再び生産単位に

「四人組」が粉砕された後、特に党の第11期3中全会以降、国家は家庭における副業の発展を提唱し、家庭における多種経営を認めるようになったが、このことは家庭という社会的細胞の生産における積極性を触発したので、多種経営や家庭における副業の発展により家庭収入が大幅に増加し [1]、農村は日増しに繁栄することになった。家庭における副業の発展、多種経営の展開といった経済活動が認められたことが家庭の絆、団結を強める役割を果たしたことは疑いないところであり、個人は従来であれば集団に向けていた注意を家庭に移すようになった。また、労働は政治任務ではなくなり、労働それ自身が私的な性質を帯びるようになったが、この「私」は「個人」である私だけでなく「家庭」における私をも指した。しかしながら、副業と多種経営の出現は農民を集団から完全には分離せず、農民は依然として集団に属して集団労働の義務を負い、職責を担うこともあるため、当然のことながら彼らは集団がもたらした福利や保障を享受し、若干の承諾を引き受けた。言い換えれば、農民は依然として集団経済を通して自らを組織できたのであった。

これに比べ、「家族請負」という生産責任制形態は一層過激で徹底していた。というのも、家族請負の条件において、農民は家庭を除きかつて存在した組織の基盤を失っていたからであった。当時、農民個人を組織するものとして残っていたのは家庭であるが、もちろん農民は自ら組織するよう努めてもよかったし、組織形態については農民自ら決定した。農民は家庭を単位として自らの能力、条件、関係等を踏まえ経済活動や生産形態を自主的に選択するようになっていた。また、彼らは個人経営を行うのか、他人と如何に協力するのかという問題を検討しなければならなかった。

---

1) 江蘇江村、湖北段夾村の調査については、王淮冰、『江村報告 —— 一個了解中国農村窓口』、人民出版社2004年版、および胡必亮、胡順延、『中国農村的企業組織与社区発展 —— 湖北省漢川県段夾村調査』、山西経済出版社1996年版を参照。

安徽省の李家楼村では、1980年より生産責任制を開始した。彼らは二年半かけて所有する土地、梨の木、大型家畜および農業機械等の生産材を段階的に分配した。1980年に土地の分配を終えると、間もなく1981年に家畜、小型および中型農業機械設備、果樹、柳の木を分配した。1982年には、大型設備や脱穀場の分配も最終的に終えた。生産隊は李家楼の土地に対する所有権を維持し、その売買、賃貸、譲渡および土地の放棄を禁じたほか、継承も認めなかった。その後、李家楼ではさらに公社に属する病院や一部郷政府経営企業、例えば建築隊、煉瓦工場を個人に請け負わせた。

　農民にとって分地(土地配分)は天地を覆すような大きな変化であり、絶対的平等が求められたため彼らは土地を細かく分けた。李家楼では、各家庭が6から11の異なる数の狭い土地を取得することになったので機械化生産や管理が不便であるのは明らかだった。狭い土地が分配されたため、くじによって分地が行われたが、父親と息子、兄弟、親戚等近くに住む関係の近い家庭は、互いに近くで請け負い協力し合えるよう、数戸が一名の代表をくじに送り込んだ[1]。

　「公社 － 大隊 － 生産隊」という農民個人が組織的に生産に従事するための基盤が消失し生産の発展に協力が必要な状況においては、家庭を単位とした再組織が大いに必要であった。この方法が当時の条件下において最も組織化が容易であるのも明らかだった。また、生産責任制が実行されるようになると、人数の多い家庭が共同経営、兼営に有利であった。逆に人が少なく、労働力が不足する家庭では目先の利益がしばしば損失を蒙り、家庭の労働力の数が蓄財の可否を左右した。湖北段夾村の調査結果に関する記載から、家庭構成員が組んだ共同経営のほか、複数の家庭からなる村民間での共同経営が行われたが、理想的な効果が得られていないことが分かる。しかし総体的に見れば、経済活動を行うために農民が再組織を必要とした状況において、家庭内または親しい家庭同士で協力する方法が最も適切な選択であった。

(二)同族と宗族の復興

　農村で生産責任制を実施したことにより農業生産を組織する機能が農家に移り家庭の経済機能が強化される。それに伴い、家庭の社会機能が回復し、村落において

---

1)　韓敏、『回応革命与改革 —— 皖北李村的社会変遷与延続』、江蘇人民出版社2007年版、141～142頁。

同族組織と文化の復興が一層進んだ。同族と宗族の復興は農村の家庭、同族、宗族間の競争や協力関係が発展する過程で出現した。

　前述の通り、農村で生産責任制が実施されると、農家の土地が細々と分割されて各農家は多くの小さい土地を有するようになり、親戚、近所同士協力することもあったが、時には灌漑、耕作等における軋轢のために争いやトラブルが生じることもあった。このようなトラブルがうまく解決されないと暴力に訴えることもあり、その際息子の多い家庭が勝つことが多かった。また、経済競争においては男性労働力があり、あるいは男性労働力の多い家庭が有利であった。

　ある研究によれば、豊かな地域は貧困地域に遅れて生産責任制を実施し、貧困地域でこれを開始した際には男児を産んで家庭の経済機能を強化する傾向がより強かったが、生産責任制の実施が一段落すると、豊かな地域では貧困地域以上に男児を産んで「子孫代々家系を継がせ」、「先祖供養」を継続させようとする傾向が強く見られたという[1]。これは血筋を絶やさないことを主とする生育観を意味し、その合理的、政治的、経済的原動力（政治的に家庭の勢力を拡大できた）となっただけでなく、経済上、血縁関係を絆とする父子兄弟式の家庭経済が市場競争力の増強に有利であった。またその伝統から、「老後のために子供を育て」、「子孫に代々家系を継がせ」、「先祖供養をさせる」習慣を続けることが可能であった。

　こうして、家庭を最小生産単位とする小農経済が復活すると、家庭のネットワークが農村村落社会の潜在的構造へと改めて転換され、男児を産むことで家庭の血筋を継続し、家庭のルーツを発展させ、老人がこの世を去っても生命を継続できるという生育の価値観がある程度強化された。

　このような背景下において、1980年代中期以降、家の新築ブームとほぼ歩調を合わせて農村の同族主義が繁栄し始めたが、これは主に同族の族譜を編集し、同族の祖廟を改めて補修し共同の祖先を参拝するようになったことに具現化された。農村で同族勢力が台頭しただけでなく、これは徐々に家庭と農村の基層組織との間の非正規組織となり、冠婚葬祭、生産労働や隣近所のトラブルにおいて重要な干渉機能を果たすようになった。長い歴史と深い経済的文化的土壌を有する宗族は、中国南方の一部省（江西、福建、湖南、広東等省）の農村において大いに復興、発展し、同族の再建によって権門、豪族のいる村が多く出現したと指摘する学者もいる[2]。

1）曽毅、シュルツ、「農村家庭承包責任制対生育率的影響」、『中国社会科学』第1期、1998。
2）王滬寧、『当代中国村落家族文化 ── 対中国社会現代化的一項探索』、上海人民出版社1991年版、508頁。

第二章 「確定性」の緩和：改革試行 139

学者が指摘するところでは、農村改革や生産責任制の実施によって主流イデオロギーは農村部社会で徐々に希薄となり、個人の政治思想に対する監視は緩み、農村部社会の「伝統的」習俗に対し日増しに寛容で開放的な態度がとられるようになり、農村部社会の活力が大いに強化されたほか、農村部社会内部の様々な勢力が自主的に発展できる空間が生み出された。そのため、多くの「伝統的」習慣が復興する条件が農村部社会に作り出され、「これらの変化は文化的心理や組織化の面において、村落の同族文化に深刻な影響を与えた」[1]。

(三)収入による家庭における地位の変化

家庭構造の変革。1978年に家庭における副業や多種経営が認められ、特に生産責任制が実行されるようになると、家庭構造に静かな変化が生じた。都市ほどではなかったが、農村の小家庭の割合も総体的に急上昇した。都市と同じく、農村の小家庭の割合の成長は一定の社会条件の発生と関係していた。

1981年、江村に三度訪れた社会学者費孝通氏は、当地の家庭構造にまさに変化が生じていることを見出している(下表参照[2])。

江村における家族構造の変化 (単位：%)

家族構造	1936	1964	1981
不完全家族(配偶者なし)	27.6	32.1	19.6
小家族(核家族)	23.7	45.9	38.7
拡大家族(夫婦一組と父親または母親)	38.4	15.9	21.1
大家族(二組以上の夫婦)	10.3	6.1	20.6

一般的に核家族は社会の近代化に伴って増えるものであるが、1960年代後半および1970年代全般にかけて江村で上記のような傾向が見られたのは、家屋の不足と関係すると村民の多くが考えた。江村では一人当たりの平均収入が300元に達して初めて子女の結婚にあたり家を新築できたが、この時期、農村人口が増加する一方で農村経済は停滞していた。江村の一人当たりの平均収入は終始100元前後であり、家の新築は実現し難い夢であった。新しい家がなかったため、新婚家庭も

---

1) 王滬寧、『当代中国村落家族文化 —— 対中国社会現代化的一項探索』、上海人民出版社1991年版。
2) 費孝通、『費孝通文集』(8巻)、群言出版社1999年版、149頁。

両親と同居せざるを得なかったので拡大家族が増加することになった。

1978年後半ともなると農村経済が復興し、江村の一人当たりの平均収入は300元に達した。農民が家を新築する経済的条件を備えるようになると、村の子女の結婚時に急いで家を拡張することになったので、村では家の新改築がブームとなった。1980年の一年、江村の川沿いにある約250戸から成る複数の生産隊では合わせて50軒の新改築が行われ、ほぼすべてが増築であった[1]。これにより、1978年後半に核家族の割合が加速的上昇するための物質的条件が整った。

1980年代初め、多年にわたり貧困でもがいていた中国農民が金銭を手にするようになると自らの物質的条件を急いで改善しようとしたので、この時期の中国農村では家屋を建てるのがブームとなり、当時都市の知識分子からは愚昧で立ち遅れた農民意識であるとして嘲笑された。しかし、実際のところこのブームの背後には家族構造に変化が求められていたことがあった。

家庭における世代間関係の変革。1978年以前、家庭において自給生産部分は非常に脆弱化し、一部の統一買付・統一販売商品を除き、商品という概念が農村からほぼ失われていた。家庭の消費財は主に生産隊を出所とし、家族構成員が集団生産に参加した労働に基づき現物(現物や薪等を含む)および現金の分配を受けた。集団分配の際、家庭を基礎とする戸数が支払いの単位であった。つまり、労働者個人に直接支給されたのではなく、一家の構成員各人の取得した労働点数を合算して家の家長に支給されたのであった。社隊企業で労働する労働者の賃金も労働点数を合算して生産隊に支給され、分配時には家長にまとめて支給された。また、公社体制下では、労働点数により分配する機能が生産隊にあったため、生産隊は老人の扶養問題を全面的に調整したとともに、「五保(公的扶助制度)」制度により老人を集団で養うことができた。

1970年代末に「喜盈門」という映画があったが、この映画はまさにこの時期のこのような家族関係を反映したものだった。映画の中で、この拡大家族の経済矛盾は避けがたく、家庭での老人による経済分配に嫁が猜疑心を抱き、副業により増えた収入を隠して家長に渡さない場面が描かれているが、これらはすべて拡大家族の経済分配方式の反例である。

1978年以降、農民の収入増加に伴い大量の新築家屋が出現して分家の傾向が加

---

1)　費孝通、『費孝通文集』(8巻)、群言出版社1999年版、149頁。

速すると、公社体制下における過去の家庭経済分配方式も解体した。老人が一家の経済を管理することはなくなり、分家の子女が老人の扶養方法を改めて相談した。土地分配により家庭、農村部における管理者の権限が脆弱化し、村民から金銭や穀物を再び回収して老人を養うという方法が困難になったことも、過去に実施された老人集団扶養制度を弱体化させた。

　他方で、生産責任制により次世代の者が実際に家を取り仕切り、成年子女が一層権限を有するようになると、年長者の指示に従わなかったり、年長者とトラブルになったりする現象が益々増加した。「能力ある者が権限を握る」状況が生じたのであった。江村に郷鎮企業が入り込むと、村全体で家庭の権力構造に変化が生じた。従来であれば村の会議に参加したのは家長であったが、家庭の収入構造や経済的貢献に変化が生じ、農業でなく工業が村で主要な位置を占めるようになると、父親に代わり嫁も村の会議に出るようになった。

　農村部の工業と家族関係の変化。映画「喜盈門」では長男の嫁が生産隊のために衣服を加工して得た収入を姑に渡さない。これは大家族制において家庭における副業がこれを行う者に対し一定程度の経済的自主権を実際にもたらしたことを反映したもので、このような状況は1978年以降家庭副業が普遍的に発展するにつれ一層増加した。嫁だけでなく、姑、小姑もこれによりいくらか経済的自主権を得ることができた。家庭副業が発展する前であれば、息子が結婚して子供を生むと母親は一般に田んぼに出て労働点数を稼ぐのをやめ、主に孫の面倒を見て家事を行った。この頃母親には計算できるような収入はなく、家庭の純粋な扶養対象であり、小姑や娘は結婚していないため自ずと経済的権限を振るい得ないことになった。

　農村で家庭副業が発展するとこのような状況にいくらか変化が生じ、例えば費氏が江村で観察したように、兎を飼うことで姑も何らかの現金収入を得ることができたが、これは一家の副食品を購入するに十分であった[1]。このことは家庭副業の発展によりこれら構成員が家庭において実際に一定程度の経済的自主権を享受できたことを意味し、加えて分家の傾向が増した結果、この種の経済的自主権は家庭の矛盾緩和という役割を果たし、あるいは家族関係の再調整をもたらすこともあった。

　家庭副業の発展が家庭に権威の上下を引き起こしただけでなく、農村部における工業の発展が家族関係に変化をもたらしたことも軽視できない。

1）費孝通、『費孝通文集』(8巻)、群言出版社1999年版、45頁。

蘇南一帯の郷鎮工業は大多数が軽工業で、特に紡織工業が盛んであった。最初に工場で働き始めたのは主に女性で、彼女たちが工場に入ると家庭における様々な関係に新たな変化が生じた。嫁姑間、夫婦間、父子間のいずれでも新たな調整がなされた。家に居た女性が工場に入ると彼女達は工場から直接賃金を取得できたので、経済的自主権が高まったのであった[1]。費孝通氏が 1980 年に江村で調査を行った際、村の若い女性がパーマをかけるようになっていたという。当初は何人もいなかったが徐々に増え、1982 年に再訪した際には年頃の若い女性は軒並みパーマをかけていた。これもテレビの影響を受けたものであった[2]。

　学者の中には、生産責任制によって農村の基本経済単位が家庭に戻ると、労働の性別による分業に極めて深い影響が及んだことを見出した者もある。人民公社制において、生産隊が家庭に代わり女性の労働力を支配し、女性による労働が一種の義務となったが、労働効率が相対的に低かったため労働成果は往々にして労働点数や賃金に換えることができなかった。生産責任制が実行されると、女性による労働が家庭調整の理性的な一因となり[3]、家庭の利益が「男工女農（男性が工業に、女性が農業に従事する）」という夫婦分業構造を決定し、女性が農業に従事する傾向が日増しに顕著になった。山東と福建に対するある比較研究によれば、妻（農業）は一般に夫（非農業）より労働時間が長く、仕事も大変であったことが分かっている[4]。

二、政治の雲煙からの脱出：都市の家族関係の変革

（一）革命の話題から徐々に離れる

　1980 年、映画「天雲山伝奇」は人々の激しい論争を招いた。女主人公宋薇が自らの思いを抑え、右派分子と一線を画して組織部長と結婚した理由を理解するのは一世代後の若者には難しいかもしれない。しかし 1950 年代以来の政治の荒波を経験した人々であれば宋薇の行為はよく理解できる。この映画が反映しているのはまさにあの年代に流行した政治的結婚である。映画は悲しみと懺悔に満ちており、政治的婚姻に対する人々の反省と自主的婚姻を取り戻したいという渇望を反映したもので、婚姻は政治から分離した一種の社会関係となりつつあった。

---

1) 費孝通、『費孝通文集』(9 巻)、群言出版社 1999 年版、44 頁。
2) 同上、185 頁。
3) 譚深、「処于変革中的婦女所面臨的両個重大問題」、『社会学与社会調査』第 3 期、1995。
4) 熊景明、「90 年代中国婦女的家庭地位」、李小江等編、『平等与発展』、三聯書店 1997 年版、143 頁。

1978 年以降、文芸創作活動も徐々に政治に奉仕する使命を帯びたものから遠ざかっており、「愛情」、「永遠の、階級を超えた人間性」が小説、映画等各種文芸作品の重要なテーマとなった。1980 年は解放以来初のラブストーリー映画が中国で誕生した年であり、ラブストーリー映画が徐々に革命映画に替わった最初の年でもあった。張瑜と郭凱敏主演の「廬山の恋」を見ようと若者が映画館に押しかけ、「海外赤子」、「愛情に忘れられた片隅で」、「知音」、「小街」、「沙鴎」等の映画はいずれも革命の基準がどの程度ラブストーリーを許容するのか慎重に探るものだった。この年代のどのラブストーリー映画も「革命」を表現する十分な空間を自覚的に残した。男女の主人公の思いが深まった時も男主人公には気持ちを抑えきれず高い山に向かって「祖国、愛するよ!」と叫ばせている。もちろん、そのセリフには、愛情に対する諧謔も含まれている。

(二) 物質の重視へ

階級闘争の話題が主導的イデオロギーとしての役割を発揮しなくなり、経済建設が社会生活の重点となると、「革命を徹底する」のではなく、「家を興し財産を増やす」ことが多くの中国人の生活目標となった。都市で何らかの技能を持つ者は何とかして「臨時収入」を得たり、あるいは急いで「仕事に励み」キャリアアップを加速したりすることを考え家庭生活を改善しようとした。学歴、技術が生活にとって非常に重要であることに気付くと、人々は教育の重要性や次世代の進学の圧力に直面するようになり、家庭教育に重点が移り、子供に宿題をするよう促し、子供がよりよい学校に入れるように努めることが子供に対する主な心配事となった。家庭の世俗化が進むと、即ち「革命」が家庭で話題にされなくなると、人々の関心は夫婦の別居、子供の教育、収入増加という問題の解決に向けられた。もちろん、誠心誠意仕事に打ち込む人も数多くいる。考え事をしていて道路の電柱にぶつかったり、仕事のために春節に家族と集まるのを忘れたり、恋人とのデートを忘れたりするといった例もよく伝えられている。

また、配偶者を選択する基準に大きな転換が生じ、相手の政治的出自や属性から、学歴、職業、健康、仕事で成績を上げたといった背景的で物質に転換できる潜在能力に基準が移り、それと同時に、住宅、収入、財産、貯蓄等の目に見える経済力も重視されるようになった。

配偶者を選択する上でのもうひとつの変化は「仲立ち」が再び盛んになったことで

ある。「五都市調査」は、都市の婚姻の主なルートで最も急速に増加したのが、「紹介」方式であったことを示している。14省市の農村調査の結果は都市と同様の傾向を見せたが、自主性の程度において明らかに都市に後れを取った。1980年代初め以降、結婚相手を紹介する新しいメディアが現れた。結婚紹介所や新聞の結婚相手募集広告はそれであるが、テレビでの結婚相手募集等はまだ少数であった。多くの人は知り合いによる紹介を望んだ。この時期、配偶者を選択する際「仲人」に依頼するのは、1949年以前の媒酌人による縁談まとめとは明らかに異なり、男女双方の自主性は尊重されている。また「仲人」が大量に必要とされたことは当時の社会構造の特殊性をある程度反映したともいえよう。

この時期、結婚の結納においても人々は「見栄を張った」。結婚費用が中国人にとっても最も重大な支出となり、これに関連する流行語として「高価女（結婚にあたり非常にお金がかかる女性）」と「誘拐婚」というものもある。高額の結納や嫁入り道具の求められた福建、江蘇などの地域では、貧困地域から嫁を買うことが高額の結納を避ける方法となり、新たな社会問題を生み出した。

総じていうと、都市青年の結婚の買い物に著しい構造的な変化が生じた。その基本機能は結婚後の基本的な低次元の物質的必要を満たすところから、結婚後の基本的物質的必要を満たしつつ、物質的に享受し、精神生活に必要な物質的基礎を提供するものへと変わったのであった。

（三）「感情の亀裂」が離婚理由に

中華人民共和国成立後、1950年に政府は「婚姻法」を公布した。同法は「仲たがい」を離婚原則としており、当時世界的にも先進的な一面を見せている。「男女の一方が断固として離婚を求める場合において、区人民政府と司法機関の調停も効果をなさないときには離婚を認める」と規定した。これにより、当時売買婚、重婚、妾、虐待、遺棄により著しい被害にあった数知れない当事者が不幸な婚姻の枷から抜け出した。

しかしながら、1950年代初めに離婚率が急激に上昇して未だ打破されない歴史的記録を作った後、離婚に対する社会の懸念も日増しに深まった。1950、60年代に行われた婚姻法の研究は、主に離婚基準の決定に集中した。当時「愛情説」と「理由説」について論争がなされた結果、「理由説」が、各級組織が婚姻トラブルを取扱い、処理する主導的観点となり、「資産階級思想を有する者による離婚の申し入れ

は原則的に認められなかった」[1]。1960、70年代になると、極端な「左派」思想が流行し、「愛情」は「プチブル階級の情緒」であるとして貶められたので、高い離婚率は「資本主義の腐敗性と家庭の崩壊」の延長であるとみなされ、無産階級独裁の道具であった人民法院は家庭と社会の安定を保護すべく離婚事件の審理時には調停和解を図り、あるいは断固離婚を認めない判決を下した。

継続的な政治運動も当時の人々の婚姻を破壊し損なった。下放労働改造においては、夫婦が同じ単位に属さなければ異なる地域に行かされる可能性があり、大量の夫婦が別々の土地で別居したために、子女の教育が荒廃する状況が人為的に生まれた。結婚相手を探す際には出身が重要であり、出身の良くない青年は一生影響を受けた。他方で、政治運動によって夫婦は敵対する両派に分かれ、同志ではなく階級の敵となる可能性もあった。政治運動のために人々の間で信頼関係が失われたばかりか互いに敵視するようになり、多くの夫婦はこれが原因で別離を余儀なくされ、互いに反目する結果となった。「愛情」を理由として離婚してはならなかったが、政治的圧力のためにしばしば別離を迫られたことは当時の政治が婚姻制度にもたらした最大の悲劇であった。

1978年、全国第4回女性代表大会が開催された。この大会では、十年の災禍が原因で婚姻や家庭において多くの問題が生じたと多くの代表が考えた。当時の全国婦女連合会の康克清主席は党中央に対し、「撥乱反正を行い（混乱を収拾し秩序を回復する）、婚姻家庭領域における一部の問題を解決するよう望む」旨の報告を提出するとともに、改正「婚姻法」を提出し、新たな法律を徹底してこの問題を解決するよう求めた。1980年、新「婚姻法」が全人代第3回会議で採択された。

物質と実利が1970年代末から80年代初めの婚姻の重要な指標となりはしたが、物質を盲目的に追求しても幸福や安定した婚姻を必ずしも得られないことが分かり、誤りに気付くと人々は急いでこれを正そうとしたので離婚率が再び上昇することになった。中国11区県の離婚状況に関するある調査によれば、80年代前半の離婚者のうち、22％が結婚1年未満、また22.2％が結婚2年未満であり、2/3以上の離婚が結婚後4年以内に生じていた[2]。

---

1) 最高人民法院の1963年8月28日付第一回民事審判工作会議の報告；幽桐、「対于当前離婚問題的分析和意見」、『人民日報』4月13日、1957；『法学』編集部、「当前婚姻糾紛的処理意見」、『法学』第4期、1958を参照。

2) 曽毅、呉徳清、「1980年代以来我国離婚水平与年齢分布的変動趨勢」、『中国社会科学』第6期、1995。

(四)家事と子女の教育のために苦労する

1978 年以降、「家庭生活が住民の生活の満足度を決定する重要な尺度」となると[1]、農村では農家が大いに家庭副業を発展させ、多種経営を行うようになった。都市の人々も過去の「ぶらぶら」した日々を改めて緊張感をもって忙しくするようになった。教養や技術を学び、仕事に励み、「臨時収入」の獲得に努めた。もちろん、一部の青年は新たに出現した様々な娯楽に喜々として身を投じ、ラブストーリー映画を見たり、流行歌を聞いたりした。また、子供の教育と家事労働も益々仕事と影響しあい、時間を奪う矛盾し対立する存在になった。近代化の発展は多様な労働分業を日増しに必要とし、人々を伝統的な自給自足式の家事から解放するためにも、各種サービスのさらなる充実化を求めた。

子女の教育への配慮。この時期ほど、人々が仕事に精進し、事業を拡大してより大きな成功を収めたいと願ったことはなかった。その一方で、この時期、数多くの家庭で家庭内部の分業の調整が行われ、女性が子女の教育という重責をより多く担うようになった。

1980 年に大量の一人っ子が出現したとほぼ同時に、中国で一人っ子に対する研究が始まった。小家族のために保護者がより多くの精力を「子供の立身出世」に割くようになった。

家事の過度な負担。家事労働が休みの時間をほぼすべて占めるようになり、一部の都市では人々は日曜日を「家事労働日」と呼んだ。日曜日に、男性は 6、7 時間、女性は 8、9 時間もの時間を家事労働に費やしているとされた。

家事労働がこの時期の重要な社会問題となったが、これは特定の社会環境が決定したものだった。1978 年までの中国では貯蓄を重視し消費を軽んじる発展戦略がとられていたため、都市の日用消耗品の不足、住宅の不足、公共施設の老朽化、メンテナンス不足などの問題が生じ、都市商業サービスネットワーク、社会サービス事業が住民の日常的ニーズを満たすことが全くできなかった。それゆえ、人々は多くの時間やエネルギーを、列に並び、移動、修理、運搬等の些細な作業に費やした。

家事労働の増加は女性が家庭を出て仕事を始めたこととも直接関係した。1949年以降、国家が女性の解放を強調し、広く女性を社会的生産労働へ参加させたことは、女性の解放と社会的平等を実現するための重要な条件であった。理論上、女性

---

1) 林楠等、「生活質量的結構与指標 —— 1985 年天津千戸戸巻調査資料分析」、『社会学研究』第 6 期、1987。

が家庭を出たことは家事の社会化につながった。しかし、中国では低賃金、高就業、高福利戦略が長期にわたってとられていたために、家事労働の社会化に必要な費用を家庭収入により賄うのはやはり困難であった。

第四節　自由と個性の復活

　高度に一元化されたイデオロギーが若干緩み、「階級闘争を要となす」思想が衰退し始め、長らく閉じられた国の扉が徐々に開かれると、長きにわたって抑圧された捌け口を探ってきた個性と自主性が復活し成長したのはまたとなく自然なことであった。伝統と相容れない言論や行動は様々な抵抗や排斥に見舞われたが、新しい思想、新しい行動はそれでも猛烈に成長し、大きな社会的流れとなってすべての障害物をなぎ倒し、前進した。これこそ、1978 ～ 1984 年の中国が直面する環境であった。これは思想が雪解けしながらも茫然と行方を探す時代であり、ロマン主義が完全に解放され、自由や個性が徐々に復活し、膨張する時代であり、ある確定性から脱出し世界的規模で改めて自分を模索した時代であり、衝突に満ちて無邪気に進歩を渇望した時代であり、ロマン主義の想像と理性主義の反省が相互にもつれあった時代であった。すべてが緩み始め、すべてが目新しく感じられ、様々な価値基準が強烈に衝突しあいながらも、人々の情熱にまさに火が付き、力一杯想像の翼を広げ、想像力を思う存分発揮することができた。反抗のパワーも無限に伸長することが出来た。

一、「読書はタブーなし」：新啓蒙運動

（一）思想解放：世俗化に向かうロマン主義

　大災禍と災難から抜け出した人々は興奮と期待が胸に満ちていた。適切な土壌さえあれば、無限の活力が今でも迸りそうになり、春の輝きが必ず訪れると信じていた。1978 年、真理の基準に関する大議論が歴史的突破口となって一度は支配的地位を占めた「左派」的思想路線が誤りであったことが最終的に宣告された。続いて、党の第 11 期 3 中全会で「実事求是」の思想路線が確立された。新たな思想路線の指導の下、国家は、積極的な措置を講じて迷信を打破し思想を解放し、活気があり活発な政治局面を創造することを提唱した。一連の政策に鼓舞され、人々は科学の春、文芸の春、学術の春、思想の春を歓迎するようになった。新たな時代の到来に歓喜

し、四つの近代化の壮大な青写真に大いに期待を寄せ、これを信じた人々は、再び
情熱と熱い思いを胸に、渾身の力を絞って「四人組」に奪われた十年を取り戻そうと
した。

　この時期、人々は「文化大革命」時代を「動乱」、「災禍」、「悪夢の時代」と呼び、
「新紀元」、「新時代」、「二度目の解放」、「春」という表現で「文化大革命」の終了が民
族、個人にもたらした歴史的な意義を強調した。楽観的な想像を抱いて科学、民
主を渇望した人々は、人民が団結しさえすれば「四つの近代化」が間もなく実現し、
「小規模農業生産を基礎とし、それに立脚する観念体系、上部構造が将来的に消失
し、四つの近代化が必ず実現され、人民民主の旗が千年にわたる古い封建国家の空
にはためく」ことを信じた[1]。若者達は「二十年後にまた逢おう」と声高らかに歌い、
二十一世紀の到来とともに中華民族が復興することを願った。このような理想主義
的、楽観主義的、情熱主義的な情緒が社会全体に満ち溢れ、文学、映画、音楽その
他の芸術作品において自然と表現されることになった。

　この時期の人々は政治的言説を排斥するようになったが、政治そのものに強い関
心をもっていた。文学作品は、この時期の人々が重苦しい政治批判、社会批判、文
化批判等多重の使命を自覚をもって引き受ける決心をしていたことを、文学作品か
らも読み取れる。この時期、大学の中国語学科は文系の学生に最も人気のある専攻
のひとつとなった。人々は文学者、詩人、芸術家となって、自らの筆や魂により真、
善、美を模索、発見することを強く望み、真、善、美に対してかつてない想像や期
待を寄せた。ルポルタージュも莫大な人気を呼んだ。地方に出張する著名な作家の
誰々が無実を訴える人によって車の行く手を阻まれ、助けを求められた話がしばし
ば語られたことからも、当時の文学や文学者の社会における地位や役割がどのよう
なものだったのかも窺える。

　学術も空前に活発化した。学術交流や情報交換のため、様々なサロン、学会、研
究会、協会、シンポジウム等が全国で結成開催された。知識分子は改革の一部とし
て実施された政治実践活動に積極的に参与した。専門機関を設けて体制内の改革計
画に直接参与する者や、民間研究組織を設置して体制外から改革に加勢する者や、
書籍で社会の健康な発展を導こうとする者など、様々だった。四川人民出版社に
よって出版された「走向未来」叢書がその代表であり、文化研究に従事する多くの青

---

1)　李沢厚、『中国近代思想論』(後記)、人民出版社 1979 年版、488 頁。

年学者の心血を凝縮したものであった。

　イデオロギーに関するいくらかの曖昧な認識も続々と現れ、「民主自由」を旗印とする一部の主張が次々と表明され、かつての足場を失った思想は行き場を失った。これらの状況に対応するために、中共中央は「四つの基本原則」の堅持を鮮明に打ち出した後、さらに1981年に定期刊行物やニュースの放送宣伝方針を決定し、「思想解放を継続し『左派』の誤りを正すとともに、『左派』批判を口実として四つの基本原則を否定するのを厳しく防止せよ」と呼びかけた。「党の路線、方針、政策に懐疑的でこれを曲解する言論については忍耐強く説明し教育する必要がある。党の路線、方針、政策に公に反対する言行については断固として闘争を行う必要がある」とされた。

(二)タブーのない読書ブーム

　党の第11期3中全会は、思想を解放し「四つの近代化」の到来を迎えよう、と呼びかけた。この思想解放の呼び声に鼓舞され、1970年代末には中国出版業界とメディア業界から、昔の学者の学術著作や思想をテーマとする随筆が改めて出版され発表されるようになった。顧頡剛、銭鐘書、陳寅恪、陳登原、張蔭麟、陳岱孫、呉文藻等著名な学者による知的な著作は、青年世代に知識の伝承への憧れと責任感を呼び起こした。

　1979年4月、『読書』創刊号に「読書にタブーなし」という文章が掲載されて文化大革命が文化に与えた損害について直言し、人民には読書の自由があることを訴えた。この文章が発表されると出版業界はショックを受け、社会全体の風潮にも影響を及ぼしたため「読書」の名声が轟くことになった。その後『読書』は思想の自由という旗を高く掲げて思想啓蒙の空間を積極的に開拓し、思想の真なる「解放区」となった。

　学者の許紀霖は当時大学生の間で読書が盛んだった様子を回顧している。「図書館に優れた雑誌、典籍、西洋文学の名著があると、前もって図書館に行って席を確保した。夕方が近づくと百メートル走を走るかのように図書館まで走り、本を机に置いて場所取りをした。あの時代は今と違って優れたものは授業の中でなく、ほとんど本から学んだ。読書が唯一の娯楽だった」[1]。

---

1)　趙芳が取材整理、「我的大学　我的閲読」、『中華読書報』4月14日、2007。

西北師範大学の老校長白光弥氏は当時学生が知識を渇望した様子を次のように回顧している。「当時の学生は年齢差が大きかったけれども、知識に対する渇望はみな同じだった」。白校長が記者に語ったところでは、生徒達の身なりは質素で生活は苦しく宿舎の環境もひどかったが、彼らが頭にあったのは学ぶことばかりであった。「学生の中には結婚している者もあり、妻子を家に残して大学で学んでいた。その上、彼らの大部分は正常な学習生活からあまりに長い間離れていたため、この得難い学習の機会を非常に大切にした」。

タブーのない読書ブームが訪れると、理論界が活発化した。吉林大学では一連のセミナーが開かれ、「中国近代化シンポジウム」をメインテーマとして毎週１回、毎回１名が発表を行いその後議論するというもので、各学科の学生が回り持ちで発表した。当時発表されたテーマには、経済学科の「鋏状価格差と農村改革」、「対外開放の理論と実践」、哲学学科の「人道主義とマルクス主義」、「愛情と利己主義の原則を議論する」、歴史学科の「『文化大革命』の歴史的誤り」、「中国と西洋の歴史における異同」、中国語学科の「現代文学における典型的人物」等があった。経済、法律、歴史学科の学生の多くは歴史発展の法則の面から問題を捉え、一定の歴史的条件下で歴史の進歩を促し得るものをよしとした。一方、哲学、中国語学科の学生は往々にして抽象的な「真、善、美」という基準から問題を判断した。前者の多くは改革に賛成し、後者は現実における不道徳な存在の批判に重きを置いた[1]。

(三)読書ブームから学歴ブームへ

1978 年以前、知識青年や入隊者は青年の憧れだった。あの年代、社会の流動と職業の変遷は学歴や技能を根拠とせず、品格、道徳、勤勉等の要素のみを基準に「以工代幹(労働者定員の枠に属する人員を身分・給料は労働者のまま幹部の仕事に就かせる)」、「士兵を士官に昇進させる」ことができた。しかし 1978 年以降、国家が大学の学生募集試験制度を復活させると、「以工代幹」や普通士兵から士官を選抜するルートも狭まり、専門知識や技能を持ってはじめて昇進できるようになった。また、この時期、青年の就業問題は深刻であったので、大学卒業に伴い職の分配も約束されたことは、農村部の子供が農村から脱出し、都市の子供が絶対食いはぐれのない安全な職業を得られることを意味し、非常な魅力をもった。

---

1) 楊帆、『共和国的第三代』、四川人民出版社 1991 年版、115 頁。

読書ブームが人を「高揚」させるような「学歴ブーム」となったことは、益々多くの人が学歴の価値を認めるようになったことを示し、それゆえおびただしい数の青年が大学入試という当時決して広くはない選択肢に押し寄せた。ある資料によれば、1977 年に全国で初めて大学入試が復活した際、募集人数は 14 万人だったのに対し、1980 年の全国の募集人数はほぼ倍増して 27 万人にのぼった。しかし、同時期の受験者の人数と募集人数の比率に顕著な減少はみられず、約 3.4 対 1 であった。

　この時期の「読書ブーム」の変化を次のような三つの段階に分ける学者がある。

　第一段階は、職業青年による基本教養知識の再学習である。青年従業員は教養や技術の補習という「二つの補習」活動に主に参加した。農村青年は「豊かになる」ためにはまず「知識を求め」なければならないことを意識するようになり、教養や農業技術の知識を自主的に学び始めた。当時、従業員の教養テキストや農業に関する技術知識の読み物は売り切れ続出のベストセラーとなった。標準年齢を過ぎた多くの青年が自分の子供と一緒に学校に通って知識を求めたのであった。

　第二段階は、1982 年前後に展開された「中華読書振興活動」を旗印としたものである。1983 年には全国で 60 万の青年がこの読書活動に参加した。1984 年、全国で読書活動に参加した青年は 1100 万人にのぼり、読書内容は広範にわたり、活動形態は多様で、学習効果には顕著なものがあり、いずれも未曾有の活動となった。

　第三段階は、1984 年末、党の第 12 期 3 中全会が経済体制改革を決定した後、専門技術等応用性の高い科学教養知識の学習、高い知識構造を追求する学習ブームを旗印とした。改革の時代は青年に発展の機会を多くもたらしたとともに、改革の挑戦はまた青年に「危機感」をもたらし、知識不足では時代の挑戦に太刀打ちできないことを深く感じさせた。そこで、一般教養知識から応用性の高い専門技術の学習に、基礎知識の学習から高い知識構造の追求へと青年の重点は移った。その後、各種専門技術の成人学校が雨後のタケノコのように大量に出現し、テレビ（放送）大学、成人（社会人向けの）大学に参加する人が急速に増加して高い知識構造を追求する「学歴ブーム」がまさに拡大しつつあった[1]。

---

1)　徐勇、『走向現代文明 —— 大変革中的中国社会生活方式』、華夏出版社 1987 年版、140 頁。

二、理想と現実の間：反省意識の顕在化

（一）災禍の後の偶像崇拝

「文化大革命」による空前の災禍は社会全体に深い傷跡をもたらし、「文化大革命」末期には周恩来総理の逝去を悼むのをきっかけとして全国的な集団抗議活動という形で爆発した。そこには、文化大革命の熱狂、困惑、懐疑を経験した中国民衆の覚醒および未来の美しい生活に対する期待があった。活動の中で大量に登場した詩文には、総理を哀悼するもの、「四人組」を憤恨し批判するもの、四つの現代化の実現に努力し社会主義民主を防衛するという切迫した願望と信念を表明するもの、さらには自己の苦悶、思考および反抗を表現するものがあり、これらを冊子にまとめたのはその後我々がよく知る「天安門詩抄」である。その後新詩ブームが形成され、その中にはその後我々がよく知るようになった北島の「回答」、顧城の「両代人」および舒婷の「珠貝－大海の涙」等がある。これはまさに夜明け前の焦燥を象徴するものであろう。昔人々を激励し惑わせた光の輪、かつて多くの人民を鼓舞した英雄主義や理想主義がまさに消失しつつあり、人々が新たな英雄の登場を待ち望み、新たな理想が人々の希望や信念を再度呼び起こすのを待っているかのようであった。

1970年代末期は変化が育まれた時期であり、新たな兆しがひっそりと現れた。十年の災禍を経験したばかりの中国では、科学技術、教養教育はいずれも衰退し、悲しむべき境地にあった。1978年、鄧小平が初めて「科学技術も生産力である」ことを打ち出した。同年『人民日報』と『光明日報』が、『人民文学』に掲載されたルポルタージュである徐遅の「ゴールドバッハの予想」を同時転載した。これは世の中を揺るがす奇跡であった。6平方メートルの小屋で陳景潤は薄暗いランプを灯し、木製のベッドを机代わりにし、ペン1本と夥しい計算用紙でもって世界でも著名な数学の難題「ゴールドバッハの予想」における「1＋2」の難題を攻略し、世界の先を行く成果を上げた。「ゴールドバッハの予想」という退屈な専門用語が陳景潤のストーリーとともに青年の最高の憧れとなり、全国民衆、特に若者の科学に対する無比の情熱をかき立て、社会全体に科学に対する尊敬が芽生えた。「数学という王冠における珠玉」をもぎ取った陳景潤は1970、80年代の人々が最も尊敬した人物の一人であり、中華民族の振興という願望の現れとなった。「科学に向かって邁進する」というのもあの時代最も人心を鼓舞したスローガンだった。これがもたらした影響のひとつは、その後「大きくなったら何になりたいか」と聞かれた時に多くの子供が

「科学者」と力強く答えたことであった。

　中国が世界に対して扉を開けようとしていたころ、即ち、中国人が自国と世界の距離に不意に気付いて自失し彷徨していたころ、女子バレーボールの懸命な奮闘と輝かしい成功は中華民族に奮起する自信と能力があることを世界に宣言するものだった。実力、奮闘、不屈の前進、絶対にあきらめない精神は、自分たちもこのように他人に追いつき、他人を追い越すことができることを多くの中国人に突然悟らせた。

　それゆえ、1981年に初めて世界のトップに立った中国女子バレーボールが中国人に自信と誇りを取り戻させたと同時に「女子バレーボール精神」が粘り強い奮闘の代名詞および民族精神の象徴となり、同時期の人々に影響を及ぼした。あの時代の英雄には、さらに対越自衛反撃戦の中で出現した戦闘英雄、重度麻痺ながら堅い意志をもった張海迪がいた。英雄模範報告会が開かれるたびに町中から人が消え、参加した多くの人が熱い涙を流し、中国人の中華振興という自信が再燃するに到った。

　これは偶像崇拝の残る時代、単純ながら若々しい時代、民族のプライドがより理性的であった時代、気概と優しさが合理的に組み合わされた時代であった。

　別のタイプの偶像もこの時期静かに出現した。1983年の香港TVBテレビ局による「射雕英雄伝」は「俏黄蓉」を熱演した香港の女優、翁美玲を中国人に知らしめた。「上海灘」は周潤発の天王としての地位を固めた。中国全土を歌い伝える「私の中国心」は人民服をいつも着ていた張明敏を人々の記憶に植え付けた。もう一人新鮮な顔触れは宝の島台湾出身のテレサ・テンであった。何時も戦闘状態にある必要はなく、このように気軽に生活を送れることに人々は気付いたのであった。

（二）理想と現実に対する反省

　ロマン主義は一種の社会意識として、現実から遊離し、現実の穴埋めをしようとする悲劇を宿命づけられている。ロマン主義のおかげで人々は楽観的となり快活さに溢れたとともに、現実がもたらす苦難を一層深く感じるようになったのであるが、災難から抜け出たばかりの人々は新生活の喜びに鼓舞された一方、生活のリアリティから歴史、現在、自己について再考するようになった。

　1984年以前、中国の都市では単位体制がなおも重くのしかかっており、都市に戻った知識青年等は新生活の道を開拓する可能性を何とか手にしながら、就学、就業、住宅、婚姻、人間関係等の問題に困惑して体制外の「あぶれ者」となった。公社

体制から自由の身となった農民は、家庭を生活の中心とみなした。

　なおも単位体制に身を置いた知識分子、労働者達は組織に依存していたが、組織体制は彼らすべての実生活を支え、すでに脱出した「精神的枠組み」を抱え込むのは困難だった。大地を離れたとは言え、人々はなおも自らの天空を見つけなければならなかった。そこで「思想解放」、「撥乱反正（混乱を収拾し、秩序を回復する）」という旗印の下、精神的に解放された知識分子達は、「政治を中心とし、階級闘争を要となす」という従来のイデオロギーを消滅させ覆し、「経済建設を中心とし」、民主的で自由な新イデオロギーを打ち出す使命を迷わずに引き受けた。これはまた大量に入り込んだ舶来のルールを借用しつつ、過去と決裂し対比しながら未来を確立する道を描き、思想のタブーを突き破り、既存の思想戒律、権威の価値を反省し思索するという、二つの側面から努力を重ね、完成したものである。

　1978年以前のあの「四五運動」以降、人々は「民主」、「自由」の旗を再び掲げたが、この運動は最終的に「偉大な大衆運動」とみなされ、「民主は思想解放の重要な条件である」、「現在、この時期において特に民主を強調する必要がある……」というように、「民主」の理念は中央指導者からも積極的に支持されて改革開放を推進する重要な原動力となった[1]。この時期、人々は民主と個人の自由を同一視したため、民主の表現形式として思想界では「自由」および関連する主題について反省がなされた。

　このように「自由」に対して反省が行われる中、人間性、人の情感、人の権利と自由、人の価値等は、まず「朦朧詩人」の燃えるような激しい詩によって吐きだされた。この時期の「朦朧詩」は反伝統的ロマン主義の色彩を強烈に帯び、彼らが表現した内容の大部分は青年の迷い、苦悩、反抗、奮起、思考、志、憂いを主とし、表現された思想や感情の多くは強烈な不満や苦痛、心理的偏向、自失であった。ただこのような苦痛や茫漠は西洋の現代詩における退廃、没落、孤独や絶望とは異なり、むしろ長期的な抑圧の中から解放された強烈な憂いの意識、健康的な向上を求める探求精神であった。

　1979年、第4回全国文芸工作者代表大会において「文芸における民主性」に対する要請と想象が熱烈に表現された。これに対し、会議では「党が文芸工作を指導するにあたり、命令を下すのでも、文学芸術が一時的、具体的、直接的政治任務に従うことを求めるのでもなく、文学芸術の特徴と発展ルールに則り文学芸術事業のさ

---

1) 鄧小平、「解放思想、実事求是、団結一致向前看」、『鄧小平文選』、人民出版社 1994年、144頁。

らなる繁栄に向けて文芸工作者を助ける」という説明を行うとともに、「百花斉放、百家争鳴」の方針の有効性について再確認した。その後、1984年12月に開催された中国作家協会第4回会員代表大会では、中共中央書記処の名義で作成された大会の「祝辞」において「創作の自由」というスローガンがさらに提出された[1]。

1979年、五四運動60周年記念活動が全国で盛んに展開されたが、思想界、知識界では五四運動を紹介、回顧、再評価する文章が大量に発表され、五四新文化運動の反封建性と人間性の覚醒、人道主義、民主と自由、科学と理性等に関して明確かつ大々的に議論、宣伝されたことで、五四運動の伝統を改めて再評価し、積極的に継承するブームが急速に形成された。

同年11月、第1回「全国現代外国哲学シンポジウム」が山西太原で開催された。これは中国における現代外国哲学研究の転換点であったとともに、西洋哲学ブームの開始を示すものであった。学術界による研究探索に導かれてこのブームは徐々に普及、拡大し、大規模な大衆文化現象となり、1985年までに「サルトルブーム」、「カントと西洋古典哲学ブーム」、「西洋現当代ブーム」等の複数の段階を経た。この段階において、我々が現在よく知る現象学、存在主義、分析哲学、構造主義等の各種主義、学術は当初すべて美学の名目で中国に紹介されたもので、思想界では美学という窓口を通して歪曲され、疎外された人間性を反省し、理性の解放から感性の解放に至る人間性の解放を称賛した。学術界では大量の美学著作物、特に翻訳作品が出版された。

思想文化の激流を巻き起こした文学作品は若者の「主体性の自覚」、理性的思考、欲望の叫びにも目を向けたが、当時の欲望は本能的衝動的なものではなく、往々にして理性的色彩を帯びた「情愛」として表現された。詩人は「情愛」をもって「人」に対する関心や尊重を表わす。しかし、「愛、この忘れ難きもの」、「愛情に忘れられた片隅で」などこの時期に発表された小説や創作は、欲望の叫びであり、愛情とは何かや、婚姻における愛情の位置づけなどを問うものである。したがって、これらの作品には人間性を理性的に探索しようとする意図が多分に含まれていた。もちろん、歴史的流れから考えれば、人間性を抹殺したかのような時代を改めて問い直すものであったことには疑いがない。

この時期の反省は理想とロマンチックに色濃く縁どられていたが、理想と現実に

---

1)「在中国作家協会第4次会員代表大会上的祝詞」、『人民日報』12月30日、1984。

矛盾が生じると異なる思考が出現した。即ち、人々は抽象的理性的な「人」ではなく、現実生活において欲望を感じ、利益を実現するための実践活動の中の「人」に関心を寄せるようになったのである。

三、模倣から生まれた個性：政治を離れた流行の生活

1982年には、当時の労働者階級の状況に関する大規模な調査報告において次のような記述が見られた。「若者たちは西洋の生活スタイルに関心をもち、何事も外国がよいと考えている。食事、身なりに気を配り、矢村のヘアスタイル（もみあげを長く伸ばしたスタイル）、ウォルターの服装、放浪者の性格」が必要だと考えている」、「テレビで『アンナ・カレーニナ』が放送され、あれこれ議論されたが、この作品を評価した人の中には『人は配偶者だけでなく、愛人も持つべきだ』と言う者もあった」というものである。

流行は商品経済の申し子であり、豊富で多彩な大衆文化が育まれたのは必然であった。しかし、1984年以前において流行はなお「思想解放」の焦点であると見なされ、人々はこれを模倣、学びつつも、困惑や茫漠とした思いを抱えていた。

この時期、流行り出したばかりの旧式ラジカセ、カセットテープとともに香港、マカオ、台湾の流行歌が大陸に入ったが、格式ばった革命歌曲やベルカント唱法に聞きなれた人々には馴染みがなかった上、これらのタイトルの多くは情愛を謳ったものであり、「革命意識」からかけ離れていたので、タイトルもまともでないと見なされた。「気障なふるいまいによって若者を惑わそうとしている」といった批判が流行り出したばかりの流行歌に向かって次々と浴びせられた。

しかし、人々はこれらの流行歌やロングヘアに徐々に慣れていった。1981年、「文化大革命」終了後初めて江村を訪れた費孝通氏は、パーマをかけていた村の一部の娘たちに興味を寄せた。二年後に再訪すると、パーマはすでに普遍的な現象となっていた。社会はこうして新しい流行、新しい習慣をひとつずつ取り入れた。このように政治からかけ離れた流行をなぜこれほど多く取り入れられたのか。政治からかけ離れた流行は若者の渇望する個性を自ずと網羅するものであると同時に、「思想解放」という新イデオロギーの一部であると解釈されたことが理由として挙げられる。さらに、まさにこの時期に、国の扉が対外的に開放され、社会が日増しに開放されていったことも一因として見出されるだろう。このような開放に伴ったのは、人や物の急速な流動であった。社会の流動は新しい観念が生まれる社会的基礎

となり、社会の「物質化」、「世俗化」が益々進んだこともこれら新興の流行観に深い影響を与えた。

まとめ

　1979 ～ 1984 年の 5 年間は改革開放 30 年という歩みの六分の一を占めるに過ぎないが、まさにこの 5 年間に中国社会で個人自主性のひな型が生み出され、続く社会の大変革の幕が開くことになった。

　本章では、一連の社会的出来事を回顧し、この発展時期の単位制度、階級関係および家族関係の変遷を分析することを通じて、個人の自主性が向上したこの時期独自の形態について様々な面から解析を行った。改革開放当初の自主性は、もちろん単位体制の動揺と資源配置方式の変換にまず起因し、人々により多くの選択空間を直接もたらした。改革当初の階級関係と社会分層システムの調整により人々の流動ルートはさらに拡大した。家庭における自主性が高まり、家庭が政治システムから相対的に離脱したことで、家族と個人にはより多くの自由選択空間が生じた。社会が開放されたことで、人々は流行を含む体制外の各種リソースを通してアイデンティティを一層確立できるようになった。これらすべてが改革当初の自主性を深層から作り上げたのであった。

　この時期に表れた自主性が伝統的体制の色を濃く帯びていたことは間違いない。集団生活に対する人々の依存は弱まってはいたが、単位との構造的な結びつきが真に緩んではいなかった。職業上の流動空間がこれまで以上に獲得されはしたが、革命的意義をもつ社会分層と流動メカニズムが進んだのは市場化実施以降のことである。家族構造は各種変革中でも変革の程度が最も大きかったと言えるが、家庭が個人の自主性を作り出す役割は、より高次な社会変遷の制限を受けていた。それにしても、改革の息吹が社会生活の諸領域に浸透しており、改革に関する様々な言説が飛び交い、人々のライフスタイルにも逆戻りできないほどの変化がすでに生じていた。これは、次の自主性を生み出すための新たな歴史的起点を形作った。

第三章
再分配体制の弱体化：自主性の芽生え

　1984 年に生産責任制の実行を主な内容とする農村改革が大きな成功を収め、都市で改革を全面的に推進するための一定の物質的基礎、社会的条件および成功経験を提供した。都市経済の発展傾向は、経済の全面改革を内側から求めることになった。中国の経済体制改革は農村から都市へ、特定項目の改革から全面改革へと転換する重要な契機を迎えた。

　1984 年 10 月、中共中央第 12 期 3 中全会で「経済体制改革に関する中共中央の決定」が採択され、計画経済を商品経済と対立させる伝統的観念を打破し、社会主義経済が「公有制を基礎とする計画的商品経済」であるという判断が明確に示されて、経済体制の全面改革のための理論的基礎が固まった。「決定」はさらに経済体制改革の方向性、性質および基本任務、原則的措置などを規定した。改革の基本任務は生産力の発展を制約する硬直化した経済モデルを改変し、中国の特色のある、生命力と活力に満ちた社会主義経済体制を築き、生産力の発展を促すことであることが指摘された。それ以降、国家の経済と人民の生活に関係する様々な改革措置が次々と打ち出され、庶民の日常生活に顕著な影響が及んだ。

　1985 年以降、国家は価格改革と賃金制度改革という全体的意義をもつ二つの重大改革を推進した。価格改革は、「開放と調整を組み合わせ、安定的に前進する」という方針をとり、これまで国家価格しかなかったのを、国家公定価格、国家指導価格および市場調整価格という三つの形態へ変更し、価格管理権限はこれまで国家が単一的に価格設定を行っていたのを、国家による価格設定、企業による価格設定および自由価格設定という三つの方法に変更し、一定の価格設定を行う権限を地方と企業に与えた。この価格改革の結果「二重価格制」（計画内価格と計画外価格の併存）

が生じた。賃金制度改革は主に職務賃金にボーナス(奨金)を加えた賃金分配モデルを推奨し、百点満点により計算する奨金、変動賃金、固定賃金、出来高賃金など多種類の分配方式を推進し、従業員の報酬と企業の経営成果および個人の労働貢献とを緊密に関連付けた。

　流通体制改革において、1984年3月に国務院が商業体制改革の報告を批准すると、独占販売が打破されて経営、流通のルート多様化が始まった。社会主義的市場システムが徐々に構築されて、従来の日用品一、二、三級卸売り体制に変更が生じ、数多くの貿易センター、卸売り市場、自由市場が設けられ、商業、飲食、サービス、メンテナンスネットワークが大幅に増加し、消費市場の整備が日増しに進んだ。

　このような制度上の変化は、従来の再分配体制の弱体化を促した。人々の自主性による選択もさらに多様化して、社会における自主性の空間は一層大きなものとなった。

　外資、郷鎮企業、私営企業の政策が徐々に開放されたことは中国経済体制に多大な転換をもたらし、様々な自主性の萌芽と拡大につながった。第一に、「配給券経済」の終了であるが、これは中国が計画に則った不足経済時代から市場原理に従った過剰経済の時代に向かったことを示しただけでなく、人々の身分と自由な転居に対する「配給券」の統制が弱まり、人々の生産、生活スタイルにおける自由な選択権の拡大をも意味した。第二に、株式市場の開放がもたらした「株式投資」ブームである。これは国家資源から単純に資本を獲得していた状況から、民間からも同時に資本を調達する方向へ転換するのを大いに促し、元々資本蓄積能力のある人々を、政治権力と密接に関係する少数の人々からより広い範囲へと拡張し、より多くの人々が「創業後初の利益」を手にし、経済活動における自主性を持たせた。第三に、郷鎮企業の私有化運動である。これにより郷鎮企業では大量の余剰農村労働力を吸収することができなくなり、またこれら余剰労働力は「離土又離郷(耕地だけでなく郷土からも離れる)」を選択し、都市で生存空間を模索するのを余儀なくされた。第四に、労働契約制が実施されたために従来の労働関係に変化が生じ、人々が「絶対食いはぐれのない安全な職業」を失うと、自主性に対する思いが強まり、市場生活に乗り出して、自らの奮闘により自己の価値を実現することになった。

　1985年以降、就業政策が「自ら活路を見出す」ことを重視する方向に転換し始めた。それに伴い、体制の自足的自主的な拡張が始まり、資源と社会の空間も拡張さ

れた。市場が現れ、社会の市場化もスタートした。チャンスと資源のリソースとされる市場は自主性の萌芽と拡張の基礎でもある。市場化の中で従来の依存関係に変化が生じ、人々は一層自主性を有する「社会人」となった。

　この時期は中国経済の発展が急速に進んだ時期であっただけでなく、体制と個人の自主性がにわかに成長した時期でもあった。このような自主性の成長は、主に思想観念が多元化し、人々が自らの利益を巡って制度を運用し変更することができたという二点に具現化された。

　1980年代以降、中国社会では重要な話題の転換が行われ、社会を導くイデオロギーが政治的なものから経済的なものに転換された。1980年代中期、中国社会では「自己実現」の呼び声が溢れ、個人の価値観を声高に主張する一群の若者が出現した。当時の緩和された政治的、思想的環境に加え、「文化大革命」や「官僚ブローカー」の腐敗に対する嫌悪と不満のために人々は益々民主を訴えることになった。1990年代以降、一段と活気づいた人々の思想観念が再び沈静化し、1980年代の集団的政治事件が若者にもたらした経験や教訓から、彼らの個人の前途と自己価値に対する関心が社会の発展や国家の命運に対する関心を大きく上回り、私的生活に一層の注意が向けられることになった。彼らの個人主義的価値観は主に財産や余暇を追求し、流行を楽しむための消費、他人とは違った生活スタイル、私域化された家庭生活を求め、伝統的情感の表現方法を乗り越え、ひいては結婚恋愛行為において伝統的な倫理や道徳に大胆に挑戦するといった面に主に表われた。人々の自主性の成長は生活領域の選択においてさらに具現化され、政治論理や現行制度の制約から逃れようとした。

　個人の意志や需要の実現を目標とする社会経済生活において、人々は自らの活動空間を広げるために制度と密接に歩調を合わせることを余儀なくされた。自らの利益という観点から制度政策を解釈し、自らの能動性を運用することに努め、制度政策を臨機応変に運用することで、人々は、制度政策の調整を促し自身の自主行為に対する制約を軽減しようとする傾向が一層強まった。彼らは自らの戦術行為により制度政策を曖昧で有名無実なものとした一方、その自主性の開放を制約する様々な制度、規則を知らない間に築くことになった。

　制度と自主的な生活は常に相互に影響しあうものである。

第一節　制度の急激な変化

　中国の社会制度が急激に変化した 9 年間であった。日常生活において人々の自由な転居や身分の性質をコントロールする配給券制度は、あの手この手による反抗と人口流動の衝撃を受けながら、不足経済の終了に伴い、日常生活領域から徐々に後退し始めた。同様に、農村における生存空間の不足から、人々は「離土不離郷（農村の原籍地に戸籍を残しながら農作業から離れる）」政策の束縛を振り払おうとするようになった。農民工グループが急激に拡大し、政府は従来の関連政策に適当な調整を行わざるを得ない状況に追いこまれた。企業の自主性に対する訴えは従来の硬直した労働関係の改変をも求めた。これに伴い、政府も労働契約制などの政策調整を行った。政府は企業、個人の自主的選択を守るためさらに一連の社会保障措置を打ち出したので、人々は心理的にも実質的にも戸籍と単位に対する依存から徐々に脱却して社会を志向し始め、「社会人」という役割を受け入れた。この段階において、制度をもって生活を調整しようとする試みは失敗が続いたが、制度の生活に対する著しい影響はなおも続いた。

一、配給券時代の終了：不足経済との別れ

　1950 年代から 90 年代初めにかけて、中国では 40 年近くにわたり非常に多くの庶民が「配給券経済」の時代を経験した。その間、配給券は食糧供給方式を計画的に調整し、民衆の日常生活における経済的不足の問題を解決した。しかし、これは一種身分の象徴となり、人の居住の自由を厳しく制限した。もっとも、実際の生活における流動の必要は、人々の自由な流動を妨げる配給券のコントロールに絶えず挑戦するものだった。不足経済が終了するとともに、配給券は人々の実際の生活領域から最終的に消滅した。

（一）配給券のコントロールを受ける生活

　中華人民共和国成立当初においては、一部の地方では政府により管轄地域の範囲内で食糧配給券が発行されたが、国家が一元的な行動を取ったことはなかった。しかし物資不足のために国家経済と人民生活に関係する日用品の需給矛盾が日々著しいものとなり、国家は 1953 年 10 月に止むなく統一買付・統一販売政策を打ち出して計画経済を実行した。各種食糧配給券が単位や都市・鎮の住民の手元に計画的

に分配されるようになった。1955年8月25日、国務院より「市鎮食糧定量供給に関する暫定施行弁法」が公布されると、国家食糧部および省級人民政府が食糧配給券を正式に発行し、中国の各都市・鎮に生活する住民は必ず戸籍が置かれた都市・鎮で食糧購入証と食糧配給券を受領しなければならなくなった。これ以降、全国で食糧配給券食糧購入制度が始まり、食糧配給券は人々の日常生活を完全にコントロールした。

　当時、都市・鎮住民に分配された食糧供給量は性別、年齢および職種により決まった。各人の食糧には基準があり、有職の成人は仕事の性質により12.5キロ、15キロ、17.5キロに、未成年者は1.5キロ、2.5キロ、4キロ、5キロ、10キロに分けられた。

　配給券の時代には、配給券によって食糧供給がコントロールされたほか、生活の一切に配給券が必要であり、食糧から衣服や日用品に至るまで何事にも配給券が求められた。石鹸から灯油、キャンディから米や小麦、豆製品から卵、布から家具に至るまで、購入するには必ず券が必要であった。当時の配給券は食糧、肉、塩、油、炭、煙草、野菜、マッチの配給券などを網羅し、種類は様々であった。配給券は都市と農村の住民の衣食住を保障する意味合いもあった。1961年になると、市場から券と交換で供給された商品は156種類にのぼった。当時、配給券と比べ金銭は万能とは言えず、配給券は金銭以上に有用であり、配給券がなければ人の流動も困難だった。このため、配給券が多く金銭が少ないというのが当時大部分の家庭で見られた普遍的な財務状態であった。余剰の配給券があるということは生活が豊かであることを意味した。

　配給券は人々の自由に流動する可能性を制限した。農村から好き勝手に都市に入り、働くことは不可能であった。というのも、供給される定量の食糧配給券、油配給券は都市・鎮住民のみが持つものであって、都市の身分がなければこれら配給券を入手できなかったからである。それゆえ、農民が土地を離れて生存することはそもそも不可能であった。都市と農村の間に限らず、都市間の転居であっても、配給券の影響を大きく受けた。

　つまり、食糧配給券を受領し、商品糧（政府によってコントロールされ、商品として提供される食糧）を口にすることは経済上の問題であっただけでなく、人々の身分を象徴するものでもあった。

(二)配給券制度に対する民間の反抗

　配給券制度は人々の日常生活における消費行為と消費欲を大いに制限したが、これを根本から消し去ることはできなかった。そのため、人々は表面上この制度を受け入れながらも実際には各種投機行為によりこの種の制度の拘束から逃れ、またはこれに反抗した。当時、制度に反抗する最も主要な方法は「コネ」、「配給券の売買」および「闇取引」であり[1]、なかには配給券を偽造し書き換える行為も見られた。

　これら配給券制度を巡って生じた様々な「反抗」行為は、配給券制度と実際の生活ニーズの食い違いを反映しただけでなく、配給券制度の合法性を脅かしたため、この制度の調整と修正を余儀なくされた。

(三)配給券、歴史の舞台から退く

　1980年より、中国農産物不足と食糧問題が次第に解決され始めると、不足経済は一定程度緩和され、国家は20種類の日用品の供給を配給券リストから段階的に取り外した。1983年、国務院が177号文書を公布し[2]、布の配給券をとりやめ、綿布の供給を開放した。国家によって一元的に供給されたのは食糧と食用油の二種類のみとなった。1984年、食糧販売が難しくなったことが問題として取り上げられ、1980年代中期の農業構造の調整につながった。その後の副農産物の栽培面積が大幅に増加したことは1980年代における国民経済の「黄金の成長」をもたらした。1985年、中国政府は「食糧、綿花の統一買付を取り消し、契約による予約販売に変更する」ことを定め[3]、農産物の統一買付割当購入制度は「二重価格制」に向かい始めた。ここに至って食糧配給券の「生命の根源」としての地位が揺らぎ始め、一部のレストランや商店で食品を販売する際に食糧配給券の使用が必須だったのが、「食糧配給券がなければ余計にお金を払えばよい」、「この食べ物は食糧配給券を使って

---

1) 焦連志、『票証社会及其解体』、復旦大学2007期博士論文。
2) 即ち、1983年11月14日付で国務院が公布した『批転商業部関於全国臨時免収布票和明年不発布票的請示的通知』を指す。
3) 1985年1月1日、中共中央、国務院より『関於進一歩活躍農村経済的十項政策』という文書(「1985年中央一号文書」と略称)が公布された。文書によれば、集団経済における「大釜の飯を食う」政策が打破されて以降、農村における業務の重点は、農業管理体制をさらに改革し、農産物の統一買付割当購入制度を改革し、国家計画の指導の下、市場調整を拡大することを通じて農業生産を市場の需要に適応させ、農村産業構造の合理化を促し、農村経済をさらに活性化することであった。この文書を旗印として、中国の農村は農産物統一買付割当購入制度の改革、産業構造の調整を主要内容とする改革の次のステップに入った。同文書により農村改革は相当勇ましい一歩を踏み出すことになった。

も使わなくてもよい」ことになり、汽車、船、飛行機に乗る際に「全国の汽車、船、飛行機専用食糧配給券」が使用されなくなった。1986 年 9 月、上海では最後の日用品購入配給券である上海製ミシンの購入証が取り消され、これをもって配給券により品不足の日用品を購入する歴史に終止符が打たれた。

　1988 年 4 月 1 日以降、食油はすべて協議価格により広く供給されるようになった。1991 年、国務院から「食糧売買政策の関係問題を調整することに関する通知」が発行され、広州、深圳などの指定試行地域では、食糧配給券の流通と使用が停止された。中国社会科学院農村発展研究所が十数種類の主要農産物の需要弾力性について統計調査を行ったが、それによれば、1991 年の時点で、需要の弾力性が 1 を超えたのは一、二種類に過ぎず、その他大部分はみな 1 以下であったという。これは、ほかでもなく農産物の十分な供給と食品価格の低下が都市財政によって補助保障されてきた食品保障のシステムを実質的に打破したことを意味するものである。1992 年の初めにいたると、食糧を開放しないのは全国約 20 の県に留まり、豚肉、食糧、植物油の原料、綿花など主要農産物に続き、副食品も開放された。食糧配給券と各種配給券は徐々に取り消された。1993 年末には、軍用食糧配給券を除き、全国規模で食糧配給券の流通が停止され、40 年近く使用されてきた穀物と食用油配給券がついにその使命を終え、歴史の舞台から姿を消した。食糧と副食品の配給券による供給という制限条件がなくなったため、1986 年の「一号文書」[1] における「農民が食糧を自己負担して都市に入り働き商売することを認める」政策もその意義を失った。

　ここに至って、全国で 40 年にわたり実行された各種配給券はすべて歴史の舞台から姿を消した。配給券の衰退過程は中国社会が不足を特徴とする計画経済時代から過剰を特徴とする市場経済時代に向かう過程でもあった。

1) 1986 年 1 月 1 日、中共中央、国務院から『関於 1986 年農村工作的部署』(「1986 年中央一号文書」と略称) が公布され、次の通り指摘された。即ち、「中国の農村はすでに計画的に商品経済を発展させる軌道に乗っている。農業と農村の工業を調和的に発展させ、「工業なしには豊かになれず」、「農業なしに安定した生活は送れない」ということを合理的に結びつけなければならない。1986 年の総合要求は次の通り。第一に、政策を実施し、改革を深化させ、農業生産条件を改善し、生産前後のサービスを組織し、農村経済の継続的、安定的、調和的発展を推進すること。この要求達成のため、農業が国民経済に占める地位をさらに正しいものとし農業を基礎とすることを、揺るぎない長期戦略方針としなければならない。第二に、科学を拠り所として投入を増やし、農業の安定成長を維持すること。第三に、農村経済改革を深化させること。第四に、貧困地域が徐々に様子を変えるのを適切に助けること。第五に、農村工作に対する指導を強化し改善すること」というものである。

(四)配給券の回収：配給券の社会記憶機能

　1980年代、配給券が人々の実際の生活から徐々に姿を消し、使用価値が失われ始め、多くの人々がゴミ箱にこれを投げ捨てたが、一部の目利きコレクターは非常に高い収蔵価値があることに気付いてコレクションとして収集し始めた。

　配給券が人々の実際の生活に対してコントロールを失ったころ、各種配給券に対する人々の追求は、経済的不足に起因する生存のジレンマや身分への依存から脱却し、豊かな精神生活をもたらす一種の趣味活動へと転換されることになった。もちろん、人々は配給券に思いを込め、過去に思いを馳せながらも、コレクション市場における価値の維持・上昇機能も重視した。これは過剰経済の時代において一種の利益追求へと変化した。

　配給券時代が終了すると、都市住民は配給券に対する依頼を脱却し、社会、市場においてより積極的にチャンスや資源を模索し始め、これにより自らの生活スタイルを変えた。一方、農村では億を超える農民が配給券に起因する身分の束縛から脱却し、土地から再び「解放」を勝ち取り、自由に転居するチャンスを手に入れた。彼らは都市に入り、出稼ぎ商売を行い、自らの生活スタイルを改変したのであった。

二、戸籍制と単位制の弱体化

　改革開放後、土地から解放された大量の余剰労働力は郷鎮企業という「貯水池」に吸収されたが、完全な配置はなお困難であった。人々は「離土不離郷」の方法により都市に移るとともに、徐々にこの方法を乗り越え、戸籍制に対する「限度のある」調整を促した。それと同時に、非公有制経済の発展、市場メカニズムの介入、都市と農村の二極化の打破および再分配方式の変化はいずれも単位制の生存の基礎としての立場を動揺させたので単位制の弱体化が進んだ。

(一)「離土不離郷」の突破

　改革開放当初、中国政府は少なからぬ発展途上国の工業化の過程で出現した「超都市化」問題を懸念して、「離土不離郷、進廠不進城（農民が耕地から離れて非農業生産に従事しながら依然農村に居住し、工場で働くが都市に入らない）」移転モデルを選択した。即ち、農村工業と農村都市・鎮の発展を通し[1]、現地で余剰労働力

---

1) 「農村小都市・鎮」とは、農村の各級各種鎮を指し、主に県城（県級市）城関鎮、建制鎮および一般集鎮（多くは郷政府の所在地）であり、数は少ないが、人口が密集しかつ固定インフラを有する村鎮も含まれる。

の吸収や移転を図った。中共中央が 1984 年に公布した「一号文書」[1]の主な内容は、余剰労働力の移転を促すため、「離土不離郷」を農民に認め、土地から解放された一部の農民が郷鎮企業（主に加工業、建築業、流通サービス業）を発展させるのを許すというものだった。統計によれば、1980 年代における農村部の工業化により、「離土不離郷」により生じた 9400 万の労働力を吸収した[2]。しかし農村部で工業化が開始して 10 年を経ると、「農村部における農業、林業、牧畜業、漁業」の従事者は 1980 年の 2.98 億人から 3.24 億に、農村の総人口は 8.1 億から 8.8 億に、総従業者数は 3.18 億から 4.09 億に増加した[3]。農村部における小規模な工業は自然村に分散していたので大量の余剰労働力を吸収するのは不可能であり、多くの農民は就業の道を見つけられず、止むなく各種の自発的形式により都市に流入した。80 年代中期、経済体制改革が都市にまで拡大し、都市の第二次、三次産業の大発展も大量の労働力を早急に必要とした。

　さらに、1984 年以降食糧が売れなくなると、1985 年には農民が 7000 万ムーの食糧栽培面積を自主的に削減し、商品作物を大規模に栽培したので、農村経済構造に重大な変化が生じた。副農産物の十分な供給は農村経済の市場化と農民の都市入りのための条件を強化した。当時、都市と農村間の人員流動を認めようとする考えがすでにあり、中央は農民の都市入りを認める提案を検討することに同意したが、都市部門の反対を受け、最終的に 1986 年の中央「一号文書」を発布し、「食糧を自己調達する農民が都市に入って出稼ぎ商売を行うことを認める」という制限条件を加えた[4]。

　1990 年代以降、農村部工業（特に発達した地域）の発展の方向性に変化が生じ、技術の進歩が加速し、労働密集型から資本密集型へと徐々に転化し、その資本密集度が益々高まったため、労働力に対する吸収力が下がり始めた。郷鎮工業総生産額

---

1) 1984 年 1 月 1 日、中共中央より『関於 1984 年農村工作的通知』（「1984 年中央一号文書」と呼ばれる）が公布された。同通知は次の通り指摘した。即ち、「1983 年 1 月に公布された『当前農村経済政策的若干問題』が一年に及ぶ試行を経て顕著な成果を上げ、提出された基本目標、方針、政策が正しかったことが証明された。中央の決定は、今後一定期間にわたり農村工作を指導する正式文書として引き続き徹底される。1984 年における農村工作の重点は、生産責任制の安定や整備を基礎として、生産レベルを引き上げ、流通ルートを整備し、商品生産を発展させることである」という指摘である。
2) 『中国統計年鑑 2004』、中国統計出版社 2004 年版、123 頁。
3) 『中国統計年鑑 2004』、中国統計出版社 2004 年版、473 ～ 474 頁。
4) 温鉄軍、「我們是怎様重新得到遷徒自由的」、『中国改革』第 5 期、2002。

の 1% の伸び率に対応する就業増加率は 1978 〜 1984 年の 0.57% から 1985 年の 0.30% に、さらには 1992 年の 0.15% まで低下した [1]。1988 年において郷鎮企業の固定資産 1 万元あたりの労働力吸収力は 3.1 人であったが、1992 年には 1.5 人に [2]、1994 年にはさらに 1.3 人まで低下した。

「離土不離郷」という制限政策がなおも実施されてはいたが、農民が都市入りして都市住民の必要とするサービス業を提供することが認められるにつれ、農民は戸籍身分の制限を実質的に乗り越えることができた。即ち、農業に従事せず、農村を離れて都市の工場で働くことも可能になった。しかし、マクロ政策と環境の変動という制約の下に置かれた農業労働力の移転は決して平穏、順調に進んだわけでなく、停滞や逆行も時折見られた。例えば、三年に及ぶ整理整頓の時期において [3] 都市で建築業に従事した大量の農民工が帰郷を余儀なくされた。しかし、農民が仕事を求めて村を離れる潮流はもはや押し留めることはできなかった。1989 年初春に始まった、百万人を超える農民が仕事を求めて故郷を離れる大移動、いわゆる「民工潮」がその典型例として挙げられる。

1989 〜 1991 年にかけて食糧の販売が再び困難になった。それによって、1992 年の食糧市場がほぼ全面的に開放されるようになった。それを受けて、農民は都市に入るにあたり「食糧配給券」を持参する必要がなくなり、「食糧の自己調達」も不要となった。しかし、都市と農村間に収入格差がある限り、農村から都市への人口移動は止まらない。需給関係から見ると、1992 年に鄧小平の「南方」講話が発表され

---

1) 韓俊、『跨世紀的難題 —— 中国農業労働力転移』、山西経済出版社 1994 年版、311 〜 312 頁。
2) 馬暁河、「増加農民収入与穏定農業発展」、『管理世界』第 6 期、1994。
3) 中国経済の急速な発展に伴い、借入投資および消費の制御不能、インフレの悪化、経済秩序の混乱など一連の解決すべき問題が出現した。そこで、1988 年 10 月以降、党中央、国務院が整理整頓の方針を打ち出し、通貨、物価の安定をマクロ経済政策調整の主要目標として緊縮財政政策と通貨政策を実行し、固定資産投資の規模をかなり圧縮して効果的な供給増加に努め、商品流通の秩序を整えた。通貨政策の方面では、利率を引き上げ、価値維持に手当てを支給して預金の安定を図った。また、借入の規模を適度に縮小し、通貨の発行、従業員の現金収入の増加をコントロールした。財政政策においては、特別な消費税の徴収を開始し、予算外の調節資金の徴収、企業・事業単位の国債の元金と利息に対する償還延期などの措置がとられた。行政手段の面では、価格上昇の著しい商品（農業生産材など）については独占販売を行い、一部商品については購入のコントロール（社会集団による商品購入のコントロールなど）を実行し、会社や配給券による供給を整理した。また、一部生産財や生活必需品の価格を凍結し、国家の物価手当を相応に引き上げた。整理整頓により 20 ヵ月もの長きにわたり高止まりしていた小売物価指数は 1989 年 4 月以降反落し、成果を上げ始めた。この時期に採られたマクロ調整と緊縮政策の手段は、主に国家行政措置と物価手当の増加による直接制御というものであった。この整頓は 1991 年末まで続いた。

て以降、中国経済が急速に発展し、労働力、とりわけ臨時作業員に対するニーズが大幅に増加した。1992年における経済の急速な発展は沿海部の開発区建設に下支えされていたが、開発区建設には「三通一平」、「七通一平」が求められ[1]、大量の臨時作業員が土木、ビル建築、道路修理、電力、通信および上下水道などのインフラ建設に必要とされた。このような客観的変化は労働力に対する市場のニーズ形成、労働力の大規模な流動をもたらした[2]。当時の農民も都市行きを望み、数千元をはたいて戸籍を入手する現象が見られた。このため、従来の「離土不離郷」から「離土又離郷」の方式への移行が進み、1980年代後期、特に1992年以降大量の農民工が生じた[3]。初歩的統計によれば、1992年に約4000万余の農民工が出稼ぎのため沿海都市に流入し、それ以降外地で出稼ぎをする農民は増加の一途をたどり、1993～1994年には6000万に、1995～1996年には約8000万にまで増えた[4]。

この時期の「民工潮」は、農村の余剰労働力の移転という簡単なものではなく[5]、社会全体に多くの新しい問題をもたらし、旧来の生産や生活秩序に大きな衝撃を与えた。これにより中央や各地政府は相応の政策調整を迫られた。

(二)非農業戸籍の売買が可能に

1984年10月、「農民が集鎮戸籍に入る問題に関する通知」が国務院から公布されたが、これは「文化大革命」以降、中国政府が戸籍制について行った大幅な調整である。居住地と職業により農業および非農業戸籍に区分し、長期居住戸籍、暫定居住戸籍、寄留戸籍という三つの管理形式を基礎とする登記制度が作られ、書類による管理が導入されるようになった。

1980年代初め、地域経済の振興を目指す各級地方政府は「戸籍を売る」というやりかたで発展資金を調達しようとしていた。安徽省の来安県は全国に先駆けて戸籍販売を行ったが、県の共産党委員会は5000元で1点の都市戸籍の手続きを行うことを決定し、一万点の戸籍を販売し、5000万元の資金を調達することを計画した。

---

1) 三通一平：道路、水道、電力の開通および整地のことである。七通一平：水道、電力、道路、郵便、通信、暖房、天然ガスまたは石炭ガスの開通、整地のことである。

2) 温鉄軍、「我們是怎様重新得到遷徙自由的」、『中国改革』第5期、2002。

3) 魏愛雲、「推進城郷一体、加快城市化 —— 中国社会学会会長陸学藝談如何加快城市化進程」、『人民論壇』、第6期、2005。

4) 温鉄軍、「我們是怎様重新得到遷徙自由的」、『中国改革』第5期、2002。

5) 傅晨、『聚焦・聚焦：中国農村改革熱点和重大問題研究』、山西経済出版社2001年版、158～159頁。

わずか 6 日の間に、773 の戸籍が売られ、386.3 万元を手にした[1]。

安徽省滁州市天水県秦欄鎮は来安などのノウハウを取り入れ、1986 年より、まず「グリーンカード戸籍制」を試み、グリーンカード戸籍を有する者であれば同鎮の永久居留権を取得することができた。労働技能や商才が鎮によって確認された場合、5000 元の鎮建設費を納付すれば、戸籍が取得できるという仕組みであった。

その後、改革開放の最前線とされた一部の地域、例えば上海、深圳、広州、海南などの都市でも「藍印戸籍」の制度が導入され、1992 年に、浙江省の温州では「グリーンカード制」が推進された。

都市・鎮の戸籍取得を求める農民があまりに多い反面、全国で一元的に管理された都市入り配当人数が極めて限られていた。その矛盾を解決すべく、1992 年 8 月、公安部は通知を公布し、小都市・鎮、経済特区、経済開発区、ハイテク産業開発区では当地状況に応じて有効な都市・鎮戸籍制度を実施することができるとした。上海市政府は 1993 年 12 月 23 日に「上海市藍印戸籍管理暫定試行規定」を批准し、1994 年 2 月よりこれを試行した。温州のアパレル商人邵聯勤が浦東に家を 2 軒購入して上海市初の藍印戸籍保有者となった。彼は、戸籍が三十余年にわたり凍結されてきた上海での初めての移民でもあった[2]。その後、沿海地域の一部の都市では投資入籍、家屋購入入籍または藍印戸籍などの政策を実行して人材や資金を引き付けた。報道によれば、1994 年上半期までに、全国約 17 の省で合計 300 余万人が都市戸籍を購入し、これによる収入は 250 億元にのぼったという。この数に未登記や隠れて取り扱われた部分は含まれていない。国家統計局が 1995 年に 1% の人口を対象に抜き取り検査を行った結果によれば、中国で戸籍と居住地が一致しない人は 7073 万人にのぼった[3]。

これらは戸籍制度の全面改革の始まりを意味する現象として受け止められていた。しかし、この変革はあくまで緩やかで漸進的であった。

1997 年以来の、全国各地における小都市・鎮戸籍制度改革試行地域における経験と教訓を総括した上で、2001 年 3 月に国務院は公安部の「小都市・鎮戸籍管理制度改革の推進に関する意見」を批准し、農村や小都市・鎮の社会経済的発展を促す

---

1) 周勍、「扒開戸籍制的皮 ── 中国現行戸籍制与社会穏定問題検視」、"西祠胡同"、www.xici.net, 2008 年 1 月 22 日。
2) 「上海藍印戸口第一人」、『銭江晩報』、2003 年 4 月 3 日。
3) 国家統計局人口与就業統計司、『1995 年全国 1% 人口抽様調査主要数拠』、中国統計出版社 1996 年版。

ため、小都市・鎮戸籍管理制度改革をさらに推進し、中国農村余剰労働力の移転と
都市・鎮化の歩みを加速する必要があるとした。

　戸籍制が緩和されるにつれ、各地で一連の政策や措置をとって人材の導入や資源
の流動を促し、都市入りした農民工の適法な権益を保護し、農民工に対し少しずつ
都市住民の待遇を与えた。戸籍制の改革が人々にもたらしたのは平等とチャンスで
あった。戸籍制が緩和されたことで、中国人は自由に転居する権利を徐々に手に入
れるようになった。

（三）単位制の弱体化

　この時期、単位制の構造的緩みがさらに進んだ。単一の公有制、計画経済体制、
都市と農村の二元構造および戦時に生まれた供給制や軍事化組織など歴史的伝統が、
中国社会における単位制運用を保障する主な条件だとすれば、社会の方向転換がも
たらしたこれらの条件の根本的変革が、従来の単位制をさらに動揺させ、弱体化さ
せたと言える。1984 年の「経済体制改革に関する中央の決定」は公有制を主体とし、
様々な経済要素を積極的に発展させる方針を打ち出した。公有制を主体とする所有
制構造は、公有制を主体とし、個人、私営などの非公有制経済を有益な補足とする
所有制構造へと次第に変わり、国有民営、賃貸請負経営、株式制などの様々な公有
制形態が発展したとともに、非公有制経済が奨励されて徐々に発展し始めた。単位
制が運用する経済基礎にも変化が生じた。1985 年に中国経済体制の全面改革が始
まると、企業の経営自主権が益々拡大し、市場メカニズムが国民経済において重要
な調節機能を果たすようになった。計画経済体制が市場経済体制へと移行し、これ
により単位体制の運用を支えてきた体制の基礎が変わったのであった。企業の自主
権が増大にするにつれ、各単位内部で福利措置が強化される現象が生じ、これによ
り単位従業員の単位に対する依存が一時強化された。しかし視点を変えると、これ
はまさに単位という小集団の自主性の強化と、個人の国家に対する依存の弱化が同
時に生じたことを意味するものである。1982 年以降、国家は一連の政策措置を発
表して都市と農村の二元構造を解体させた。1985 年に「都市・鎮の暫定居住者に関
する暫定試行規定」が公安部から公布されると、都市・鎮戸籍制度に対応する流動
人口管理制度が設けられ、都市と農村間の人的流動が益々大規模なものとなり、こ
れにより都市社会の整合における単位体制の支配的地位が揺らいだ。供給制や軍事
化組織がもたらした平均主義と現物分配の伝統が徐々に後退し、単位制の運用を支

えてきた歴史的文化的基礎が崩れ始めた。

　1980年、90年代以降、中国の市場化改革が進むにつれ、住宅の商品化、医療体制改革、社区（コミュニティ）建設の推奨など一連の改革措置が講じられ、いずれも単位体制に大きなインパクトを与え、単位社会の衰退を加速化させた。1989年、国務院が「全国都市・鎮をグループにわけて段階的に住宅改革を推進することに関する実施案」を公布すると、都市・鎮で住民の福利としての住宅分配に関し、住宅の商品化、私有化の方向に向かって改革が行われた。1994年に国務院は「都市・鎮住宅制度改革の深化に関する決定」を打ち出し、基準価格により公共住宅を販売することが規定された。1985年、国務院が衛生部の「衛生工作改革に関する若干政策問題の報告」を批准すると、医療体制改革が幕を開けた。改革のポイントは、病院の積極性を如何にして引き出し、診療、手術、入院が困難であるという「三つの困難」の問題を解決するか、ということにあった。同報告は、病院が国家による資金投入のほか、市場化の過程でさらに借入などの方法により資金を自己調達して病院を発展させ、病室を建て、病床を増やし、設備を購入して、医療資源不足の問題を解決するよう奨励した。1986年、民政部は社区サービス業務を発展させる方針を正式に確定し、1987年にはさらに「社会を志向し、社区サービスを発展させる」という全体方針を打ち出した。これらはいずれも単位制を大いに動揺させた。

（四）依頼性の弱体化

　戸籍制と単位制の弱体化に伴い、戸籍と単位の個人に対する束縛は益々緩んだ。
　経済社会の変貌につれ、就職先の選択において、人々の自主性が増大し、単位よりも個人が主導権を持つことになった。人と単位が互いに選択すること、個人が多くの職位の中から選択することが現実となり、人員の流動は「単位」に対する帰属意識を徐々に薄め、単位によって決められた身分も日々その重要性を失った。婚姻登記における単位証明は取り消され、大学院入試に必要とされた単位証明の提出も不要となった。より多くの人が独立した人格、流動の自由化を一様に求めるようになり、個人は以前ほど単位に依存せず、「檔案を放棄する人々」、「檔案を二重に有する人々」が現れ始めた。

　これらの変革は単位自体の役割機能にも明らかな変化をもたらした。政府と企業を分離したことで、企業は政府からの監督保護や干渉を離脱し、自主経営を行い、損益を自ら引き受けたので比較的独立した利益主体となった。企業は政府に対する

過度の依存から離れ、その自己改善を求める圧力と能力が高まった。

三、労働契約制：「鉄の茶碗[1]」の打破

一部の私営企業や合弁企業の自主経営における優位性が明らかになるにつれ、国営企業では自主権拡大を求める声が日増しに高まった。一方、必要な制度保障が欠けていたために、一部の企業によって自主的に試みられた改革は難航した。それゆえ、「鉄の茶碗（絶対食いはぐれのない安全な職業）」を打破し、それまでの労働雇用制度を変更することは必要不可欠となった。また労働契約制度を効果的に実行しようとすれば、一連の新しい社会保障システムを設ける必要があった。もっとも、まず打破する必要のある「鉄の茶碗」は主に観念上のものであり、人々の「心にある鉄の茶碗」であった。

（一）規制の緩和を：企業の呼びかけ

1981 ～ 1983 年にかけて、思想解放、「大釜の飯を食う」制度の打破を核心とする企業制度改革が開始すると、請負制が推進されるようになった。当初、大多数の企業が実行した「損益自己責任制」は予期された成果を上げられなかった。そのため、1983 年初め、中共中央の一部の指導者は「都市に請負制度が持ち込まれれば、発展が進み、利益が上がる」[2] というスローガンを打ち出し、都市で「企業請負責任制」を全面的に推進するよう求めた。すると、わずか 2、3 ヵ月の間に全国の国有企業で「請負制」が満遍なく実行されるようになった。しかし、「請負制」は間もなく経済秩序の混乱と物価の上昇をもたらした。そこで、中央は都市で「請負制」を推進することを中止し、「利益上納方式を納税方式に改める」改革を加速した[3]。1983 年 6

---

1) 絶対食いはぐれのない安全な職業という意味。訳者注。
2) 経済学家楊培新が企業請負制を提示したことから「楊承包」と呼ばれた（「請負」のことは中国語で「承包」という。訳者注）。「包字進城、一包就霊（都市に請負制度が持ち込まれれば、発展が進み、利益が上がる）」という同氏の主張は、中央指導者の受け入れるところとなった。
3) 所謂「利益上納方式を納税方式に改める」とは、利益上納を税金の納付に変更し、税金納付後の残余利益を企業が自ら支配するというものである。1981 年、若干地域における試行経験について総括し議論を重ねた上で、国務院は財政部の『関於改革工商税制的構想』に批准した。また、国営企業が「利益上納方式を納税方式に改める」方式の拡大試行業務が財政部により湖北、広西、上海、重慶などの地で前後して行われた。1982 年 12 月、第 5 期全人代第 5 回会議で採択された趙紫陽総理の『関於第六個五年計画的報告』において「この三年は、大きな価格調整をしない状況において、改革税制を改革し、「利益上納方式を納税方式に改める」方式の歩みを加速すべきである」、「この改革は各状況に関して一歩ずつ実施する必要がある。国営大中型企業については二段階で進める

月と 1984 年 10 月には「利益上納方式を納税方式に改める」方法を二段階にわけて推進した。しかし、その他の改革が追いつかず、「利益上納方式を納税方式に改める」だけでは、企業に自主経営、損益の自己負担、平等な競争を実現させることができなかった。

この時期、企業請負制、賃貸制度が実施される過程で大量の国有資産が個人の手中に移り、請負人らがまず誰よりも先に豊かになった。これら私営企業は合弁企業と同様、自主経営、損益自己負担という経営モデルを採用し、経済収益の向上を中心とするものであり、多大な企業自主権を有することになった。

1984 年 3 月 21 日、福建省企業家協会が工場長、経理を招いてシンポジウムを開いた。その席上で合弁企業である福日公司が成功経験を紹介した。意外にも、参加した国有企業の工場長たちからは、「あのような自主権が与えられたならば、自分たちの企業も合弁企業のように活発になる」と「不満」をぶちまけられた。2 日後、55 名の署名がなされた、企業の自主権拡大を求める嘆願書、つまり「規制緩和」を求める手紙が当時の福建省共産党委員会項南書記の机に届いた。翌日、この書簡が『福建日報』の一面トップに掲載された。3 月 30 日には『人民日報』の二面トップに転載され、編集者の言葉が添えられた。「規制緩和」の問題がたちまち全国の国有企業工場長たちの間で一番の話題となった。嘆願書が提出された半年後、「企業の活力を強化せよ」という文言が初めて中央文書に加わり、「経済体制改革の中心的一環」として位置づけられた [1]。

1985 年 8 月 3 日に、瀋陽防爆機器工場が破産宣告を行って建国後初の破産宣告企業となり、70 余名の従業員もこれに伴い新中国の歴史上国有企業から初めてレイオフされた労働者となった。しかしながら、企業の破産は制度としてそれ以降順調に実施されたわけではなかった。なぜなら、当時彼らが破産した理論的根拠は国務院発展研究センターの曹思源が週刊誌『瞭望』に発表した一篇の文章に過ぎず [2]、破産に対応する規則制度は全くの白紙で企業の破産後の労働者の活路を保障するのが困難であったためである。

当時、保障制度が設けられないこのような改革に対する人々の見方は様々だった。

必要がある」ということが指摘された。この精神に則り、1983 年より国有企業に対し「利益上納方式を納税方式に改める」改革の第一歩が実行された。王丙乾、1984 年 9 月 11 日の第 6 回全国全人代常務委員会会議上で行われた『関於国営企業実行利改和改革工商税制的説明』を参照のこと。

1) 江華、「法律確認了自主権」、『中国青年報』8 月 15 日、1999。
2) 曹思源、「試論長期虧損企業的破産処理問題」、『了望』週刊号第 9 期、1984。

1989 年、北京大学の呉樹青学長は、「暴力や飢餓などの方法によっては国営企業の活性化を図ることができない。国民の一人一人が憲法により労働権利が保障され、鉄の茶碗をぶち壊すのは違法である」と指摘した[1]。それを受けて、失業保険の概念も持ち出されたのであった。

(二)契約工：鉄の茶碗の溶解

　長期にわたり実行されてきた職業への保障が人々の積極性、自主性および創造性を厳しく抑圧した。1980 年以降、一部の計画型企業が労働契約制を試み始めた。1983 年に労働人事部が「労働契約制を積極的に試行することに関する通知」を、1986 年に国務院がさらに「国営企業が労働契約制を実行することに関する暫定試行規定」を公布し、企業が長期労働者を募集し、国家が別に特別な規定を設ける場合を除き、労働契約制を統一的に行うことを規定した。1992 年になると、「全従業員の労働契約制の試行を拡大することに関する通知」など多くの法令は労働契約制の推進と展開をさらに後押しした。最終的に、1994 年に公布された「中華人民共和国労働法」において、「労働関係を確立させるためには労働契約を締結しなければならない」ことが規定された。こうして、法律により労働者と企業の労働力市場における主体的地位が最終的に確立されたのであった。

　1986 年 9 月 9 日、国務院は労働制度改革に関して四つの規定を公布した。それらは国営企業の職員募集、失業保険、労働契約制および退職などに関するものだった。それ以降、労働者の鉄の茶碗が完全にぶち壊れ、労働契約制が全面的に導入された。生産財がすべて国家所有に帰した中国では、「国家の主人」とされている都市・鎮の従業員にとっては、公言こそしないものの、事実上の終身雇用制は依然として生活の保障に必要不可欠なものとして理解されていた。いうまでもなく、それに関連する改革も決して容易なものではなかった。したがって、1986 年の労働制度改革のポイントは、労働契約は新規に募集された労働者にのみ適用する、というところにある。

　労働契約制の推進に伴い、鉄の茶碗をめぐる人々の伝統的意識が破壊された。競争メカニズムが段階的に導入された結果、労働力が再び市場機能により運用され、競争による職位募集が強化されるようになった。公開かつ競争原理に基づく長期的

---

1)　呉暁波、『激蕩 30 年(第三部：1992 年春天的故事)』、中信出版社 2007 年版。

職位募集メカニズムが設けられ、公開、平等、競争という好ましい雰囲気が形成された。こうして企業のメカニズムが徐々に柔軟性を持ち始め、企業と個人の自主性や積極性も生かされ、「一部の人から先に豊かになる」構想も実現された。

「鉄の茶碗」が打破されたことで国有企業の一般従業員が中国における社会改革の直接の対象となり、企業と労働者の「終身労働契約」はこれにより解除され、人々はこれまで家のように思ってきた国営企業が永遠に依存できるシェルターではなくなったことを知ることになった。

1986〜1996年は労働関係の市場化が模索された移行期であり、一切が順調に進んだわけではなく、それまで少なかった労働紛争事件が急速に増加した。とは言え、改革はやはり人々の労働における積極性を大いに引き出し、中国社会の各領域で「鉄の茶碗」の打破について議論された。1992年8月、『羊城晩報』が「文学と市場経済」と題する議論を提起することをきっかけに、作家の「鉄の茶碗」についての論争が全国規模で展開された。この論争の火付け役は作家の黄天源「別の生き方をしてみよう」という文章であった。当時、広東省作家協会が行政事業編制を変更し、経済的自立を図ろうとすることに対し、黄天源氏は「鉄の茶碗を持たせるのは創作の発展に不利であることが、40年にわたる実践によって証明された」としながらも、「職業作家が生き方を変えることはできるが、それなりの政策は国家が打ち出すべきだ」とした。

大きな反響を引き起こしたこの議論は、半年以上も続いた。牧愚、章明、張賢亮、張鎮、葉延濱等の散文家、作家が文章を寄せて議論に加わり、于光遠も文章を書いて「知識人による創業」について見解を発表した。これは、作家が「鉄の茶碗」に就くことに関する中国メディアにおける最も早期の議論のひとつだった。2000年初めになって、『羊城晩報』はこの時期の歴史を振り返り、即ち「広東、作家の鉄の茶碗を打破」、「作家をむやみに養わず、創作そのものの良し悪しを評価する」などを内容とする報道が当時が最も注目されたのであった、と回想した。大規模に議論が行われた結果、文壇の新人9名が広東文学院資格審議委員会の資格審査に合格し、12名の職業作家とともに広東文学院の第一回招聘作家推薦名簿に名を連ねた。全国で行われていた作家の終身制がついに終わりを告げたのであった[1]。

---

1) 闞道華、「作家"鉄飯椀"広東早已打破」、『羊城晩報』9月20日、2007。

(三)労働契約制の保護

市場経済体制が深化するにつれ、伝統的な労働雇用制度や就業割り当てといった就業モデルが排除され、労働者の市場就業モデルが確立されるようになった。それに伴って、失業問題が徐々に深刻となっていった。関連資料によれば、国有企業からレイオフされた人は1996年には累計800余万人に達した[1]。1980年代半ばから1990年代末にかけて、中国が公開した失業率は2%前後から4%前後にまで上昇した。これと同時に、国有企業では市場に適応し効率を上げるべく、過剰な労働力をさらに企業外へ移すようになった。国家が仕事を分配すると約束してきた労働者が大量にリストラされた後、市場に職業を求めることになったため、小型企業の創業がその多くの人々にとって必然的選択となった。

労働契約制の実施を確実なものにするため、国家は1980年代より社会保障制度改革を開始した。1985年、国家は企業退職金を一元管理する方法により社会養老保険基金を徐々に構築し始めた。1986年10月に上海でまず開始され、1990年代初めになると個人納付制度が設けられて、国家基本養老保険、企業補充養老保険および個人貯蓄性養老保険を組み合わせた多層的な養老保険制度が確立された。1993年1月以降、上海では全国に先駆けて社会の統一管理と個人口座を組み合わせた基本養老保険モデルを模索し推進した。国務院は1995年3月より全国で同モデルを推進することを決定した。こうして養老保険制度モデルに根本的な変革が生じ、中国の特色ある社会の一元管理と個人口座を組み合わせた養老保険モデルが形成され、保障主体の多元性が明確にされ、納付比率や個人口座の規模、さらには基本養老金の計算支給方法が一元化されて、全国で一元化された養老保険制度が設けられた。

1986年10月に四つの労働制度改革の実施が始まり、「リストラ保険」が推進された。続いて、さらなる修正の上で1995年に失業保険と改称され、国有、集団、私営、個人、外資および事業者の全従業員へと適用範囲が拡大された。この改革のポイントはすべての人が保障を得られるよう社会全体で工夫を凝らすことであり、主に「単位人」から「社会人」への移行に有利であり、「ブロック」を主とする地域保障ネットワークを確立するところにある。さらに、保障の公平性、公正性、公開性および厳密性の具現化を目的とする単位化から社会化への真の転換を保障するために、

---

1) 牛仁亮、「拡大就業是社会経済発展中的大問題」、『人民日報』1月26日、1999。

コミュニティを単位とする保障実施体系を確立し、地域、コミュニティ社会の保障ネットワークを各種単位から分離独立させた。

1996 年以降、労働関係が真に市場化し、労働関係の調整と規範化に関しても法律を手段とする市場自己調整が行われるようになった。過去の「手探りで前に進む」改革の歩みに合わせて労働法律、法規についても絶えず模索が行われ実践において徐々に整備された。

(四)心理、思想上の「鉄の茶碗」の打破

経済復興の必要に応じて、国家は限度を設けながらも人材の流動を奨励し、「異郷で生計を立てるよう奨励する」のが時代の背景となった。1985 年、高等教育機関からの卒業生の分配に関し 40% の「指導性計画」が提示され、1987 年の卒業生が「国家による計画分配」が保証された最後の学生となった。同年 6 月、中国初のビジネスインキュベーターである東湖創業者サービスセンターが武漢に設立され、自営する創業者に相応のサービスを提供した。1989 年、国家は大学生が卒業にあたり「双方向の選択」、即ち「仕事は人を選び、個人が仕事を選ぶ」のが可能なことを正式に宣言した。この頃はちょうど「下海（国営企業や政府機関の仕事をやめ、商売をやること）」が流行した時期にあたり、第二次人材流動のブームが沸き起こった。1992 年以降、高等教育機関の卒業生が完全に職業を自主選択する試みが始まり、指導性計画も益々減少した。

これらレイオフ労働者、土地不足や環境に迫られて住み慣れた土地からの離別を余儀なくされた農民、卒業しても仕事の見つからない大学生が中国で最大数の創業者集団となり、中国創業者総数の 85% 前後を占めたが、その大多数は「鉄の茶碗」を失って「止むを得ず」自営の道に入ったのであった。

この改革は企業と個人に一層の権限と自主性をもたらしたが、長年にわたり計画経済体制の拘束を受けた企業と個人は、これらすべてをすぐに受け入れることができなかった。「国営工業企業の自主権をさらに拡大することに関する暫定施行規定」が 1984 年に公布された後の実際の実施状況を見ると、販売や調達の権限等は早くから委譲されていたが、資金支配や投資意思決定等の定義は曖昧であった。輸出入権などは国家貿易部門に終始独占されており、関連政策の不在によって、その他の企業は全く手出しができなかった。さらに割当の拒絶等は全く不可能であった。新華社による国営企業 100 社の工場長に対する調査において、90% の工場長は「拒絶

権はあっても行使しづらい」ことを認めた[1]。

このとおり、自主性の萌芽は苦難に満ちた道のりであり、観念や意識の転換が必要であった。1985年1月に創業して商売を始めた張継升について言えば、同氏が就任した三聯電子会社総経理の職は兼職であって、当時の身分は済南市社会科学院科学研究組織室主任であった。このような「両天秤にかける」現象は、当時大多数の創業者が懸念を抱えていたことを反映した。

このような「大釜の飯を食う制度を打破する」というスローガンを受けて勇敢に実業界に飛び込み、かつて神話とされた「一夜にして大富豪になる」夢を実現した人々は、自らの奮闘の歩みを振り返り「鉄の茶碗を心中から排除し、退路を断つ。弛まず続けていけば、誰でも成功できる」と感慨深く話した。しかし、仕事を辞めて創業したり、あるいは自営の道に入り自ら創業する心の準備が大部分の人にはなかった。

1990年代初め、国有企業の大規模な制度転換が進む中、企業・事業者に対する政府の財政割当金が徐々に減少し、一層多くの「単位人」に対してレイオフが始まり、彼らは「社会人」に変わった。人々は単位との従属関係が徐々に薄れ、それに伴ったショックも受け入れることができるようになった。しかし、企業単位は依然として従業員の再就業をその急務とみなしたので、人々は単位制に対してなお非常な期待を寄せ、その優越性を否定しなかった。

1990年代中期になると、大量の企業が政府割当金の支給を打ち切られただけでなく、国家から財政の全額割当を受けた事業者の多くも損益自己負担の経済実体に転換し始めた。再就業問題の解決も企業単位から社会に主体が移った。より多くの企業・事業者が市場化に方向転換する中、人々は「鉄の茶碗」が本当に失われたという事実を最終的に認め受け入れた。

四、地域社会の復活：社会生活の自己手配

単位の万能性が失われる中、都市住民と単位の間の従属関係が徐々に弱体化し、これまで単位が引き受けていた社会福利の機能も徐々に社会に移ることになった。そこで、地域社会によるサービス提供の道を模索することがこの段階における政府の主要任務となった。一連の関連措置が打ち出される中、人々は社会保障を地域社

---

[1] 呉暁波、『激蕩30年(第三部：1992春天的故事)』、中信出版社2007年版。

会に求め、社会生活を自ら手配する方法を模索するようにもなった。

（一）単位、万能者としての荷を下ろす

伝統的な単位制において、都市住民と単位の間には事実上一種の従属関係があった。人々は居住地域の基層組織である住民委員会に対し、さほど従属感や帰属感を感じていなかった。当時住民委員会の主なサービス対象は単位外に点在する本地域の無職者、定年退職者および労働能力を失った人であった。上山下郷運動に参加した知識青年やその他の政策に従って外地に赴いた1500万にのぼる人々が次々と都市に戻ると、社会の周辺的立場にある人の集団が急激に拡大し、国家は深刻な就業圧力に直面した。そこで、国家は就業方針を調整し、合作経営と個人自営業者を奨励し始めた。

1980年代中期、市場化され経済要素を帯びた独立組織が増加するにつれ、行政レベル、従属単位、党組織指導者のない、いわゆる政府行政体系の外に遊離する「三無」企業が現れ、無職者の経済的自立や就業問題をある程度解消した。「ポスト単位制時代」の到来に伴って、市場経済はさらに成熟、深化し、職業選択、就業における人々の自主性が益々高まった。とりわけ若者は個人の需要、能力等を踏まえて、主体性をもって職業を選択した。人々の身分を規定する基準はかつての単位から個人の社会的価値に変わり、組織あるいは単位の手配や割り当てによって決められた人々の社会生活も自ら決めるものとなった。人の身分を確認する檔案（内申書）の役割も益々弱くなった。

それまで人々の生活はひとつの単位または企業人としての社会関係ネットワークの中にあり、このネットワークは縦割りで、単純であった。しかし今日においては、市場は単位人、社会人、市場の人という三次元空間への扉を開いた。人々は社会的地位や機会について権力（または他人）の手配と彼ら自らの権利構造における位置に完全に依存する必要がなくなった。様々な制度化された資源配置の結果、個人の社会における自主性が高まり、人々は様々なチャンスに巡り合い、生活の中で随時選択できるようになった。

（二）社区服務（コミュニティサービス）という容器を拡大する

「単位人」から「社会人」へ変わると、人々からは社会生活空間を自らアレンジする要望が高まった。そこで、政府から「社区服務（コミュニティサービス）」というアイ

デアが示された。

　「社会人」という社会のニーズに対し、国家民政部は 1983 年、民政における基本任務として社区服務に力を入れるようになり、1984 年には「社会福利は社会が引き受ける」指導思想が明確にされ、1985 年、民政部の崔乃夫部長が「社区服務」という概念を打ち出した。同時に、民政部は上海市の市、区、街道、住民委員会という「四つのレベルでの一本化」という社会サービスネットワーク化における成功経験を総括し、末端まで根ざす社会福利事業を推進せよという方針を正式に決定して、大、中、小都市で社区服務の試行および推進事業を全面的に展開した。1987 年には「社会に目を向け、社区服務を発展させる」という総合方針を示し、社区服務の全面展開を目指した [1]。数年の間、社区服務が人々の家庭生活に浸透していった。その後、社区服務は「社区服務は籠であり、何でも抱えられる」といわれる状況にまで推し進められた。ここまで来ると、社区服務はもはや民政部門だけに頼って展開することが不可能となった。1989 年に「社区服務」が初めて法律条文に加わり、第 7 期全国人民代第 11 回会議で採択された「中華人民共和国都市住民委員会組織法」に「住民委員会は、住民の自己管理、自己教育、自己サービスを行う基層集団組織である」、「便利で人民を利する活動を展開しなければならない」ということが明確に規定された。住民委員会あるいは住民委員会に類する一部の NPO は改革以来の巨大な社会分化における異質要因の吸収、解決において非常に重要な役割を果たし、多くの社会サービスセンター、養老院、保健センター、住民サービスセンター等の社会サービス組織はいずれも「社会人」のニーズを受けて設けられたものだった。1991 年、崔乃夫部長は地域社会建設に関する研究と模索の強化をせよと呼びかけた。

　しかし、中国の都市地域社会の発展にはなお多くの問題があり、各種専門サービスが未だ育っていなかった。地域社会ボランティアサービスは社区服務の重要な一部であり、1990 年代から始まったものである。各階層からのボランティアが集まり、豊富で多様なボランティアサービスを提供することで、住民のニーズを満たした。最初に現れたのは青年ボランティアで、地域社会に深く入り込んでサービスを行い、ボランティアサービスに対する住民の理解を得て注目を集めることになった。続いて、鎮街（町）機関とボランティア機関が連携して地域社会で「ボランティアサービスステーション」などを設立し、各種団体出身のボランティアが住民のた

---

1)　張明亮、『社区建設政策与規章』、中国社会出版社 2004 年版、95 頁。

めにサービスを提供し、住民のボランティアサービスへの申し込み参加を認めた。こうして、ボランティア組織や機関の活動は、地域社会でボランティアを本当に必要とする人々を助けた。

第二節　新階層の生長

　自主性が芽生えると、社会を主導していた労働者と農民という二大階級は分化が始まり、新しい社会階層が成長し始めた。改革初期に出現した「頭脳労働者の収入が肉体労働者の収入を下回る」状況を目の前にする知識人は、国家の政策調整による支持や協力をむやみに待つことはせず、市場との自発的結合を選択して自主的な創業により「知識の価値低下」という現状の転換を図った。「人がしたがらないことをする勇気のある」人が政府や単位に対する依存を自主的に放棄し創業して新富裕層となった。さらに一部の人々はこれまでなかった挑戦を積極的に受け止め、外資企業で働くことを選んだ。彼らは「他人がしてくれるのを待ち、他人に依存し、他人から与えてもらう」という従属的な生活から脱却し、異なるタイプの自主的な生活を始めた。これらの人々は旧制度下の行動ルールを変えただけでなく、過去と異なる新しい行動ルールや生活様式を打ち立てたので、より多くの中国人が生活において多様な選択が可能であることを目にすることになった。

一、頭脳労働者の収入が肉体労働者の収入を下回る：インテリの落ち込み

　改革開放初期、中国社会が各種政治運動から抜け出し、経済建設を中心とする道を歩み始めると、過去の「九番めの鼻つまみ者」と言われた知識人は「労働者階級の一部」にまでその政治的地位が高まり、中国社会には知識と知識人を尊重する風潮が再び形成され、当時の社会には「九番めの鼻つまみ者が天に昇った」と考える者まで現れた。

（一）頭脳労働者の収入が肉体労働者の収入を下回る

　「文化大革命」が終了すると、党と国家の知識分子政策が変更されただけでなく、国家が困難な時期を経て再建に向かい大量の知識人を早急に必要としたことも、知識人の社会的地位に大きな変化をもたらし、知識と学歴は全国の人民が共に追求するところとなった。しかし、経済体制の改革だけが進み、収入分配制度に相応の変

化がなかったため、知識人の政治的地位が明らかに上昇したとはいえ、経済収入は低いままとなっていた。社会的地位を評価する際、その主要な基準が政治的なものから経済的なものへと変わろうとする中で「読書無用論」が再び台頭し、清貧な知識人の「社会の寵児」としての地位は一瞬にして失われた。

　1977 年以降、十数年にわたる賃金の上昇停滞に変化が生じ、とりわけ賃金とボーナスが追加支給された肉体労働者の収入の増加幅が増した。それに対して、頭脳労働者の収入増は小幅なものだった。1980 年代以降になっても、知識は中国においてまだ蓄財の主な手段ではなく、「一山を当てた」多くの人は知識を武器にしていたわけではなかった。知識人の喪失感は明らかだった。当時流行した言葉に「ろくでもない者が大金を稼ぐ」というものがあったが、これは知識人の不満や「頭脳労働者の収入が肉体労働者の収入を下回る」現象に対する怨みをある程度反映するものだった。一方、「教授が教えれば教えるほど痩せていく」、「教授のように貧しく、博士のように愚か」、「原子爆弾を研究するのは茶葉蛋（茶葉ゆで卵）を売るに如かず、手術刀を握るのは髪を刈る剃刀を握るに如かず」という言い方も流行ったが、これは「頭脳労働者の収入が肉体労働者の収入を下回る」知識人の生活における窮状を反映したとともに、知識人の清貧な生活に対する皮肉もある程度含んでいた。

　このように「地位が相反する」深刻な現象は、当時の人々の社会的心理や行為の方向性に極めて大きな影響を及ぼし、「読書無用論」が再び盛んになり、成人であれ青年学生であれ、ひいては知識人に至っても知識を軽視し始めた。

　1988 年、北京では 1989 年度の大学院生を 8600 名募集する計画だったが、申し込んだのは 6000 名足らずであった。中学高等学校においても商売ブームが巻き起こった。小中高生の退学現象も増加し、1988 年の全国小学生の退学者は 428 万、中高生は 287 万となり [1]、小学生の退学率は 3.1%、中学生の退学率は 6.9% であった。このような状況に対し一部の学者は非常に心を痛め「ビルは 1 年あれば立ち、樹木は 10 年あれば成長する。しかし、民族の文化伝統が喪失し、学術や真理を尊ぶ気風が失われたら、これを挽回するのにどれだけの時間を要するか」とため息をついたという。

---

1)　氷心、「開巻有益」、『太湖』1990 年第 9、10 期合併号。『氷心全集』第八巻（1986 ～ 1994）、海峡文藝出版社 1994 年版にも掲載。

（二）知識が価値を創造する

　社会生活におけるこのような窮状にあって、多くの知識人は書斎に閉じこもることを放棄し、体制外に生存の道を求めるようになった。若い知識人にとって出国が第一の選択肢となり、国内にとどまった知識人も兼職して第二の職業に従事し、「知識こそ金なり」を自ら証明しようとした。もちろんこの時期に大量の知識人が一斉にビジネスを始めたりするようなことが見られず、彼らの大多数は元の単位に留まり、余暇を利用して外部で兼職したに過ぎない。

　「頭脳労働者の収入が肉体労働者の収入を下回る」現象について、政府も関連対策を取り始めた。鄧小平は教師の経済待遇の引き上げを幾度となく強調し、教師の収入が関連業種で働く職員の待遇を下回ることのないよう毎年教育への経費投入の増加を財政部に求めた。1982年3月23日、国務院科学技術幹部局は特に文書を公布し、兼職する科学技術幹部を精神的に奨励するとともに、物質的奨励もある程度必要であるとした。1985年以降、国家は科学技術体制の大規模な改革を始めた。1985年3月3日に正式公布された「科学技術体制改革に関する中共中央の決定」により、中国の科学技術システムが「競争と市場」の段階に入り、これに伴い科学技術システムに大きな変化が生じた。ほぼすべての高等教育機関、科学研究機関が経営活動に乗り出し、会社を立ち上げた。科学研究費と事業費の不足する研究機関は競争により外部から経費を取得することができた。また、多くの科学研究者が創業し、市場に身を投じた。科学研究者は利益を生み出す様々な活動に従事することができた。1988年1月18日、国務院の文書に「科学技術幹部の兼職を認める」ことが記載され、知識人が専門特技を生かして財産を増やすことが認められた。

　この時期、一部の知識人は社会の「啓蒙者」としての役割を放棄し個人の生存と自尊心を重視するようになった。1992年の鄧小平による南方講話の後、「十億の人民のうち九億人が商売する」という社会的潮流に大量の知識人が身を投じ、ビジネスマンや実業家の列に加わった。中国の知識市場がなお未成熟であったころ、彼らは自らの知識を利用して知識市場の養成を図った。1992年、政府は知識人の創業を肯定する意見を発表した。珠海経済特区では特殊な科学技術政策が実施され、1991年度珠海科学技術進歩特殊功労賞を受賞した3名の科学技術者に対し巨額の賞金を与えた。

　1995年、国家は「科教興国（科学技術と教育によって国を興す）」戦略を実施した。中国科学技術者の報酬制度と奨励制度も変革を迎えている。中央政府は、地方政府

が科学技術への貢献者に多額の賞金を与えることを推奨し、特任教授のポストの設立を認め、国家が科学技術最高賞を設けることにした。一連の施策によって、「頭脳労働者の収入が肉体労働者の収入を下回る」現象に変化が現れて「頭脳労働者の収入が肉体労働者の収入を上回る」状況が出現し、知識人の収入方面の不満がいくらか治まった。

　知識の価値が下がり、「頭脳労働者の収入が肉体労働者の収入を下回った」時代においても、なお多くの知識人が外部の華やかな世界に目を向けず淡々と受け止め、自らの精神世界を頑なに守ったことは一筆に値する。

二、新富裕層の出現：創業ブーム

　新中国成立後、創業ビジネスブームが三回巻き起こったが、それに乗じて大量の公務員科学技術者が次々と商売を始め、一山当てようとした。段階的な発展をへて新富裕層が中国で急速に形成された。この階層が出現したことで財産について新たな観念や基準がもたらされただけでなく、生活方式に変革が生じ、都市文化の発展が促された。

（一）創業ブームが巻き起こる

　1978 年に鄧小平は「豊かになれる者から豊かになればよい」[1] と呼びかけた。1984 年 10 月以降、中共第 12 期 3 中全会が改革の重点を農村から都市に移すと、体制内にあった大量の公務員や知識人が体制外に移り、ビジネスを始めた。同年、中国社会で初めて「市場経済の海に飛び込め」という呼びかけがなされた。1984 年、1987 年および 1993 年に同様のブームが三回にわたり起きた結果、国有、集団企業が大きな衝撃を受けた。少なからぬ幹部職員が国家政策に奨励されて元の職場を次々と去り、あるいは創業して商売し、あるいは非公有経済組織での就業を図り、あるいは他の労働に従事した。そのうち、一部の人がこうして一山当てることに成功し、豊かさが現実として人々の眼前にゆっくりと現れることになった。

　1988 年 4 月、全人代で憲法改正案が採択され、「国家は法律規定の範囲内で私営経済が存在し発展することを認める」内容が追加された。このことは中国における

---

1)　鄧小平は「経済政策上、一部地域、一部企業、一部労働者農民に対し、勤勉に努め大きな業績を収めたら他より先に多くの収入を取得し、生活が先に改善することを認める必要があると思う」と語った（『鄧小平文選（第二巻）』、人民出版社 2001 年版）。

第一回創業ブームを引き起こし、情熱に溢れ、学歴や安定した職を有する人が創業の道に入ったので、創業が熱い話題となった。また、大量の科学技術者が次々と創業し、科学技術関連会社を設立した。北京で著名な中関村の「科学技術通り」にはこれら科学技術者が設立した四通集団、京海集団、北大方正集団、聯想集団などが軒を連ねている。数多くのハイテク製品が開発され、国内外に販路が広まった結果、年間生産高が数億元にのぼる企業や科学技術により富を築いた人物が輩出した。アジアで最も優れたビジネスマンの栄誉に輝いた柳伝志、新時代の「革命家」と呼ばれる宋朝弟、「WPSの父」である求伯君、評判の史玉柱、姜偉、呉炳新、王遂舟等はいずれもこの時期に創業している。

　国情調査工作委員会が1992年末に公布した調査によれば、党政幹部、知識人、自営業者、学生のいずれも豊かになりたいという強い思いがあり、商売をしていない者は商売することを、商売をしている者はさらに成功することを望んでいたという。

　「第一回ブーム」の後の1985年、大量の公務員がビジネスの世界に心を動かされ官職を捨てて素手で創業し、「官界」に未練を持たず「市場」に飛び込んだ。これにより全国で32万の会社が設立され40万社に達した。1988年に一度整理整頓されたが、その七割前後は党政機関、事業者により開設され、ビジネス界に転身した幹部は数百万にのぼった、という。1992年春には公務員の退職ブームが再燃した。報道によれば、遼寧本溪のとある普通の共青団幹部が辞職し故郷に戻って工場を建ててからというもの、全省で専従共青団幹部1.7万人のうち4千人が公職を放棄し金儲けのため次々と創業したという。

　ビジネス界に転身し、自ら起業した私営業者の多くが新富裕層となった。「中国私営経済年鑑」の調査ランキングによると、1994年、中国私営企業トップ100社のうち、総資産が1億元を超えたのは53社、5000万元を超えたのは88社であった。トップにランクインされた企業の総資産は40億元、純資産は26億元にのぼった[1]。私営経済の飛躍的発展により大量のニューリッチが生まれたのである。

(二)二代目富裕層の成長の道

　1980年代の初めには、「万元戸」という流行語が指したのは最も早期に豊かになっ

---

1)　『中国私営経済年鑑』、中国工商聯合出版社1996年版。

た人々であった。主に個人請負の個人養殖業者、建築業の親方、自営業者からなっているこれらの万元戸はビジネスを始めた当初は、知識や素養でなく、大胆さや勤勉さを武器にして豊かになった。人々はその時の「万元戸」を中国で新たに生じた豊かな階層とみなしたが、これは1984年以前の農村体制改革段階に比べてのことに過ぎない。中国社会の計画経済から市場経済への移行が大方完了すると、1985年から1995年の10年にかけて一部の人の資産が急速に蓄積されるようになった。創業時の数万元が数年で十数億まで膨らむケースもあった。

　中国社会の新富裕層の静かな台頭は次のような複数の異なる段階を経た、と見なす者もある。

　第一段階は、1970年代末から80年代である。主に自営業者が大量に出現し、「官僚ブローカー」が現れた。当時、絶対多数の人々は大学進学、国営単位での就業をなお生活目標としたが、社会の周辺にある人、あるいは社会の底辺で生活する人は、人々の軽蔑や嫉妬を受けながら、自営を行い、蓄財への第一歩を踏み出した。そのうちの一部が先に豊かになった。制度変革の隙を利用し、富を入手した者もいたが、「官僚ブローカー」がその中心であった。1980年代中期、中国では二重制度が実施されるようになった。

　一部の官僚やその親戚友人が勝手に許可書類、指標を転売できたことは、権力が市場活動に介入し権力により利益を図る道に便宜を図り、「官僚ブローカー」の大量出現につながった。カラーテレビ、冷蔵庫、鋼材、石炭、石油の転売、ひいては「輸出入許可証の転売」や「ローンの転売により利差を得る」というのも「官僚ブローカー」の蓄財の手段となった。

　第二段階は1986年から1992年にかけてである。株式市場が開放されて株式市場に足を踏み入れた人々があり、その一部が株式市場で財産を築き豊かになった。

　1984年7月、北京天橋股份（株式）有限会社と上海飛楽音響股份（株式）有限会社は中国人民銀行の批准を受けて株式公開を行った。1986年5月8日には、瀋陽信託投資会社が債券売買と抵当業務を他に先駆けて行い、有価証券の売買を始めた。1990年と1991年に、上海と深圳証券取引所が正式に取引を開始した。株式市場開設の要否がまだ議論されていたころ、上海ではすでに袋詰めで国債を転売し、現金により株取引を行う者が現れ始め、これにより多くの人の運命が変わった。中国株式市場が始動する前の1980年代中期の状況についてベテラン個人投資家が1990年に自ら行った株取引を語ったところでは、「取引所の外を散歩していたら、『電真

空』（上海の古い株式）が 100 元から 400 元になったと思ったら、またしばらくすると 800 元になっていた」という[1]。

第三段階は 1992 年から 1993 年にかけてである。主に不動産業の大げさな宣伝によって暴利を取得した少なからぬ億万長者が誕生した。「官僚ブローカー」の活動のポイントは、1980 年代に始まった商品レントシーキングから生産要素のレントシーキングに移行し、その対象はローンと土地に変わった。この時期の「下海ブーム」は不動産の開発投資を契機として、海南と広西北海を中心とする土地の誇大宣伝に始まったものである。行政割当の地価と市場価格の間の、場合によっては十数倍にのぼる価格差を取得して、一部の関係者が急速に資本を蓄積した。権力や金銭がらみの裏取引において、多くの人々は土地や許可文書の転売により急速に豊かになり、またマンションの予約販売権利の転売などにより大金を稼いだ人もあった。このように異常な不動産投機や誇大宣伝を受けて、政府はまもなく経済秩序の整頓を開始した。このため、投機を行った不動産ディベロッパーの中には借金を弁済できずに破産した者もあった。

第四段階は 1990 年代の IT 熱の時期である。この時期の新富裕層は、レントシーキングを行う官僚ブローカーや不動産投機者ではなく、IT 等のハイテク技術による発明を行った者からなっている。彼らは、有名ブランドを多く創出し、製品やサービスを販売して相応の財産を築いた。中関村のハイテク創業グループに代表されるこれらの新富裕階層は下積み時代を長く経験した人が多かった。彼らはまず1980 年代末から 90 年代初期において技術イノベーションの蓄積期を経験し、科学技術研究機関、高等教育機関のプロジェクトを通し、漢字 ROM カード、漢字タイプライター、文字処理ソフト、中国語プラットフォーム等一連の自主知識ブランドの IT 製品を作り出した。多くの技術が中国 IT 業の技術変革をもたらし、ひいてはグローバル IT 業界のイノベーションを導いた。大多数の国内 IT 主流メーカーはこの時期に真の意味で資金、人材、技術および製品の蓄積を始めた。1990年代初期から中後期ともなると、十数年にわたる先発優位や市場パワーの蓄積によって、市場における中国 IT 企業の優位性がいよいよ浮き彫りとなった。時代の動向を把握したことにより、一部のコンピュータ会社やネットワーク会社の創業者は短期間に急速に富を築き、新富裕層に仲間入りした。彼らは「知識経済と知識資

---

1) 舎輝、「第四次暴富浪潮到来了嗎？」、『中国青年』第 3 期、2000。

本がものをいう」時代の申し子である。

（三）財産と余暇：新しい富裕層の基準

新富裕層が出現すると、人々は新たな財産基準や新しい生活方式を徐々に認めるようになった。「新富（新富裕層、ニューリッチ）」の定義について統一された基準はなかったが、国家計画委員会人力研究所が1995年に行った「都市・鎮住民個人収入分配状況の典型調査」によれば、当時中国では高収入の人がすでに数多く存在し、その分布は各業界に渡っていたという。

ニューリッチとその生活方式に関するもうひとつの重要指標は自ら支配可能な余暇の時間が多いこと、即ち有閑階層であった。北京の富裕階層に対する1997年の調査から、「有閑階層」が北京等の大都市に静かに出現していたことが分かる。

新富裕層は特別な生活方式を尊び、さらに都市にはその需要に応え、それを満たす居住方式、ならびにショッピング、食事、娯楽等活動を行う特別な場所が設けられ、中国社会における生活方式の多様化を促した。

1990年中期ともなると、都市の新富裕層は改革開放初期の「万元戸」のイメージとは異なり、一層生活に関心を持ち、楽しむことを重視したので、バー、フィットネス、美容等都市文化の流行を促した。また、文化に目覚め、ある種の文化や製品を通して自らの帰属感や身分の位置づけを模索することを必要とした。

三、新産業労働者階層の形成：二重身分の農民工

現代工業生産領域に大量に流れ込んだ農民工が中国産業労働者の主力となった。また、流動から定住へと転換が進む中、彼らは、都市社会の一員となり、現代的な都市生活方式を受容し適応した。しかし、既存制度の規制を受けた彼らは、身分と地位がいまだに曖昧のままで、名義上「新産業労働者」と認定されてはいたが、真の産業労働者になるのは終始困難であった。

（一）産業分野の主力

1980年代初めに農村で「生産責任制」が推進されて以降、農民は伝統的な集団管理体制の束縛から抜け出すようになり、改革の最初の受益者となった。土地の束縛からの脱却を渇望する青年、中年労働者は大挙して都市に押し掛けた。北京、天津、上海、広州等10大都市だけで暫定居住人口が300万を超えた。1985年、国務院

は文書を広布し、農民が都市入りして店を開き、作業場を設け、サービス業を行い、様々な労務を提供することを初めて認可した。これを受けて、1980年代中期以降、都会への農民工の流入が急激に増えた。職業を見ると、彼らの足跡は社会の各業界にわたり、建築業、紡織、採掘、家事、商業貿易、輸送業に就いた者もあれば、自ら会社を設立して経営者になった者もあった。農民工の労務参入は伝統および新興業界の大部分に広まった。膨大な労働者集団が入り込むと、中国の産業労働者構造に顕著な変化が生じた、農民工の数量が主に都市・鎮住民により構成された伝統的な産業労働者のそれを超え、産業労働者の主体となった。2000年に行われた全国第5回国勢調査の統計結果によれば、中国の第二次、第三次産業に就業する従業員の46.5%が農業戸籍であり、中でもサービス業においては農業戸籍の従業者が52%を占め、加工製造業においては60%を超え、建築業、特に建築労働者が79.8%を占めた。農民工は、数量と性質のいずれにおいても中国産業労働者の新たな有機的部分となった。「郷鎮企業労働者を含め、都市や工場で働く農民はみな中国労働者階級グループの新たな一部である。さらに人数から見ると、一部の新労働者はすでに中国労働者グループ、特にブルーカラー労働者グループの重要な一部となっている」[1]。

(二)都市で生活する農民

　これら農民工は生活方式や価値観において、農民から徐々に離れ労働者に近づいていた。彼らは長期にわたり都市に居住し、仕事、生活、娯楽および学習の過程で常に都市文明の感化を受け、都市の民主的観念、法律意識、平等観念が次第に彼らの生活に融け込んだ。最初、家庭を養い、働いて稼ぐことのみ重視した一部農民工は、技術や技能の学習をも重視するようになり、単純な物質的生活から、物質的生活と精神生活の両方を追求するようになった。彼らの生活方式や価値観は既に農民の境地を超えており、都市の人の生活方式や価値観に近づいていた。

　1980年代から現在に至るまで「農民工」という言葉により彼らの身分と生活の位置づけが行われてきたが、これは、中国で農民を区別する基準と根拠が主に戸籍と職業であり、中でも戸籍の要素が決定的な役割を果たしているためである。それ故、農民は市場を通じ都市に入って「出稼ぎ」をし、職業身分が既に「労働者」でありなが

---

1) 熊若愚、董結琴、「中国農民工問題調査報告」、『中国国情国力』第12期、2002。

ら戸籍制度の規制のためにその社会身分はなお「農民」なのである。「農民工」とはつまり「農民」という身分と「労働者」という職業が一種独特に組み合わさったものである。彼らは日常生活を終始都市で送っている農村の人々である。

　これら新しい産業労働者は伝統的な産業労働者と異なって二重の身分と経済的地位を有する。二重の身分について見れば、彼らは請負用の土地を有する農民であると同時に、商工業活動に従事する労働者でもある。経済的二重身分から見れば、請負用と住宅用の土地を有するほか、計画出産において特別な待遇を受ける等、農民の享受するその他の権利を有し、農業収入により生活の必要を補てんするに足りない場合に都市へ行き、自らの労働力を売って現金収入を取得する労働者となるわけである。しかし、彼らの収入、労働保障および社会保障上のいずれも伝統的意義における労働者より劣る立場に置かれている。まさに土地との関係が密であり或いは疎遠であるという理由から、彼らの職業形態は一種の「兼業性」を呈している。

（三）身分の改変が困難

　1980年代中期以来、農民工は既に中国の経済発展のための一大推進力となっていたが、彼らは社会生活領域において一連の不平等な待遇を始終受けてきた。これら都市で働き生活する膨大な集団は、一部制度や政策の制限を受けて全体的に都市社会の低層に位置づけられることになり、その経済的、社会的地位は低く、基本的に権利を持たなかった。「民工ブーム」が生じたばかりの1980年代中期における人々の対応は冷静さを欠いた、消極的なものであり、「民工ブーム」を「盲流（浮浪者）」と定義してこれを阻止しようとさえした。各大都市でも過去の管理思考や古い習慣がそのまま受け継がれ、あらゆる手を講じて制限を加えた。

　1985年7月、公安部は「都市・鎮人口管理に関する暫定試行規定」を公布して、「農業戸籍から非農業戸籍への転換」に対する毎年の内部割り当て比率を1万分の2と定めた。また同様の背景から、1985年9月に人口管理を近代化させるための基礎制度である住民身分証制度が導入された。当時、政府は都市に入り出稼ぎや商売をする者に外出就労証、計画出産証、都市就業証、職位研修証、暫定居住証等の手続きを求めた。各証書の手続きには一定費用の納付が必要であり、「秩序ある流動」もまた、関係管理部門が農村の流動者から金を儲ける口実となっていった。

　1994年、一部の都市で就業分類政策が打ち出され、農村からの流動者の都市での就業を差別的に制限した。

また、各市政当局はさらに収容送還制度を拡大し、ともすると農村流動者を「三無人員（身分証、暫定居住証、雇用証明のない外来者）」として捕まえ、不法に留置し、強制的に労働をさせ、費用を徴収し、故郷に送り返した。都市の収容送還部門や公安部門のなかには「三無人員」を捕まえることで主な収入源を得たところもあった。

　これら政策制度の制限のために、農民工が自らの生存状況を根本から改変するのは常に困難であった。例えば、賃金収入や社会福利について述べれば、農民工はその労働に対して相当収入が少なかった。

　子女の教育の面でも、農民工は大いに差別を受けた。その子女は都市において公立学校の義務教育から排除され、一般の農民工子女の就学のために設立された一部の民間学校は、国家の資金を一銭も使わなくとも関連教育部門の許可を得られなかった。政治上、彼らは労働者としての待遇も受けられず、労働組合は彼らに配慮を与えず、労働紛争、労災事故等が生じても往々にして望ましい解決を得られなかった。就業においても、都市住民と同等の待遇を受けられなかった。一方、都市住民は農民工との競争を避けるため、正規部門への就職においては身分優位が保証されていた[1]。

四、ホワイトカラー：価値を表し、生活を味わう

　中国の経済体制が市場化へと転換する中、肉体労働ではなく知力による「被雇用者」が中国社会に現れた。彼らの業務内容、就業方式および収入のいずれも一般の肉体労働者と異なっていた。彼らはさほど財産を持たなかったが、比較的安定した高収入を得ていた。即ち、「白領（ホワイトカラー）」と呼ばれた人々である。彼らは制度改革の産物であり、制度変化の受益者であった。一部のホワイトカラーは政治とかけ離れた生活哲学を持ち、イデオロギーを軽視して、一般の人々とは異なる「孤高」の生活を送った。

（一）シンボル化から抜け出すホワイトカラー

　「ホワイトカラー」は、1978 年の中国改革以降、完全なる概念として中国に出現した。1980 年に外資企業が中国内陸に駐在事務所を設立したのに始まり、1985 年

---

1)　甘満堂、「城市農民工与転型期中国社会的三元結構」、『福州大学学報（哲社版）』第 4 期、2001。

にはその数が900社にまで増加し、事業拡張のためレベルの高い、専門技術を有する人材が大量に必要とされた。それ以降、肉体労働でない、専門性を有する仕事に従事する大量の中国人従業員が外資企業で通訳、秘書、営業ないしはマネージャー、代表を務めるようになった。

外資企業の影響力が日増しに強まるのに伴い、ホワイトカラーの身分は国際色を一層帯びた。これら外資導入に起因する外資企業のホワイトカラーには、外資企業で働く中国側管理階層や高級従業員が含まれ、いずれも標準的な中産階層であった。目下、すでに3万余名が外資企業の北京駐在事務所で働いている。北京に猛追する上海では、その人数がすでに北京を追い越している[1]。

1990年代以降、経済体制が市場化へと転換する中、技術的、管理的および社会的資源を有する大量の高学歴者が次々と創業して商売を始め、企業や社会組織の管理者が大量に現れた。社会のニーズが高まる中、高等教育機関でMBA、MPAおよび法律修士を学ぶ者が益々増えた。同時に、ハイテクの採用や新業種の発生のために、高収入者集団が生じ、例えば留学して帰国した創業者、建築家、弁護士、会計士、不動産鑑定士、営業担当者、テレビや映画の製作者、役者、株式取引をする者、それから様々な形式の自由職業者がこれに含まれた。また、中央政府が数回にわたり政府公務員と国有企業事業者の職員(研究院や高等教育機関を含む)の賃金収入を大幅に引き上げたので、この階層も中等収入階層の列に加わる条件を備えることになった。中国社会科学院が行った2001年の全国調査によれば、中国中産階層の数は既に8000万人以上に達しており、社会経済政治システムにおけるこの階層の役割は益々顕著なものとなった。

中国の中産階層が発展する過程で一部の人々はこれを異分子と見なした。1989～1992年の改革に関する大論争において、彼らは「中産階層」は「資産階級の一部」であり、「最も危険な異分子階級」であると宣言し、彼らを規制し抑圧する政策を主張した。鄧小平が1992年に「南方講話」を発表すると、中産階層に対するこのような非難がいくらか収まった。

(二)他人と異なる自主的生活

中国において、人々は「ホワイトカラー」について面白い描写をしている。「彼ら

---

1) 鉄嬰、「萌生中的中国白領階層」、『文化交流』第4期、1999。

は大手外資企業、マスコミ、機関、銀行および不動産流通の各部門で働き、その身分は経理、職員、編集記者、制作者、技術専門家等であり、生産性とは直接関係のない管理職に就いている。彼らは輝かしい地位や権力を持つわけでもなく、重視されないながら独自の楽しみを有する集団である。しかし、一般労働者から見れば、彼らは成功者の象徴である。彼らは身なりが良く、冷淡な表情をしており、銀行やホテルに優雅な様子で出入りし、安定した収入のために衣食の心配がなく、自信があり、どこか抑圧された風である。ホワイトカラーは伝統的な中産階層と異なり、私的な資産や独立した地位がなく、その身分のために従属的立場にしかなれない。彼らは都会的雰囲気を漂わせ、風格があり、理想を口にするのを恥じ、理論的批判を敵視し、個人の責任を論じるのに価値を置かず、現状に非常な興味を抱き、楽しそうに話し、眩いスターのような雰囲気を四方にまき散らす。文化それ自体が意味をなさない時代にあって焦りを感じている。立場を常に変え、新たな流行を負うのが彼らの最大の特徴である」[1]。

ホワイトカラーの行動方式を評価する統一した基準は必ずしも存在しないが、その行動は広く認められるようになっていた。彼らは上品な遊び、例えばテニス、ゴルフをしたり、喫茶店で優雅に議論したり、高級な小劇場で現代劇を鑑賞したりするのを好んだ。この時期のホワイトカラーは既に「文化大革命」の時期における有閑階級の代名詞ではなく、一種の象徴となっていた[2]。職業選択においては、収入と個人の能力の発揮が自らの価値を体現するのに不可欠であるとホワイトカラーは普遍的に考えていた[3]。

全体的に見れば、「ホワイトカラー」は自らの生活や自己価値の実現に一層重きを置き、社会に反抗せず、社会と積極的にかかわり、自己価値を最大限に示すため社会の提供する様々なチャンスを掴むのに努めた。彼らの自己価値は本職だけでなく、日常生活において品位を追求する中で一層体現された。

第三節　消費時代の到来

1980年代において、レジャーは政治化、私人化、多様化、商業化および分層化

---

1) 丁義浩、「圏点中国白領階層」、『人力資源』第6期、2003。
2) 肖飛、「白領階層」、『華人時刊』第9期、1999。
3) 徐錦泉、李智剛、「一項関于"白領現象"的公衆調査」、『当代青年研究』第3期、1995。

の過程を経た。政府が各市民のすべての余暇活動を定めることはなくなり、全く新しい価値や多様なレジャーが都市の多くの人々の生活に入り込んだ。しかし、どのような自由な体験であっても一連の強制的な規範を伴った。

「不足経済」の終結に伴い、人々の物質生活は極めて大きな改善と満足を見たとともに、消費活動においては配給券時代の各種制度による制限から解放され、自主選択権が大きく高まった。物質が豊富となったことで消費領域が拡大し、個性的な娯楽消費が追求されることになった。このように私人化の色彩を強く帯びた消費行為は、政治的イデオロギーから意識的に逃れ、イデオロギーに縛られた生活に対する反発や風刺（茶化す）の中から行動に関する新たなルールやパターンを生み出した。その一方で、人々の自主性を体現する消費行為は次第に産業化の過程に取り込まれ、消費工業生産領域の一環となった。即ち、異化の産物となったのであった。

一、消費水準の向上：量から質への転換

商業経済の発展と市場の繁栄に伴い、商品の多様な選択が可能となった。従来であれば衣食のみを求めていた人々の消費はより快適な住居や旅行を楽しむようになり、単純な物質に対する需要から、健康、趣味等、生活の質の向上への追求へと拡大した。計画経済から脱却した消費者の自主性は大きく高まったが、この種の消費における自主性が過度に解放されたために他に先駆けた消費、過度の消費といった「行き過ぎた」現象が出現した。

（一）「飢餓後遺症」

1980年代初中期より都市と農村住民の消費ニーズや消費構造に新たな変化が生じ、衣食に対するニーズが基本的に満たされると、消費モデルは「使用」の領域へと転換しはじめ、家電製品等の高級消費財が消費される傾向が出てきた。市場ニーズが急速に増加する状況において、これら消費財の供給はすぐに追いつかなくなり、家電産業に対する投資とその発展を強烈に刺激した。そこで、国家は価格改革の面において「調整を主」としていたのを「開放を主」とする方法へと変更し、市場メカニズムを拡大させた。このことは中国人の「使用」に対するニーズを大きく刺激した。1950年代から1970年代にかけて人々が購入した消費財は主に百元レベルの「老四件」（自転車、腕時計、ミシン、ラジオ）であったが、1980年代には千元レベルの「新六件」（テレビ、洗濯機、カセットレコーダー、冷蔵庫、電気扇風機、カメ

ラ)になり、1990 年代中期になると、人々の消費水準は再び上昇して「万元レベル」の「エアコン、コンピュータ、携帯電話」等の耐用消費財に目をむけるようになった。これは電子情報産業の急速な成長を大いに促した。

　1980 年代以降、人々は移動手段としてまずバイクを入手することを願った。若者はバイクを手に入れるのを自慢にし、特に輸入車を好んだ。1986 年、国家は初めて自動車の私的保有を認めることを宣言した。その後、自動車は未曾有の速さで現代家庭に入り込んだ。『中国統計年鑑』が公表したデータによると、1985 年の私人による全国の自動車保有量は 28.49 万台、1996 年になると 289.67 万台となった [1]。この頃、人々の購入の重点は数万元レベル、十数万元レベルの小型自動車、分譲住宅へと移った。

　1980 年代中後期には経済発展が過熱したためにインフレが生じ、消費財価格が 1985 年には 6% に、1986 年には 8.8% に、1987 年には 6% に、1988 年には 7.3% にそれぞれ上昇した [2]。価格の上昇とこれによりもたらされた無計画な買いだめや消費ブームが中国の大地を席巻した。この時期、消費者は消費のためでなく価値維持のために消費を行ったのであり、購入時には種類、ブランドおよび品質を問わず、価格交渉をせず、多くのショッピングセンターで長年店晒しになっていた欠陥商品も争うように購入した。このことは孫隆基の言う「飢民人格」[3]の「飢餓後遺症」を十分に体現したものであり、人々は心理的に飢民であった。まさに写実主義者である沈宏非氏が語ったように「食いしん坊で満腹になってもなお満たされない」様相を呈した [4]。

（二）健康と品位が消費の視野に

　国際社会で流行している解釈によれば、「生活の質」とは、人々の物質と精神文化上のニーズに対する全面的、総合的な満足度と環境の状況を指す。このように消費水準は生活の質の一面を指すに過ぎない。1980 年代においては物質的生活水準が低かったため、生活の質は人々の求めるところに達しなかった。90 年代に入って衣食の問題が効果的に解決されると、人々は生活の質を追求するようになった。プ

---

1) 中国統計年鑑編集委員会編、『中国統計年鑑 2000』、中国統計出版社 2000 年版。
2) 揚帆、「20 世紀 80 年代我国宏観調控的経験教訓」、『杭州師範学院学報（社会科学版）』第 5 期、2006。
3) 李波、「吃垮中国：口腔文化的宿命」、光明日報出版社 2005 年版。
4) 「婚宴不做冤大頭」、『今日早報』11 月 2 日、2005。

レゼントの購入を例に挙げれば、80年代には人々は衣食を解決するような物を選ぶ傾向があったが、90年代に入ると健康用品の類を購入するようになった。

1980年代から高まる金の購入ブームが90年代に入っても衰えを見せなかった。当初、人々はおしなべて価値の保持、増加のために金を購入したが、その後は身につける装飾物へと変わった。この時期における新たな消費の重点として、精神的な満足や人格陶冶へと追求が移った。例えば旅行であるが、以前であれば各地で自然の風景を見て回るのは「仕事をしないでぶらぶらする」、「飲食や享楽にふける」ものと見なされていたが、視野を広げ、自然に親しむものとされるようになった。このような消費ニーズもまた1980年代に中国の観光業をスタートさせた最大の契機であった。以前であれば、花を買うのが「気取り屋の贅沢」とされていたが、今では花のない祝日では雰囲気が盛り上がらないし、花によってある種の感情を自然に表現できる、とされている。このような消費は情操を高め、趣味を豊かにするとともに、自らの個性を表すこともできると考えられている。

80年代末には、都市消費者の住宅に対するニーズが急速に高まり、ニーズは徐々にレベル分けが進み、簡単な企画デザインが従来の基準図に基づく住宅建設観念に取って代わり、国外のマーケティング理論が入り込んで、デザインを中心とした不動産開発が始まった。不動産企画の概念が1993年前後に静かに出現したのであった。

人々の消費観念の更新と消費能力の向上に合わせ、中国ではさらに1980年代末から90年代初めにかけて消費者金融が実施された。1980年代以来、中国社会では経済が急速に成長したとともに大量消費時代に急速に入り、中国人の日常的な生活方式と消費観念にも非常に大きな変化が生じた。

市場化が進んだために、人々は計画経済の分配モデルから益々離れ、貨幣消費方式による交換が行われるようになり、多様化された商品やサービスの中から選択できたので消費者の自主性が大幅に高まった。しかし、消費行動と消費の選択性は先験的に決定されるものではなく、特定の時間空間における社会構造と動力の作用を受けて形成される[1]。自主性の強まった消費者は、商品やサービスを無限に追求するので伝統的な生活方式とそり合わないのは避け難く、それ故、消費者の自主性は必然的に社会生活領域の制約と影響を受ける。

---

1) ギデンズ著、李康等訳、『社会的構成』、三聯書店1998年版。

二、娯楽性消費：プライベート化と産業化

日常消費がプライベート化に向かい、政治的傾向が見られなくなったのはポスト不足経済時代の必然的特徴であった。人々は気楽でのんびりした消費活動において、自己の個性を発揮し、自主選択の自由を味わうことを望んだ。しかし、人の行為に対する社会の制約が随所に存在し、消費の産業化が進んだため、消費が現代工業化の基本的な流れとなっただけでなく、消費者をもその生産の流れの一部となさしめた。

(一)プライベート化

「10年も経たないうちに、数千万人が新たな通信方式、社交のボキャブラリー、商業化ルートから生まれた新たなレジャー方式を手に入れた。控えめに言っても、中国はこれまでに消費革命を経験しており、現在も経験している」[1]。この消費革命において自主性の選択はいくつかの異なる側面をもつ。

一般人にとって最も重要だったのは消費の自由であり、パン、煙草、各種肉野菜類、衣服、靴、帽子から、様々なブランド車、時計、各種ダンスホール、バーに至るまで思うままに選択できるようになった。同時に、人々はさらに「生活方式を同様とする集団と私生活を送ることを選択し、自分と異なる人々との関わりを減らす」ことができた[2]。なぜなら、消費は現代社会において人々がパーソナルアイデンティティを確立するための基本方式であるからである。消費者は商品およびそれが持つイメージや理念を利用して自己の追求を体現し、自己の公衆イメージを作り上げる[3]。

1980年代以後、国家はこれらの制約を徐々に緩和しひいては排除し、「プライベート」は「優越」、「特別」の代名詞となった。1984年7月、上海に営業目的のダンスホールや喫茶店が初めてできてから、十数年の発展を経て、上海において文化娯楽の産業化が益々顕著となった。種類や数量においてであれ、経営方式、投資方式、

---

1) Deborah Davis 著、盧漢龍訳、『中国城市的消費革命』、上海社会科学院出版 2003 年版。
2) 趙文、「結語：第二次解放」、Deborah Davis 著、盧漢竜訳、『中国城市的消費革命』、上海社会科学院出版社 2003 年版に掲載。
3) McCracken, G. Culture and Consumption: New Approaches to the Symbolic Character of Consumer Good and Activities, Indiana University Press , Bloomington, 1988; Miller. D. "The Young and the Restless in Trinidad: A Case of the Local and the Global in Mass Consumption." In Consuming Technologies: Media and Information in Domestic Space, Edited by Roger Silverstone and Eric tone Hirsch, Routledge, London, 1992.

投資規模においてであれ、その質は飛躍的に向上した。1996年末の統計によれば、上海の文化娯楽場所は6278軒にのぼり、内訳はダンスホール1451軒、カラオケ3145軒（うち、カラオケレストラン1829軒）、音楽喫茶159軒、生演奏付レストラン325軒、ビリヤード場554軒、ゲームセンター610軒、テーマパーク等の大型遊園地34軒であった。多くのプロジェクトでは1件あたりの投資総額は3000万人民元を超え、投資額が数億人民元にのぼった大型施設もあった。文化娯楽活動への参加は上海人にとって文化娯楽消費の重要な内容となり、1996年には文化娯楽消費活動への全市の参加者は1日あたり延べ20万人近くにのぼった。文化娯楽業の持つ連携と拡散機能は、関連産業、例えば小売、旅行業、飲食業、オーディオ製品業等に一定の消費者集団をもたらした[1]。

このような「私人化（プライベート化）」された消費活動において、過去には濃厚であった政治イデオロギーの色彩がゆっくりと薄れていった。

(二) 世俗化

1980年代に都市経済体制改革が推進され、住民が「私的な生活空間」を獲得し、科学技術が発展したおかげで電子メディアが出現したが、これらはいずれも中国社会の大衆文化消費が振興するための条件を整えた。大衆文化消費がハイカルチャー消費と異なる点のひとつは最大消費者集団に適し、再現可能で娯楽性があるということである。まさにある人が指摘したように、「80年代は情念に満ちた時代だった。90年代以降は文化全体が基本テーマを失い、盛大な夜宴の後、帰途に向かう酔客が街をぶらぶらしているかのようだった。その根源を探れば、歴史の記憶が薄れ、ひいては失われたことにある」[2]。人々の消費行為における自主選択権が高まったことは、ある意味において過去の濃厚な政治生活に対する一種の回避であり、既存制度の制約や政治的影響、政府の権威をいつのまにか弱めた。

物質的生活水準が高まる中、経済における個人の自主性が益々強まった。余暇が増えるにつれ、精神文化におけるニーズが日増しに多様化し、階層化の特徴を呈した。また、商品経済が猛烈な勢いで発展すると人々はかつてのようにいいかげんに日々を送ることができなくなり、市場メカニズムの下において生活のリズムと仕事のために非常な心理的プレッシャーを受けた。多くの人々の文化ニーズについて述

---

1) 花建、「上海文化娯楽的産業化発展」、『社会科学』第12期、1997。
2) 肖鷹、「阿姐鼓与90年代文化」、『浙江社会科学』第6期、1998。

べれば、「一日働いてとても疲れたから、ただゆっくりしたい」という心理のために、精神文化消費が日常生活における行為と感情を一層反映し、直観的で実用的知識を提供し、神経を休め、気持ちを切り替え、心のバランスを整える傾向を自ずと示した。1993年を前後にして、夥しい数の新聞の週末版や気晴らし、娯楽向けの定期刊行物が爆発的に発刊された。人々は楽しみを求め、退屈しのぎのため様々な方法を模索し始めた。当時流行っていた「文化Tシャツ(ロゴや流行語入りのTシャツ)や駄弁りはまさに人々が主に行動とコミュニケーションを通して退屈しのぎをする傾向を示したものである。

　大衆文化消費は過度に形式を追求していたとも指摘できる。多くの大衆向けの映画・テレビ作品、流行歌、娯楽雑誌等はいずれも斬新な「パッケージ」により人々の感覚的刺激や心理的欲望を満たすことのみを重視した、「インスタント」の消費であった。同時に、大衆文化消費は往々にしてこれまで親しみのある、受容されやすい文化のみに関心を示したため、その結果、既存の現状肯定的な文化が常に複製され、強化された反面、現状否定的で超越を目指す文化は自発的な消費によって進化することが難しかった。そこには、本来一定の水準にあった文化消費はその文化的意義を失い、単に感覚を刺激するものとなり下がる可能性があることも否定できない。自発的な市場体系において、文化製品の文化的価値と商業的価値との間に著しい差異が存在しているために、ハイカルチャー消費が不利な立場に追いやられ、大衆(向けの)文化消費が需給共に盛んになり極めて強い拡張力を持つことになった。

(三)産業化

　商品経済が急速に発展するに伴い、1980年代に娯楽的文化消費が中国社会に頭をもたげ、特に90年代以後は中国社会の消費の主流が徐々に大衆化へと向かい、新たな特徴が益々顕著になった。機能においてはゲーム感覚の娯楽文化に、生産方式においては文化産業から生まれた商品に、表現においては深みのない平面的な文化に、伝播方法においては全民的な大衆文化となった。現代文化産業の伝播技術や複製手段のおかげで、人々は娯楽的消費財が提供され、観客としての潜在的欲望が刺激され、快楽を原則としての饗宴が与えられた。

　80年代初めには思想解放運動を旗印とした中国文化は、80年代の半ばを過ぎると、早くも変質した娯楽消費製品は終極的意義、絶対的価値、生命の本質に対するあくなき探求を放棄し始め、様々なメロドラマ、アニメ、ラブストーリー、流行歌、

社交ダンス、カラオケ、ビリヤード、電子ゲーム機、芸能人、ゲームセンター等が中国人の消費行為の主な対象となった。そこには、商品化、技術化、共有化、並びに消費性、流行性、通俗性等の特徴がみられた。

1970年代末から80年代初めまでの大衆文化発展の第一段階においては、海外や香港・台湾の大衆文化製品、例えば流行歌、通俗小説、テレビドラマ等が流入することによって、大陸での大衆文化発展の幕開けが告げられた。1984年に大陸で相次いで立ち上げられた製作会社が流行音楽の工業化・商業化メカニズムを形成させた。商業利益への追求は、80年代中期にカセットテープの生産ブームを作り上げた。1985年に西側の人気デュオ「ワム」(Wham)[1]が中国の北京と広州で公演を行ったが、これは西側の音楽スターによる中国での初公演で、センセーションを巻き起こした。続いて、斉秦、蘇芮に始まり香港・台湾の芸能人も大挙して大陸で活動を始めた。崔健を旗印とする中国本土のロックバンド、「小虎隊」を代表とする純情流行歌やより商業的な「四天王」が次々と登場し、歌謡界の分化を促し、娯楽方式の多様化を推し進めた。カラフルな音楽スタイルは中国の若者に斬新な多様化された娯楽消費領域をもたらした。

娯楽の大衆化への転換は、産業化に転換する過程でもあった。これは娯楽消費財がもはや個性化の産物ではなく、産業化の結果であることを意味し、企画、投資、制作から宣伝、発行、さらには実際の消費に至るまで、いずれも大量生産製品となって文化娯楽市場に投入された。この転換の過程において、多くの文化芸術の従業者は工業的複製原則に対する心理的抵抗や警戒を自ら放棄し文化産業の組み立てラインの労働者となった。それと同時に、消費者もいつのまにかこの産業の流れの一部となり、文化活動は益々経済利益と商業ルールの制約を受けるようになった。

三、贅沢消費：流行と社会の礼儀

中国の贅沢品消費行為には独特な特徴があり、他人との比較、社会階層の差異だけでなく、社会階層の再生産に関連するとともに、政治とも密接に関係し、社会的儀礼の中心として社会関係を作り上げる過程でツールとしても独特の意義を持った。

---

1) ワムは1980年代初めのイギリスで最も人気を博したデュオであり、リードボーカルのジョージ・マイケルはスマートで、平底のサンダル、破れたスエードの上着、裾を巻いたジーンズを身につけ若い女性を中心に人気を集めた。当初は反抗する青年のイメージであったが、その後セクシーアイドル路線に移った。

（一）消費の「格調」

　改革開放がさらに深まると、経済発展が一定程度進み、市場化が深化して外来の消費ブランドが中国市場に参入した。これら海外ブランド商品は中国の消費者に新たな消費観念をもたらした。即ち、ブランドを追求する流行消費である。流行消費が重視したのは「ブランド」という無形資産であった。このような無形資産により他人とは異なる消費者の身分と個性を有することができた。

　中国で最も早期に流行消費を享受したのは「先に豊かになった」人々で、彼らの消費行動は誇示性が強く、自分の身分を顕示するものであった。国際的な高級ブランドが次々に中国に参入するに伴い、誇示性流行消費者集団の規模は拡大し続けている。1992 年、国際的な高級ブランドであるルイ・ヴィトンの第一号店が北京の王府ホテルに開店され、アルマーニ、シャネル、グッチ等の国際ブランドが次々とこれに追随した。1994 年に「BMW」が北京に初めて駐在所を設立すると、「ベンツを運転し、BMW に乗る」というのが多くの人々の目標となった。

　ホワイトカラー階層は流行消費の主要集団であった。彼らは消費において常にそれなりに時代の先を行くことに努め、収入においてショッピングや娯楽に費やす割合はブルーカラーのそれを 19 ポイント上回った。ホワイトカラーは、服装や装飾品の選択において身分と優雅さを体現しつつ個性を十分示すことに重きを置いた。約 67％ のホワイトカラーは「流行の服装の購入を好まず」、ニューリッチのような誇示性を持たず、過度に人の先をいくものではなく、センスを重視しながら「プチブルのムード」を求めた。

　1984 年、国内初のポケベルセンターが上海に開設され、ポケベルが豊かさと身分の象徴となった。ポケベルを買うのは洗濯機を買うのと同様、家庭の一大事であった[1]。「何かあったらポケベルを鳴らしてください」というのがかつて最も流行した別れの挨拶だった。

　80 年代後期においては、「携帯電話」の購入が流行消費を誇示する最もよい方法だった。1987 年、モトローラがまずは北京に駐在事務所を設立し、アナログ方式の携帯電話を中国人に売り込み始めた。同年 11 月、全国に先駆け広州にアナログ式移動電話システムが設けられ、所謂「大哥大」或いは「大水壺」と呼ばれる携帯電話が出現した。科学技術と社会が急速に発展するにつれ、「大哥大」は徐々にスリムに

1）　馬勇、「溝通・変遷」、『羊城晩報』9 月 14 日、2007。

なり、携帯電話はいよいよ小さく精巧で薄く、デザインがユニークで、新たなデザインが発売される間隔が一層短くなり、価格もますます手ごろになった。携帯電話は少し前の神化された「大哥大」からより使い易く、平民化された大衆の通信ツールとなった。

(二)消費の社会資本機能

　贅沢消費は中国において独特な意味を持つ。贅沢消費の多くは、エキゾチックで優雅でファッショナブルなエンターテインメントに集中している。例えばボーリング、ゴルフ等がそれであった。消費者は自主的な消費活動において財産を個人的成功の結果として示すことができただけでなく、消費活動を通して他人を意識的に歓待し、自らの実力を顕示する方法として事業を発展させることもできる。さらに重要なのは、このような消費活動を社会関係ネットワークを作るツールとして政府官僚の機嫌を取り、それなりの庇護を受けることもできたという点である。

　中国では、経済の発展が依然として政府と密接に関係しており、政府は一部の経済領域に影響を及ぼし、制約を加え、ある種の経済商業活動を扶助し援助することができることから、企業家達は政府の各主管部門の指導者と良好な関係を保たなければならなかった。また贅沢消費活動はまさに企業家が政府官僚から支持を得る絶好の機会だった。それ故、中国の贅沢消費者は主として、経済的成功を納めた企業家と政府権力を手にした指導者幹部という二種類の人々となった。政府官僚による贅沢品消費はその収入ではなく手にした権威や地位に拠ったため、現代の中国社会においてはツールとしての関係ネットワークを築く行為が大幅に増加した[1]。一方、このような関係を築くツールが必要とされたことが、中国社会の贅沢品消費を大々的に促したのであった。

　ブランドの巻き煙草、高級酒や希少な食物は長い間中国において特別な商品であり、人々はこれを人間関係ネットワークの構築と維持に利用したのであった。

　つまり、贅沢品を保有し消費することは、政治的特権の象徴であっただけでなく、商業的財産を有することの象徴でもあり、社会資本を築くルートであった。

---

1) Thomas Gold, "After Comradeship: Personal Relations in China since the Cultural Revolution." China Quarterly 104: 657-675, 1985.

第四節　家庭婚姻の新傾向

　社会の開放が益々進み豊かになったことは、婚姻家庭に対する観念において顕著に表れていた。この時期、幸福感、感情、自主性、プライバシーが婚姻家庭について議論する際の主な基準となり、従来はデリケートな話題であった「性」も徐々に議論可能な話題となり、家庭の小型化、例えばディンクス (DINKS) が次々と現れ、時代を先取する人のなかには「国際結婚」を選ぶ人も現れた。世間は「離婚」に対しても徐々に寛容となり、「愛人を囲う」、「金持ちのパトロンを見つける」、試婚、同棲等の現象が見られるようになった。もちろん、この時期、新しい形の婚姻家庭の観念や行為と、社会秩序やルールの保護とは、著しい緊張関係にあった。

一、自己空間の出現

（一）抑圧からの脱却：デリケートな「性」の問題

　「文化大革命」の時期においては、個人の家庭生活を強調するのは「プチブル階級趣味」であると批判され、幸福感は「社会主義制度」や「偉大な領袖のお気遣い」と同一であることが強制された。中国社会の思想解放が進み、政治がさらに公明正大になると、「性」の聖域も徐々に取り除かれ、性やパン・セクシュアルの描写が現れ始めた。1979 年 10 月、首都国際空港の待合ロビーに数名の裸体の少女が描かれて当時人々を震撼させたが、そのインパクトは人体それ自体の肉体美を遙かに超えたものだった。9 年後、北京の中国美術館で初めて人体の油絵を展示した大規模な展覧会が開催されると入場者は夥しい数にのぼった（1 日あたりの入場者が 1.2 万を超えた）。北京で行われた「油絵人体芸術大展覧会」ではさらに 22 万にのぼる入場者を引き付けた。このように人が殺到したのは性が抑圧された中で高ぶる「好奇心」のためではあるが、モラルにおいては人々がこのように平面化された裸体描写を受け入れられることを示している。しかしながら、躍動感にあふれ、手に届くような裸の肉体が目の前にあっては、やはり道徳上恐慌をきたした。1986 年に深圳で行われた第 4 回全国ボディビルコンテストにビキニを着た女性が登場すると、これを容赦なく批判する声が高まった。

　80 年代中期に、女流作家王安憶が性を題材として扱った小説『小城之恋』、『荒山之恋』および『錦繍谷之恋』を相次いで出版した。

　人々は文学作品における性描写に徐々に寛容となったが、1993 年に賈平凹が発

表した「現代の金瓶梅」と呼ばれた長編小説『廃都』が再び性に関する道徳のボトムラインに触れることになった。余りにも露骨な性描写のために人々はこれをナルシストが書いた「ゴミ」であると貶めた。

1986 年には、映画「芙蓉鎮」において主役の男女による 4 分 23 秒という長いキスシーンが演じられ、多くの人々を動揺させた。1987 年、映画「老井」に旺泉という主役の男性が未亡人の布団に入り込むシーンがあったが、人々の性的興奮は一層激しいものであった。しかし道徳上の制約のために、人々はこのようなプライバシーが公開されるのを依然として好まなかった。

しかし市井では、性に対する抑圧の開放を別の言葉に変えて表現するようになった。「陳世美」と「第三者が手出しする（不倫）」のは「婚外恋愛」と呼ばれ、次に「情人（愛人）」という言い方が出てきた。「上床（ベッドイン）」が「性生活」となり、さらに「做愛（メイクラブ）」と呼ばれるようになった。政府の使う「猥雑な画像」という表現は「毛片（ポルノ）」と呼ばれた。終始デリケートであった「性」の話題が徐々に禁忌の域を離れ、人々の生活に入り込んだ。社会道徳のボトムラインは一度ならず後退したが、「性」の露骨さと氾濫は常に抑えられていた。

80 年代中期以降、『人民日報』に性心理障害に関する記事が掲載されると、性心理が議論可能なポジティブな話題となっただけでなく、隠されてきた性に関する心理的問題を正常なルートにより堂々と語ることが可能となったのであった。

（二）婚姻における質の追求：幸福感

幸福感は時にとても主観的で個人的感覚とされる。閉鎖的で、物質文化水準の低い社会においては、他の社会との対比を欠き、保守的で習慣に従う向きがあり、また共産主義一色に覆われていたために、人々は足ることを知り、相対的にかなりの幸福感を感じており、「この感覚は私にとって心地よく、住む場所のないことを忘れさせてくれた」のであった[1]。

開放された社会においては、外部の人々の生活を参考にできるため、個人が足ることを知っても幸せを覚えることはできず、他人、他の社会との比較によって幸福感が決定される場合が多い。1980 年代中期以降、中国の学者は主観的幸福感に着目し始めた[2]。所謂主観的幸福感（Subjective Well-Being、略称「SWB」）は評価者

---

1) ロック歌手崔健の歌『一塊紅布』を参照。
2) 于静華、「大学生主観幸福感研究綜述」、『哈爾濱学院学報』第 5 期、2005。

が自ら定めた基準によりその生活の質を全体的に評価するものであり、個人の生活の質を評価する重要な総合的心理指標であって、特定の集団の生活状況に対する満足度を反映している[1]。形式上から見れば、主観的幸福感とは直観または反省から得られるある種切実で比較的安定した気持ちである。内容においては、主観的幸福感は人々の体験する理想的な(あるいは非常に満足のいく)存在状況であり、特定の社会条件にある人々の生活の主要方面に関係する[2]。

1986年、20を超える出版社から台湾の女流作家瓊瑶の恋愛小説が同時に出版された。その後、彼女の小説を改編した映画テレビ作品を見ようとする観衆で各地のビデオ上映場所はどこも満員となった。人々は「階級感情と同志の友情」式の結びつきに嫌気がさしており、「文化大革命」が作り上げた「愛情の砂漠」に終始生活していることを「瓊瑶ブーム」が中国大陸の読者と観衆をして猛然と悟らせたのであった。

80年代以降、社会が開放されたことで家庭の幸福に対する中国人の要求は益々高まり、主観的幸福感は下降を続けたが、このことは、離婚率の上昇、婚姻の安定性低下、家庭関係の破綻、ひとり親家庭の増加という形に直接現れた。調査によれば、中国の離婚総数は1979年の32万組から1993年には91万組にまで上昇し、1996年には113万組にのぼったという[3]。

物質主義から逃れ、夫婦間の「二人の世界」に浸ろうと結婚式を行わず静かに結婚するのが人気を集め、「ハネムーン」が80年代以降中国で静かに流行し始めた。それまで「ハネムーン」と言えば純粋に「プチブル階級」に属する余分なものであっただけでなく、批判の対象でもあった。80年代中期以降、人々は60年代のように簡素な結婚式を行うのには満足できず、とは言え新式の結婚式の煩わしさや騒ぎにも対応しきれなかったので、ハネムーンに行くというのが多くの新婚夫婦の選択するところとなった。のんびりロマンチックに過ごそうというのであった[4]。

(三)婚姻家庭の私人化：DINKS世帯

1985年以来、中国の家族世帯規模は一貫して顕著な下降傾向を示している。1985年の全国平均世帯規模は4.79人であったが、1990年に行われた全国第4回

---

1) 厳標賓、鄭雪、邱林、「主観幸福感研究綜述」、『自然弁証法通訊』第2期、2004。
2) 邢占軍、「主観幸福感研究：対幸福的実証探索」、『理論学刊』第5期、2002。
3) 劉達臨編、『中国当代性文化』、上海三聯書店1995年版、61～63頁。
4) 「結婚史記」、『江淮晨報』8月13日、2006。

国勢調査ではこの数字が 3.96 人にまで下がり、1997 年には 3.64 人に、1998 年には 3.63 人にまで低下し、核家族、小型家族が主な家族形態となった。

家族規模の小型化は、計画出産政策が効果的に推進されたことと密接に関係した一方、人々が家庭生活において「私的空間」を求めたことと切り離すことができない。人々の自意識が徐々に頭をもたげ始め、自らの利益と自分だけの生活空間を欲するようになった。そのために、DINKS 世帯、独身世帯、未婚出産のひとり親世帯、未婚同棲世帯および子供が巣立ち、老夫婦だけが残った家族が大量に出現した。

80 年代以降、「DINKS（ディンクス）世帯」[1]という斬新な家族モデルが静かに出現した。国家関連部門の統計によれば、1994 年には全国大都市の「DINKS 夫婦」総数は 100 万組を突破し、主に広州、上海、北京等の大都市に集中していた。これら「DINKS」は、幹部、知識分子がその七割以上を占め、現代中国の都市生活において特殊な集団を形成した。現代人のひとつの生活方式としての DINKS は、異質の方式からすでに一般的な方式になっている。もちろん、人々がこのような選択をする原因は様々であり、生活のプレッシャーが大きすぎること、生活コストが高いこと、あるいは幼少から気楽に過ごしてきたために精神年齢が低く一家を養う責任を負えないこと、あるいは質の高い生活もしくは他人とは違う生活を送りたいことなどが理由として考えられる。

零点市場調査分析公司（Horizon）が 1994 年 6 月に公表した調査結果によれば、中国大陸の都市未婚青年の約四分の一が「独身貴族」の生活に憧れを抱き、数においては女性が男性を上回り、合弁企業の従業員、文化教育従事者、自由業者がその大

---

1) 「丁克」は英語 DINKS（Double Income No Kids）の音訳であり、夫婦双方とも収入がありながら子供を生まないことを指す。DINKS 世帯の夫婦は伝統的な婚姻生活における子孫が代々家系を継ぐという観念からの脱却を唱え、質の高い、自由な「二人の世界」的生活を過ごすことをより重んじる。大多数の中国の若者にとってこの言葉はすでに親しみ深いものとなっており、近年 DINKS 世帯が都市青年、特にホワイトカラー同士の夫婦に占める割合は徐々に増加している。人々が DINKS 世帯を選択する理由は主に次のようなものである。(1)夫婦とも仕事を重視し、子供に仕事を邪魔されたくない、(2)「新新人類」の代表である彼らは全く新しい恋愛観、家庭観、出産観を持ち「第三者」（子供）の介入を拒絶する、(3)自分と子供をあまり疲れさせたくないが子女の成長には自分の全精力を注ぐ必要があるだろうから、むしろ生まない方がよいと考える、(4)家庭生活に自信がなく、十分確信が持てるようになるまで子供を産まない、(5)経済条件の制約のために現在の仕事では十分安定しないことを考慮し、経済条件が改善してから子供を生んでよい生活をさせたい、(6)家庭の幸福の条件を下げ、子女が孝行してくれなくとも同じように充実した生活が送れると考える、(7)社会保障機能の進歩を信じ、老後のために必ずしも子供を産む必要はなく、家庭の保障機能を社会が徐々に引き受けると考える。

部分を占めた [1]。

　つまり、婚姻家庭において人々は各種社会的制約を克服し個人的観点から考えることを益々追求し、従来のように社会や他人の責任や希望を過度に引き受けずに生活することを願った。

二、「踏み台」としての国際結婚

（一）利益のみを追求する「外国崇拝」

　1980 年代以来、中国が開放されて世界各国の人々との付き合いが益々頻繁になり、新たに出現した国際結婚が未曾有の発展を見せることになった。

　1978 年前後において中国の国際結婚は少なかったが、80 年代初期以降、中国で国際結婚の登録数は年を追って増えていった。1982 年、中国の国際結婚登録数は 14193 組、1990 年は 23762 組、1997 年には 50773 組にのぼり、53 の国・地域の出身者と結ばれ、初期には主にアメリカ人、カナダ人、オーストラリア人との結婚が多く、その後は東アジア、特に日本人との結婚が多く見られた。

　1980 年、国際結婚した上海住民の数は 396 人、1992 年は 2554 人、2000 年には 3182 人にまで増え、うち男性 374 人、女性 2808 人であり、女性が国際結婚の 88.25％ を占めた。1981 ～ 1985 年と 1989 ～ 1992 年は上海で国際結婚が最も急速に増加した 2 つの時期であり、前者の期間においては年間 396 組から 826 組にまで増え、年間平均 15％ 増加した。1985 年以降、外資が大量に上海に参入して上海で働く外国人が益々増加し、上海人と外国人の接触、交流、理解の機会が大幅に増加したが、このことは 1989 年以降の上海における国際結婚の大幅な増加に直接つながり、年間 802 組から 2555 組にまで増加し、年間平均 33％ 増加した [2]。

　改革開放後、上海では急速な経済的発展が見られ、特に上海は国際的な大都市として社会経済の条件、個人発展の機会や環境に恵まれた。上海では一部の若い女性が国際結婚を、西洋の生活に対する憧れを実現し経済生活状態を改善する手段とみなし、盲目的、功利的目的が強かった。まさに上海民政局法規処の周少雲処長が語ったように、1980 年代初期の上海における国際結婚の急速な増加は、主に世界と長く隔絶していたために上海が立ち遅れたことを知った一部の女性が、外国人に

1）　呉伝鈞主編、『中国経済地理』、科学出版社 1998 年版。
2）　李梓、「中国第四次婚姻革命：不確定性成最大特征」、『新世紀周刊』9 月 19 日、2006。

嫁ぐことで自らの生存環境や物質生活条件を変えたいと望んだために生じた[1]。

この時期、大多数の国際結婚では男女の年齢差が大きく、「お爺さんと孫の結婚」とふざけて呼ばれた。一般的に、二、三十歳の中国女性が五、六十歳、場合によっては七、八十歳の外国人男性に嫁いだのであった。

(二)「電撃」結婚：「速戦即決」

ある資料によれば、近年、国際結婚が離婚に至る増加率は結婚増加率を超えている。カナダ人と中国人の結婚では離婚率が60%にのぼる。1997年における日本人夫と中国人妻の離婚は結婚数の30%を、日本人妻と中国人夫の離婚は結婚数の35%を占め、1990～1995年に結婚したカップルの増加率は2.4倍だったが、離婚したカップルの数の増加率は2.8倍にのぼった[2]。

離婚率の高い原因は互いに深く理解することなく結婚したことにあった。人々が婚姻に求めたのは愛情ではなく、物質生活の改善、あるいは出国を目的とした。それ故、愛情を固めるということに重きを置かず、結婚が長続きするのを期待しない場合さえあり、最終的に互いを知る時間が極めて短い「電撃」結婚が出現した。この目的が益々明確になると、「一目ぼれ」結婚が一層増加した。一部の外国人旅行者、投資家、職員等が中国人の異性と出会ってから結婚するまで十数日ということもあった。このような「速戦即決」の婚姻のため、辛い家庭生活、婚姻の一層早い解体が少なからず生じた。

三、婚姻のぐらつき：浮気を大目に見る

(一)婚姻家庭を繋ぎとめる：道徳の法律化の訴え

政治的要因が弱まり法律の制約が緩むに伴い、婚姻家庭を繋ぎ留める絆は益々弱いものとなった。そこで、人々は道徳により婚姻家庭の安定を繋ぎ留めようとするようになり、離婚に対する道徳的判断が依然盛んに行われ道徳の法律化を求める訴えさえなされるようになった。

1980年代、「道徳法廷」という新しい言葉が正式に登場した。多くの省級の党の機関紙に「道徳法廷」という頁が設けられ、大学などの「現代の陳世美」の話が専ら掲

---

1) 潘清、陸斌、季明、「透視我国渉外婚姻変化 —— 従改善生活到追求情感」、『人民日報』（海外版）6月21日、2003。
2) 劉瀟瀟、「直撃中国跨国婚姻命門」、『法制早報』6月5日、2007。

載されていた。1987年、『光明日報』が「浮気」は資産階級自由化がもたらしたものであり、道徳に反する行為であるとする文章さえ載せた。このような外国であれば露店が売る小雑誌でなければ見られないようなゴシップ中の人物が一旦この「法廷」の被告席に座らせられると、地位も名誉も失う状況はほぼ避けられないことだった。これらの「陳世美」達は一人の例外もなく「資産階級自由化の典型」というレッテルを貼られ、職場から処分を受けたり除名されたりした。

「道徳法廷」は「陳世美」達を裁いたほか、さらに審判の矛先を婚姻家庭を破壊した浮気相手、つまり「第三者」にも向けさせた。多くの定期刊行物やテレビ局は争って第三者に関するニュースを伝え、これらの「第三者」を「道徳法廷」に送り込み、審判の対象とした。『婚姻と家庭』雑誌社の樊愛国が言ったように、「法律によって君を処罰することはできないが、社会の力によって裁き、糾弾できる」のだった[1]。

世論は浮気をした人を再三「道徳法廷」に送ったが、浮気の現象は減少するどころか日増しに増加した。このような状況において、「第三者」に関し多くの疑問が呈されることになった。第三者とは何か？婚姻の第三者と感情における第三者に違いはあるのか？愛情のない「間に合わせの婚姻」をどう評価するのか？第三者が介入したためにこうして婚姻が解体するのは進歩と言えるのか、それとも糾弾すべきなのか？といったものであった。90年代初め、人々の態度はかなりはっきりしたもので、全国の2万人を対象にする「性文明」調査によれば、8000名近くの都市と農村の既婚者のうち、配偶者に愛情が感じられなくなった人が他の異性と性関係を持つのは理解できる、あるいは干渉すべきでないと答えた人が50％以上、「第三者」をさらに教育指導すべきと答えた人が70％以上を占めたが、「法的手段を講じるべき」と答えた人は16.5％に過ぎなかった[2]。

90年代以降、人々は「第三者」という言葉を口にするのを好まなくなった。これは第三者が減ったことを意味したのではなく、より多くの人々がこの言葉は道徳的独断的過ぎると考えためであり、第三者は徐々に「情人」と呼ばれるようになった。より多くの人が「不倫は許される罪である」[3]と考えるようになり、第三者を道徳法廷に送り込むべきという声に耳を傾けなくなった。しかし1996年下半期に全国人

---

1) 李梓、「中国第四次婚姻革命：不確定性成最大特征」、『新世紀周刊』9月19日、2006。
2) 劉達臨、呉敏倫、仇立平、『中国当代性文化』、上海三聯書店出版社1992年版。
3) その後、Bonnie Eaker Weil、Ruth Winterの『外遇可寛恕的罪』が特に翻訳され、出版された（中国社会出版社1997年版）。

民代表大会が民政部に婚姻法の改正を依頼した際には、「第三者」に対する懲罰を婚姻法に書き入れるよう求めた声がなおあり、「姦通罪」等を改めて設ける必要性を説いた人もあった。

（二）婚姻の固守に拘らない：「あなた、離婚しましたか？」

「道徳法廷」に対して疑問が呈され不倫が「許される罪」になると、婚姻家庭のぐらつきを目の前にして、人々は徐々に生活におけるこれらの変動を冷静に直視し、挽回し難い状況に陥った婚姻を冷静に解決するようになり、放棄することを主体的に選択して救い難い婚姻に固守することがなくなった。彼らは終わった婚姻の「束縛」から自らを解放し始めた。まさに中国法学会婚姻家庭法学研究会の夏吟蘭会長が語ったように、「『婚姻法』の改正は、離婚率上昇をもたらしたのではなく、不幸な婚姻をより解体しやすくしたにすぎない」[1]。

（三）婚姻家庭の背後：愛人を囲い、金持ちのパトロンを持つ

80 年代中期より、香港と内陸を行き来する香港商人、ホワイトカラーおよびコンテナ車のドライバーが深圳等で「愛人」を囲うようになった。このような「風流軍団」が拡大すると、羅湖文錦渡口岸附近の庭つき住宅が、「愛人」が集中する場所として有名になった。90 年代半ばに深圳の中心が西に移ると、一部の香港人が大金をかけて愛人を囲うにあたり福田区が一番の候補地となった。深圳河北岸沿いの、中国内陸最大の港である皇崗口岸附近の多くの村落はコンテナ車のドライバーの足休めや出入りに便利であったため、香港コンテナ車のドライバーが愛人を囲う際の一番の選択肢となっていった。これら愛人が多く家を借りて住む村を「愛人村」と呼ぶのが習慣化した[2]。

愛人は、80 年代中期以来の中国社会に現れた奇形現象である。「愛人を囲う」主な形式は金銭などの物質的利益により婚外の異性を養うというもので、一夫一妻制という中国の法律規定に公然と挑戦した。このような行為は、現在の中国社会における家庭婚姻の調和と幸福を著しく動揺させるものだった。

これは婚姻家庭の本質を完全に超えており、社会制度から乖離したものだったため、社会道徳の観点から糾弾された。「愛人を囲う」といった類の行為が重婚罪にあ

---

1) 李梓、「中国第四次婚姻革命：不確定性成最大特征」、『新世紀周刊』9 月 19 日、2006。
2) 涂俏、『苦婚 —— 60 天隠性採訪実録』、作家出版社 2004 年版。

たるか否かに至っては、婚姻法の改正時に大いに議論され、社会各界が広く注目するところとなった。

　外国人に嫁ぎ、金持ちのパトロンを見つけるという、目先の成功や利益を得ようと焦る中国人の婚姻に対する期待はとどまるところを知らなかった。80年代末、伝統的な道徳の束縛から完全に逃れ、利益だけをあせった人々は、「傍款（パトロンをみつける）」という奇異な社会現象を作り上げた。「パトロンを見つける」ことは、「金持ち」のお金を基に彼らと関係を結ぶという点で「愛人になる」ことと共通していたが、「愛人を囲う」ような相対的に安定した準家庭状態とは異なり、このような準家庭状態を実現できなかったり、あるいはこれを求めなかった。

(四)家庭に対する自信の喪失：試婚

　家庭が様々な衝撃に見舞われ一部の人々は家庭に対して自信を喪失したが、その一方で人と人の間の感情により築かれた円満な婚姻を強く渇望した。このような渇望の実現に自信のない、勇気に欠ける人々の中には未来の婚姻が質が高く、保障されたものとなるよう、試婚という変わった方式を選択する人もあった。

　いわゆる試婚とは、未婚の男女(離婚経験者を含む)が法律手続きに則って結婚届を出さないまま婚姻に向けて婚姻の方法により共同生活を送るというものである。これは目的性の強い行為であり円満な婚姻形式を模索するものだった（少数ながら不純な動機を持ち、感情を弄ぶものもあった）。

　ある統計資料によれば、試婚者の試婚期間は短くて半年、長くて二、三年であり、年齢は30歳を超えないのがほとんどである。大部分の人は自らの愛情が結婚に結びつくことを願って一緒に生活しているという。試婚行為に対する社会の態度は益々寛容になっているが、その合理性と合法性が道徳と法律のボトムラインによって制限されているのも事実である

第五節　自己意識と文化の失語

　1980年代より、社会を主導するイデオロギーが政治から経済へ転換するという重要な言説の転換が中国社会に生じた。この言説の転換はまず現代的な言説の転換を経ており、思想領域においては「階級性」に関する言説が人間性に関する言説に取って代わられた。これによって、実践面においては「自己実現」が唱えられ、政治

に対する衝動的な情念によって個人の「自由化」が推進された。しかし、市場経済の言説が人間性や自己実現等の言説を弱めると、中国思想界には一種「文化の失語症」という現象が生じ、「大衆文化」、「後学」、「人文精神」および「新国学」等の言説の台頭につながった。

一、「人の研究」：人間性の訴え

市場化が進むに伴い、中国社会は1980年代中期より世界的な資本市場に巻き込まれるようになり、現代的な言説の転換が見られた。「人道主義」がこの時期の主な言説となった。人道主義思潮によって、イデオロギーが再構築されるだけでなく、「人間の再構築」も促された。この人道主義思潮は一方で「五四運動の復興」を特徴とし、五四運動の時期に現れた「現代社会へのまい進」を主眼とする啓蒙的言説を改めて強調するが、他方では社会の主導的イデオロギーの「階級性」の言説を見直し、「人間」の価値に関する言説の社会の各面への浸透を推進し、「人間性」が普遍的に認められる新たな「常識」を形成させた。

この「階級性」に関する言説が「人間性」に関する言説へと転換する過程で、人々は当初、マルクスの「1884年経済学哲学手稿」を理論的根拠とした。当時のマルクス主義的人道主義者は「『人間』こそ社会主義物質文明と精神文明を建設する目的であり、我々が働く一切の目的でもある。生産が目的ではなく、階級闘争、人民民主専制それ自身も目的ではない」ことを強調した[1]。人々は人間性、異化、人道主義等の抽象的な範疇を借用して「人間」の価値基準を表現した。

その後、五年近くにのぼる「文化ブーム」もまたこの言説の転換を大いに推進した。「文化ブーム」の主な三大推進者は中国文化書院、『走向未来』叢書編委員会、『文化：中国と世界』叢書編集委員会であった。

1984年、北京大学哲学学部中国哲学研究室の若手教員魏常海、王守常等が発起者となって中国文化書院を設立し、梁漱溟、馮友蘭、張岱年、湯一介等の老学者を招いた。同書院は「中国の文化伝統」と「中国と西洋の文化比較」という二つの重要なシンポジウムを開催し、議論の結果をまとめて書物にした。同書院はさらに「中国と西洋の文化比較」についての通信講座を二期にわたり行い、中国の行方に関心を持つ一万あまりの人が通信講座で学んだ。

---

1) 周揚、「関于馬克思主義的幾個理論問題的探討」、『人民日報』3月16日、1983。『周揚文集』巻五、人民文学出版社1994年版も参照のこと。

同年より『走向未来叢書』が続々と出版され、その後『文化：中国と世界』等の叢書
が大量に登場した。当時、「叢書は思想文化行動の杖であり、足の悪いエリート文
化人はこれを叩いて集まり、想像の文化圏へと歩みを進めた。誰かが叢書を主編す
ると文化上の一大事であるかのように扱われた。……叢書の名称は精神的な趣のあ
るものが好まれ、『走向未来（未来へ向かう）』ことを呼び掛け、『文化：中国と世界』
の溶解や再構築を試み、「二十世紀文庫」を概括するといったものであった。理想を
込めた、あるいは遠望深慮を秘めた文化構想であった」[1]。

　当時文化ブームの主題は「中国と西洋文化の論争」であった。20世紀に西側の「現
代派」哲学思想が入り込むと、「西学」も人間構築の過程に取り入れられ、「人間学」
が一種普遍的な呼称となった。その後、『人間学叢書』、『人道主義研究叢書』、『文
化哲学叢書』などをタイトルとする理論書籍が出版され、人道主義主体の範疇に知
的根拠を提供しようとする試みがなされた。

　これと同時に、ショーペンハウアーの「意志と表象としての世界」における主観主
義、ニーチェの「超人」哲学、サルトルの「自由選択」論、フロイドの「性本能」説、マ
ズローの「自己実現」説のいずれも「個性」、「人間性」を声高に叫ぶ根拠となり、過激
な個人主義倫理へと転化した[2]。

　中でも、エルンスト・カッシーラーの『人間』[3]は80年代において最も重要な人
間学の理論著作とみなされ、その核心とされる「人間はシンボリック・アニマルで
ある」という観点が当時最も重要な命題のひとつとなった。神話、宗教、言語、芸
術等はいずれも人類が創造したシンボルであるため、人間の研究は文化哲学から着
手しなければならないと考えられていた。まさに甘陽が言ったように「人間の哲学
は、必然的に一種の文化哲学でもなければならない」のだった[4]。このような思潮
において、劉小楓の『詩化哲学』[5]はドイツロマン派の「人間の審美意識の形成や価
値形成に対する哲学思考」という美学伝統を検討し、即ち、「有限と無限が同一であ
り、個人の恒久的超越が際立っていて」、「最終的には審美の仲介により終局的な解
決を求める」という伝統である。その後、周国平主編の『詩人哲学家』[6]はハイデッ

1）　遇資州、「九十年代中国学術思想叢書漫議」、『二十一世紀』2月号（第51期）、1999。
2）　魏金声編、『現代西方人学思潮的震蕩』、中国人民大学出版社1996年版を参照。
3）　エルンスト・カッシーラー著、甘陽訳、『人論』、上海訳文出版社1985年版。
4）　甘陽、「人論・"中訳本序"」、『人論』に収録。
5）　劉小楓、『詩化哲学 —— 徳国浪漫派美学伝統』、山東文藝出版社1986年版。
6）　周国平編、『詩人哲学家』、上海人民出版社1987年版。

ガー、サルトル等を紹介し、「生存の意義は何か」という彼らに共通する問い掛けを伝えた。1988 年、劉暁波は『審美と人間の自由』の中でも審美を「人類が自由に向かうことのできる唯一の近道である」と見なし、「美の創造と鑑賞により、人の生命の全面的解放を獲得する」ことを提示した[1]。詩化哲学(「生存哲学」、「生命哲学」ともいう)が当時人間性を探索し、人生の価値を確立する基本的方法となった[2]。

二、自己価値の実現：第四世代

政治が進歩し、思想が緩和される中、個人の価値観を強調するのが 80 年代中期以降最も主要な思潮となったが、これは自己価値を実現しようとする青年の訴えを反映したものだった。こうした中で、自信過剰で政治認識と政治心理に偏りが生じた若者が大量に現れ、第四世代(あるいは第五世代)と呼ばれた。『第四世代』という著作は[3]ほかでもなくこの世代の若者が「自己実現」を追求する生存方式を概括したものである。

中国社会が政治の時代から経済の時代に向かうに伴い、思想界は偶像に対して懐疑的になり、これを否定し、破壊する時代に入った。政治、哲学および文化に対する批判が行われた後、人々が直面したのは偶像のない、価値観が空白の世界、「信仰の危機」の時代であった。「それまで神聖だとされてきた一切のものを懐疑し、一切の価値に対する再評価が必要となり、一切の厳粛なものはすべて我々の代によって嘲笑されることができるようになった。しかし、我々は他人の信仰を壊したのか？我々には自分以外の何もない」[4]。この時期、「自我」を巡る精神世界再構成のためのベースが築かれた。現実に直面し、独立した意識を有する主体としての「自我」は懐疑的で反逆的であるという特徴を併せ持っている。人々は行為選択、思考方法、感情パラダイムおよびコミュニケーション方式のいずれにおいても伝統的な価値観と異なり、前世代の道徳的な説教を受け入れず、人生に対する個人の探求にさらに賛同し、自意識、自己設計、自己実現を強調し、現実生活においては自身を主体とする「自己崇拝」という人格特徴を形成した。「自己の強調」を求めるこの世代は、気楽で自由な人生の態度を選択しただけでなく、さらには従来、個人を凌駕し

1) 劉暁波、『審美与人的自由』、北京師範大学出版社 1988 年版。
2) 賀桂梅、「80 年代人道主義思潮 "個人" 観念之辨析」、"中国論文下載中心"、http://www.studa. net/、2006 年 9 月 15 日。
3) 張永傑、程遠忠、『第四代人』、東方出版社出版 1988 年版。
4) 陳冀主編、『三代人対話録』、中国青年出版社 1993 年、109 ～ 111 頁。

てきた社会「全体」という荷を下ろし、重苦しい社会責任の負担を強調しなくなった。

　中国の青年は積極的に政治に参加する情熱と伝統があったため、その人生価値を実現しようとする際に一度は政治への参加を選択した。1987 ～ 1989 年に起こった政治騒動はまさしく彼らの価値観と現実との矛盾や不協和音を表わしている。その時青年達は「自由、民主」をスローガンとしたが、実際のところ個人の自己価値を実現しようとしたのだった。まさに自由に対する理解に、混沌と不明瞭なところが存在していたからこそ、彼らは政治的手段に訴えても個人の価値感を表現しようとした。当時、緩やかだった政治環境はまた政治参加を選択する衝動を可能にした。伝統的価値環境に反抗する過程で、人々は主体的価値観の実現に有利な環境に対する希求をある程度アピールできた。

　「第四世代」の「自己実現」に対する強烈な追求や過激な行為によってこれまでの認識や観念の変化が促進されている。「あるゆる独断的、固定的、硬直的で、絶対化された思考方式がまさに捨てられようとしている。社会問題に参加しようという民主化意識が強化され、政治体制の民主化が社会発展に必要なものとなった」[1]。

三、文化の失語：大衆文化と人文精神

　「80 年代、中国思想界全体は、歴史の進歩／循環、救亡／啓蒙、世界（西洋）／民族（東方、中国）、時間／空間という二項対立のなかで、『中国が世界に向かって歩む』、『地球市民権』、『現代化と民族化』という歴史と現実についての言説を組み立て、世界を背景とする民族の運命についてのストーリーを編み出した。増殖し続ける語彙は狂喜に満ちた『憂患意識』を拡大させ、これにより知識分子の主体的位置に対する想像、ひいては誤認が作り出された。」[2]。

　1990 年代以降、「人間」を周辺化させる市場要因あるいは資本要因による影響は顕著になりつつある。「人間」は自由市場において徐々に不自由に生存する労働力となり、「非人間」的な国家という機械に反抗する自由な個人ではなくなった。人間性の訴え、自己実現の追求という「人間として」の覚醒は、政治的覚醒に取って代わられ、政治的情熱や衝動は政治上の冷静さや服従に徐々に席を譲るようになった。「1990 年代の青年は、政治、人生および道徳における価値観等において社会が唱導

---

1) 王楽理、「当代中国政治文化中的個体意識流変」、"免費論文網"、http://www.MianFeiLunWen.com、2006。
2) 戴錦華、『鏡城突囲』、作家出版社 1995 年版。

する正統的な価値に一層近づき、民主意識、政治の多元化、参加への思い入れ、政治上の自主性等のいずれも後退した。」[1]エリート思想文化は失語症にかかり、これに代わり、ある種の大衆知識文化が盛んになった。

　1990 年に大ヒットした『渇望』、『焦裕禄』、『ママ、もう一度僕を愛して』等の映画テレビ作品は大衆文化としてのモラル言説を社会全体に広め、受容させた。「社会の傷や焦燥をうまく引き受け、移転させた」といわれるこれらの言説は[2]80 年代にエリートによって作り出された思想言説を少しずつ後退させ、沈黙させた。同時に、90 年代初めには、王朔を代表とする大衆文化の流行は文化を「ファッション」に変質させ、「駄弁り式」の大衆的趣味を前景化させた。それによって、思弁的言説はますます沈黙を強いられた。止め処なくお喋りを続ける反面、中国の思想界には「失語症」が蔓延した。「この過程において 80 年代の中国政治、文化理想／救助から、90 年代の経済上の奇跡や物質／経済救助の現実と言説への転換が静かに進行し、エリート文化による『国家に対する議論』から大衆文化が社会の再構築をリードする局面への転換も行われている。」[3]。

　90 年代初め、思想文化の沈黙を前にして思想界は再び西洋に新たな理論根拠を求めるようになった。「ポストモダン」理論の著作が翻訳され紹介された結果、「後（ポスト）学」をめぐる言説が流行し、特殊な文化現象が現れた。中でも「ポストコロニアル」に関する言説の顕在化はまさに政府が海外資本の援助を受けて中国経済の市場化（即ち、資本主義化）を加速させた結果と言えよう。「ポストモダン」に関する言説を巡って展開された議論はまた「90 年代の矛盾を浮き彫りにし、先鋭化させた」[4]。それを背景に、1993 年から 1996 年にかけて、中国知識界では大規模な文化論争、即ち人文精神に関する論争が行われた[5]。

　この論争は旧体制を拒否し、「革命」に別れを告げ、「進歩」、「発展」に賛同するも

---

1)　王楽理、「当代中国政治文化中的個体意識流変」、"免費論文網"、http://www.MianFeiLunWen. com, 2006 年 12 月 21 日。
2)　戴錦華、『鏡城突囲』、作家出版社 1995 年版。
3)　戴錦華、『鏡城突囲』、作家出版社 1995 年版。
4)　戴錦華、『鏡城突囲』、作家出版社 1995 年版。
5)　1993 年、王暁明を代表とする青年学者が「人文精神の危機」を提起し、「審美解放」の意義の見直しを主張し、「心の底から文学、芸術が必要だと思う。これこそ我々が生存状況を直感的に把握するための基本的方法であり、各個人が精神の自由に達する基本的道筋である」（王暁明等、「曠野上的廃墟 ── 文学和人文精神的危機」、『上海文学』第 6 期、1993 年を参照）とした。これにより「人文精神」についての論争を引き起こした。

のであり、「啓蒙または市場」等の経路および手段を巡り目標の実現について議論した。これは一種の文化哲学における転向だと考えられよう。個人の倫理に対する強調は「人間性」、「自己実現」に関する言説と経済化、市場化に関する言説の間のずれを具現化したものであり、失語症に罹った後、「人道」的個人による弱々しい抗議でもあった。

　一方、新国学に対する崇拝や唱導という、「文化失語症」に対する別の反応も見られるようになった。文化は「広場から書斎へ」と退却し、思想が知識に取って代わられた。そこでは、節操を固守し、「御用」を拒否する知識分子の選択がなされた。高度に専門化された「書斎式」学者である銭穆、陳寅恪、呉宓、銭鐘書の著作は、反市場的側面があるにもかかわらず、政治を超越している存在であったため、「消費や鑑賞に堪えられるイデオロギー的な意味が与えられた」[1]。『陳寅恪的最後二十年』、『涙酒心香祭呉宓』、『囲城』、『洗澡』、『幹校六記』、『牛棚雑記』、『顧準文集』、『顧準日記』等の著作はよく売れるようになった。

まとめ

　この十年の中国社会生活の変遷過程の分析を通じて、制度を事前に設置することでは、社会生活を適当でちょうどよく調整することは困難で、社会生活の急激な変化を予測することは所詮は不可能であること、そしてそれは社会生活の発展にとっての前提条件を提供すると同時に社会生活の発展を制約するものであることがわかった。思想、観念が転換し、現実生活が日々多様化するにつれ、人々が直面する社会生活はより多様な選択に満ちてきており、次々に自主性が芽生えては放出される。しかし制度は社会生活と密接に結びついている必要があり、社会生活との関係が発生して初めてその役割を果たすものである。制度が徐々に現実生活から乖離していけば、現実生活に対してその役割を発揮し、影響を及ぼすことは難しくなる。よって、制度は社会生活とだけ密接な関連にあるだけでなく、社会生活の変化に順応するために、適当な調整や改革を行う必要がある。制度と社会生活は常に互いに構築しあう関係にあるのである。

　この時期に表れた社会の自主性はすでに伝統的な重苦しい束縛を打ち破り、伝統的な体制との直接衝突を繰り返した。社会の経済体制が変化し、人々の経済活動の

---

1)　戴錦華、『鏡城突囲』、作家出版社 1995 年版。

選択可能性が強化され、社会の分層化が表出するにしたがい、経済的利益の選択を志向する人々の移動と人材流動の流れが形成された。これは自主性の萌芽と放出を促すことになった。婚姻家庭関係はすでに根本からぐらついており、各種婚姻家庭の「異分子」の力がこれまでの比較的安定した婚姻家庭の基盤に衝撃を与え、人々はそれぞれの自主性を体現した恋愛や婚姻の形式を試みるようになった。しかし、こうした個人の自主性の過度な放出は、一貫して社会道徳の力と婚姻家庭の本質的属性による制約を受けた。

　この時期に、人々の思想観念面での自主性は主に「人間性」と「自己実現」に対する願いや提唱となって表れたが、その政治的衝動は思想的沈黙をもたらし、文化の「失語症」を招いた。

　ともかく、社会制度・政策の大変革や社会生活の全面的改変に直面する人々は、自主性を育み、それを放出すると同時に、制度との関わりや連動のなかで、新たな行動ルールを確立し続けている。これらの新たなルールは継続的な組織化の過程を経て新たな社会制度と政策を形成していった。そして新たに形成された制度、政策がまた社会の自主性を制約し、同時に、自主性がさらに放出される基盤となった。

第四章
開放と流動：市場体制下の社会生活

　1994 ～ 2004 年、中国の社会主義市場経済体制改革が全面的に推進され、市場の力の整理と強化がさらに進み、国民経済は急速な成長を維持した。市場体制のスピーディかつ全面的な拡張と同時に、改革前に形成された社会管理体制と社会支持体系には持続的な弱体化の傾向が表れ、社会生活の市場化傾向が次第に強化されていった。

　市場体制下においては、社会構成員の自主性が急速に芽生えていった。市場が提供する自由な流動空間と自由な流動資源は人々に生活変革の新たな可能性を提供し、国家－単位－個体という伝統的な依存関係の弱体化がますます進み、新しい自主的社会組織（例えば NGO）が急速な発展をはじめ、一定領域において社会の整理統合機能を果たした。中国の国際貿易体系への参加はさらに進み、グローバル化と情報ネットワーク技術が社会生活の領域に全面的に入り込んで自主性の成長を促し、異なる自主性間の複雑な関係を再構築するための斬新なプラットフォームを生み出した。

　前の 10 年間における中国人の自主性の萌芽が、国家によるコントロールの継続的衰えの結果であり、多くはポジティブな効果を生んだというのであれば、1994 年を境目に始まる十年からは、自主性の「パラドックス」が急速に表出しはじめたといえる。社会構成員がそれぞれの自主性を追求していく過程（市場体制下においては、こうした自主性は常々、利益の獲得と結びつく）において、相互に矛盾する利益と認識の枠組みが次第に生まれ、市場は多くの人々に制約なき自主性を与えると同時に、選択することの戸惑いとリスクをももたらした。これにより、それぞれの自主性間の協調という問題が広く注目されるようになった。中共第 16 回全国代表

大会では「三つの代表」が提出され、国家政策の方向性においては市場放出一辺倒から市場放出に加えて「社会の防衛」[1]が同列に位置づけられるという重大な転換が起こり、異なる自主性間の内在的関係の調整が、党や国家の議事日程に組み込まれることが表明された。

第一節　市場のパワーのさらなる放出

　1992年、党の14回全国代表大会において社会主義市場経済体制の重大目標が確立され、1993年末、第14回3中全会において社会主義市場経済体制の確立と全面的な推進が決定し、中国は計画経済から市場経済への転換速度を加速させた。これは三つのプロセスを含んでいる。まずは1995〜1997年、金融・貨幣・税制等の構成部分を含む全体的な市場体制が次第に確立され、1993年以来の経済の過熱現象を抑制し、インフレがもたらした市場危機が解消された。第二のプロセスは1998年からはじまり、この時期は中央政府が積極的な財政政策を行い、財産権改革と企業活力の刺激を主要内容とする一連の改革の推進に注力し、内需不足を改善した。第三のプロセスは2001年のWTO加盟から始まり、この時期に中国は世界の貿易体系に全面的に溶け込み、国際ルールは中国市場への影響をさらに強め、国家の関連計画の調整・コントロールはさらなる相対化が進み、国内市場競争は空前の激化の様相を呈した。上記三つのプロセスは相互に補完しあい、市場体制のパワーは極めて速い時間で放出された。

　市場の力の放出が進むと同時に、改革開放前に形成された社会の管理・保障体制はさらに揺らぎ、社会構成員と国家、単位の間の依存関係は顕著に弱化し、人々の心理状態にも複雑な変化が現れた。

一、「経済過熱」の抑制

　中共第14回3中全会は「社会主義市場経済体制の確立に関わる若干の問題についての決定」を採択、これは中国における急速な市場経済推進期の象徴となった。

---

1)　イギリスで行われた研究に基づき、Polanyi は次のように指摘した。徹底的な市場化は労働力、貨幣及び土地の商品化を引き起こし、これらの仮想商品（fictitious commodities）の出現は社会生活の市場化を示している。これは社会自体の空間を狭め、その現象として、伝統、道徳と価値観の最低ラインの崩壊が目立つ。社会学研究者の目から見れば、社会自体の自主性を保ち、社会の価値観を生き延びさせるため、社会の防衛という課題が浮かび上がった。

同会における最も重要なブレイクスルーは、第一に、「全体的推進、重点突破」の改革戦略が明確に提起され、周縁地帯における改革がなされただけでなく、国有部門においても堅塁攻略戦が求められ、20世紀末までに社会主義市場経済制度の基礎を確立することが要求されたこと、第二に、財務税収体制、金融体制、外国為替管理体制、企業体制及び社会保障体系などの重点分野の改革計画が制定され、その青写真が描かれたことである[1]。

　市場化政策が鼓舞されるなか、社会のムードには大きな変化があらわれ、「下海（国有企業をやめてビジネスを始めること）」、「経商（商売をはじめること）」といった言葉が社会で最も注目される話題となった。鄧小平の「南巡講話」よりも前に、「下海」や「経商」はすでに一部の人々にだれもが羨むような富をもたらしてはいたが、これらの人々の社会的な声望や地位はその富の成長と歩調を合わせて向上したわけではなかった。しかし、1993年に至って、こうした市場経済の「波乗り人」達は社会で尊重を受ける身分を獲得し、さらに多くの人々が市場を通して人生を変えることを試みようとした。

　全人民の「下海」は直接中国の「経済過熱」をもたらし、国内の貨幣供給量の増幅は35%以上にも達し、物価水準は軒並み上昇し、インフレを引き起こした。1994年から、中央政府は貨幣と投資の「二重引き締め」を主要手段とする一連のマクロコントロールを開始したものの、「経済過熱とインフレを引き起こした体制面の要素がまだ根絶されていなかったため[2]、「大きな改革、スピーディな発展」の背景下においても、インフレ率はなお上昇を続けた。1994年の居民消費品価格と商品小売価格の総合水準はそれぞれ前年比で24.1%、21.7%上昇し、改革開始からの16年間において最高となった[3]。

　なぜ物価上昇はここまで速かったのであろうか？当時の国家計画委員会主任・陳錦華の解釈は下記のとおりである。「まずはここ数年、価格自由化と価格調整のペースが速まったことである。1990年から1993年まで、国家は長期的に低価格の水準にあったエネルギー、交通、重要原材料等の大幅な価格調整を行い、数多くの商品やサービスの価格を自由化した。ただし価格調整の効果は完全には消化されなかったため、1994年に再度、食糧・穀物、綿花、原油価格の大幅な引き上げを

---

1)　呉敬璉、『当代中国経済改革戦略与実施』、上海遠東出版社1999年版。
2)　国家統計局編、『1995年中国発展報告』、中国統計出版社1995年版。
3)　同上。

行い、これがさらなる価格関係の調整をうながし、新しい価格形成メカニズムが確立され、生産者の積極性を引き出すのに顕著な効果をあげたが、これはまた価格の総合水準の上昇をも促進した。二つ目として、数年連続で固定資産投資と消費基金の急激な成長が続いたことで、貨幣が過剰に発行され、需要牽引とコスト上昇の二方面から物価上昇が促進されたことがあげられる。第三に絶対多数の商品、サービスの価格及びその取扱いがすでに自由化された新たな情勢において、市場や価格に関する行動規範を定めた法律・法規が未整備であり、流動秩序が比較的混乱した。第四に、社会主義市場経済の発展において、市場価格をいかに効率的に管理し、導いていくのかという点について経験が乏しく、国家が直接握っていたコントロール手段が比較的不十分であったことがあげられる。」[1]。

　インフレを抑制するには必ず「経済構造の調整、経済効果・利益の向上」[2]を加速させる必要があるが、これは必然的に国有企業改革の加速を要求した。1995年から、国有企業改革は一層加速化した。改革の目標は現代的な企業制度を確立することであり、中央の言葉を借りれば、それはすなわち「財産権、権限・責任の明確化、政治と企業の分離、科学的な管理」をその方針として前進させることであった。

　国有企業の「効率向上」と「人員削減」は密接に結びついていた。国有企業改革の加速にともない、レイオフされた人や失業者の数は右肩上がりに上昇した。1995年の城鎮に登記されていた失業者数は520万人（失業登記人数は城鎮に半年以上常住している農村戸籍の者で、未登記の失業者を含まない）であり、レイオフワーカー数は700万人前後であった。1996年までに城鎮で登記された失業者数は552.8万人、レイオフワーカー数は891.6万人に達した。1995年上半期、国有企業が集中する地域ではほとんど経済成長がなく、国有大型企業が密集する東北の重工業拠点では、不景気ムードが蔓延していた。

　国営企業改革の加速にともない、かつて大多数の社会構成員の脳裏に深く刻まれていた「単位制」の影はしだいに薄くなり、企業はしだいにその社会的機能を失い、市場経済における競争主体へと様変わりし、個人が全面的に頼ることのできるよりどころではなくなった。1980年代の「放権譲利（権限、利益の委譲）」を特徴とする国営企業改革は、多くの単位構成員と国家の間の相互依存関係を弱めたが、単位構

1）　陳錦華、『関於1994年国民経済和社会発展計画執行情況与1995年国民経済和社会発展計画草案的報告』、1995年3月6日。
2）　国家体改委、『1995年経済体制改革実施要点』を参照。

成員と単位の間の依存関係も相応に弱めたわけではなかった。1995 年に始まった
この一連の制度改革は抜本的な効果を上げ、単位構成員と単位、そして国家との間
の依存関係を全面的に断ち切った。

　1993 年の国家のマクロ調整と比較して [1]、1995 年に始まったマクロ調整は中共
第 14 回三中全会「中共中央の社会主義市場経済体制の確立についての若干の問題
に関する決定」を全面的に継承し、新たな財政・税収体制、金融－銀行体系の全面
的改革、外貨為替管理体制の改革、国営企業改革、新しい社会保障体系の確立と
いった、全体的な調整をより強調したものであった。

　一年のマクロ調整を経て、1996 年には「国民経済のソフトランディング」を迎え
た。統計によると、この一年の GDP 成長率は 1992 年の 14.2% から着実に減少
して 9.7% となり、商品の小売価格上昇幅は 1994 年に 21.7% であったのに対し、
1996 年には 6.1% まで小さくなった [2]。社会の総供給はいっそう改善され、社会の
総需要は安定的に成長し、全体的な需給バランスが基本的に保たれた。

二、「内需不足」に直面

　一つの波がおさまらぬうちに次の波が起こるかのように、経済過熱がようやく落
ち着いた矢先に今度は想定外の国際経済危機がおとずれ、中国経済は過熱状態から
急速に過冷状態へと陥っていった。1997 年下半期、需要不足が中国に与えるプレッ
シャーが一層顕著となり、中国経済学界では政府によるマクロ経済政策を通じた需
要増大が必要であるとの共通認識が瞬く間に形成された。多くの経済学者は、需
要不足には多方面の原因があると認識しており、まず一つ目として 1993 年以降の
引き締め政策の慣性の影響を挙げている。中国経済は 20 年来、おおむね「高騰－
膨張－対処－引き締め－不景気－緩和－拡大」という軌跡をたどって発展してきた。
1993 年夏には、1992 年下半期に表れた経済過熱と 20 年来で最も深刻なインフレ
に対処すべく、政府は信用貸付政策と財政政策を両輪とする、強い緊縮政策を推し
進めた。緊縮政策は 1996 年冬頃に顕著な効果が表れ（国民経済のソフトランディ
ング）、2 年目にはほぼインフレゼロを実現した。しかしこの物価抑制政策は 1998

---

1)　1993 年 6 月、中国政府は「景気過熱」対策として「十六点計画」を打ち出したが、応急措置として見
　られている。
2)　国家統計局編、『大跨越 —— 一九九二 —— 一九九六年中国経済』、中国統計出版社 1997 年版。

年にデフレーションを引き起こすこととなった[1]。

　二つ目には国有経済の戦略的な組織改革の過程において、一方では一部の過剰な生産能力を削減する必要があったことがあげられる。例えば紡績業においては3年間で紡錘1000万個分の生産能力が削減された。これは当時の紡錘総量の25%にあたった。他方では大量の国営企業の職員がレイオフされ、1997年にその数は1275万人に達し、このうち新たな職を得られたのは少数であり、さらに1998年もレイオフが継続された。これと同時に、国営企業の利益水準は下降し、1996年以降この下降傾向は加速した。一部の郷鎮企業は変革過程で発展が減速したことにより、従業員の収入が低下し、彼らの生活面での需要は減退した。

　三つ目には将来の収入に対する期待が下がり、また改革、特に住居分配の貨幣化や社会保障制度改革が浸透したことにより、人々は貯蓄傾向を強め、目先の消費を減少させたことがあげられる。

　四つ目には、アジア金融危機が中国経済に与えた影響もまた内需減少の重要な要素となった。アジア経済、金融の不安定が続いたことにより、近隣国家の貨幣価値は大きく下落し、輸入購買能力が大幅に衰退し、結果的に中国のこれらの地域に対する輸出が大幅に減少した。これらの地域の中国に対する直接投資（FDI）も大幅に減少した[2]。

　上記経済分野での要素のほかに、中国社会の発展過程において一種独特な構造的問題もまた、内需不足に深い影響を与えている。(1) 都市化の立ち遅れが農村人口を市場の外に追いやってしまった。(2) 制度の不確定性が不健全な貯蓄傾向をもたらした。(3)現状の収入構造が経常的な支出不足を決定づけた[3]。(4)中国の長期にわたる低給与での発展モデルが深刻な内需不足を引き起こした。データによると、2000年の中国国家財政収入は1.3兆元であり、2004年には2.6兆元に達した。わずか4年の間に、財政収入は倍増し、成長は目に見えて速まった。しかし給与がGDPに占める割合は1989年の16%から、2003年には12%まで低下した。これはすなわち、この14年間で労働収入の上昇が極めて緩やかであったということを意味する[4]。このような低給与の発展モデルにおいては、内需の堅実な基盤を見出

---

1) 呉敬璉、『当代中国経済改革戦略与実施』、上海遠東出版社1999年版。
2) 呉敬璉、魏加寧、「東亜金融危機的影響、啓示和対策」、『改革』第2期1998。
3) 孫立平、「内需不足的社会学分析」、『中国青年政治学院学報』第6期、2000。
4) 孫立平、「労働者工資低導致中国経済悪性循環」、『経済観察報』10月31日、2005。

すことは困難であった。

　内需不足は多くの企業で設備利用の不足を招いた。第三次全国工業全数調査の資料によると、1995 年は 900 種あまりの主要工業製品のうち約半数の製品の生産能力の利用率が 60% 以下であり、写真フィルム製造における設備利用率はわずか 13.3%、映画フィルム製造業は 25.5%、カラーテレビ製造業は 46.1% となっている。中国ではかつて一時的に不足していた、カラーテレビ、冷蔵庫、洗濯機などの家電製品をメインとする工業消費品の生産能力は、この時期には深刻な過剰状態となっていた。

　設備利用率の不足と同時に、大量の製品の価格形勢も楽観を許さない状態であった。1994 年、全国の小売価格は 4.5% 下落し、アクセサリー類は 2.2% 減、建築・装飾材類は 1% 減、機械・電力設備は 4.5% 減となり、そのほか多数の消費品の価格の上昇幅は 4% 以下にとどまった。

　1998 年以降、内需不足の問題に対する国家のマクロ政策の方向性は経済体制とメカニズムに対するより深いレベルの調整を行い、市場の力をさらに引き出し、市場主体の活力を向上させ、市場競争力を増強する、というものであった。2000 年以降、国有企業の戦略的再編の歩調がさらに加速した。業容の縮小、中小企業の制度転換、合併再編、不良資産の切り離し、余剰人員の削減、設備更新強化などの措置をへて、国有の大企業、中堅企業の活力は顕著に強化され、非国有経済の財産権関係が次第に明確になっていった。これを基盤として、生産力発展の要求に基づき、民間経済における企業制度もまた株式制の方向に転換していき、企業の統治構造の改善と最適化が進められた[5]。

三、グローバル貿易体制への参入

　2001 年 12 月 11 日、中国は正式に WTO に加入した。これは中国の対外開放事業が新たな発展段階に入ったことを象徴するものであった。それ以降、中国は対外貿易、渉外金融及び国際投資協力などの分野において各種政策調整を行い、市場開放の約束を着実に果たしていき、WTO のルールに適合しない多くの行政項目の取り消しを行った。対外経済金融分野においても明確な変化が表れ、関税率の平均水準は 12.79% まで低下し、出国時に携帯可能な外貨量の制限は一段と緩和され、人

---

5)　馬宏、王夢奎編、『2001－2002 年中国経済形勢与展望』、中国発展出版社 2002 年版。

民元業務を扱う外資金融機関が増加し、合資投資ファンドの中国証券市場進出を認め、多くの分野と地域において金融開放が進み、外資導入と対外投資の規模は空前の拡大となった[1]。

　WTO協定調印とともに、中国経済は全面的な競争の時代に突入し、そのもっとも顕著な特徴は、第一に国内企業間での全面競争がはじまったこと、そして第二に中国経済の開放レベルが一層強化され、国内市場と国際市場の融合が進み、国際市場での熾烈な競争が次第に国内市場に持ち込まれるようになったことである。全面競争の環境はこの時期の新たな経済発展段階においてもっとも目立つ特徴といえる。

　国内市場での競争と国際市場での競争の関係は急速に近づいていった。中国は廉価労働を基盤として大量の外資を引き込み、貿易方面において大規模な輸出入を行った。この世界の工場としての生産モデルは中国を早々と、他国との間のエネルギー及び雇用機会などの面での競争や衝突に直面させ、WTO加入以降のこうした競争・衝突はしばしば国内競争へと転換されていった。馬洪と王夢奎が『2003-2004年中国経済の形勢と展望』のなかでデータを援用して下記のように分析している。「2003年全国の輸出入総額は8512.1億米ドルであり、前年比37.1％増となった。このうち輸出は4382.7億米ドルで前年比34.6％増、輸入は4,128億米ドルで前年比39.9％増、輸出超過額は255.4億米ドルで、前年比16.1％減となった。国別、地域別でみると、米国と一部の欧州国家に対する輸出超過額は増加を維持し、貿易摩擦が大きくなった。これは国内市場の需要に対する要求をさらに高め、そしてまた国内企業の競争力に課題を突きつけた」[2]。

　全面競争時代の訪れにより、市場におけるリソース配置の効果がさらに発展し、市場主体の経済行為の活力が向上し、成長への投資が顕著に増加した。統計によると、1998年～2001年、すべての国内民間投資（株式経済、集団経済、個体経済）の平均成長幅はそれぞれ20.4％、11.8％、22.7％、20.3％に達し、このうち、株式経済投資の成長速度が特に抜きん出ており、国有経済投資の成長速度は17.4％から3.8％、3.5％、6.7％へと鈍化し、国内民間投資の平均成長幅は国有経済を上回っただけでなく、社会全体の投資成長を上回り、その比重は国有経済投資に迫るまでになった。1997年、国有投資、国内民間投資、外国企業及び香港、マカオ、台湾投資の三者の比重はそれぞれ52.5％、35.9％、11.6％となり、2001年になるとこ

---

1) 李建軍、「加入WTO后中国経済開放度分析」、『国際商務研究』第1期、2003。
2) 馬洪、王夢奎編、『2003-2004年中国経済形勢与展望』、中国発展出版社2004年版。

の比重は 47.3%、44.6%、8.1% となり、個体経済投資の比重（14.6%）が集団経済（14.2%）を上回るようになった。

　グローバルな貿易体系への加入は中国にとって十分な競争の時代の到来を意味するだけでなくルールが多様化した時代の到来をも意味しており、国家が経済行為に対する調節を行う過程において国際市場の要素をより考えなければならず、自らの計画や企画は相対化されるようになった。

四、社会生活の「市場化」

　1995 年～ 2004 年の間に、中国は社会主義市場経済建設の新たな局面を開いた。中央政府が経済加熱を処理し、国民経済のソフトランディングを実現し、内需向上の道筋と経済グローバル化への適応を模索する重要な過程において、市場の力は十分に放出され、経済総量は大きく成長した。このような市場メカニズムの急速な拡張と市場原理の「普遍化」（例えば効率が生産分野における重要な指標となるだけでなく、同時に社会生活分野の指標となる等）は社会生活に対し深い影響を与え、人々は社会生活の「市場化」が絶えず強化されていくのを実感するようになった。

　市場体制が経済の持続的な高成長をもたらしたため、社会では、市場経済さえあれば、中国の全ての問題は解決できるかのような市場万能の認識が蔓延した。このような市場神話は市場原理による経済的ブレイクスルーを強力に推し進め、道徳分野を含むあらゆる社会分野に進入していった。

　社会生活の市場化は数千年来の中国社会生活倫理や道徳のボトムラインに対し重い挑戦を突きつけた。新華社のある記者は「公明正大な公務が私的な商売となり、思いやりに満ちた友情が冷たい取引にかわり、金銭があらゆるものを測る物差しとなり、利益が全てを動かす力に成った」と指摘している。また、ある作家はこれを「大多数の人が息も絶え絶えに押しつぶされる現代化」と呼び、「こんなことならもう一度貧しい時代に戻ったほうがましだとすら思うときがある、そうすれば大多数の人が悪人にここまで苛立たされることもなくなる。」と嘆いている[1]。

　実用主義の価値観は広く流行し、特にそれは効率化問題の論争において体現された。旧体制の弊害が多発し、経済効率が低下した状況においては、効率が特別に強調されることが必要であることは疑いようがない。しかし問題なのは、効率が時に

---

1)　凌志軍、『変化 ── 1990 年至 2002 年中国実録』、中国社会科学出版社 2003 年版。

社会の唯一の価値になると、社会の歪みは不可避となるということである。効率のためなら全てを犠牲にしてもよい、犠牲になった公平や正義はコストとして計上する必要はないということになる。より学術的に表現すると、つまりは取引費用の節約ができるということになる。このような浅はかな視野に立ち、多くの社会の基本秩序の維持のために必要な公平さや正義は、「取引コスト」と見なされて節約されてしまい、これによって社会道徳のボトムラインは再三にわたって突破されてしまった[1]。元中国社会科学院副院長であり著名な経済学者である劉国光は「『効率優先』の提唱はしかるべきところでせよ」という文章において、「収入分配の分野では『効率を優先し、公平に気を配る』ことを提起する必要はなく、また『初歩分配では効率を重視し、再分配では公平を重視する』ことを提起するする必要もない。必要なのは第5次中全会の文書でも強調されたように、社会的公平にさらなる注意を向けることである。これは改革の大局や人々の心の向かう方向にかなっており、多くの人々の改革への積極性を引き出すのに効果的である。」と述べている[2]。

　社会生活の市場化がもたらした功利主義の傾向は社会団結のメカニズムを強く脅かし、社会構成員の間の相互依存の関係はいっそう弱まり、ひいては構成員の間に緊張関係を生んだ。過去20年にわたる利益の分化、エリートと大衆の間の溝はいっそう深まっていった。ネットワーク上では、エリートに対する皮肉や悪口が増えていき、エリート自身もまたより横柄、横暴になっていった。深い溝は「上層が階級化し、下層が断片化」した社会構造の形成をもたらし、行動面ではすなわち「上層の寡占化、下層民の断片化」ということになる[3]。より重要なのは、こうした功利主義的傾向が社会生活において極致に達したとき、主要社会階層の間の利益調整がいっそう困難になるのである。この点は90年代末以降に出現した「仇富（庶民が金持ちに対して不満を抱くこと）」現象と「弱者蔑視」現象の中に垣間見ることができる。

第二節　階層分化：社会構造の新たな特徴

　90年代後期から、中国の社会構造は急速に分化の時代に入っていった。中国は

---

1) 孫立平、「社会生活的底線何以被頻頻突破」、『守衛底線：転型社会的基礎秩序』、社会科学文献出版社 2007 年版。
2) 劉国光、「把 " 効率優先 " 放到該講的地方去」、『経済参考報』10 月 15 日、2005。
3) 孫立平、李強、沈原、「中国社会結構転型的近中期趨勢与潜在危機」、李培林、李強、孫立平等、『中国社会分層』、社会科学文献出版社 2004 年版。

改革過程において「一部の人を支援し、一部の地域の人が先に豊かになる」という発展戦略を選択したため、急速な市場化の過程において、再分配と市場がともに不平等を生み出し、こうした趨勢は1995年以降より顕著に現れるようになった。

　社会の急速な分化の過程において、階層構造の「分層化」と「断片化」が同時に現れた。一部の社会集団は近い職業身分、収入水準、教育水準をもっているから、同一の階層と見なされる。しかし一方で、このような社会分化の速度が速くなりすぎると、階層内部の共通認識が形成されず、断片化に向かいやすくなるのである。

一、社会の再構築

　この時期には貧富間のめまぐるしい転換が見られた。労働者は一夜にして新たな「レイオフワーカー」となり、貧困に陥る可能性があった。一方で国有企業のうち、例えば電気通信、民航、鉄道及び銀行など独占企業の職員は、企業の独占性に頼って安定した利益を得ることができた。また上海、北京、広州、深圳などの大都市では、一部の外資企業で雇われている「ホワイトカラー」が社会の高所得層となった。数年前は社会の隅にいた人が、発展する民営企業の「急行列車」に乗り合わせることで瞬く間に社会の「エリート」に変貌をとげるということもありえる。多くの人が株、土地、不動産に投資する過程で、奇跡的に「楊富豪」、「趙富豪」へと成り上がっていった。このほか、新興の産業や業界で大量の雇用が創出され、統計によると、これらの雇用は90年代末には1億2000万件にも達し、都市部の就業者の4人に3人は小規模企業に就職し、国有大企業のレイオフワーカー10人のうち7人が小規模企業での職を見つけ、彼ら自身の言葉を借りるなら、「新たな人生を手に入れた」のである。

　市場調査機関はこのような中国の社会構造の変化に注目し、それぞれの職業、階層間の収入差の具体的状況について詳細に調べている。2001年のすべての職業中、企業の董事長（代表取締役）の年収は最高で、平均211678元に達している。対して工場労働者の年収は最低で、最も良い状況においても2万元に満たない状況であった。一言でいえば、中国社会の分化はかつてないまでに進んだのである。

　社会の分化は社会分層の研究を促した。2001年、陸学芸教授が主宰する中国社会科学院社会分層研究課題チームは『当代中国社会階層研究報告』を出版した。これは全国12の省・市・自治区、72の市、県、区に対して行った6000人分のアンケートをもとに完成された研究報告であり、中国の社会構造を10の階層、すなわ

ち国家、社会管理者階層、マネジメント階層、私営企業幹部階層、専門技術者階層、
事務員階層、個人工商戸階層、商業サービス業従事者階層、産業労働者階層、農業
労働者階層及び城郷無職・失業者・半失業者階層に分けている[1]。これは中国解放
以降の大陸の学界において初めて「階層」という概念を使用して内地の社会構造状況
を研究したものである。

この研究の後、様々な階層研究報告が次々現れた。階層分けの基準はそれぞれ異
なっていたので、中国社会階層構造に対する区分も様々であった。社会構造の変化
は学者の研究心をかきたて、研究により社会の分層構造が再構築されていった。

1995 年以降、社会の富の分配の二極分化傾向は一層明確になっていった。富の
集中はさらに進み、分化とそれによってもたらされた社会構造的緊張は一層深刻と
なった。階層構造には固定化の傾向が表れた。中産階級は発達したものの、その全
体に占める割合はまだ小さく、また階層利益が多様化するという特徴を併せ持って
いた[2]。

ちょうどこの時期に、人々の改革に対する態度には微妙な変化が表れ始めていた。
「かつて人々は経済改革と党の政策を幅広く支持していたが、この時期を境に、損
を被っていた階層は懐疑と不満を感じ、将来への自信を失い始めた。」凌志軍は著
書『変化』において中国社会科学院の調査データを援用して次のように述べている。
「1995 年以前の 10 年間においては、86% の中国人が自身の生活の質が向上したと
感じており、低下していると感じた人はわずか 4% にとどまった。しかし、1995
年から 20 世紀末までの 6 年間で、『昔の方がよかった』と感じる人は突如増加した。
都市において約六分の一の人々が生活レベルはあまり向上していないと感じており、
六分の一から四分の一の人々が生活レベルは低下したと感じている。郷村において、
この問題はより顕著であり、三分の一近くの人々は生活レベルが全く向上していな
いと認識しており、他の三分の一は以前の方が生活レベルは高かったと感じてい
る。」[3]。

それまでの社会とは根本的に異なる構造的特徴や運営論理が現れ、かつこうした
構造的特徴や運営論理が定型化、固定化し始めた。社会の趨勢に影響を持つ主要な

---

1) 陸学芸、『当代中国社会階層研究報告』、社会科学文献出版社 2001 年版。
2) 李強、「中国社会分層結構的新変化」、李培林、李強、孫立平等、『中国社会分層』、社会科学文献
  出版社 2004 年版。
3) 凌志軍、『変化 —— 1990 年至 2002 年中国実録』、中国社会科学出版社 2003 年版。

利益集団が形成されてその役割を果たし、新たな社会発展モデルが中国に出現した。(1) 経済成長と社会発展の間に亀裂が生じ、もはや経済成長は必ずしも社会状況の自然的な改善をもたらすわけではなくなった。(2) 新たな経済成長における矛盾が生まれ、経済が成長しても、大部分の社会構成員がそれを享受できなくなり、しかし逆に経済が成長しないと、大部分の社会構成員が経済停滞による損害を受けるようになった。(3) 新しいソーシャルパワーが次第に定型化し、中国の改革の方向性と実際の進捗に対し強い影響力を持つようになった。貧富の格差は日増しに広がり、二極化された社会が形成され、社会構造の各方面に亀裂が生じ、かつては存在しなかった社会生活の運営論理が出現した[1]。

1994 ～ 2004 年の期間における中国社会構造の分化には下記のいくつかの構造的特徴が見られる。

(1) 階層構造の定型化。階層構造の定型化は社会階層間の隔離を固定化、安定化、様式化し、身分的隔離、職業的隔離、収入的隔離、住居的隔離、文化的隔離、心理的隔離からなる安定した構造を形成した。この定型化された階層構造は時に社会構成員の積極性を損ねることとなった。

(2) 社会中間層がある程度発達した。社会構造全体に占める比重はそれほど多くないとはいえ、この階層の規模は 21 世紀以降少しずつ拡大を続ける傾向にある。中国社会科学院の関連試算によると、2002 年の中国中間層が就業人口全体に占める割合は 18% であった。ちなみに欧米先進国の同割合は約 40% である[2]。

(3) 階層間に一定の矛盾が存在する。改革は本質上では社会の利害関係の再調整であり、これは必然的に階層間の具体的な利害関係に摩擦、矛盾、ひいては衝突を生じさせるものである。新しい利益集団の出現により、各階層が既得権益や将来的な利益を維持しようとする中で様々な矛盾と衝突が発生した。

(4) 中国の社会階層構造は梨型をなしている。この構造は、オリーブ型社会構造とピラミッド型社会構造の間に位置付けられる社会構造類型であり、この構造形態のもと、各階層は激しい分化と再編のさなかにある。

(5) 社会各階層の流動性が低下した。80 年代初めの市場改革以降、各社会集団間の流動は比較的頻繁に行われており、階層間の境界ははっきりしていなかったが、

---

1) 孫立平、李強、沈原、「中国社会結構転型的近中期趨勢与潜在危机」、李培林、李強、孫立平等、
　　『中国社会分層』、社会科学文献出版社 2004 年版。
2) 『南方周末』3 月 31 日、2002 を参照。

90年代中期以降、経済的地位が低い人々が富裕階層の仲間入りをする割合は顕著に減少し、富裕層は同じ階層や近い階層から現れる割合が増え、階層間の境界が比較的明確になり、富裕層に仲間入りするための条件は以前よりも厳しくなった。

(6) 階層ごとに特徴のあるライフスタイルや文化モデルが次第に形成されていった。社会生活において、消費スタイルは社会階層の特徴を最も如実に表すものである。消費の側面から見ると、この時期の中国社会の社会分層はすでに消費レベルの区分の中に現れており、富裕層が消費する超高級品やサービスから、社会の周縁にいる人々向けにサービスを提供する小規模な商店、理容室、診察所等にいたるまでの各階層の序列が明らかにされた。

急速な階層分化の原因には二つある。一つ目はすでに工業化を実現した、あるいはその実現の最中にあるほとんどの社会がそうであるように、階層分化に対する市場の職業分化の影響が徐々に色濃くなっていったことがあげられる。職業的要素が社会階層の分化に与える影響は主に二つの形で表れる。一つ目は肉体労働者と非肉体労働者の間の社会的、経済的格差の拡大、二つ目は管理者と非管理者の間の社会的、経済的格差の拡大である。この二つの形はいずれも工業化社会の技術進歩と科層組織（官僚的組織Bureaucratic organization）の発展がもたらす必然の結果である。

次に、一部現代中国社会特有の制度配置が社会の階層分化になお重要な影響力を残したことがあげられる[1]。これらの制度には所有制、戸籍制度、部門差異等がふくまれ、これらは国家のリソース分配において強い役割を果たしていた。社会集団の分化が進む中、中国の社会政策は依然効果的な調整効果を発揮できずにいた。言い換えれば、再分配面の要素（制度的要素）と市場面の要素が一緒になって社会構造の急速な分化をもたらしていたということである。

二、新階層意識の出現

米国のベストセラー作家・ポール・ファッセル著『Class（中国語訳：格調）』の中国語版は1988年に発売されたのち、瞬く間に中国読者の間で人気となり、同年のベストセラーの一冊となった。同書の2002年の改訂版の背表紙には、下記のような紹介文の一節を見ることができる。「『格調』は1999年の出版界にブームをも

---

1) 北京大学「社会分化」研究グループの研究成果を参照されたい。「現階段我国社会結構的分化与整合」、『中国社会科学』第4期、1990; 李強、『当代中国社会分層与流動』、中国経済出版社1993年版; 李培林編、『中国新時期階級階層報告』、遼寧人民出版社1995年版。

第四章　開放と流動：市場体制下の社会生活　235

たらしたのみならず、一つの文化的事件となった。キーワードは「品格」である[1]。
様々な意味において同書が広く受け入れられたのは、米国の異なる階層の行動様式
を体系的に示し、それが折しも中国人の新しい階層意識の萌芽の時期と重なったた
めであろう。」

　いくつかの新しい社会的身分が流行するようになった。例えば「白領（ホワイト
カラー）」は、90年代初頭においてはほとんど職業的身分とされていたのに対し、
1995年以降、それは一種の社会的身分となり、特定のライフスタイル、観念をも
つ集団を意味するようになった。

　ホワイトカラー「プチブルジョアジー」たちは一層熱心に自分たちのイメージを維
持しようとし、欧米化したライフスタイルを通じて自らの社会的身分をアピールし、
それを基盤として階層アイデンティティの基盤を確立していった。ホワイトカラー
たちが「東漸」する「西洋の風」を受け入れたことで、新しいライフスタイルやファッ
ションの受容がはじまった。米国ビバリー社は、雑誌「時尚」1994年第5期に当時
国内では初めて純水の広告を掲載し、その後、純水や太空水（水道水を逆浸透膜
（RO膜）処理した飲料水）が流行の飲料となった。1996年の浄水器、蒸留器はホワ
イトカラー家庭に浸透し始め、1997年になると全てのオフィス及び大部分のホワ
イトカラー家庭の必需品となった。酸素吸引もまた、ホワイトカラー層が都市部の
大気質に不満を持っていたことから、1996年に爆発的ヒットとなった。1996年頃、
早くも週5日勤務制を導入していた外資企業、フレックス制を採用していたメディ
ア業界、芸能界等のホワイトカラー達は、週末のキャンプ、遠足を生活の一部とし
ていた。それは彼らが車を所有していたからであり、そしてなによりも都市の「暗
澹とした天気」の下での不健康な生活から抜け出し、郊外の新鮮な空気を吸い、明
るい陽射しを浴びたいと強く望んでいたからである[2]。

　ホワイトカラーと同時に流行したものに「エリート」という身分もある。90年代
末から、若者は職場で激励を受けるときは往々にして「白骨精」を目指せと繰り返し
教えられた。この「白骨精」とは「白領（ホワイトカラー）」、「骨幹（幹部）」、「精英（エ
リート）」の略であり、この三つのワードは順を追って浸透していった社会的地位を
示している。白領は恰好いい社会的身分として、骨幹は尊敬を集めるイメージとし
て、精英は奮闘の目標である。「老板（ボス）」という言葉が急激な市場化が進む中で

---

1) Paul Fussell、『格調』、広西人民出版社 2002 年版。
2) 殷一平、『高級灰　中国城市中産階層写真』、中国青年出版社 1999 年版。

街頭の露店まで普及した一方で、「エリート」という身分もまたひっそりと上層部の階層アイデンティティの代名詞となっていった。これに呼応するように「エリートクラブ」、「留学帰国エリートネットワーク」等のグループが次々と現れた。エリートたちの階層身分の構築方法はホワイトカラーと比較して、一層多元的であり、独特なライフスタイルやこれまでにない派手な消費傾向をその構成要素としたが、自らの身分の優越性をアピールするには不足していた。21世紀に入ると、エリートのアイデンティティは特別な交際方式や組織形態として体現されるようになった。

　交際についていうと、高額な会費制クラブが重要な要素となった。一般的な会所（サロン）とは異なり、こうしたクラブはビジネス社会の発展が進む中で、同レベルの社会的階層の人々がビジネス交流や娯楽に対する需要を満たすために作り上げた排他的な社交場であり、高額の会費を設定することで、支出能力に限りがある社会集団をオミットしていた。例えば、長安クラブ、京城クラブ、美洲クラブ、中国会は北京「四大クラブ」といわれ、入会費だけで10万元以上、年会費は一万元以上であった。このうち長安クラブの個人会員の入会費は15万元であった。これらのクラブに加入する際は原則的に参加者の身分の確認が行われる。最古参の長安クラブは1993年に設立され、香港の実業家・李嘉誠、英東等をはじめとする、政界・実業界等各界の著名人を集めていた。また後を追って設立された京城クラブの代表的会員には許栄茂、李澤楷等がいた。クラブは不定期で開催するイベントを通じて交流を深め、情報を交換し、エリート階層全体の団結と持続的発展を一定程度強化、促進した。また当然、これらのクラブは客観的に見て社会的資源の結集、「エリート」たちの社会資本の創出と再生産の面で重要な役割を果たした。

　慈善組織への参加もまた、エリートたちが身分的アイデンティティを形作るうえで重要な方法となった。改革開放以降に現れた社会慈善組織は社会への寄付活動を基盤とする民間の社会救済組織であり、エリートにとってこうした組織は自身の社会的責任や社会的地位を表す記号としてより重要な意味を持った。中国歴史的伝統やコンテクストにおいては、弱者を救い、社会慈善に責任を負うことは社会の上流層の役割であり、エリートたちは慈善活動への参加、ひいては活動を主催することを通じて慈善事業を推進し、より広い範囲で社会的賛同を得た。例えば、蒙牛乳業董事長兼総裁の牛根生は、家族の保有株式10億元を寄付して「老牛基金」を設立し、毎年の配当を基金への割当金とした。民間製靴の最大手である奥康集団の王振滔・董事長もまた王振滔慈善基金会を設立した。全体的にはエリート達による慈善組織

への参加は90年代末頃から次第に進んでいった。エリートたちは慈善活動への参加を通じて、「積極的で向上心があり、かつ社会調和への意識が高い」エリートとしてのイメージを構築し、身分的アイデンティティを形成していった[1]。

　エリートやホワイトカラーは様々な方法を通じて新たな階層のシンボルや意識を形作り、「我々意識」、「他人感」の確立に努力していたとき、改革によって比較的に不利を強いられた社会構成員は、社会の利益構造における近似的地位や経歴を背景に、緩やかな階層意識を形成させていた。1995年以降の富の分配の不均衡は社会構成員の利益格差を拡大し、多くの人々が多かれ少なかれ挫折を感じ、相対的剥奪感を抱くようになった[2]。

　国営企業の従業員を研究対象とする別のアンケート調査によると、強烈な落伍感と不均衡感が彼らの心理状態を支配していたことがわかる。彼らは社会貢献に対する自己評価が高いが（10点満点中7.7点）、社会的地位（4.2点）や収入（3.6点）に対する自己評価は低く、強い相対的剥奪感を抱いていることが浮き彫りになった[3]。主観的な感覚と実状は必ずしも一致するとは限らないが、一般的に強い相対的剥奪感を抱いていたのは国営企業従業員や都市部の貧困層、特にレイオフされた国営企業従業員の集団など、社会的立場が弱い人々であったのは確かである[4]。これらの集団は改革深化の過程で利益を害されたことから、共通の社会的態度を示すようになり、例えばそれは汚職、腐敗に対する極端な怒り、富裕層の生活に対する冷淡（ひいては敵視）、都市機能、インフラに対する無関心といった形で表出した。

　以上の説明を通じ、1990年代中期以降、社会構造分化にともなう新たな階層意識が発生し、新しい階層アイデンティティの基礎が形成されていったことがわかった。しかし客観的にみると、こうした階層意識はまだ非常に限られたものであった。一般的に、ある社会階層が階層意識を有しているかを判断するときは、第一にその階層構成員の間が身分的アイデンティティを共有し、利害が一致することを意識しているかどうかを基準とする[5]。言い換えると「身分的アイデンティティ」と「共

---

1)　もちろん、多くの研究はまたエリートたちにとって、慈善組織への参加はアイデンティティを獲得するだけでなく、その他の社会資源および政治資源を獲得するための重要なルートであると指摘している。
2)　呉群芳、「転型時期中国社会穏定内涵的政治分析」、『教学与研究』第2期、1999。
3)　郭星華、「北京国企職工心態調査」、『中国工運学院学報』第5期、2000。
4)　李強、洪大用、「中国社会転型中的城鎮貧困層及緩解対策」、『新視野』第4期、1997。
5)　李春玲、「当代中国社会的階層意識与社会態度」、"中国社会学網"http:www.sociology.cass.cn

通の利益」こそ、階層意識にとっての重要な要素なのである。しかしながら、90年代後半以降の中国社会の各主要階層において形成された初期の階層意識においては、往々にしてこの二つの要素が同時に備わっていることは少なかった。例えば「ホワイトカラー」階層の人々は、消費やライフスタイルを通じて「身分的アイデンティティ」を形作ったが、「共通の利益」を形成することは困難であった。一方、改革により利益を害された人々の場合は、「共通の利益」が害されたことで同じような社会的態度を示したが、バックグラウンドの異なる人々が共有できる身分的アイデンティティを確立することは困難であった。以上のように、階層意識の萌芽は中国社会構造の分化過程において「分層化」現象と「断片化」現象を同時に引き起こしたのである。収入や利益の分配という観点でみると、社会構成員はすでに「分層化」していたが、階層意識の角度からみると、各「層」の内部は「断片化」され、いくつかの部分に分かれていたのである。「分層化」と「断片化」の同時出現は社会の整合や団結をより複雑にした。

三、ホワイトカラー集団：スタビライザー、それとも？

21世紀に入って以降、中国の市場経済の急速な発展や産業構造のレベルアップにともない、「ホワイトカラー」集団の規模は拡大を続けた。国際的には通常、国家機関、党・民間、企業・事業単位の責任者、各種専門職・技術者、事務員や職員、商業サービス従事者をホワイトカラー層に、生産・運輸設備の操作員や農林・牧畜・水産・水利の生産員をブルーカラー層に区分けする。この区分によると、中国の大都市においては、ホワイトカラー集団の規模はすでにかなり高い割合に達している[1]。

---

1) 当然ながら、中国の現在の商業サービス業の発展は相対的に遅れており、多くの商業サービス従事者の社会的地位は低く、彼らを欧米で定義するところのホワイトカラー層に区分するのは難しい。中国の職業分層は欧米社会のそれと比較していっそう複雑である。本書はこの点について、大規模な公的統計データを使用して、中国の職業構造全体に占めるホワイトカラー層の比率を「正確」に算定することを試みるものではなく、単にこの職業集団の比重がすでに比較的高い水準に達していることを説明するのみにとどめたい。

職業構造の国際・国内比較（％）

職業	北京	天津	上海	米国	ドイツ	日本
1. 国家機関、党・民間組織、企業・事業単位の責任者	5.7	4.0	3.4	15.1	5.8	3.2
2. 各種専門職・技術者	17.3	12.0	12.8	19.2	33.1	13.6
3. 事務員、職員	10.7	7.5	11.8	13.7	12.6	19.5
4. 商業サービス従事者	24.0	15.5	22.4	25.5	11.7	25.9
1－4 で構成されるホワイトカラー層	57.7	39.0	50.4	73.5	63.2	62.2
5. 生産・運輸設備の操作員	12.9	30.4	38.2	24.1	24.2	32.4
6. 農林・牧畜・水産・水利の生産員	29.3	30.4	11.3	2.4	10.1	4.8
7. 分類の難しいその他の労働者	0	0	0	0	2.5	0.6
パーセンテージ合計	100.0	100.0	100.0	100.0	100.0	100.0

資料典拠：北京、天津及び上海の資料は第5回全国人口全面調査(国勢調査)に拠り、『第5回全国人口
全面調査資料集成』、中国統計出版社 2001 年版から抜粋。米国、英国、ドイツ及び日本のデー
タは 2001 年度資料を使用した[1]。

　中国ホワイトカラー層の規模拡大に伴い、多くの研究はその社会的役割、価値観
及び行動様式の角度からこの集団への考察を開始し、彼らを独特の社会的要請を有
し、ある種の価値を共有する集団であるとみなした。多くの研究において、中国の
ホワイトカラー集団は未来において重要な役割を果たし、社会発展のための「安定
器」、社会矛盾の「緩衝層」、社会行為の「指示器」になりうると認識された。そして、
この認識を前提として、ホワイトカラー集団が今後社会的役割をどの程度果たすこ
とができるかは、彼らの規模、収入、文化的素養、職業への安心感等によって決定
づけられるといった議論がなされた[2]。
　実際は、歴史的段階が異なれば、ホワイトカラーの社会的心理状態や社会的機能
は往々にして異なる特徴を持つ。1990 年代中後期以降の中国のホワイトカラーを
欧米のホワイトカラーと比較すると、その社会的心理状態の特徴には大きな差異が

---

1)　李強、「関於中産階級的理論与現状」、『社会』第1期、2005。
2)　ある研究においては、現在の中国の社会構造が直面する中心問題はホワイトカラーを主要構成
　　要素とする中間階層の規模が有限であることと認識されている。李強、「中国社会分層結構的新
　　変化」『社会藍皮書 ── 2002 年：中国社会形勢分析与予測』、汝信等主編、社会科学文献出版社
　　2002 年版を参照。

みられる。

　全体的には一種の焦燥感やプレッシャーである。こうした焦燥感やプレッシャーは三つの相重なる要素によってもたらされる。

　（1）職業に対する危機感が増し続けていること。職業分野内での高度な競争により、ホワイトカラーは常に自分の職業を守ることに一種の緊張感を感じている。上海可鋭管理諮訊有限公司の 2003 年度顧客サンプリング調査によれば、68％ のホワイトカラーが「明日をも知れない」深刻な焦燥感を自覚しているという。このうち IT ソフトウェア、金融・証券、消費財、医薬品及び広告業界のホワイトカラーには特にこの傾向が顕著である。彼らの心理に最もプレッシャーを与えるのは、大学新卒者が次々と職業市場に参入し、そのうちの優秀な者が有力な競争相手となることである。また多くの海外留学帰国組、香港・台湾及び国外のミドル・ハイレベル人材も中国をキャリア発展の拠点に選択している。さらに、例えば日本でリストラされた社員が上海に流れ込んでいるように、本国では評価されなかった外国人も中国でチャンスを探している。ある意味では、この苛烈な競争においていかに自分を優位に導くかが中国現代のホワイトカラーたちの最も関心を寄せる問題の一つとなっているのである。

　（2）市場での規範を逸脱した運用が、ホワイトカラーに対しさらなる焦燥感とプレッシャーを与えたこと。大多数のホワイトカラーの収入は主に賃金収入と財産収入から構成される。このうち財産収入とは、株式、先物及びその他の投資を通じて獲得した収入を指す。ここ数年において、株式投資市場には多くの規範を逸脱した運用がみられ[1]、これらの問題により、多くのホワイトカラーが多かれ少なかれ財産収入の損失を被った[2]。この他、直近二年の不動産市場で見られた投機的な売買も一部のホワイトカラーの生活を圧迫した。こうした規範を逸脱した運用の背後

1）不完全な統計によると、わずか 2005 年 1 ～ 2 月の間で、中国証監会に立件調査された企業は 9 社にのぼり、このうち 8 社は証監会が専門機関を派遣して調査を実施した。これらの企業の大部分は資本運用の過程で規範に反する行為を行っていた。資料元：http://www.eok.com.cn

2）『中国証券報』のある調査によると、2004 年に損をした投資家は全体の 8 割を占めていて、利益を得た投資家はわずか 5％ に過ぎなかった。別の統計では、2001 年 6 月に史上最高値を更新してから 2004 年 9 月までの間に、国内株式市場の流通総額は 7,100 億元縮小、さらにこの間の上場企業への融資額は 2,726 億元、投資家が国家に納めた印紙税は 478 億元、取引手数料等その他のコストは約 500 億元であった。これらを合計した額から上場企業の現金配当 391 億元を差し引いても、投資家の純損失は 1 兆元を上回る。

には、社会集団によって利益保全能力がかけ離れているということが潜んでいる[1]。様々なパワーを動員可能な一部の社会集団は、多様な方法で金融資本を運用し、情報を利用することが可能で、ひいては公共政策に対して影響を与えることができるほどの強力な利益獲得能力を有している。一方、大部分のホワイトカラー達の利益保全能力は非常に限られており、常に不動産、教育、医療保障等の圧力に悩まされている。

（3）欧米志向の生活、消費スタイルと現実の収入水準の間に緊張関係が生じていること。現在の中国都市社会においては、新興の職業の収入には安定した基準が形成されておらず、この状況は新興産業に従事する一部のホワイトカラーに相対的剥奪感を与えており、社会の心理状態の不均衡を引き起こしている。収入と財産の点でみれば、ホワイトカラー集団のうち相当数は欧米先進国の中産階級の相対的水準に及ばない。しかし、彼らは消費選択や生活方式においては欧米中産階級の思想概念を受け入れ、例えば上品な服飾品を身に着け、自分の職業的身分に相応しい住宅地に住むことを望むのである。

欧米国家のホワイトカラー層にもプレッシャーや焦燥感は普遍的に存在するが、しかしこれらのプレッシャーや焦燥感は主に職業に対する危機感に関係するものである。これに対し中国のホワイトカラー集団のプレッシャーや焦燥感は職業に対する危機感からのみならず、市場における相対的剥奪感から、さらには欧米志向の生活や消費方式と現在の収入レベルとの間の緊張からくるものである。この三つが相互に重なり、中国ホワイトカラーに重い負担としてのしかかっている。彼らはこの負担のために多くの注意力をキャリアの向上や財産価値の向上に払っており、このような注意力の分配構造は彼らの社会参加・政治参加をより消極的なものとしている[2]。

「強い政治志向」と「弱い政治参加」は同時に現れている。この集団は多分に改革開放の受益者であり、彼らは 1980 年代末期以降の都市経済改革及び産業戦略調整の恩恵を受け、さらに経済発展の環境下において良質な専門教育を受けて体面の良い職業身分を獲得した。彼らの中の相当数は個人の努力によって獲得した現在の生活

---

1) 孫立平、「中国進入利益博弈時代」、http://bbs.muwen.com
2) 上海市社聯が浦東のホワイトカラー層に対して実施したアンケート調査資料によると、55.2% が「仕事が忙しすぎて、時間がない」ことが彼らの社会活動へ参加を阻む重要な原因であると回答している。

に満足しており、さらに自己努力の継続によって生活の質を一層改善できると信じている[1]。まさにこのような状況において、大多数のホワイトカラー層は政治の安定こそが国家強盛を基本的に保証するものであり、また彼らの継続的発展を重要な保障であると多かれ少なかれ感じている。彼らは「安定した社会環境」、「良好な国家発展の見通し」に対し一種の期待を抱いており、それゆえ、一旦社会生活環境に関わる課題や国家安全に対する脅威を察知、予感すると、それに対しことさら注目し、中には自発的に強硬な反応も見せる者も現れる。この点は 2001 年の米中衝突事件 (海南島事件) の後の「米中ハッキング合戦」[2]や、2005 年に上海の一部のホワイトカラーが参加した「4.16 反日デモ」にもその一端を垣間見ることができる。

　ホワイトカラー集団は「強い政治志向」を有する一方で、一貫して「弱い政治参加」の姿勢を保持しており、メインストリームの政治宣伝に対し冷ややかであり、重大な政治事件に対する関心は低く、政治身分については「どうでもよい」と考えている。中国のホワイトカラー層は経済体制の軌道転換過程で発生した職業階層であり、市場経済に対して先天的な親和力を有している。彼はスキルの向上、個人の職業キャリアアップや余暇の過ごし方に専らの関心を注ぎ、次第にツールとして計算能力を身に着けるにつれ、自らの費やしたコストとそれに対する収穫のバランスに注意を払うようになる。彼らが好む読み物は一般的に専門雑誌及びファッション的、消費的な刊行物である、彼らの多くは旧来的な社会組織や思想モデルに不慣れで、初めから新しい存在形式の中に身を置いているため、自らの思想的拠りどころを確立できていない。

　中国ホワイトカラー層の行動規範、公共知の体系や価値共有などは、まだまだ不安定な状態である。欧米のホワイトカラー層は形成から長い過程を経験しており、百年以上の発展史を有している。新旧ホワイトカラー層の間には行動規範、専門知

---

1) 上海市社聯が浦東新区文明弁に対して実施したホワイトカラーに関する調査資料によると、回答者のうち 70.6% は現在の労働状況に満足しており、73.3% が現在の生活レベルに満足しているという。また 77.8% は二年後の労働状況はさらによくなると信じており、76.1% は二年後の生活レベルはさらに向上すると信じている。

2) 当時、一部のコンピュータネットワーク技術をもつ中国の「紅客 (愛国主義的なネット技術者)」は強烈な愛国感情の発露として、米国の一部のハッカー集団が中国の公共ネットワークに仕掛けたサイバー攻撃に対し、自発的に米国の関連ウェブサイトに対し反撃を行った。こうしたネットワーク活動を展開するには一定のコンピュータネットワーク技術やハード設備を備えている必要があり、また中国大学の教育ネットは大部分がサイバー攻撃に対する制限が加えられている (要するに学生がこの活動の主体になるとは考えにくいということである) ことを考慮し、人々は技術系のホワイトカラーがこの活動の主力を担ったのではないかと考えている。

第四章　開放と流動：市場体制下の社会生活　243

　識及び競争への適応性、主流の価値観への共感や社会的責任感等の面で、明らかな
連続性を有している。早くは自由資本主義の時代に、社会化生産の発展が一定規模
に達し、社会の分業化が一定レベルに達したとき、英国等の西欧先進国においては
資本の所有者に代わって企業の職能の指揮や管理を担当するプロの管理者「マネー
ジャー」が出現しており、これはホワイトカラーの最初のひな形と見ることができ
る。19世紀晩期以降、資本主義経済は急速に発展し、これは巨大な同族企業の出
現を促した。こうした同族経営の会社において、新しい競争ニーズに対応する分層
式の中間管理体制（middle management）がマネジメントの先駆である中間管理職
を生み出した。この集団は現代資本主義国家のホワイトカラーの概念、規範形成の
淵源となっている。これに対し、現代中国のホワイトカラー層は、直近二十年で急
速に成長してきたものであり、彼らの知識体系や経験には長い年月をかけた蓄積が
欠落しており、集団内部に共通する行動規範、公共知及び社会的責任感はいまだに
形成されていない。
　以上の中国ホワイトカラーの社会的心理状態の特徴の分析が示すように、中国と
欧米のホワイトカラー層には共通点があり、同時に多くの相違点が存在している。
例えば、弱い政治参加、あるいは「政治的消極性」という点からいえば、中国と欧米
先進国のホワイトカラーの間には多くの類似点がみられる。だが中国のホワイトカ
ラーが生活の中で感じる焦燥感やプレッシャーは欧米のホワイトカラーよりも大き
い。特に注目すべきは、中国ホワイトカラー層の社会経験、価値観の共有及び行動
規範、公共知の体系、価値への共感といった面での「欠落」が、彼らの真の意味での
利害の一致やアイデンティティ及び帰属感の形成を困難にしていることである。こ
の点から分析すれば、中国ホワイトカラー層の社会構造における地位と機能には多
くの不確定性が存在しているといえる。よって我々は欧米のホワイトカラー層の理
論を用いて中国のホワイトカラーについて単純に類推することはできないのである。

四、バランスを失った利益構造

　1990年代中期以降、経済の高度成長と社会生活の普遍的改善は同期的に実現せ
ず、バランスを失った利益構造が徐々に姿を見せ始めた。それは具体的には経済成
長と就労の非対称となって表れた。
　1997年の中国のGDP成長率は8.8％であったのに対し、従業員の増加はわずか
1.1％にとどまった。1998年もGDP成長率7.8％に対し、従業員の増加率はわず

か 0.5% であった。1999 年は GDP 成長 7.1% に対し従業員の増加率 0.89%、2000年 GDP 成長率 8% に対し、従業員の増加率は 0.79% となっている。経済成長は就業機会を増加させはしなかったのである。

経済成長と貧富の差の拡大は並行して進んだ。世界銀行 1997 年報告『高まり続ける収入の共有』で指摘されるように、中国の 1980 年代初期のジニ係数は 0.28 であったのに対し、1995 年は 0.38 となり、90 年代末には 0.458 となっている。経済成長と同期して、貧富の差は改善するどころか、悪化し続けていたのである。

中国で 1990 年以降に固まりつつあるソーシャルパワーの枠組みは、非常に不均衡なものであった。これは特に強い集団と弱い集団の関係の中に表れている。ここでいう強い集団とは民間の経済力のみならず、重要な独占的部門をも含む。この二つの社会集団には公共政策に対する影響力は言わずもがな、さらには社会的な機会を利用する能力においても極めて大きな差異が存在する。強い集団の国家政策に対する影響力はどんどん大きくなり、一方、弱い集団の社会世論や公共政策に対する影響力は小さいままであった。これは間違いなく中国の社会的不平等を加速し、異なる主体間に自主性に関する対立や衝突をもたらしたのである。

第三節　自主性のさらなる芽生え —— 権利意識と社会参加

1994 年以降の社会生活を全体的に観察してみると、経済の急速な発展、階層の急速な分化以外に、公衆の権利意識の高まり、及び社会参加の普及もまた無視できない特徴であることに気付くであろう。これは市場経済の発展が権利意識の覚醒に密接に関係しているからであり、また 1990 年代以降の一連の社会思潮とも関係づけられる。この時期を見渡してみると、社会参加は異なる二つの形式で出現している。一つ目は公衆が各種社会団体、自発的な民間組織といった形態で活動を展開するやりかたである。そして二つ目は公民意識を有する公衆が社会運動のかたちで自らの利益を保守しようとするやり方である。

一、成長し続ける社会の「新細胞」 —— 民間組織

1989 年以降、中国政府が各種民間組織の再登記と整理を実施したことで、民間組織の数は短期的に若干減少したものの、ほどなくして再び増加傾向をみせた。1997 年になると、全国県級以上の社会団体組織は 18 万団体あまりに達し、そのう

ち省級の社会団体組織は 21404 団体、全国規模の社会団体は 1848 団体に及んだ[1]。民間組織の急速な成長は、経済体制の転換、政府の職能転換に帰するところが大きく、こうした転換が彼らに発展の余地を提供した。この時期には、多くの純民間社会団体が出現し、コミュニティや社会福利に関するサービスを提供する社会団体の数は着実に増加した。同時に別の民間組織 —— 民間非営利団体もまた 1990 年代から急速に発展し始めた。推計によると、1999 年の全国各種民間非営利団体の総数は 70 万団体あまりに達していたといわれる[2]。

1990 年代後半以降、中国の民間組織の成長と社会構造の分化の間には微妙な関係が存在した。各階層は自らの要求を主張する上で、異なる形式を採用した。上層グループにとっての民間組織は主に業界団体であった。その構成員の利益主張願望は非常に強く、組織の自立性は高かったが、価値観や規範の内面化は相対的に乏しかった。彼らは組織運営においてシステム統合を強力に推し進めたが、社会統合の側面は希薄であった[3]。

中間層集団にとっての民間組織は大きく二種類に分けられる。一つは膨大に存在する興味型、職業機能向上型、交友型といった「自己満足型」民間組織である。このうち大部分は正式に登記された組織ではない。もう一つは一定の形態や規模を有する公益型組織である。これらの民間組織の多くは社会統合の効果を強く発揮し、体系統合の機能は弱い。下層集団にとっての民間組織は主に末端コミュニティに存在するフィットネス、相互扶助等の結束のゆるやかな民間組織である。彼らの活動は日常生活における基本的欲求と密接に関わっており、社会統合・体系統合のいずれの機能も希薄である。

（一）国家、市場と社会の交点：業界団体

業界団体は主に会員によって自発的に設立され、市場で活動を行う、業界を代表する非営利・非政府の共益的な社会組織である。業界団体の中国における発展はやや複雑な過程を経ている。

1980 年代以降、企業の権利拡大が進行し、縦割り・横割りの問題が日々顕在化

---

1) 王名、『中国社団改革：従政府選択到社会選択』、社会科学文献出版社 2001 年版。
2) 同上。
3) 関連研究によると、システム統合の目指すところは、社会の各制度を互いに最適化することにある。一方社会統合が目指すところは、社会の中の人と人の関係を最適化することであり、その紐帯となるのは共通の価値規範であるとされる。

していく中で中国政府は「業界ごとの組織、業界ごとの管理、業界ごとの計画立案」の原則を提起し、続いて地区、部門を超えた中国食品工業協会、中国包装技術協会、中国飼料工業協会、中国電子音響協会などを設立した。1985年は、国は「国民経済業界分類とコード」を発布し、国民経済を13分野、75種の大分類、310種の中分類に分け、その後調整を加えて16分野、92大分類、372中分類とした。この調整過程において、業界の概念が強化され、部門の概念は弱体化していった。1988年の中国政府機関改革において、国務院は一連の専業司局を廃止し、また地方では一連の行政性二級公司(国有管理会社)が廃止となり、続いて、中央と地方で業界団体が設立された[1]。客観的にみて、80年代から90年代初期の業界団体は多分に国家による管理の職能を請け負っており、あたかも「政府の代理」であるかのようであった。

90年代に改革が進むにつれ、特に中国共産党第14回3中全会において社会主義市場経済体制の改革目標が確立されて以降、中国の業界団体は新たな発展段階に突入した。第14回3中全会では業界団体、商会等の組織の力を活用することが明確に提起され、また業界団体に対し、市場のルールに従って自律的な運営体制を確立することが要求された。この時期、業界団体は急速な発展をとげた。2004年には、全国規模の工商分野業界団体は362団体となり、内訳は総合団体が15団体、工業業界団体が206団体、商業物資流通協会が67団体、その他が74団体となっており、工商分野の各部門が基本的に網羅された。

90年代中後期以降の中国の業界団体は主に三つの形式、すなわちトップダウン型の業界団体、中間型業界団体、自発的業界団体に分けられる。

トップダウン型とは中国政府が行政手段を通じて設立した業界団体を指し、これらの団体の大部分は機構改革の過程において組織されたものであり、多くは部門管理体制の変形や延長であった。団体と政府部門の関係からみると、トップダウン型団体に二種類が存在する。一つは編成や経費が与えられるもの、もう一つは編成がなく、職級を定めないが、関連部門のサポートに依拠するタイプである。この類の団体は数多く存在する[2]。歴史、体制的な理由により、中国の業界団体の大多数はトップダウンで組織され、相当数の業界団体が主管部門の「バックヤード」となって

---

1) 冷明権、張智勇、『経済社団的理論与案例』、社会科学文献出版社2004年版。
2) 賈西津、潘恒超、胡文安等、『転型時期的行業協会 —— 角色、功能与管理体制』、社会科学文献出版社2004年版。

おり、各級ポジションから天下りした公務員がおさまる場所となっている。

中間型業界団体は組織の設立がトップダウン的な政府行為によるものでなく、また完全に自発的なものでもなく、政府の指導と推進のもと、民間の業界団体設立意欲が刺激され、企業が自主的に組織するもので、政府は一定のサポートを行う。

市場経済の発展により業界団体設立の内在需要が生まれ、トップダウンにより一連の業界団体の誕生が促進された。これは自発的な業界団体であり、「市場内発的」業界団体ともよばれる。業界管理のニーズは自発的業界団体設立の内在的動力となった。温州商会の台頭を例に見れば、このタイプの組織運営の主要な特徴が非常によく見て取れる。

1992年の鄧小平による南巡講話のあと、全国で「姓資姓社（資本主義か社会主義か）」の大討論が終結し、温州の民営経済は未曽有の発展を遂げた。温州商会組織はこれに応じて雨後の筍のごとく急激に成長した。この期間の工商系統においては家具、衣類、眼鏡、金属、合成皮革などの同業商会や業界団体計19団体が設立され、経済貿易委員会系統やその他政府部門が主管する業界団体の大部分もこの時期に設立された。また郷鎮においても郷鎮商会が設立された。「企業、社会、政府に奉仕する」という趣旨にもとづき、商会は政府、企業、民間との相互連携を実現し、業界の管理、政治への参加、業界内の争いの調停、会員の合法的権益の保護、政府・企業間関係の調整、国際交流・国際協力への参加等の様々な役割を果たし、温州経済の健全な発展を効果的に促進し、業界による自治と自立を基本的に実現した。

（二）「利己」から「利他」へと向かう中間階層民間団体

中間層集団にとっての民間組織は大きく二種類に分けられる。一つは膨大に存在する興味型、職業機能向上型、交友型といった「自己満足型」民間組織である。このうち大部分は正式に登記された組織ではない。もう一つは一定の形態や規模を有する公益型組織である。これらの民間組織は社会構成員間の交流や社会公益事業の発展の促進にとって重要な意味を有している[1]。

中間階層により構成される集団は主に学習、余暇、健康の三つの領域で活動を展開する。これらは中間階層に特有の素養の向上と自己実現の重要な手段である。権利維持活動は中間階層の自己利益に対する追求や保護欲求を体現し、公益活動にお

---

1) 李友梅、「民間組織与社会発育」、『探索与争鳴』第4期、2006。

いて、中間階層とは NGO 公益活動への積極的参加者のみならず、これらの組織の
リーダーや中核メンバーである[1]。例えば北京においては、比較的有名な NGO 組
織「自然の友」は多くの大学で会員を得ている。「地球村」は帰国学者及び環境保護の
専門家による強力な支持を得ている。また「グリーンガーデン」の中核メンバーの多
くは知識階層である。

　中間階層により構成される公益団体は環境保護のみにとどまらず、公共サービス
の適用においても積極的な役割を果たしている。90 年代末以降、中国においては社
会的弱者への奉仕を主旨とする公益団体が現れ、このうち比較的有名な民間団体と
しては「番禺打工族服務部(出稼ぎ労働者サービス)」と呼ばれる権利保護団体がある。

　また珠江デルタ一帯の出稼ぎ工員に対する権利侵害事件が頻繁に発生し、往々に
して妥当な解決をみないことをうけ、一部の民間人たちの間で、出稼ぎ労働者の
合法的権利・利益を守るための法律サービス組織の設立のアイディアが生まれた。
1998 年 8 月 1 日、番禺義工・陳氏のサポートのもと、「番禺打工族服務部」が設立
した。

　1999 年 10 月同部は「広東省出稼ぎ労働者の権益状況を研究し、貧困に苦しむ出
稼ぎ工員に法的援助を提供し、出稼ぎ工員の法律意識を高め、出稼ぎ工員権益保護
事業の発展を推進する」との趣旨を確立し、正式に非営利団体となり、労災被害者
の訪問、出稼ぎ労働者向け読み物の出版、労働組合員との交流、文学創作研修クラ
スの解説、法制に関するオープン講義の開催、組合員への法的援助の提供、職業安
全や健康教育の展開、ホットラインの設置、組合員「心と心をつなぐ」活動の開催、
報道機関との提携、権利侵害の典型事例の報道を通じた、法制改善の促進等の、各
種公益活動を開始した。

　インターネット技術や新しいメディアの普及に従い、中間層により構成される
民間組織の活動の形態や内容はより豊富になっていった。2007 年 1 月 CNNIC (中
国インターネット情報センター) が発表した『中国インターネット発展状況統計報
告』によると、中国ネットユーザーのうち 18 〜 35 歳の未婚男性が多く、職業的に
は、在校学生及び企業や単位の従業員・職員が圧倒的多数を占めているという。学
歴でみると、高校から本科卒が最多 (データ元:中国インターネット情報センター
CNNIC) で、ネットユーザーの大多数は中間階層に属しているのである。彼らは

---

[1]　李強、「中産階級的志願行動」、『南方週末』8 月 29 日、2002。

インターネット上の掲示板や交流サイトを通じて、大量のネットコミュニティを形成し、さらにそれによって自己の生活をより豊かなものとしているのである。このうち、一部のネットコミュニティでは比較的明確な責任・義務の体系が構築され、固定された活動時間や特定の機能を有する組織も形成されている。

　90年代中後期以降、中間階層を主要な構成要素として民間団体は、徐々に大きな社会的役割を負うようになっていった。第一に、民間団体は多くの分野で公益的、ボランティア的な社会的機能を形成し、政府の公共サービスを補う重要な部分となっている。第二に、民間団体はその運営において、構成員の社会的交際欲を増進させ、そして満たし、社会の可動員性を強化する役割を果たしている。第三に、社会組織の活動は構成員の組織力や民主的なマネジメント力の向上をもたらした。これらの社会組織は社会の成長のための一種のインキュベーターとなり、次第に学術界や各級政府の注目を集めていった。1998年、清華大学で専門のNGO研究所が設立され、その後北京大学、復旦大学、中山大学、中国人民大学においても類似の研究機関が相次いで設立された。同時に、政府も貧困援助、環境保護、コミュニティ形成等の分野におけるNGOの活動や役割に対し注意を向け始めた。

（三）末端社会における社会団結の新たな絆

　底辺層集団を主要構成要素とする民間組織は主に末端コミュニティ内のヘルスケア、トレーニング、相互補助等を内容とする、つながりの緩い民間組織である。これらの民間組織は往々にして日常生活の基本的需要との関わりがあり、集団の利益主張意欲が強い。中間層によって構成される民間組織との違いとしては、組織数が膨大で組織形態がゆるく、大部分がコミュニティ管理部門への登記を行う必要がなく、活動時、街、鎮の末端政府の指導を受ける必要があるのみ、などの点があげられる。90年代中後期以降になり、都市部のコミュニティ建設がいっそう進むと、これらの組織は政府による強力なサポートを得るまでになり、徐々に末端社会における社会団結の新たな紐帯となっていった。

　青島市の調査によると、コミュニティ内で形成された民間組織の数はきわめて多く、2002年時点で11234団体、正式に登記・登録された1990団体を除くその他の民間組織はコミュニティ内に存在し、コミュニティに属する準民間組織であった。

　1995年以降、コミュニティの民間組織が急速に発展し、その役割はコミュニティ内における福利、救助、教育、医療保険、体育衛生、環境保護、家政サービス、居

住区管理など多岐の分野に及んだ。具体的には以下の五つの大分類に分けることができる。一つめは末端での文化、教育、体育活動類で、例えば老年大学、フィットネス・武術隊、老年文芸表現隊、芸術活動チーム、球技活動チームなどがこれにあたる。二つ目は福利類、託老所、敬老院、公民館、公益サービスセンター、公益サービスステーションなどがこれにあたる。三つ目は権利保護類で、法律援助センター、婦女児童保護協会、環境保護協会などがあげられる。四つ目はボランティア類で、ボランティア・無償奉仕組織などがこれにあたる。五つ目はサービス類で、例えば老人・身体障害者・優撫対象者(現役軍人、退役軍人およびその家族・遺族)、生活保護受給者などの特別な集団向けに無償サービスを提供する公益組織や、コミュニティの住民に幅広く低料金でサービスを提供する一般住民向け役務組織などがこれにあたる。

二、権利意識の覚醒と公民運動の始まり

1990 年代中期以降、中国公民の公共事業への参加範囲は拡大し、権利意識が急速に高まっていった。

公聴制度の開始により、公民は自身の利益に関わる重要な政策決定過程に組み込まれることとなった。1993 年深圳において全国に先駆けて価格審査制度が実施されており、これは価格公聴制度のひな形とされている。以降、一部の省・市において価格公聴制度が相次いで確立された。公聴制度は価格決定、地方立法、行政処罰、国家賠償、公共事務管理等の様々な領域で幅広く取り入れられ、近年において公民が利益の主張や政治的訓練を行うための重要な手段となっている。例えば、怒江ダムの建設や円明園の漏水工事を巡って行われた公聴会は関連政策を決定する上で利害のバランスを取るための重要な参考意見を提供したのみならず、環境保護の重要性を宣伝する役割をも果たした。

公民の「知る権利」は重視されはじめ、次第に制度が構築されるようになった。近年、多くの地方において行われた、村の政務・財務の公開、警務の公開、検査業務の公開、工場業務の公開、学校業務の公開及び各種政務の公開などの活動は一般市民の「知る権利」に対する意識の高まりを反映したものである。2003 年の「SARS」をきっかけに情報公開の制度化が推進された。同年初、広州市政府が「広州市政府情報公開条例」を先駆けて実施した。この後、上海市、湖北省等の省、市及び国土資源部、国家食品薬品監督管理局等の中央部委も相次いで政府情報公開に関する法

規、条例、規則等を制定、公布した。

　また責任追及制度が危機管理層へ広がり始めた。2003 年「SARS」問題の時期において北京市市長と衛生部部長という 2 名の政府高官が職責を尽くさなかったとして辞任に追い込まれて以来、責任追及制度は中国において本格的に姿を見せ始めた。

　末端層において民主制度が確立される中、公民の政治権利行使の手続きは徐々に完備されていった。1998 年 11 月 4 日、全国人民代表大会において『中華人民共和国村民委員会組織法』が可決され、村民の末端政治事務への参加に法的な基盤が与えられた。この後多くの省で立て続けに地方レベルの『村委員会組織法実施弁法』または『村民委員会選挙弁法』が制定され、該当地区の農民への政治実践の指導が行われた。2001 年 10 月、民政部は『中華人民共和国村民委員会選挙規程』を公布し、村民委員会選挙の具体的な手続きを明確化した。

　公民参加の制度化が進むにつれ、公衆の権利意識は徐々に覚醒し、権利・利益の保護を主眼とする公民運動が始まった。90 年代末から、工場労働者たちが自己の利益を保護するために集団行動を取ることが多くなった。全国総工会 1997 年の統計調査によると、1992 ～ 1997 年での工員・単位間の労働争議発生率は 8.4％ で、年平均の労働争議発生率は 1.67％ である。この比率をもとに計算すると、年間に発生する労働争議は延べ 190 万件ということになる。近年、集団労働争議は増加傾向にある。2003 年 8 月の専門部門の調査によると、労働争議案件は毎年 30 ～ 40％ の速度で増加しているという。2002 年の労働争議案件数は 1995 年の 5.6 倍で、関係した労働者数もまた 5 倍に上った。

　90 年代中期以降、工場労働者や農民による上訴が増加し、集団上訴も増加傾向となり、中には法律を運用して自己利益の保護を図る人々も現れ始めた。都市化が加速し、工業建設プロジェクトが増加するにつれ、工業・都市建設における農地争議は深刻化していった。土地の補償費用や土地を失った農民の安置をめぐって、頻繁に衝突が生じ、大規模な集団事件が勃発することもあった。例えば海南省政府政策研究室の資料によれば、1997 年以降、同省管轄の 19 県・市の全てにおいて土地紛争に端を発する集団事件が発生していたことが分かっている。統計によると、同省では 1995 年から 2000 年 8 月までの 6 年に満たない期間において、9273 件の紛争が発生、係争土地面積は 98603 ヘクタールに及んだ。さらに 2002 年 8 月時点で、依然として 6911 件、73085 ヘクタールの土地紛争が未処理となっており、立て続

けに集団事件が発生していた。

21世紀に入り、公衆の自発的な公民運動の関心は単純な自己利益の主張ではなく、公共分野へと向かっていった。2003年8月、雲南省怒江中下流域水力発電プロジェクトの中止命令は、民間の環境保護組織による公民運動の力によるところが大きい。

第四節　消費主義時代の形成

90年代末から、グローバル化の波と共に消費主義が個人の生活のあらゆる方面まで浸透し、社会は従来の「生産」(製造)中心から消費(及び消費サービス)中心へと移り、消費の実践は社会・文化生活における脇役を「時代の主役」へと変貌させ、社会の分化と流動に大きな影響を与えた。消費者集団は社会生活を動かす主力の一つとなった。消費者の自主的意識決定は事実上、投票により公共の需要を解決するモデルの形成につながった。これは中国にとってはまさしく第二次経済改革、あるいは、静かなる消費革命、ということに他ならなかった[1]。この種の革命は市場開発、消費の生産・再生産、消費の記号的意味、文化形成等の重大な問題に影響を与えた。階層別の消費という観点からみると、1994～2004年の10年間は急速に分化が進んだ段階であり、富裕階層は(他人にひけらかすことを意図した)贅沢消費を始め、中間層は耐用消費財の消費から贅沢消費への過渡期にあり、一方で社会的弱者集団は依然として最低限の衣食もままならない苦しい状況に置かれていた。消費はまさに階層・地位を示す重要な「マーカー」となったのである。

一、欠乏との決別：家庭収支構造の大きな変化

計画経済の時代及び改革開放の初期において、中国社会は一貫してモノや消費財の欠乏に悩まされていた。一般市民の消費に対する欲望、消費需要は社会的な物不足による制約を受け、国家はほぼ全ての消費財について配給制を実施し、糧票、布票、油票、肉票などの購買券が長い期間、市場で一種の貨幣のような役割を果たしていた。80年代から90年代初期に入っても、社会の消費財はいまだ充足には程遠い状態であった。ひょっとすると今でも、選択肢の少ない各種生活必需品を買うた

---

1) Davis, Deborarh S. 2000, The Consumer Revolution in Urban China. University of California Press.

めに人々が百貨店の入口で長い行列を作って待っている光景を覚えている人もいる
だろう [1]。

90年代半ば以降、中国経済の飛躍的発展は社会に巨大な富をもたらした。社会
は馬力全開の機械のように日夜止まることなく動き続けて膨大で豊富な商品を生産
し、中国は欠乏の時代に終わりを告げ、消費多様化、品質志向を特徴とする消費主
義時代へと突入した。そして、この消費主義時代の特徴を最もよく反映する象徴と
なったのは家庭支出あるいは消費の構造的変化であった。

(一)「膨らみ始めた財布」：消費社会の前提

通常いわれる消費社会の主な特徴としては大衆消費の多様化と品質志向化があげ
られる。しかしながら、消費社会の形成には、成長する消費欲求、消費需要及び消
費観念の転換のほかに、前提となる土台として、経済成長・社会的財貨の増加にと
もない生じる一般市民の購買力の向上が必要である。言い換えると、一般市民の収
入の増加が消費市場の発展を推進し、彼らの財布が膨らんではじめて、大衆的で品
位のある消費の追求が可能となるのである。

歴史的視点でみると、各種経済統計データがすでにはっきり示しているように、
90年代中期から2004年の間は、中国の経済が急速に発展した時期であり、また
人民が改革の成果を十分に享受した時期であった。年平均9.3%のGDP成長率と
ともに、国民の収入の全体水準は年々上昇し、特に都市部居住者の可処分所得の
上昇が多かった。1995年の都市部居住家庭の一人当たりの可処分所得は4283元
で、2004年にいたると9422元まで増加し、成長率は120%に上った。農村居住
家庭の一人当たりの純収入は都市部居住者には及ばないものの、やはり成長を実現
した。2004年には、中国農村家庭の一人当たりの純収入は2936元となり1995年
の1578元の倍近くに達した。居住者の収入水準の上昇は消費の勃興と発展の動力
となった。

収入の増加は一般市民の購買力と消費能力の向上と、わずかなお金でやりくりす
る窮乏の日々との決別を意味した。家庭消費支出額を例にみると、1995年の中国
一人当たりの平均消費支出は2355元であったが、2004年にはこれが4925元とな
り成長率は109%、年間平均成長率は10.9%に上った。

---

1) 陳学慧、『走進小康：新視野、新変遷：消費観念的変遷』、『経済日報』2002年10月28日。

1995-2004 年都市・農村居住家庭の一人当たり収入状況

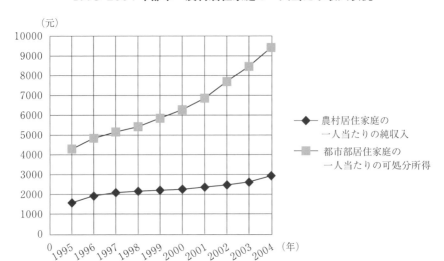

(データ元：『中国統計年鑑 2006』, 347 頁)

(二)衣食は問題ではない：エンゲル係数の下降から消費構造の変遷を読み取る

改革開放から 90 年代初めごろまでの時期において、国民の日常生活における消費が主に「衣食」を満たすことに向けられていたのに対し、90 年代中期以降から、大多数の国民にとって、衣食はもはや問題ではなくなっていた。この時期、中国の食料生産量は毎年奇跡的な伸びをみせ、十分な食糧備蓄を実現した。いわゆる「手中有糧、心中不慌（食が足りて不安がなくなる）」となった人々は発展的で享受的な消費の追求を開始した[1]。年々下降する都市部居住者のエンゲル係数の変化にこの大きな変化の一端を垣間見ることができる。

都市部居住者のエンゲル係数の変遷

1990 年	1995 年	1997 年	1999 年	2000 年	2002 年	2004 年
54.2	50.1	46.6	42.1	39.4	37.7	37.7

(データ元：『中国統計年鑑 2006』, 347 頁)

---

1) 房愛卿、『我国消費需求発展趨勢和消費政策研究』、中国経済出版社 2006 年版。

エンゲル係数の下降は、国民の消費構造の改善と消費水準の上昇を反映しており、また衣食不足の時代が概ね終わりを告げたことを意味している。

(三)多様化と品質：消費の高度化

消費社会の到来を示すことができる重要な指標として、消費市場における消費財の充実性・多様性及び、都市部居住者の消費内容の内訳を考察してみよう。1994～2004年、中国都市部居住者の消費内訳は商品単一化から多様化、品質志向化へと転換していった。消費に対する追求はもはや最も基本的な衣食の需要にとどまらず、例えば教育文化、娯楽、住居、旅行、自動車等の比較的高次元な消費項目が中心となりはじめ、消費財のブランド・品質が重視されるようになり、社会消費の内容は大幅に充実化していった。

改革開放前から80年代初めにおける三種の神器は「腕時計」、「自転車」、「ミシン」だった。これらの数百元レベルの消費財が市場において最も追い求められていたものである。「上海」印の腕時計、「鳳凰」印の自転車、そして「胡蝶」印のミシンは当時の中国家庭がそろって欲しがる商品だった。80年代後期、90年代初期に入ると、カラーテレビ、冷蔵庫、洗濯機などの数千元レベルの商品が都市部居住者にとって主要な消費対象となった。今世紀に入ってからは、都市部居住者の消費はまたたくまに数十万元レベルへと突入し、自動車、不動産商品が消費の重点となった[1]。消費は驚くべき速さで高度化していったのである。

90年代中期以降、人々は次第に消費財の品質やブランドを重視するようになった。特に中流レベルの収入世帯にとって、価格はもはや消費を決定づける唯一の要素ではなくなり、製品の品位や品質が人々の消費行動に与える影響は日増しに高まっていった。この時期、人々はテレビに溢れる商品広告の影響を受けて、ブランド消費の概念を形成し始めた。経済力のある人々にとって最も良い食品とは有名企業が生産する「グリーン」で、「健康的」な食品であり、最も良い衣服とはイタリアの著名ブランドの衣服であり、最も良い家具とは外国製で生活情緒を体現できる家具であった。

全体的な経済力の向上につれ、人々の消費領域はいっそう充実化し、娯楽享受型、発展型の消費の比率は上昇を続けた。

---

1) 房愛卿、『我国消費需求発展趨勢和消費政策研究』、中国経済出版社2006年版。

ある研究者が 1994 ～ 2004 年の期間における都市部居住者の消費の高度化について段階的に概括しており、その変遷をよく伝えている[1]。1994 ～ 2000 年の期間は生存型消費が中心で、発展型消費は徐々に増加し始めた段階であり、この段階におけるエンゲル係数はおおよそ 40 ～ 50% で、社会全体の消費類型は小康型消費に属していた。

　大衆消費時代の到来と社会消費水準の加速度的高度化により、一連の新しい消費観念が形成され始め、この時期の消費主義的特徴を一層助長した。1994 ～ 2004 年の期間において、消費社会の特徴を最もよく表す概念は先行消費に対する憧れと追求であった。またこの先行消費と一体をなす信用制度が人々の生活を一変させた。

二、先行消費：信用制度が生活を変える

(一)全国民消費：消費時代の制度的誘因

　1998 年以降、アジア金融危機の影響を受け、中国経済は需要不足の悪循環に陥った。このような背景のもと、国家は積極的に財政政策を実施すると同時に、一連の消費刺激策を講じた。これらの制度的要素の影響により、先行消費という考え方・行為は次第に多くの人に受け入れられるようになっていった。

　アジア金融危機の後、中国政府は内需拡大、消費促進を目的として政策・制度面での努力を行った[2]。1999 年 3 月『1998 年国民経済・社会発展計画の実行状況、ならびに 1999 年国民経済・社会発展計画草案に関する報告』において、消費需要は社会の再生産の終点であり、かつ新たな起点であると明確に言及された。都市・農村の消費市場の開拓には、内需の拡大が必要であった。この後、中央政府は下記の政策や法規を公布し、消費市場の発展を促進しようとした。(1) 中央銀行が預金利率の引き下げを継続的に実施し、消費者が収入を消費に回すように仕向けた。(2) 税政策を消費奨励の方向に傾けた。例えば個人預金に対し利息税を徴収し、住居、自動車等の耐用消費材の消費税率を引き下げた。(3) 信用貸付の普及を強力に推進した。1999 年 3 月、中央銀行は『信用貸付の展開に関する指導意見』を公布し、個人による住宅・自動車購入に対する信用貸付を政策的に支持した。(4) 都市部の低

---

1) 房愛卿、『我国消費需求発展趨勢和消費政策研究』、中国経済出版社 2006 年版。清華大学社会学系孫立平教授は同段階について、その消費の特徴に基づき、また社会の構造転換の意義をふまえ、「耐用消費材段階」と概括した。詳細は孫立平、『断裂 ―― 20 世紀 90 年代以来的中国社会』、社会科学文献出版社 2003 年版を参照。

2) 房愛卿、『我国消費需求発展趨勢和消費政策研究』、中国経済出版社 2006 年版。

所得者や公務員の給与を増やし、収入分配制度を改善した。1999 年には「三本の保障ライン（国有企業レイオフ職員の基本的生活保障・失業保険・都市居住者の最低生活保障）」の水準、ならびに機関事業単位の職員給与の向上のために 540 億元の財政手配を行い、8400 万人がこの恩恵を受けた。(5) 都市住宅等の消費対象を積極的に増やした。中央政府、地方政府は相前後して福利住宅分配制度を取り消し、分配の貨幣化を実行し、居住者に対し旧来の公有住宅の財産権を売り出し、販売した公有住宅を二次市場へ開放する等の制度を実行した。(6) 休暇制度を改革し、休日消費を拡大させた。労働時間と休息時間の比率を、以前の 305 日対 60 日から 251日対 114 日に変更し、「五・一（労働節）」や国慶節ゴールデンウィーク制度を推進した。(7) 文化教育消費を拡大させた。(8) その他の間接的な消費奨励政策としては中小都市の発展・農村電力網の改善、「農村ラジオ・テレビ普及プロジェクト」等の実施が挙げられる。

　政府の呼びかけと制度的誘導のもと、人々の消費に対する欲求と積極性がある程度呼び起こされ、特に一部の集団にとって消費は一種の流行となっていった。一部の青年ホワイトカラーにおいては「明日のお金を使い、今日の生活を享受する」、「お金を使ってこそお金を稼ぐことができる」等といった先行消費の観念が流行していた[1]。また、このような考えは不動産消費において最もよく表れた。

（二）分割払いと不動産消費の持続的過熱

　1990 年代後期、中国は従来の福利住宅分配制度を取り消し、市場化を導入し、いわゆる貨幣による住宅分配制度を実行した。従来の住宅制度が廃止される中、人々は市場を通じて住宅に対する需要を満足させるしかなく、これにより分割払い、商業ローン、積立金ローン等の消費者による住宅購入を促進することを目的とした先行消費の方式が普及し始めた。1994 ～ 2004 年の 10 年間において、人々の住宅需要は高まり続け、中国不動産市場の急速な回復[2]と爆発的発展を引き起こした。

　政府の統計データによると、1994 ～ 2004 年に社会全体の住宅投資の規模は急激に拡大した。社会全体の住宅投資は、1995 年は 4736.7 億元だったのが、2004 年

---

1)　盧泰宏、『中国消費者行為報告』、中国社会科学出版社 2005 年版。
2)　1980 年代末から 90 年代初期にかけて、不動産ブームの時期があり、その後不動産はバブル化し、中央政府の規制政策によって抑制された。

には 13464.1 億元、成長率は 184% に達し、毎年の平均逓増率は 18.4% だった [1]。
人々の住宅需要は、都市においては分譲住宅の購買熱となって表れ、住宅価格の
約 30% に相当する頭金を工面し、積立金ローン、商業ローンを使って毎月定額の
返済をすれば、分譲住宅の所有権を手に入れることができる。一部の不動産業者に
至っては、ある一定期間、頭金ゼロといった「奥の手」を使った。こうした措置は中
国人の住宅購買に対する積極性を大幅に促進することとなった。

　農村では住宅建設ブームが起こった。農民は苦労して得た収入の大部分を住宅建
設につぎ込んだ。大多数の農民にとって、住宅建設は現実的なニーズであっただけ
でなく、自己満足と社会的尊厳を獲得するための重要な手段だった。この時期、多
くの農民工(出稼ぎ労働者)は出稼ぎによって自身の経済的水準を高め、これは彼ら
の住宅に対する需要を一層強めることとなった。

　統計によると、中国の都市居住者の一人あたりの住宅建築面積は 1997 年の 17.8
㎡から 2004 年には 25 ㎡まで増加した。農村居住者の一人あたりの住宅面積は同
期間で 22.5 ㎡から 27.9 ㎡まで増加し [2]、人々の住宅消費水準は大幅に改善した。

　人々の住宅需要の増大は中国の不動産市場の発展を促進し、深圳万科等に代表さ
れる不動産投資会社が莫大な収益を得た。1994 〜 2004 年の期間の不動産市場の

暦年 (1995-2004 年) 分譲住宅販売状況表

西暦年	不動産販売面積(万㎡)	左列のうち、住宅面積	左列のうち、別荘、高級マンション	経済適用房(低価格住宅)	分譲住宅販売額(万元)	左列のうち、アパート販売額
1995	7905.94	6787.03			12577269	10240705
1996	7900.41	6898.46			14271292	11069006
1997	9010.17	7864.30	254.25	1211.85	17994763	14075553
1998	12185.30	10827.10	345.30	1666.50	25133027	20068676
1999	14556.53	12997.87	435.74	2701.31	29878734	24137347
2000	18637.13	16570.28	640.72	3760.07	39354423	32286046
2001	22411.90	19938.75	878.19	4021.47	48627517	40211543
2002	26808.29	23702.31	1241.26	4003.61	60323413	49578501
2003	33717.63	29778.85	1449.87	4018.87	79556627	65434492
2004	38231.64	33819.89	2323.05	3261.80	103757069	86193667

　(データ元『中国統計年鑑 2006』、pp.241-242)

---

1)　『中国統計年鑑 2006 年』、193 頁。
2)　『中国統計年鑑 2006』、345 頁。

過熱は、表面的にみれば、消費需要に対し住宅の供給が不足している状態であった。

前頁表のとおり、2004 年の中国の分譲住宅の販売額は 1 兆元に達し、1995 年の 1257 億元の 8 倍近くとなった。これと同時に、住宅の先行消費ブームは不動産市場価格の継続的上昇をもたらした。例えば、1997 年における住宅の市場平均売価は 1790 元 / ㎡であったのに対し、2004 年には 2608 元 / ㎡まで上昇した。上海、北京等の都市部では、不動産価格の上昇スピードはいっそう速かった。

不動産消費及び不動産市場の発展は 1994 ～ 2004 年の期間の中国消費市場の発展と、人々の先行消費に対する情熱を鮮明に反映した。こうした先行消費は分割払い、信用貸付のかたちで行われ、消費中心による市場の推進が実現された。その役割は要するに金銭を消費者に貸し付け、消費者に流通する商品を購入させることで、経済成長の軸を消費に移し、消費者のニーズを刺激することで市場を牽引することだった[1]。

用途別分譲住宅平均販売価格表 (単位：元)

西暦年	不動産平均売価	このうち	このうち	
		アパート	別荘、高級マンション	経済適用房（低価格住宅）
1997	1997	1790	5382	1097
1998	2063	1854	4596	1035
1999	2053	1857	4503	1093
2000	2112	1948	4288	1202
2001	2170	2017	4348	1240
2002	2250	2092	4254	1283
2003	2359	2197	4145	1380
2004	2778	2608	5576	1482

(データ元：『中国統計年鑑 2006』、pp.241-242)

十年近くの制度改革、市場の誘導と消費の実践により、人々は先行消費、積極消費、享受型消費の概念を受け入れ、認め、そしてこれに依存した。この現象は中国経済の発展を促し、未来の経済成長に必要な消費者群を育てた。

---

1) 李爽、『消費的陥阱：当前中国消費問題』、珠海出版社 1998 年版。

三、セグメンテーションと分化：消費が分層を形成

1994 ～ 2004 年の間に、中国の消費構造は巨大な構造転換を実現し、徐々に消費主義の段階に入り、消費は一種の動力として、中国の経済成長を大きく促進した。同時に、消費は徐々に社会分化の重要な「指示器」となり、社会の構成部分の分化と差異は消費において鮮明に現れはじめた。

(一)溝：都市・農村における消費の現実的問題

1990 年代中後期以降、中国の経済は恐るべき速さで発展し、人々の消費の水準、内容は大幅に向上し、充実化した。しかしこれと同時に、都市と農村の間には消費の能力、水準等の方面で大きな差が生じた。

長い間にわたり、中国農民の収入の成長の伸びは緩やかであり、農民の消費を大きく制約していた。中国経済景気監測センターが 1999 年に全国 2 万世帯近くの農村家庭に行った調査によると、半数の農村人口の平均年収は平均水準以下である。52.4% の農村家庭の一人当たり平均年収は 2000 元に満たず、依然として衣食の確保が重要な段階であった。こうした状況は広大な中西部地区において一層顕著であった。収入水準の影響により、農民の全体的な消費水準は低迷していた。調査によると、農村人口のうち 80% の人々の生活消費は 2000 元以下であり、農村居住者の消費水準が普遍的に低かったことがわかる [1]。

2004 年になると、都市・農村間の消費格差は実質的な改善を見ないどころか、却って拡大していた。このときの中国の都市部居住家庭の一人あたりの可処分所得は 10493 元で、一方農村居住家庭の一人あたりの純収入は 3255 元で、3.22 倍の格差となっていた。十年前(1995 年)の 2.71 倍と比べると、0.51 ポイントも拡大していることになる [2]。都市・農村間の消費の格差拡大もこれに対応して一層鮮明となった。2004 年の都市部住民の消費支出は平均 7182 元であったのに対し、農村の一人当たりの生活消費支出はわずか 2185 元であり、都市部住民の 30% 程度であった [3]。

都市・農村間の消費格差は収支構造の大きな差を表すだけでなく、消費品の内訳

---

1) 鮮祖徳、『中国市民的経済観』、中国統計出版社 2001 年版。
2) 『中国統計年鑑 2006』、347 頁。
3) 『中国統計年鑑 2006』、347 頁。

にも表れた。農村住民が消費する商品の内容、品質は都市住民のそれには遥かに及ばなかった。農村住民の食料面での支出の割合は 47.2% と依然として高く(2004年データ)、都市住民よりも 10 ポイント近く上回っていた。これは農村住民が都市部の人々のように消費を教育、文化、娯楽及び健康等の領域に振り向けることができないことを意味する。ネット上ではかつて以下のような早口言葉が流行した。「俺たちがようやく肉が食えるようになったら、お前らはまた野菜を食べ始める。俺たちがようやくお嫁さんをもらえるようになったら、お前らはまた独身がよいと言い始める。俺たちがようやく甘いものが食えるようになったら、お前らは糖尿にかかる。俺たちの子供が春節に帰省できるようになったら、お前らはまた旅行をはじめる。俺たちがようやく生活に少しゆとりが出て汗を拭かなくてすむようになったと思ったら、お前らはジムやサウナで汗を流すようになる。俺たちがようやく電話をかけられるようになったら、お前らはインターネットを使い始める。俺たちがようやく映画館でデートができるようになったら、お前らはネット恋愛をはじめる。俺たちがようやく衣食を確保したと思ったら、お前らはへそ出しルックでダイエットをはじめる。俺たちがようやくテレビを見られるようになったと思ったら、お前らはパソコンで遊び始める。俺たちが都市部の繁栄をうらやんだら、お前らは郊外の別荘にあこがれ始める。俺たちがようやく瓦葺の家に住むようになった

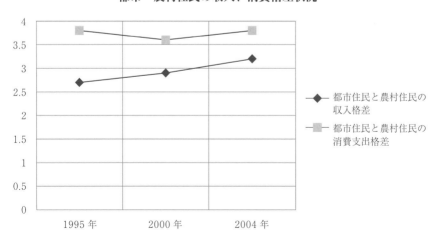

都市・農村住民の収入、消費格差状況

(データ元：『中国統計年鑑2006』をもとに整理)

ら、お前らはキャンプをはじめる。俺たちが野菜の害虫を駆除できるようなったら、お前らは虫食いの野菜を好むようになる。俺たちがようやく水道水を飲めるようになったら、お前らは農夫山泉（飲料水の商品名）を飲み始める。俺たちがようやく電気を使えるようになったら、お前らはロウソクをつかってディナーパーティーを始める。俺たちの郷鎮企業がもがき苦しんでいたら、お前らは企業の株式上場で騒ぐ。俺たちが雑草を取り除いて作物を作ったら、お前らはゴルフを始める。俺たちがようやく小さなアパートに住めるようになったと思ったら、お前らは庭付き一戸建ての小さな別荘に住みたいと言い始める。俺たちが都市に出て見聞をひろげていたら、お前らは田舎に住みたいと言い始める。俺たちがようやく山菜をたべないですむようになったら、お前らは山菜を食べるのは健康によいと言い始める。俺たちがようやく携帯電話を買ったら、お前らは電磁波は体に悪いと言い始める。」これはユーモアを盛り込んだ早口言葉ではあるものの、実際は中国の農村・都市間の越えられない大きな格差を如実に表現しているといえる。都市社会はすでにネット時代、情報時代に入り、都市住民が自家用車、エアコン、インターネット等の現代消費サービスを享受しているとき、農村から出てきた農民工は工事現場や労働条件が劣悪な工場で苦しい仕事をして、低レベルの消費に甘んじなければならなった。

(二)セグメンテーション：消費とそれぞれの階層

欧米の社会学理論において、消費は一種の社会分層の指標でもある。ブルデューの文化資本概念においても、あるいはヴェブレンの有閑階級の理論においても、程度の差こそあれ、消費は異なる社会階層を代表し、かつこうした消費の差異は各社会階層間の線引きを一層強化したことが示されている。

1990年代中後期以降、それぞれの社会階層は消費レベルや消費観念において明確な差異を見せ始めた。一部の研究者は新興のホワイトカラー集団または中産階級集団の独特な消費の特徴を見出し[1]、また一部の研究者は異なる階層の消費アイデンティティの面に明確な違いが存在することを発見した[2]。

改革開放が深化し、市場化の加速や世界経済との連動が進むにつれて、中国の消

---

1) 李爽、『消費的陥阱：当前中国消費問題』、珠海出版社1998年版；袁岳、『調査中国生活真相』、航空工業出版社2007年版；姚建平、『消費認同』、社会科学文献出版社2006年版。
2) 李培林等、『社会衝突与階級意識：当代中国社会矛盾問題研究』、社会科学文献出版社2005年版；姚建平、『消費認同』、社会科学文献出版社2006年版。

費者集団は分化し、この分化した集団は各自の消費志向や嗜好を形成した。富裕層
は、消費能力に対する自信が一般人よりも遥かに強い。高収入の集団は消費の際に
金持ちであることをアピールするだけでなく、さらなる消費への自信、ファッショ
ン性、品位を誇示し、ひいてはある商品の消費においては一般消費者のリーダーに
なることもある。高収入集団は消費によって自らの個性を示そうとし、優越感を追
求する。彼らにとって、消費とはもはや単純な「購入」ではなく、同時に自らの「エ
リートとしての本分」を示すためのプロセスでもあるため、彼らは非常に理性的に
商品を選択し、特にブランドの持つ中身を重視するのである[1]。

　社会構成員の消費における分化は徐々にそれぞれの階層を区分する重要な指標と
なり、ひいては階層構成員の自己アイデンティティの重要な要素となった。

　中国社会科学院が 2002 年に「中国都市居住者社会概念調査」の結果を発表した。
同調査によると、異なる消費集団は主観的な階層アイデンティティの形成において
大きな違いが存在するという。具体的には(下表データから)、これらの日常家庭支
出における「医療」、「食費」、「自分及び子供の教育費」や「住居費」などの支出が大半
を占める人々は、自分の社会的地位を比較的低く位置づけている。これに対し、生
活支出が主に「衣服費」「交通費」「電話代」等に集中している集団においては、自らを
「中流階層」だと認識している人の割合が 56% 以上と、平均水準よりも遥かに高く、
これらの集団において自らを「中上流階層」や「上流階層」と認識している人の割合も

異なる消費分層における主観的アイデンティティの状況 (単位 %)

主観的階層ア イ デ ン ティ ティ	家庭最大支出項目						
	食	住居	衣服	交通	電話	自己及び子 供の教育	医療
上流	1.7	2.3	2.6	2.3	1.3	1.4	1.3
中上流	9.5	10.9	17.2	15.5	19.8	10.3	6.3
中流	44.9	44.4	58.5	56.6	56.0	48.2	42.5
中下流	27.4	26.5	16.6	18.7	17.2	27.0	30.6
下流	16.6	16.0	5.2	6.8	5.7	13.2	19.3
(サンプル数)	(3147)	(1065)	(349)	(219)	(545)	(3703)	(1613)

$X^2 = 287.52, p < 0.001$

(データ元：李培林等、『社会衝突与階級意識：当代中国社会矛盾問題研究』、社会科学文献出版社
2005 年版、68 頁)

___

[1]　袁岳、『調査中国生活真相』、航空工業出版社 2007 年版。

また、比較的高かった。

　全体的に見て、1994 ～ 2004 年の 10 年間の中国経済の発展と改革の推進により、中国は衣食充足型の消費時代から発展と享受を目的とする富裕型の消費時代へと向かっていった。この過程において、消費市場は飛躍的に発展し、人々の消費欲求、消費需要は大きく満たされ、同時に都市と農村の間、または異なる集団の間に消費能力、消費レベル等の面で明確な分化が起こった。このような分化の結果は、却って社会の貧富の差を拡げ、異なる階層のアイデンティティの差異を鮮明にし、異なる社会主体間の自主性の分化や関係の再構築を強く反映していた。

第五節　インターネット時代の生存方式：仮想の中の真実

　1995 年 1 月、郵電部電信総局は北京、上海それぞれに 64K の専門回線を開通させ、社会に向けてインターネット接続サービスの提供を始めた。これは中国における商用インターネット時代の到来を告げる象徴的なでき事であった。

　インターネットは地理的な制約を超えて、人々により便利で速いコミュニケーションや厖大な情報を提供し、各種商業機構、サービス施設、公共部門と素早くつながるための通路を提供し、これによって人々の生活や交際のスタイル、依存関係は大きく変化し、社会の連帯メカニズムに更なる影響を与えた。一言でいうならば、インターネットは「技術」であると同時に「コンテンツ」でもあり、この全く新しいプラットフォームが社会構成員の自主性の萌芽に大きな役割を果たしたのである。

一、インターネット時代のコミュニケーションと生活

　インターネット普及以前、距離もしくは「空間」は中国人の人付き合いを制約する主要な障害であった。人々は空間という囲いを越えて自由に交流することなど不可能であり、想像できないと考えており、人々の人付き合いは小さな範囲に限定されていた。しかし、インターネットが出現すると、人々の距離は突然大幅に縮まり、お互いの距離がどれほど遠くても、インターネットは人々を緊密に結びつけることができた。ネットワークの発展により、インターネットはまるで一夜にして、世界を一つにつないでしまったかのようであると多くの人々が感嘆した。インターネットによって人々は遠くの友達と同じゲームを楽しみ、また BBS、E-Mail 等を通じて親しく交流することができるようになった。インターネットは中国において急

速に普及し多くの人々がネットワークを通じて交流できるようになった。

　しかし、インターネットの重要性は人々の交際範囲を拡げ空間的制約を越えたコミュニケーションを可能にしたことのみならず、新たな時代、すなわち文化や国を越えた普遍的な交流が可能な時代を創造したことにある。インターネット誕生以前は、電話・ファックス等の先進的な通信機器を利用したとしても、文化や国を越えた交流は必要性がある一部の人のみしかできなかったが、インターネットはこの状態を変えた。ネットワーク社会は人々に十分なネットワーク空間と交流空間を与えたのである。この空間においては、だれもが、仕事目的であれ、純粋な娯楽目的であれ、外国にいる人と連絡をとり、交流することができる。

　急速に普及し拡大するインターネット時代において、仮想的なネットワーク上での社交は既存社会における人付き合いを補完する重要な役割をはたす。インターネットは人々に効率的でスピーディな通信・連絡手段を提供しただけでなく、豊富な機能と相対的に独立した空間を提供した点において更なる重要な意味をもつ。多くの若者（特に「80後」）はバーチャル世界で全く新しい「コミュニティ」を作るのが可能になったことに、強く魅力を感じている。

　インターネットは人々の読書生活を一変させた。45Wの白熱電灯の下で、文字を追いながら本や新聞のページを繰る光景はすでに、パソコンの前に座りマウスをクリックしてニュースや書籍を閲覧する光景に取って代わられつつある。ニュースはネット上の各種ポータルサイトで閲覧し、読書はインターネット上のデジタルライブラリやオンライン書店で読み、音楽はネット上で好きなように聴き、たまに本を買うとしてもそれはコレクション用である…これらはもはやアバンギャルドではなく、ひとつの潮流となっている。

　インターネットはまたショッピングの形態を変化させた。アリババ、卓越 - アマゾン、当当網等、90年代末に中国に出現したこれらの大型インターネットeコマースサプライヤー達は新しい消費とショッピングの形である、オンライン消費という形態を作り上げた。オンライン消費は消費者に素早く、お得な価格（直販価格）で商品を購入してもらうためのかつてない方法であった。

　しかし、インターネットは人々の生活レベルを向上させたと同時に、社会生活に新たな潜在的危険をもたらした。この潜在的危険をもたらす重要な要素は、匿名性である。

　ネットワークでは「情報捏造」が簡単であり、これは直接的にネット上での交流に

おける「信頼の危機」を生み出している。ネット上で交流が行われる仮想社会において、人々は、自分は相手に対し本当の話ができるが、一方で相手が自分に対し提供する個人情報が偽物であるかもしれないということをはっきり認識している。このネット上での交流における欠陥は不遜で不真面目な心理を容易に生み出し、これもネットでの孤独感を生む原因の一つである[1]。ネットでの孤独感が深刻になると、「ネット性心理障碍」となる。推定では中国には、程度の差はあれ少なくとも3万人ものネット性心理障碍の患者が存在する。患者の年齢は一般的に15～45歳の間で、男性患者が全体の98.5%を占めており、女性はわずか1.5%、20～30歳の独身男性の発病が最も多いという[2]。

国家の宣伝・教育関連部門は2000年からインターネット教育宣伝活動の展開をスタートし、一連のインターネット使用に関する「提唱」を提出し、人々が生活の充実のためにインターネットを使用することを奨励し、同時に不健全なネット活動やネット中毒を避けるよう呼びかけた。国家によるこれらの措置はある意味で、制度と生活が新しい空間において互いに影響を与え合うようになったことの端緒と見ることができる。

二、ネットが民意を表す

2003年3月17日、27歳の大学卒業生孫志剛が広州黄村街派出所から収容所に移されて収容された後、2月20日に殴打を受けて死亡した。4月25日付け『南方都市報』は「被収容者孫志剛の死」と題し、孫氏の死後一ヵ月余りたっても誰もが知らなかった事件の経緯を初めて暴露した。文章は発表当日に各大手ポータルサイトに転載され、瞬く間に強烈な反響を呼びおこし、クリック率はSARS報道の次に多かった。網友（ネット民）たちは事件関与者の残忍さに対し強く憤慨し、その批判の矛先をすでに形骸化していた収容遣送制度へと向け始めた。ネット上での強い民意による牽引のもと、事件関与者はすぐに法的制裁を受け、さらにネット上での収容遣送制度に関する大討論が起こり、最終的に『都市流浪者・物乞い収容遣送弁法』を廃止へと導いた。

同事件よりも前に、インターネットが強い民意を代表したケースがある。

2002年11月16日、「我為伊狂（私はあの人のために狂う）」というハンドルネー

---

1) 賀善侃編、『網絡時代：社会発展的新紀元』、上海辞書出版社2004年版。
2) 劉雲章、『網絡倫理学』、中国物価出版社2001年版。

ムのネット民が人民網強国論壇や新華網発展論壇にそれぞれ、二万字近い文章を貼りつけた。この『深圳はいったい誰に見捨てられたのか？』という文章は瞬く間にネット民の関心を引いて拡散し、各大型ポータルサイトや人気の BBS サイト（例：天涯網）に転載され、多くの著名サイトでトピックスとしてトップページで取り上げられた。2003 年 1 月 15 日、広東省第 11 回人民大会第 1 回会議において、この文章は広東省人民大会代表の注目を集めることになった。2003 年 1 月 19 日、深圳市長は、今後深圳は対話のチャネルを拡げ、現在の政府による情報入手経路を改善し、メディアがより政府の業務を監督しやすいようにすることを表明した。2003 年 7 月 29 日、国務院調査研究チームは深圳を訪れ、「我為伊狂」等のネット民を特別に招待し、彼らの声に耳を傾けた [1]。

　インターネットは中国社会に日々普及していく中で、次第に民意を代表する重要なチャンネルとなり、また政府と人民が堅苦しい組織制度を越えて交流するための有効なプラットフォームになっていった。2003 年 4 月 26 日、国務院総理・温家宝は北京大学を視察した際、その場にいた学生に対し「私は学生のあなたたちがインターネット上に書いた話を読み、感動しました。皆さんの政府に対する信頼はどんどん強くなっていると感じました」と発言。また 2003 年 4 月 14 日には胡錦濤総書記が広東省医療専門家との座談会において「あなたの提案は大変素晴らしく、私はすでにネット上で拝見させていただいた」と発言している。

　これらの現象は、インターネットによって民意を集める時代の到来を意味する。当局側はこのネットによって切り開かれた民意との新たな通路の助けを借りつつ、かつ従来の指導層によるお忍びでの訪問や、座談会の招集、現場での調査研究、市長ホットライン、アンケート調査などの通常手段を組み合わせ、より多元的な民意把握の通路を生み出し、ネット上の民意を次第に好意的に受け入れるようになっていった。

　ネットは日常生活に形無き影響を与えると同時に、公民の政治生活に対しても影響を与えた。相当数のネット民はネット上で話題の事件に対する見解を発表することに慣れており、かつその行為を自分のネット生活と見做している。インターネットは、その先進的なリアルタイム通信技術や特有の手軽さによって強権や中心の存在しない、全く新しく平等な情報空間の創造を促し、単一方向から双方向へとコ

---

1) 「孫志剛事件彰顕網絡輿論力量」、『新浪網』、www.sina.com.cn、2004 年 1 月 14 日。

ミュニケーションを変質させた。誰もが自由に入ることのできるネットワーク空間において、ネットワーク技術によるリアルタイム連動や STM 等の機能は情報の独占を打ち破り、画一的な世論を瓦解させ、既存の公共領域における組織の境界や特徴を根本から破壊し、既存の意見公募、観念、世論に対し重大な構造的変化をもたらした。中国社会院哲学研究所副研究員・郭良氏が主催する『2003 年中国 12 都市インターネット使用状況及び影響調査報告』によると、71.8% のネット民と 69.1%の非ネット民が「インターネットを通じて考えを表現する機会をより多く得ることができる」ことに賛成あるいはどちらかというと賛成しており、60.8% のネット民と 61.5% の非ネット民は「インターネットを通じて、政府の業務を評論する機会をより多く得ることができる」ことに賛成、あるいはどちらかというと賛成している[1]。このことからわかるように、インターネット上の掲示板は民意を発信するための重要な手段となりつつあり、公民の利益を主張するための手軽で新しいプラットフォームとしての位置付けを確立した。

第六節　福祉制度改革とその回顧：市場開放から社会保護への転換

1992 年中国共産党第 14 回大会は鄧小平の「中国の特色ある社会主義建設」理論の指導の下、社会主義市場経済体制の建設を中国経済体制改革の目標に定めた。1993 年に全国人民代表大会において憲法が改正され、「社会主義市場経済」が国家の根幹をなす憲法に組み込まれた。市場経済体制の建設に関する、政府改革の基本方針は政府と企業の分離であり、次第に政府が直接的な行政干渉から手を引いていった。社会福祉関連制度も次第に国家、単位から市場へとその主役を移していった。しかし、市場に進出した社会福祉制度はバランスを欠き、社会的強者集団に都合のいいように発展したため、貧富の差は拡大することとなった。2002 年、第 16回大会では江沢民が提起した「三つの代表」の重要思想が確立、国家の基本政策はこの「三つの代表」を指導思想として中国社会福祉制度改革の痛みに注目し始め、かつ政策を通じて社会福祉制度のアンバランスの是正が試みられた。

---

1)　楊桃園、韓水潔、苗俊傑、「塑造大国網民」、『瞭望周刊』第 8 期、2004。

一、社会福祉制度の市場化改革及びその社会的結果

1990 年代中後期における改革実践において、政府の職能の転換にともない、国家は市場経済における政府の干渉機能を徐々に弱めた。国家が改革開放の前のように教育、医療及び老人介護に対し全責任を負うことはなくなり、主要な福祉制度が徐々に市場化の範疇に組み込まれていった。1994 年以降、国家は住宅改革の推進を提起し、福利房政策（福祉としての住宅配給政策）を取消し、個人による住宅購入資金積立制度を実施した。1996 年には統括基金と資金調達を組み合わせた医療保険制度を確立し、90 年代末には教育分野においても市場原理が導入され、「教育の産業化」は当局の是認するところとなった。これらの改革措置はすでに、90 年代中後期以降、市場が福利の供給において次第に大きな役割を果たすようになることを意味し、政府の社会保障、公共医療衛生、教育及び社会福祉サービス等の面での支出水準は、対 GDP 比で減少の一途をたどった。

国家の教育に対する投資状況をみると、1994 年の分離税制改革以降、中央政府は税収能力を強化したが、90 年代後半期は教育に対する投資を増やしておらず、一方、地方政府の教育支出は中央政府の 10 ～ 12 倍となっていた[1]。1998 年からの新しい中央政府は教育支出を毎年 1 ポイント増加させ、2002 年には GDP の 5% に到達させることを提起したが、最終的に完全には達成できなかった。教育投資の長期的不足の行きつく先は教育の市場化と産業化であり、各学校は学生からの学費や雑費によって不足を補うこととなった。こうして、学校による費用徴収の乱発現象や貧困家庭の子供が大学に合格しても、学費が払えないといった現象が各地で頻発した。

国家による医療公共製品の提供について、1995 ～ 1999 年までの期間において、地方政府はそれぞれ年別に中央政府の 27 倍、29 倍、31 倍、28 倍、23 倍の医療衛生支出を行った。政府財政が国民の医療衛生に対して行う投資の成長率は 7.3 ポイント減少し、住民個人の支出が 21.7 ポイント増大した。2001 年、衛生費用総額のうち中央政府の負担比率は 40% 足らずであった。先進国における平均値は 73% であり、最も発展の遅れている途上国においてすら政府の平均負担率は 60% 近くである[2]。中央政府は医療についての権限を大幅に地方に移譲し、医療公共製品の深

---

1) 劉涛、『中国崛起策』、新華出版社 2007 年版。
2) 劉涛、『中国崛起策』、新華出版社 2007 年版。

刻な不足と供給不足が発生し、地方政府の財政難もまた次第に鮮明になっていった。中央政府は大幅に医療への投資を削ったことで国家主導の再分配が機能せず、その結果として富裕地区では比較的優れた医療条件を享受できたのに対し、貧困地区の医療施設は深刻に不足し、また質も低下した。高収入層は経済力によって市場で高品質の医療「商品」を購入することができた一方で低収入層は瞬く間に値上がりし、商品化した医療製品を購入することはままならなかった。改革開放初期において、都市部ではほぼ全ての住民が何らかの医療保険を享受でき、1993 年にはまだ 3/4 の人口が医療保険を受けていた。しかし 2003 年になると、社会医療保険は都市住民のわずか半分程度しかカバーできなくなった [1]。2003 年に実施された全国第 3 回衛生サービス調査によると、都市人口のうち医療保障制度を享受している人の絶対数は改革開放初期の水準を下回っており、総数はわずか 1.2 億人前後で、都市人口の 1/3 にも満たなかった。中規模以上の都市における都市戸籍人口のうち、収入が最低レベルの住民グループはわずか 12.2% しか社会医療保険を受けておらず、一方、収入が最高レベルのグループは 70.3% が社会医療保険を享受していた。中国農村合作医療保険は改革開放初期において 90% の農村人口をカバーしていたが、90 年代末になるとそのカバー率は農村人口の 10% に満たないレベルにまで衰退し、農村合作医療体系はほとんど解体された [2]。2005 年 12 月中国社会科学院が発表した社会青書によると、全国 65.7% の人々はいかなる形式の医療保険も受けていないという。

　住宅改革に関し、1994 年 7 月に国務院は『都市住宅制度改革の深化に関する決定』を公布し、全国的に住宅の社会化、商品化の改革方針を確立し、住宅制度改革はその第一歩を踏み出した。1998 年 7 月には『国務院の都市住宅制度改革の更なる進化と住宅建設の加速に関する通知』が公布され、福利住宅分配の停止、制度上での市場化住宅体制の確立、そして住宅産業を経済の支柱産業に育て上げることが明確に提起された。住宅が商品化した後、住宅購入の個人負担は徐々に大きくなっていった。2003 年になると、都市住宅の私有率は 82% 以上に達した。不動産価格が年を追うごとに上昇するにつれ、貧富の差がいっそう明らかになり、全国の都市部の生活保護家庭のうち、約 400 万世帯が住宅難となっており、2002 年末までに解決したのはわずか 26.8 万世帯、全体の 6.7% にすぎなかった。現在、一人あたり

---

1)　王紹光、「開放性、分配性衝突和社会保障」、『視界』第 3 期、2001。
2)　劉涛、『中国崛起策』、新華出版社 2007 年版。

の建築面積が 10 ㎡以下という住宅難を抱える低収入家庭は中国全土に今なお 1000 万世帯存在し、都市家庭世帯数の 5.5% を占める。2002 年末時点で、低賃料住宅制度が設置されていない都市が全国に 145 か所存在していた。経済適用房の、不動産開発量に占める割合はピークの 15%、20% から、近年は 5% 足らずまで減少している[1]。

　その他の社会福祉制度建設に関して、1996 年末、全国都市部の養老保険（年金保険）の都市部労働力のカバー率は 78.4% に達したが[2]、2005 年末には、全国の保険加入者数は 4000 万人の定年退職者を含む 1.6 億人あまりで、都市部人口のわずか 30% 程度、全国総労働力の 15% 足らずであり、カバー率は世界の平均水準の半分であった[3]。

　社会保障制度の市場化はさらに、都市・農村への社会保障投資の深刻な不均衡となって表れ、都市・農村の福祉格差は改革過程の中、拡大の一途をたどった。1980 年代中後期に一部の農村地区では社会養老保険の改革が試行されたが、成果をあげることはできなかった。専門家の試算によると、1994 年都市・農村住民の収入比は 2.86 であり、社会保障収入を含めると 3.32 だった。社会保障が都市・農村住民の収入格差を 16% も拡げたのである。そして 2001 年にこの値は 18.6% まで上昇した[4]。中国人民大学労働人事学院教授・鄭功成氏の研究によると、福祉プロジェクトへの支出では、全国人口の約 20% を占める都市住民に対する財政性福祉支出が 95% 以上を占めるのに対し、一方で全人口の 75% 以上を占める農村住民向けの財政的福祉支出は 5% にも満たないという。都市と農村の大きな差を表す典型的な例だが、北京市内において、現在各城区の都市戸籍向け生活保護の標準支給額は毎月 320 元／人だが、農村戸籍向け生活保護が最も高い海澱区、朝陽区ですらわずか 180 元／人、最低レベルの区県では 63 元／人であり、都市戸籍向け標準額の 19.69% しかない[5]。

---

1)　「中国城鎮低収入人群住房福利政策研究論壇綜述」、『中国社会学網』、http://www.sociology.
　　cass.com
2)　陳佳貴編、『中国社会保障発展報告』、社会科学文献出版社 2001 年版、66 頁。
3)　『中国証券報』11 月 11 日、2005。
4)　楊翠迎、「中国社会保障制度的城郷差異及統籌改革思路」、『浙江大学学報：人文社科版』第 8 期、
　　2004。
5)　劉彦、「城市与農村的福利財政差異」、『中国新聞週刊』第 48 期、2006。

二、第16回党大会以降の社会福祉制度の再調整

2006年7月29日、国務院発展研究中心社会発展研究部は同中心とWHOが共同で完成させた報告を発表、その中では「改革開放以降、中国の医療衛生体制には大きな変化が起こり、ある面では発展が見られたが、その一方でより深刻な問題が暴かれることとなった。総じて改革は失敗であったといえる」と結論付けられている。この言い方は多少言い過ぎであるとはいえ、改革における隠れた歪みをある程度明るみに出しているといえる。さらに改革によってもたらされた痛みは医療体制改革のみならず、社会保障、教育、住宅等の社会福祉制度に及んだ。この状況をみて、第16回党大会において貧富の格差の深刻な広がりや、社会福祉の過度な二極化の改善、社会福祉等公共サービス提供の過度な市場化傾向の抑制が試みられた。

中国の医療衛生事業の発展における問題及びその深刻な結果はすでに社会各界の関心を集め、全国的な医療衛生体制改革は社会各界からの強い賛同を得て、各分野における改革が一層推進されるようになった。「SARS」以降、公共衛生体制の強化は各級政府から極めて重視された。現在の政策の着眼点は主に二つの面に集中している。一つ目は政府による支出であり、二つ目は応急体制の確立である。都市部の医療保障制度確立において、現時点ではまた新しい改革計画は存在しない。制度確立の重点は「統括基金と資金調達を組み合わせた」医療保険制度実施の全面的推進である。農村の医療衛生状況が急激に悪化し、従来の合作医療制度回復の努力がことごとく失敗に終わる中、中央政府関連部門は2003年新型農村合作医療制度改革についての考えを発表し、政府が支出を増やす責任を有することが明確に提起された。

農村においては、農業税が段階的に撤廃され、農村合作医療が推進され、義務教育の学費が免除されるなど、新農村建設が進んだ。2002年10月29日に発表された『中共中央、国務院の農村衛生事業の更なる強化に関する決定』においては、2010年までに中国の農民たちがみな基礎レベルの衛生と健康を享受することができるようにしなければならないことが提起された。8年という時間の中で、全国農村は社会主義市場経済体制の要求を満たし、農村経済の社会発展水準に適合する農村衛生サービス体系と農村合作医療制度を確立した。

不動産価格高騰の背景のもと、低収入家庭の住宅難はますます社会各界の関心

を集めるようになり、また政府による保障への回帰も叫ばれるようになった。住宅の市場化により、政府保障の厚い低賃料住宅制度に注目するに至ったことは、政府部門が自身の職能と市場経済の規律に対する認識を一層深めたことを意味する。2003年から、一部の都市の不動産価格の暴騰が強烈な社会的反響を引き起こし、中央政府による「不動産価格暴騰の抑制」を核とするコントロールが推進されるようになった。一部の地区の住宅需給の構造的矛盾がいっそう鮮明となり、不動産価格は上昇し、投資は一層加熱した。国務院は「前国八条」、「後国八条」、「国六条」等の一連の重要文書を発表し、不動産価格の安定化業務を重視し、特に普通分譲住宅や経済適用住宅の価格の相対的安定化を維持すると同時に、国情にあった住宅保障制度の確立と整備の加速を提起した。

　これらの改革の目的は社会福祉制度における国家の役割を是正することであった。以前は責任を逃れるような方式で市場経済の発展を推進したものの、市場化の推進体制の問題を完全には解決できず、却って貧富の格差や社会矛盾を増幅させてしまった。市場経済の持続的な発展のためには、社会福祉などの公共分野の充実化を通じて市場経済の好循環を維持していかざるをえず、そのために政府の役割や職能の転換が必要となったのである。

第七節　アイデンティティの喪失と再構築の努力

　社会学的観点でみると、社会的アイデンティティとは本質的に集団概念であり、集団が結束力を強める上での価値基盤である。中間層において社会的アイデンティティの支柱となるのは主に、社会の福祉体系、社会の価値体系、そして社会の組織形態である。

　中国では1949年以降50年あまりの過程において、改革開放を分水嶺とするならば、その基盤となる社会的アイデンティティには「高度な整合」と「急速な分化」という全く異なる状況が相前後して見られる。1978年以前、固く閉ざされた計画経済体制と立ち後れていた生産水準のもと、社会的アイデンティティは階級的アイデンティティを軸とし、人民の国家に対する総体的アイデンティティを体現しており、その基礎領域である三つの方面は高度に整合していた。しかし改革開放以降、市場と社会のリソース分配における自由度が増すにつれ、このような状況は揺らぎをみせはじめる。1995年以降、中国はグローバルな産業分業体制の中に組み込ま

れ、対 GDP で貿易依存率 [1] が上昇（2003 年時点で 60.2% に達した）を続けたことで、この傾向はさらに強まり、社会構成員の身分的アイデンティティは分化を続け、社会的アイデンティティの基礎領域との不整合は顕著に拡大していった。

一、社会的アイデンティティの基礎領域の構造変遷

社会的アイデンティティの三つの基礎領域が高度に整合していた歴史条件下において、人々の社会生活行為は共産主義の理想段階への信奉、平均主義的な分配原則や集団主義的な組織形態の順守を要求されていた。このような社会においては、社会構成員間の相互依存度はとても高かった。しかし改革開放により市場経済体制の整備が進むにつれ、社会的アイデンティティの基礎領域の構造形態にも変化が生じた。例えば、福祉浸透の方式は相対的均衡から不均衡へと変化した。社会の価値体系は一元化から多様化へと変化していった。社会の組織形態は単一的なトップダウンから双方向的で多元的な形式へと変化した。

中国においては 1980 年代から 90 年代末までに商品市場、労働力市場及び資本市場が登場し、市場形態の複雑化は福祉浸透の方式に重大な影響を及ぼした。

改革開放後のはじめの 10 年間において、社会階層の分化が徐々に進んでいたが、このときはそれぞれの社会集団がいずれも商品市場に参入することができた。市場参入のハードルが低かったため、各階層（底辺層を含む）は比較的平等に改革と経済成長の成果を享受することができたのである。1992 年以降、経済体制改革の深化にともない、労働力市場が徐々に形成され、さらに 90 年代中後期には新たな特徴が現れはじめた。例えば都市と農村の分断や部門（国有 － 非国有）の分断が次第に弱まり、しかし一方で産業の分断が日増しに顕著になったことがあげられる。当時独占的業界への参入障壁はかなり高く、外来の労働力の流入は排斥されていた。このような産業の分断は社会保障の面で「体制内」と「体制外」の大きな所得格差をもたらしただけでなく、さらに体制内における分化をももたらした。データによると、1988 年の開放産業に属する国有企業の給与水準は独占的業界の国有単位（企業）を若干上回っていたが、1995 年になると、この収入格差は完全に逆転し、独占産業の相対的優位は 1988 年の開放産業のそれをはるかに上回るようになった。1990 年中後期以降、中国のグローバル経済への関わりが強まるにつれ、資本市場（株式

---

1) これは一国の対外貿易に対する依存度及び経済の開放度をはかるための指標であり、当該国の対外貿易における輸出入総額が国民総生産に占める割合から求める。

市場と信用貸付市場）の市場化は加速していった。その結果、この時期には、労働力市場において新たな産業の分断と資本市場の漸進的開放が進んだのと同時に、一部の社会構成員への富の集中や社会階層の更なる分化等の現象が生じた。こうして、総体経済拡大の過剰な推進や、市場主導での福祉浸透に対する評価は、社会階層によって分かれ始めた。

　社会の価値体系の変遷をみると、改革開放前の30年間は中国社会において共有されていた核心的な価値体系はマルクス・レーニン主義であり、毛沢東思想であった。改革開放以降、こうした構造は市場経済が中国で始動するのに伴って発展と変化を遂げてきた。直近の十数年においては、政治的アイデンティティから離れた新しい消費文化が市民生活の中に芽生え、人々の従来的な社会の価値体系に対する共有意識は薄れていった。西洋ヒューマニズムの影響を受けた議論や改革の進行に対する分析が日増しに社会の関心を集めるようになり、従来の核心的な価値体系は徐々に相対化され語られる対象となっていった。このような変化は人々に価値意識の多元化を促し、さらに現実に対する解釈や未来に対する予見の多様化を促した。

　「単位制」と「人民公社制」が社会構成員の生活、生産、及び政治活動の基本形態であった頃、この制度が体現していたのは集団主義の職業倫理、人身の従属的な庇護、進歩的計画及び社会生活における官僚的管理という四点を高度に結合させたものであった。改革開放以降、特に改革が深まりつつある状況においては、社会を組織するための従来的方式及びそれが依拠する政治的、社会的条件が重要性を失っていき、政府、市場、社会等の様々な管理制度及びこれにより形成される多元的な統治環境が次第に大きな役割を果たすようになっていった。

　社会的アイデンティティの基本領域におけるこうした変化は、我々に中国が約30年間の改革開放過程において、福祉の浸透方式と社会の価値体系、及び社会組織の在り方の整合が弱まり続けていったことを我々に示している。具体的に言うと、1980年代から90年代中期にかけて、「社会主義の初期段階」、「改革」、「発展」等のキーワードによって構成された社会の価値体系と総体的、段階的な福祉向上という方式は概ね整合していた。こうした社会の価値体系の中で生きる社会構成員は、当時の中心的な社会組織の在り方に対する見方の違いで論争することはあったとはいえ、使われる言葉や思想はいずれも同じ社会的価値体系に根差したものであった。つまり、この時代は論争があっても、相手との間には最低限の価値共有が保たれていた。この段階において、様々な所有制の社会組織方式は福祉の浸透の均衡調整を

促す役割を果たした。すなわち福祉浸透方式と社会組織構成が整合する傾向が見られた。以上からわかるように、福祉の浸透、社会の価値体系、社会組織が互いに整合している環境においては、基本的な社会アイデンティティは社会の整合に一定の効力を有していたといえる。

　この効力は90年代後半から変化し始める。マクロレベルでみると、財産権改革の推進、産業構造の調整、各社会集団に対する社会資源（権力、資本、知識等を含む）分配の不均衡、及びIT化とグローバル化の波及により、それぞれの社会階層に対する福祉浸透に不均衡が生じ、社会組織の在り方は複雑化し、社会の価値体系は多元化していき、社会構成員はこの変化にともない従来の相互依存のメカニズムを変化させていった。言い換えると、福祉の浸透、社会組織や社会の価値体系に不整合が生じ始め、基礎的な社会アイデンティティが社会整合の機能を失っていった。

二、アイデンティティを再構築する革新の道

　以上で論じた問題に対し、中央政府は90年代後半から取り組み、施策を講じた。その主眼は以下の三点である。

(一)福祉の浸透に対する社会構成員の満足度の向上

　この点において、国家は主に税収制度改革を通じて社会各階層間の収入格差を縮小し、再分配システムの最適化と改善によって、ミドル・ロークラス向けの社会保障水準を向上させた。具体的には、まず貧困扶助的性質を持つ地域経済政策を制定し、発展の遅れている地域のインフラ建設を支援し、同地域の企業に対する優遇税制を実施して外資の流入を誘い、投資に対する優遇的な信用貸付政策を実施したり、科学技術資源を提供する等した。

　第二に、都市・農村の均衡のとれた発展を戦略的に進めて相互の格差の縮小を図った。例えば、(1) 新農村発展戦略を実施し、農産品価格の安定化や健全な食糧備蓄調節制度の設立を通じて、農民収入の安定的成長を保証するメカニズムを確立し、(2) 農業に対する国家財源の投入を増やし、農業生産条件を改善して農民の負担軽減を図り、(3)農民出稼ぎ労働者の利益保護を強化するなどの施策を打った。

　第三に、税制を通じた社会階層間の収入格差の縮小を行った。例えば (1) 収入からの税徴収（個人所得税）や、(2) 不動産税、車両使用税、不動産登録税等を含む財産からの税徴収を実施し、さらに (3) 商品税を徴収し、一般の人々を巻き込んだ非

理性的な当時の中国株式市場向けの対策として、株取引に対する印紙税の追加を行い、(4)低収入の人々に対する財政補助を実施した。

第四に、社会保障と救済のシステムの確立と発展を進めた。例えば、農村医療合作を含む医療救済制度、社会年金保険・保障制度、貧困層の就職保障制度や、その他教育、住居、司法面での救済を含む、居住民の最低限の生活保障制度を相次いで制定した。

同方面の政策としては、さらに社会各種慈善団体の発展の推進、社会救済事業の発展の奨励、賃金制度の改革、教育に対する公共サービス投資の強化、教育体制改革の強化等があげられる。これらの改革は、いずれも福祉浸透の政策的枠組みを形成しており、社会のミドル・ロークラス層からの賛同を一定程度獲得した。

(二)より広範囲に認められる核心的価値観の構築

いかなる社会、国家も核心的価値観を有しており、これは国家の発展、社会団結の力を生むための精神的紐帯となるものである。早くから国家が内発的に発生した欧米における政治の発展過程をみると、制度や社会の転換は従来的価値の周辺から始まり、徐々に周縁制度から中心制度へと取って代わっていくという変遷を辿っていることがわかる。この意味において、従来的価値体系から現在的価値体系への転換は現代的制度体系を構築するための前提条件であり、同時に、これは現代的社会アイデンティティの確立のための前提条件である。

中国の社会主義革命と社会主義建設の過程において、党と国家は社会を結束させるのに効果的な価値体系を模索した。鄧小平はいう。「我々のような巨大な国家はどうすれば団結し、まとまることができるだろうか?力をつけるには、第一に理想をもち、第二に規律をもって統制することである。理想もなく、規律もなければ、中国はかつてのようにバラバラになってしまうだろう。そうなったら我々の革命、国家建設はどうして成功させることができようか?」。彼は政治や軍事活動をまとめてきた経験から、最も重要なことは人々の団結であると認識しており、「団結すれば共通の理想や強い信念が生まれる。この信念がなければ、結束力は生まれない。何も生まれないということだ[1]。」中国共産党第15回代表大会が開催して以来、経済体制の転換や社会の加速度的変化に対応するため、「三つの代表」等の新たな主流

---

1) 鄧小平、『鄧小平文選』第3巻、人民出版社1993年版、190頁。

の価値体系が提起され、政治、経済、文化及び社会の今後の発展に対する方針や考え方が示されたのみならず、さらに異なる社会集団間の利害調整への配慮や、様々な価値観の許容が提起され、広範な人民からの賛同を獲得した。

(三)社会管理や社会統制の構造改革を重視

国家はコミュニティ建設や業界協会等の社会組織の活用を通じて政府機能の改変を進めるとともに、国家・社会・市場が共同で参加する社会統治構造を徐々に作り上げた。これは政府機能の核心を経済建設一辺倒から「経済建設」と「公共サービス」を両立させる方向へ改変していく努力とみてよい。

典型的な例としては、単位制度改革と都市化の推進に伴い進んだ、中国都市部の末端社会における「コミュニティ(社区)建設」があげられる。コミュニティ建設は全能主義体制が消滅した後の社会統治モデル再建の試みとして、非常に広範な内容を有するものであった。その中で最も核心に位置付けられたのはコミュニティサービスの供給、コミュニティ組織の発展、コミュニティでの共同体意識の形成であった。都市部の「単位制」の改革・解体にともない、単位に属していた多くの人々は「単位」から弾き出され、この動きは政府の末端社会管理に大きな負荷をかけた。1987年〜1991年、民政部は『全国都市部コミュニティ建設に関する意見』などの文書を公布し、「街居制」(訳者注:「街居制」の「街」は「街道弁事処」という都市部における政府の末端機関を指し、「居」は、街道弁事処の管轄下に置かれる住民組織の「居民委員会」を指す)の枠組みの広まりを通じて、単位制から弾き出された人々の再組織を行い、社会安全ネットワークを構築しようとした。末端の政治・社会の発展がインタラクティブに進むにつれ、コミュニティには二つの変化が現れた。一つはコミュニティが住民の生活や住居に対するニーズを満たす実体となったことである。リソースの供給システムは複雑化が進み、政府組織、市場組織及び多種多様なコミュニティ組織のいずれもが供給源となった。二つ目はコミュニティにおける、公共物・行事なども様々な関連組織によって意思決定と実施がなされるようになり、「コミュニティの共同統治」が登場した。

農村統治の面では、村委員会選挙と「新農村建設」の社会プロジェクトにおいて新たな試みが行われた。村民による自治は農村改革によって設立された新しい農村統治方式である。村級直接選挙は国家制度による計画の下、外部から農村に導入された。1987年全国人代常委員会(人民代表大会常務委員会の略)に可決された「中華人

民共和国村民委員会組織法（試行）」は、村民自治に関する具体的な制度である。同法は村民委員会が村民直接選挙により生まれることをはじめて明確に規定し、これにより村級における競争的選挙の時代が幕を開けた。1997年、中国共産党第15回党大会において、全国農村において広く村民の自治を推進していくこと、末端と中心的な政治組織の建設を強化することが決定された。こうした地方における直接選挙の成功体験に基づき、1998年にあらたに改正された『中華人民共和国村民委員会組織法』では直接選挙の具体的なプロセスについて明確な規程が設けられ、これにより村レベルでの競争的選挙が大々的に推進された。村民による自治の推進は農村における権力秩序の再構築を促し、権力資源の多元化や権力の二元化といった新たな状況を生み出した。

　改革開放前、中国には国家組織外の独立的な民間経済部門は存在せず、また国家から比較的独立した公共社会部門や第三セクターも存在しなかった。改革開放以降、このような局面には根本的な変化が現れた。政府は様々な所有制の形態の共同発展を奨励、支持し、その結果、集団、個体（個人）、私営経済は過去30年において長足の進歩を遂げた。国家はコミュニティや業界団体等の社会組織の役割を十分に利用し、政府の職能の転換を促進すると同時に、国家、社会、市場が共同で参加するような社会統治の方式を徐々に作り上げていった。民間経済部門や各種民間組織の力は日々発展を続け、経済や社会生活において次第に大きな役割を果たすようになり、公共部門、民間経済部門及び第三セクターの間には互いに独立しながら、分担・協力をするような新型の統治構造が形成された。

　中央政府が社会管理の面で新しい試みを実施する中で、人々は国家が福祉の浸透、価値体系、社会組織の三方面において相互の整合的関係を再形成しようとしたことを見て取った。言い換えれば、国家は新時代の基本的な社会的アイデンティティの構築のために努力をしたのである。改革前と異なるのは、新しい統治の試みが実際には単一の政府行政システム内で実施されたのではなく、比較的開放的で、市場や社会の能動的な参加によって展開されたことであろう。

　しかし、上記の全ての努力は社会の市場化という土台の上に行われたため、その効果は顕著には現れず、かえって社会の二極分化の常態化と深刻化を招き、異なる主体やコンテンツ間における自主性の対立は強まっていった。1978年以降に確立された改革に対する共通認識は次第に薄れていくなか、中国では社会再建という改革を通してアイデンティティや改革に対する共通認識の再構築を図ることが喫緊の

課題となっていった。

まとめ

　絶対的に自主的に機能する市場は存在しないとポランニーが指摘するように、絶対的な自主性もまた想像の中のものであり、異なる主体やコンテンツの自主性が自発的に相互に協調しあうことはありえない。これは本章の基本的な結論である。改革開放初期、多くの経済学者、官僚、一般市民は、市場経済体制さえあれば、中国は直面している一切の問題を解決できると揃って思い込んでいた。しかし、30年近くの、特に1992年に市場経済体制に明確に参入してからの短い改革開放の歴史はこの命題が「偽」であることを示している。これは人類社会にこれまで経済学者が想像するような純粋な市場経済の形態がいまだに現れていないからというだけでなく、人類社会とは異なる要素が常に自発的に相互に協調しあうような有機体ではないからである。我々が一切の希望を市場に託したことで、人々の欲望や潜在能力が強く刺激され増幅されたことは疑いようがなく、これによって中国経済は飛躍的な持続成長を実現し、経済が軽視され政治偏重だった時代と比較して、中国人全体の自主性は間違いなく成長し、この自主性は様々な方向へ拡張した。しかし一方で、異なる集団間のリソースや規則面での不平等な地位は必然的に各々の自主性の成長に影響を与え、市場の拡大と成長が進むにつれ不平等で不公正な社会を生み出した。都市と農村の間、行政エリア間、異なる職業や階層間の不平等は、実質的には異なる主体間の自主性における不平等であった。政治、経済、文化、社会権利の成長が不均衡となったのは、実のところ様々な次元における自主性が相互にけん制しあったためであった。自主性の成長により顕著となった不平等の存在とその拡大を効果的に抑えることができなければ、却って自主性を育む土台が失われ、社会的アイデンティティの衰退や社会矛盾の激化を招くことは必然であり、最終的には皆がよりどころする社会生活そのものが破壊されてしまうことになりかねない。そのため、社会の市場化傾向を是正し、市場の公平・公正を乱すさまざまな要素を制限することが、中国の次なる改革の基本的出発点となった。

第五章
調和：社会建設の新たな一章

　社会主義市場経済が急速に発展した10年間（1994 ～ 2004年）を経て、中国の経済力は飛躍的に増大した。市場領域の急速な拡大に伴い、市場原理がいまだ成長途上にあった社会生活の領域に大きな影響を与え始め、市場が生活領域に「進出」することになった。社会生活の領域においては体制や制度の自己形成がいまだ途上段階であり、市場作用による社会の「原子化」過程において、生活領域における自主性を促す力は失われていった。全体的にみて、この10年間の急速な発展は、経済の成長と社会の発展の間に明確な断裂をもたらした。まさにこのために、社会生活の領域の市場に対する反作用が顕在化し、例えば利害関係の不均衡、貧富の差の拡大、社会的対立の増加等、経済成長の過程で蓄積された社会矛盾や問題が一気に表出した。社会の自己防衛メカニズムはこうした極端な事態にいたってその影響力を発揮しはじめ、市場化を主体とする改革に様々な疑問を投げかけた。

　市場が社会生活の自主性を侵害しているという認識にもとづき、2003年からは、論壇や公衆たちは改革の内実や方向を振り返るようになり、医療、教育、住宅改革などの社会生活問題をめぐって広範な議論が行われるようになった。生活領域における「改革への見直し要求」に呼応し、2004年末から2006年にかけて、党と政府は各領域における改革をさらに進化させ「社会主義和諧社会（社会主義的な調和のとれた社会）」の建設を全面的に進めることを提起し、また制度面から社会建設を進めることを議事日程に盛り込み、さらに一連の人民の生活に恩恵を与える社会政策を検討、施行し、社会の利害関係の調和を核とする制度の変遷はその後の中国の方向性に影響を与えた。「調和のとれた（和諧）社会」の提唱とその実践の本質は「社会」を市場による支配から解き放つこと、二次、三次分配を通じて利害の異なる集団間の

関係を調整すること、そして広範な人民の自主性を守り、異なる主体・コンテンツそれぞれの自主性が調和的に共存できるようにすることにあった。

マクロ政策の転換と同時に、多様性がありかつ調和のとれた社会生活が次第に出現しはじめ、個性の解放を基礎とする社会領域の自主性は成長を続け、中国社会の未来へ向かう明るい前途を示した。

第一節　調和のとれた社会と新たな改革共通認識

1978 年に改革開放が始まって以降、「改革をテーマとする言論」は中国の政治や社会生活において支配的な地位を占め、全国民の改革に対する共通認識は一貫して改革の発展を推進する強い精神力となっていた。例えば改革初期には「改革は国家の発展と人々の生活水準の向上をもたらす」と言われ、その後は「改革は『社会の公平性をより重視すべき』であり、偏った『効率優先』を追求するべきではない。改革に求める結果は『皆が豊かになること』であり、『少数が富むこと』ではない。改革には『人間重視』の目標をより明確に求めるべきであり、盲目的な GDP 成長の追求をするべきではない [1]」といった言説が展開された。改革に対する共通認識の転換過程は改革の目標が「市場の力の開放」から徐々に「社会の保護」へと変わっていく過程を意味するだけではなく、より重要なのは、改革に対する新たな共通認識の確立が、転換期の社会アイデンティティを再構築し、かつ最終的に生活領域における自主性を育てるために必要な条件を創出したことである。

一、改革共通認識が転換する内在論理

十数年の社会主義市場経済の急速な発展を経て、中国の改革開放は 2005 年に新たな段階に入った。国家経済の急速な成長と経済力の目覚ましい発展と同時に、長期的に蓄積された社会問題や矛盾が人々の生活領域において次第に顕在化し、最終的に社会レベルで改革に対する疑義や反省が提起されるようになった。このような状況において、党の第 16 期 4 中全会では、社会主義的な調和のとれた社会の建設と、これを核とする改革に対する共通認識の再構築を行うことが明確に提起された。

---

1) 甘陽、「中国道路 —— 三十年与六十年」、『読書』第 6 期、2007。

（一）改革の共通認識が転換する背景：経済発展と社会問題の深刻化

　意識は客観的実在の精神レベルにおける反映であり、旧い「改革に対する共通認識」から新たなそれへの転換には深い社会的動因が存在した。市場経済の急速な発展、国家の経済力の成長が進むと同時に、市場経済の社会領域への浸蝕及び社会建設の停滞が中国社会の発展を制約する障害となり、社会利益の不均衡、社会的対立の激化及び社会矛盾の蔓延というかたちで表出した。まさにこのような経済と社会の相反する結果こそが、最終的に改革論争の深化と改革に対する共通認識の転換を強く促したのである。

　市場領域における体制、メカニズム改革の深化により、市場潜在力の開放は一層進んだ。しかし同時に、個人的利益の最大化の追求という市場経済の特徴は、社会生活領域への浸蝕とその破壊を行い、利益構造の不均衡や貧富の差の拡大、都市と農村の格差拡大及び地域間の分断等の問題として顕在化していった。近年、中国社会の収入分配の格差は絶えず拡がり、すでに国際的に認められている警戒レベルにまで達しつつある。統計によると、2002 年にはジニ係数が約 0.445 に達した。中国社会科学院が 7140 世帯の家庭に行った別の調査によると、2005 年の中国のジニ係数は 0.496 であり、全国の都市・農村家庭の一人当たりの財産（不動産、金融資産、耐久消費財）分配のジニ係数は少なく見積もっても 0.653 に達している。地域間の収入格差も顕在化しており、東部、中部、西部の一人あたりの年収比は 2.23:1.14:1（西部を 1 とする）だった [1]。2006 年、都市部住民の収入上位 20％（25410.8 元）と下位 20％（4567.1 元）の差は 5.6 倍で、農村住民の収入上位 20％（8474.8 元）と下位 20％（1182.5 元）の差は 7.2 倍だった [2]。さらに深刻なのは、市場メカニズムが社会生活に蔓延するにつれ、市場経済の原則が社会領域への浸透と支配をはじめたことである。例えば医療衛生、教育及び住居等、社会保障・福祉の分野の改革過程において、基本的には「汎市場化」の方針がとられたことにより、収入格差はさらに拡がり、これらの分野における改革が最終的に住民生活に重く負担としてのしかかるようになった。相当数の住民が改革発展のもたらす成果を享受できず、損をする側にまわることになった。

　日々拡大する社会利益の格差は、社会を「二極化」に向かわせると同時に、潜在的な社会矛盾を招き、直接的かつ急激的に社会対立を顕在化させていった。学者の統

1）　汝信等主編、「2007 年：中国社会形勢分析与予測」、社会科学文献出版社 2007 年版、23 ～ 24 頁。
2）　李欣欣、「校準分配領域的効率与公平」、『瞭望週刊』第 5 期、2008。

計によると、直近十年において、中国で発生した集団事件は急速に増加している。1993 年には全国での発生件数は 8709 件だったが、この後は右肩上がりに増加し、1999 年には 32000 件を突破、2003 年には 60000 件、2004 年には 74000 件、2005年には 87000 件となり、93 年の十倍に近くに達した[1]。この数字は社会矛盾、社会衝突が深刻化する現実を反映しており、社会生活領域における自主性の極端化が進み、社会の整合や秩序にマイナスの影響を与えたことを示している。

　さらに深く見ていくと、市場経済の社会生活領域への浸蝕に直面し、社会の自己防衛メカニズムは衝突という正常ではない手段によって「問題化」され、公共生活における課題となった。またこうした問題は最終的に改革以降の制度変遷の合法性に対する反省や疑問を生むようになった。社会各界の参加と世論の推進のもと、1982 ～ 1984 年、1989 ～ 1992 年の二回の改革論争の後、2004 年以降は社会レベルで改革開放に対する「第三次大論争」が起こり、最終的に国家政策や制度を社会の保護や発展に向けさせ、制度と生活の間の調和関係の構築へと向けさせた。

(二)利益それとも認識の差か？：第三次改革大論争

　日々拡大する利益格差、激化する社会矛盾、社会衝突に直面し、学者のみならず一般人までもが改革の内実や目標を真剣に振り返るようになり、従来の改革に対する認識には疑いが向けられるようになった。2004 年 8 月、経済学者・朗咸平は国営企業改革における国有資産の流出問題についての討論を行ったのを端緒として、一般人や論壇を巻き込んで改革に関する「第三次大論争」が起こった。前の二回の改革論争と異なるのは、それが論壇に限定されたものではなく、普通の一般人にも浸透し、社会生活領域全体で広範な議論が展開され、初めて公開的に社会全体を巻き込んで行われた改革に対する振り返りであった点である。さらに、海外においても中国の改革の方向性や力の入れ具合についての論争や分析がそれによって触発され、行われた。

　2004 年 8 月 9 日、香港中文大学教授・朗咸平が上海復旦大学で行った『格林柯爾：国退民進のお祭りで盛り上がる』と題する講演は、「討顧檄文（格林柯爾の創業者・顧氏を非難する文章）」と呼ばれた。そのセンセーショナルでパワフルな講演では朗咸平氏は、顧雛軍は「国退民進」の追い風に乗じ、「資本の肉挽き機」を操り、

---

1)　于建嶸、「転換期中国的社会衝突」、『鳳凰週刊』第 176 期、2006。

わずか数億元をもって資産総額 136 億元の有名な国有企業を手に入れたと主張し、さらに二十数年来の国有企業改革は「国有資産山分けの宴」にほかならないと指摘し、国有企業の責任者が改革の機会を利用して国有資産を窃取した行為を痛烈に非難した。この事件が契機となり、「第三次大論争」が幕を開けた。

　朗教授の刺激的な言論は公衆の敏感な神経に訴えかけ、十数年来の国有企業改革、腐敗、貧富の拡大などの深刻な社会問題に対し、強い共鳴を巻き起こした。上記の講演文がネットで掲載されると社会の強烈な関心を呼び覚まし、数え切れないネット民がこの現象についての議論をはじめ、さらに政府の監督能力の不足や、経済学者の偏向を非難した。同時に経済界でも論争が展開され、いわゆる主流の経済学者である厲以寧、張維迎及び林毅夫らは公に国有企業改革のために「国退民進」の推進を呼びかけ、一方左大培、丁水、程恩富等 10 名の「非主流」教授らは連名で「財産権改革の風向きは間違ってはならない」という声明を発表し、公に朗咸平に声援を送った。「貧しい人々を代弁している」と認識された朗咸平は、ネット世論を完全に味方につけ、新浪、捜狐などのポータルサイトにおける民意調査では朗咸平を支持するネット民が 90% を占め、一方で張維迎を支持した人々は、わずか 5% に過ぎなかった。

　この国有資産に関する財産権論争をめぐり、2004 年 9 月、国有資産委員会は初めて態度を表明し、「マネジメントによる買収や持ち株の実施は、国有企業において現代的な企業制度を確立し、株式制度改革を推進するというわが国の方向性と相容れない」との見解を示した。その後 10 月に入ってからも、一進一退の戦いは続いた。しかし一辺倒なネット世論に対し、中国経済体制改革研究会会長の高尚全は深い憂慮を示した。同氏は、「改革は深みと広がりと複雑性を徐々に増しているところであり、改革が堅持される必要がある。障害を排除するために、新自由主義を批判したいがために改革を否定してはならず、さもなければその行きつく先は惨憺たるものになるだろう」との考えを示した [1]。その後、中央工作会議は 2005 年を「改革の年」と位置づけ、改革の推進、社会主義市場経済体制の整備継続を目下の重要任務に掲げた。

　2005 年 7 月、顧雛軍は中国証券監督管理委員会と公安部によって逮捕され、この論争は郎咸平の勝利で幕を閉じた。またこの時期に国務院発展研究中心が「医療

---

1)　高尚全、「用歴史唯物主義評価中国改革」、『新華文摘』第 24 期、2005。

改革は基本的に失敗した」と題する報告を発表したことで、論争の焦点は国有資産問題から医療改革、教育改革、地域格差、都市・農村の格差、貧富の差、社会保障等、一般市民の生活に関わる全ての重大な経済的・社会問題へと拡大していった。

　急速な市場化改革により利益分配の矛盾が蓄積していくことで、人々は改革に対し疑いを持つようになった。「国有企業財産権改革」がどこを目指すのかという大討論が、最終的に「改革ははたして必要であろうか」という問題に変わってしまったのである。例えば皇甫平(周瑞金)は、市場化を目指した改革の成果は巨大であり、改革の過程で出現した新たな問題、矛盾はすべて改革そのものがもたらしたとされてしまい、改革への疑いや否定がなされるようになったが、これは明らかに一面的で誤った認識であり、改革において直面した新たな問題はさらなる改革によってのみしか解決できないと指摘する [1]。呉敬璉は、問題は大きな方向性にあるのではなく、枝葉末節的な対処中の問題や改革の大方針に反する逆流であり、したがって改革の実行について真剣な振り返りが必要であると認識した [2]。劉国光は、数年来の改革は巨大な成功をおさめたが、同時に社会矛盾は一層深刻化し、貧富の差は急激に拡大し、腐敗や権力の資本化が蔓延、拡大しており、こうした趨勢は社会主義の改革の方向性と相いれないとの認識を示した。同氏はまた、市場経済がまだ整備されておらず、まださまざまな議論が必要ではあるが、純粋な市場経済は改革の目指すところではない、としている [3]。孫立平は、改革への反省を土台とし、新しい改革観を提唱し、改革の新たな動力を再構築すると同時に、ねじれがなく、公衆参加型の新たな体制を作らなければならないと考えた [4]。論争の参加者は次第に二つの対立する立場に分かれていった。一方は「改革への反省」の名のもとに改革を否定する立場であり、もう一方は改革に存在する問題は改革の不徹底がもたらしたものであるので、改革をさらに推進し、その方向性は揺らいではならないと考える立場である [5]。この対立する観点は当時の改革に対する認識の分裂を反映しており、改革目標に対する共感は弱まり、生活レベルでの改革に対する共通認識の形成に悪影響をもたらした。

---

1) 黄甫平、「改革不可動揺」、『財経』第 1 期、2006。
2) 呉敬璉、「反思過去 25 年的改革、明確 21 世紀前進的方向」、中国経済 50 人論壇 2006 年年会での発言、2006。
3) 「中国改革的第三次大争論」、『中国改革』第 4 期、2006。
4) 孫立平、「守衛底線：転型社会生活的基礎秩序」、社会科学文献出版社 2007 年版。
5) 李梁、「2004-2006 中国第三次改革論争始末」、『南方週末』3 月 16 日、2006。

中国の改革論争問題はメディアや社会において日増しに公開的に扱われるようになり、党や国家は改革についての態度表明を求められるようになった。2006年3月6日、中共中央総書記胡錦濤は「両会」上海代表団との討論の際にはっきりと下記のように述べている。「新たな歴史の起点において、社会主義現代化建設を引き続き推進するには、改革の進化、開放の拡大が必要である。動揺することなく改革の方向性を堅持し、さらに改革に対する自信をゆるぎないものにする必要がある。」一週間後、国務院総理・温家宝は「両会」記者会見の開場の挨拶において、「改革開放の推進を確固として進め、中国特有の社会主義の道を進む必要がある。前進の過程でたとえ困難があっても、止まってはならない。後退に活路はない。困難を知りながらも避けて通らず、困難に直面しながら立ち向かい、困難を知りながら前進し、絶対に委縮せず、失敗を口にしないという態度が必要である」と述べている。以上からわかるように、中央の指導者は改革に対する認識について明確な態度を表明した。すなわち改革の方向性堅持という前提のもと、改革推進過程で現れた問題を認め、さらにそれらの問題は改革の更なる深化によって解決するというものであった。改革論争と反省の背後にあったのは社会の利益構造の変化であり、急速な社会の分化は人々の生活に強い影響を与え、改革に対する疑いを抱かせた。社会構造の分化や改革に対する共通認識の分裂が進む中で、当面の課題は改革に対する共通認識を再構築し、改革の新たな動力を刺激し、改革をさらに推進することとされた。またこうした社会的な大論争により、党や政府も改革開放二十数年来で蓄積した社会矛盾を直視せざるをえなくなり、「社会主義の調和のとれた社会の建設」を提起し、生活領域における社会建設に着手した。これはまた改革に対する新たな共通認識形成のための現実的な土台となり、社会アイデンティティ構築の核心的価値となった。

二、調和のとれた社会：改革に対する新たな共通認識

2004～2006年の第三次改革大論争を経て、人々は改革の方向性や目標を比較的明確に認識するようになり、急速な市場化の社会生活への「浸蝕」を是正し、社会建設を強化することが全国民の共通認識となった。こうした背景のもと、党中央が第16期4中全会にて採択した「中共中央の党の執政能力建設強化に関する決定」の中では、社会主義の調和のとれた社会を構築するための戦略的任務が明確に提起された。2005年2月19日、胡錦濤総書記は省部級主要幹部専門テーマ研究班におい

て重要講話を発表し、社会主義の調和のとれた社会は民主的、法治主義的で、公正
で誠実、友愛、活力に満ち、秩序が安定し、人と自然が調和的に共存する社会でな
ければならないと提起した。2月21日、同氏は「中共中央政治局第20回合同学習
時の講話」において、社会主義の調和のとれた社会建設に対する研究の強化が必要
であると語っている。2006年10月、党の第16期6中全会の審議において「中共
中央の社会主義の調和のとれた社会建設についての若干の重大問題に関する決定」
が採択され、2020年までに社会主義の調和のとれた社会を構築するという大目標
が掲げられ、その後の一定期間、社会主義の調和のとれた社会を構築するための体
制を全面的に展開すると宣言された。2007年10月、中国共産党第17回全国代表
大会の報告において「人々が社会の調和に責任感を持ち、調和のとれた社会を共有
できるような生き生きとした状態の形成に努力する」ことが提起された。調和のと
れた社会構築戦略目標の提起と深化は中国のその後の改革の方向性の転換を意味す
るのみならず、より重要なのは改革のテーマにも大きな転換が発生したことである。
その転換とは「発展のための発展」から「人々のための発展」への回帰であり、これに
よって新たな「改革に対する共通認識」が再構築された。

(一)改革に対する共通認識の構築：経済から社会へ

　「第三次改革大論争」の意義は十数年来の市場化の成功と弊害に対する深い反省が
行われたことにあり、特に市場化によってもたらされた社会の利益構造のアンバラ
ンスや社会矛盾の激化などの問題に対し深い議論がなされたことであり、これはま
た「社会主義の調和のとれた社会の建設」が提起される重要な動因となった。

　中国の30年の改革過程を俯瞰してみると、「経済建設」本位が一貫して改革の主
要目標であり、これは改革初期においては「経済の欠落」から抜け出すために必要な
選択であった。しかし「国家の発展と人民の生活水準の向上」もまた社会構成員の力
を結集し改革を支えるための共通認識として存在していた。一連の体制、政策改革
の推進、「計画的商品経済」、「社会主義商品経済」から「社会主義市場経済」への転換
にともない、経済領域は政治領域と比べてより高い自主性を獲得し、かつこの種の
自主性は絶えず増幅され、経済権力の重心は経済領域の側へと大幅に傾斜していっ
た [1]。「効率を優先し、同時に公平を実現する」、「一部の人々が先に豊かになる(先

---

1) 康暁光、「権力的転移 ── 1978-1998年中国社会結構的変遷」、『中国社会科学季刊』夏季号、2000。

富論）」といった政策推進により、人々の物質的利益追求に対する積極性が大いに喚起された。利益構造の作用のもと、マクロレベルで市場の潜在力が大いに開放され、市場は空前の勢いで拡大した。市場経済の急速な発展は人々に物質生活面での豊かさをある程度もたらし、生活領域における自主性を徐々に向上させた。

　同時に、経済領域において相対的に自主性が高まったのに対し、社会生活領域は政治領域からの分離が日々進んだとはいえ、自主性の発展は相対的に限られた範囲にとどまっていた。社会生活領域においては自主性の成長が進まず、経済領域の急速な発展とその社会生活領域に対する浸透が大きな脅威となった。市場原理の社会領域に対する浸透は徐々に生活そのものの自主性を蝕んでいった。政治領域と経済領域のコントロールと浸透のもと、社会生活領域の自主性の成長は大きな制限を受けることとなった。「市場経済は社会に自主的な活動の余地を広げる作用をもたらしたが、市場メカニズム下においては利己的動機を誘発する力と機会主義的傾向の助長作用により、実際には別の方向から公民精神に対する不倶戴天の敵を作ってしまった[1]」のである。このように単純な経済発展戦略は社会の分解や生活の軽視をもたらし、中国の改革開放からの二十数年の歴史はまさにこの一点を明確に示している。1994年以降の市場化改革の推進にともない、社会保障と社会福祉分野においても市場原理が主導権を握るようになり、これにより利益構造の急速な分化過程において弱者集団の保護がおろそかになり、社会関係の面では市場原理の浸透が社会関係そのものの「市場化」をもたらし、社会生活領域における自主性の力を失わせた。以上から、1990年代以降、市場経済の社会生活領域に対する「浸蝕」がマイナスの結果をもたらしたことは疑いようもない事実である、と理解できよう。

　党中央は「社会主義の調和のとれた社会の全面的建設」を提起し、それを改革の新たな時期の共通認識の核心的価値に位置付けた。以前の経済建設・市場推進偏重から一転し、社会建設を重視することが目標として掲げられ、社会主義の調和のとれた社会の建設を最優先に位置付け、社会主義の物質文化、政治文化、精神文化建設と調和のとれた社会建設の全面的な発展の実現が求められるようになった。党の第17回全国代表大会の報告においては、初めて社会建設が経済建設、政治建設、文化建設と同列に扱われ、「社会建設と人民の幸福・安寧は密接な関係にある。経済発展を基盤として、社会建設を一層重視し、社会保障に注力し、民生を改善し、社

1）　陶伝進、「市場経済与公民社会的関係：一種批判的視角」、『社会学研究』第1期、2003。

会体制改革を推進し、公共サービスを拡充し、社会管理を整備し、社会的公平を促進し、人民全体の教育、労働、医療、老後の生活、住宅の質的向上に邁進し、調和のとれた社会を建設しなければならない」とされた。社会建設が提唱されたことは、社会生活領域における問題、例えば社会階層の分化、収入分配の格差、特に都市と農村の格差や業界間格差等の問題が重視され始めたことや、利害の異なる集団の出現と、その集団間での複雑に錯綜した矛盾等が、党や政府の視界に入り始めたことを意味している。経済領域における市場拡張に対し、社会生活領域においては問題や矛盾という形態で「社会保護」への要請が表出した。そして社会建設任務の提唱はこうした要請に応じたものであった。

　「社会主義の調和のとれた社会」建設の目標の一つである「活力の充満」に関しては、当時の社会における自主性の発育という内在的要求に十分に体現されていた。ある意味において、社会主義の調和のとれた社会は発展の活力に満ちた社会でなければならない。その社会的活力は三つの側面を持っている。一つは社会主体の活力であり、これは人々の能動性、積極性、創造性として表出する。二つ目は社会的な生産行動や生活を直接構成する要素や資源の活力であり、そして三つ目は社会的な生産行動や生活の方式、メカニズムが有する活力であり、それは社会システム自身の持続、調整、更新そして機能の発揮という形で表出する。言い換えると、調和のとれた社会とは生活と市場の発展が同期し、自主性が絶えず増幅する一方で、能動的に政治や経済及び文化等の領域の発展に適応するような社会のことである。この意味において、調和のとれた社会建設の目的は社会構成員、組織及び社会全体の内在的活力を十分に引き出し、さらに改革開放を推進することであり、そしてこの目的は新しい改革に対する共通認識の根幹をなすものでもあった。

（二）主題の変化：利益競争から関係の調和へ

　「社会主義の調和のとれた社会」の推進を主眼とする改革に対する新たな共通認識が目指す主題は、改革の重点が経済領域から社会生活領域へと移る中で、明らかに変化していった。それはすなわち、市場経済の発展が要請する個人間の利益競争から、関係の調和を重要項目とする社会整備への変化であり、こうした主題の変化にともないマクロレベルでは改革をさらに推進する領域や方面が提起された。

　市場経済と社会生活の機能形態の根本的相違は両者の役割のなかに見て取ることができる。市場経済の主体が提供するものは個人物品であり、一方、社会の主体が

第五章　調和：社会建設の新たな一章　291

提供するのは主に（準）公共物品または集団物品である。個人物品と公共物品の差異は市場経済と社会生活の行動性質の違い、すなわち個人行動と集団行動という違いをもたらす。社会生活領域において、公共または集団物品が提供されるには社会構成員または社会組織全体の協調が必要であり、相互の協調が達成されてはじめて集団行動を実現することができる。一方、市場経済が強調するのは社会構成員間の利益競争であり、この種の競争は完全に自己利益を土台として成立しているため、公共物品の提供において協力関係を実現するのは困難である。市場経済と社会領域のこうした違いが意味するのは、市場経済がいくら整備されたとしても、健全な社会体系が自然に育つことはありえないということである。パトナムの研究によって証明されたように、欧米社会で 1970 年代末に出現した新自由主義傾向により個人の核化が進んだが、これは欧米社会、特に米国の相互扶助的な共同体の伝統と相いれず、米国では「社会資本」の衰退を招き、同国の民主制度はトクヴィルの時代とはかけ離れた状態となった[1]。こうした変化は長期にわたって確立された公民の伝統に対する反動であり、国家と公民の関係を引き裂き、「社会」という共同体に内在する調和関係を弱体化させた[2]。上記の歴史的事例からもわかるように、市場経済が強調する利益競争のメカニズムは社会生活領域の健全な発展を促進しないばかりか、却ってマイナス作用となって社会の繋がりを弱め、争いや衝突をもたらすものである。

　「調和のとれた社会」の全面的建設のための発展戦略が確立され、経済建設偏重から「四位一体」への転換が進み、社会建設の推進は一層重視されるようになった。調和のとれた社会の建設過程において、関係の調和は最重要視された。ある意味において、利益関係の調和は社会関係の調和の基礎といえる。したがって利益関係をうまく調整することが、調和のとれた社会を建設する上での土台であり鍵である。調和のとれた社会においては、各階層の利益が満たされ、互いに尊重し合うことができる。なぜならどの角度から論じるにせよ、調和のとれた社会の行き着くところは一人一人が調和をとって共存する生活であるはずだからである。この点からいえば、調和のとれた社会を構築する過程はすなわち、異なる社会構成員間の利益関係を構築する過程でもある。一面的に競争的利益関係を強調すると、社会の利益構造にア

---

1)　ロバート・D・パトナム、「孤独打保齢球：美国下降的社会資本」、『社会資本与社会発展』、李恵斌、楊雪東編、社会科学文献出版社 2000 年版。
2)　楊雪冬、「社会資本：対一種新解釈範式的探索」、『馬克思主義与現実』第 3 期、1999。

ンバランスが生じ社会矛盾や衝突が深刻化する。前述の社会不満によって引き起こ
された集団事件、官僚腐敗や貧富の格差、司法の不正、治安の悪化、社会的信義誠
実の欠落、特に政府や官僚のそれに対する民衆の不満の核心は、まさしく利益関係
のアンバランスにあった。調和のとれた社会関係の構築には、公平、信義誠実、友
愛が実現されなければならない。「公平さとは社会各方面の利益関係が妥当に調整
され、人民間の矛盾やその他の社会矛盾が正しく処理され、そのような状態が適
切に実現、維持されることである。信義誠実や友愛とは社会全体が相互に助け合
い、誠実に信用を守り、人民全体が平等かつ友好的融和的に共存することである」[1]。
そしてより重要なのは、第17回代表大会において、それまで長らく提唱されてき
た「効率を優先し、同時に公平を実現する」という考えが棚上げとされ、社会的公平
の実現という新たな目標が掲げられ、それが社会主義における最優先の価値とされ
たことである。以上からもわかるように、公平や信義誠実、友愛は社会関係の調和
を実現するための重要な原則であるといえる。

　以上をもとに考えると、経済発展から調和のとれた社会建設へと重点が移ったこ
とは、発展の主題の変化を意味するといってよい。新たな主題においては、経済発
展を土台として、社会全体が賛同し受け入れることのできる社会的公平・公正の原
則の確立が目指されるようになった。その原則とは、各集団や階層が「調和のとれ
た生活的つながりを構築」でき、市場が社会を調節するのではなく、社会生活が社
会を調節し、社会組織を改善し、公民、公的な社会組織が主体的、自助的、自治的
な形態で組織されて社会管理に参加し、社会矛盾の解決に参加し、国家は公共事業
や公共財政政策を通じて、社会組織やボランティア組織の活動をサポートし、社会
資源の分配を調節し、経済資本重視ではなく社会資本の集結や、責任、信任、信義
誠実を核心とする価値体系の育成に力を注ぎ、社会全体の関係の調和を促進するこ
とができるような原則である。この原則は調和のとれた社会の建設を進めるための
重要な意義であり、同時に改革に対する共通認識を構築するための現実的な土台で
もあった。

三、改革に対する共通認識の刷新：価値観の再構築

　従来の改革に対する共通認識に対する止揚として、「社会主義の調和のとれた社

---

1)　胡錦濤、『在省部級主要領導幹部提高構建社会主義和諧社会能力専題研討班開班式上的講話』、
　　2005年2月19日。

会」の建設を理念とする、改革に対する新たな共通認識は価値形成の面で極めて重要な役割を果たした。この新たな共通認識は調和のとれた価値体系の確立、さらには社会構成員の社会的共通認識の再構築の面で役割を果たした。一方で調和のとれた社会に対する共通概念は徐々に人々の認識を改変し、理念が現実的な制度設計へと転化するのを後押しした。こうして制度レベルでの「調和のとれた社会」の建設が進み、社会生活における自主性の発展と制度建設が調和的に連動するようになっていった。

（一）社会的アイデンティティの再構築：改革に対する共通認識転換の本質

　あらゆる社会の変遷は政治制度、経済制度（主に財産所有権）及び意識形態（イデオロギー）という三つのレベルでの変化を含んでいる。しかし、中国の改革開放過程においては、市場経済の発展のみが一貫して社会経済変遷の核心的地位を占めており、政治や文化等の意識形態の建設は相対的に軽視された。急速な市場化は社会的公正をおろそかにし利益構造の均衡喪失の抑制を不可能とした。そのうえで意識形態の変革が看過できないほど停滞することは、改革過程における新たな問題に対する合理的な解釈を不可能としただけでなく、社会を制御することをも不可能とするために、社会的アイデンティティクライシスがこれによって生まれる[1]。2004年以降の、改革に対する共通認識の再構築は、日々深刻化するアイデンティティクライシスの危機に直接向き合い、改革に必要な力を集めるための基本的支柱を提供しようとする取り組みであった。

　社会的共通認識とは「個人の行為・思想と社会規範または社会の期待の方向性が一致している[2]」ことであり、自己特性の一致に対する共感、周囲の社会に対する信任や帰属、関係する権威や権力に対する従順等の形で表出する、政治・社会の安定を実現する非強制的な力である。30年の改革開放を経た現代中国において、経済の持続的成長は自発的に社会の安定をもたらすことはありえず、却って経済の社会生活に対する浸食や「政治的離散」という極めて危険な状態をもたらしうる。よって、社会主義の調和のとれた社会建設の過程において、重要であり解決が急務の問題とは、社会的共通認識の形成であるといえる。これは政府及び政府の職能体系に対する認識や、政策や法律に対する認識なども含めて、である。ある学者は以下の

1）　何清漣、「当代中国的社会認同危機」、『書屋』第5期、1999。
2）　張春興、「青年的認同与迷失」、東華書局1993年版、27頁。

ように指摘する。「現在、中国には統一された社会的共通認識が欠落している。ま
ずは、社会公衆の人民代表大会、党、国家に対する認識が一致していない。二つ目
に、執政幹部と農民の間で政策や法律に対する認識が異なっている。三つ目に政治
に対する認識が社会において共有されていない。調和のとれた社会を建設するには、
統一された共通認識が必要である[1]。」統一された共通認識を形成するには一方では
制度建設を強化する必要があり、また一方では社会生活領域において共同の意識と
価値体系を形成する必要がある。

　共通認識形成の過程から見ると、第一に共通認識とは社会的なものであり、一種
の集団行為であり、そのおおもとは個人と他者との間の関係に根差している。第二
に、共通認識とは動態的で、自然発生的なものであり、それ自身が変化し、可塑性
を有している。第三に共通認識は客観的な社会存在と個体の意識の作用が互いに結
合して形成されるものであり、個体の意識の作用の結果であるのみならず、同時に
客観的な社会存在の条件に依拠したものである。「調和のとれた社会」の建設という
理念の提起は、制度レベルのみならず、社会の価値体系の確立に強い影響をもたら
した。

　「調和のとれた社会」という理念の提起は、発展の方向性、改革目標の大きな転換
を意味するだけでなく、より重要なのは、この改革に対する新たな共通認識の提起
により、従来の社会的共通認識の危機に対処する上で、制度・観念の両面からリ
ソースが提供され、さらに両者を相互に協調させることで、改革発展のための力強
い支えが形成されたことである。

(二)認知が制度に影響する：制度変遷の観念的由来

　改革に対する新たな認識の提起により、一定程度今後の制度建設のための発展方
向や目標、すなわち急速な経済制度の変遷から社会生活領域における制度建設への
転換が確立された。これらの制度転換に影響をあたえる要素は現実社会の経済状況
だけではなく、それより重要なのは生活レベルでの改革に対する認知である。ノー
スによれば、制度の変遷は人類の知識の蓄積と認知の過程の一部分である。現実経
済の変化は人々の認知に変化をもたらし、認知の変化は人々に構造の修正とコント
ロールを促し、さらにそれが現実経済に変化をもたらすのである[2]。改革に対する

---

1)　于建嶸、「培育社会認同感，形成構建和諧社会的共鳴」、『学習時報』4月4日、2005。
2)　Douglas, N. Understanding The Process of Economic Change, Princeton University Press,
　　2005.

共通認識の転換は改革に対する認知の変化を意味し、こうした認識上の転換が制度の変換の実現を促した。

改革に対する共通認識の転換過程において、中国社会・経済発展の変化に根差し、かつ社会構成員によって受け入れられ共有されている観念の影響を見て取ることは難しくない。新たな制度は機能主義の論理を用いて共有されている観念の存在を解釈した。つまり、特定の社会条件下において、人々の個人的利益追求行為はある種の、潜在的機能を生じ、それは無意識のうちに社会統合に利する共通観念の形成や持続をもたらすという[1]。共通観念は主に伝統的な価値観念の中に表れる。「発展こそが絶対的な道理」であった時代から「調和のとれた社会」が提唱されるに至る中国の文化的伝統の転換は、こうした観念や制度の変化に忍び込み、中国の改革進行過程における制度と生活の相互連動を先導した。

改革に対する認知や共通観念の相乗作用により、改革は2005年から「調和のとれた社会」の建設に着手しはじめ、経済改革から社会改革へ、市場領域から生活領域へと方向転換を果たした。発展を最重要としながらも、経済制度改革の目指すところは経済の持続的発展へとシフトさせ、「調和のとれた社会」を理念として確立することで、社会改革と生活の自主性の再構築を最優先検討課題に位置づけ、また社会領域内の制度変革にも着手しはじめた。

第二節　調和のとれた社会を構築する制度の取決め

改革開放後30年の歩みにおいて、制度の建設と変革は一貫して中国の社会経済の発展を推進する動力のよりどころであった。党の第16回全国代表大会以降、「科学発展観」及び「調和のとれた社会」といった理念が提起されるにともない、党や政府は少しずつ政策制定や制度建設の重点を生活領域へとシフトし、特に、近年発表された一連の社会政策は、「調和のとれた社会」建設をイデオロギーレベルでの考察から制度建設レベルへと転換し、社会建設の実践を大いに推進し、生活の自主性の更なる拡大にとって有益な条件をもたらした。

---

1)　周雪光、『組織社会学十講』、社会科学文献出版社2003年版、80頁。

一、社会安全ネットワークの構築：調和のとれた社会の制度的基礎

　ある意味において、社会政策は生活領域における矛盾や問題に対する反応や対応であり、同時に、国家の現代社会領域に対する介入戦略でもある。社会政策の制定と実施過程には、生活領域の自主的な発展の側面が反映されており、また制度建設の論理が体現されている。社会政策とは、生活の自主性の発展と制度化の論理の相互連動による産物であるといってよい。社会政策は社会問題の解決や予防、人民生活への保障や改善、社会矛盾の緩和等によって、国家経済の発展や社会安定の機能を実現してきた。2004 年以降、経済が急速に発展し、消費品が極めて豊かになるのと同時に、公共物品の新たな「欠乏」時代が到来し、「市場化」を指針としていた社会政策モデルは少しずつ方向転換をはじめ、一般市民の生活に寄与するような社会政策の制定と実施が急務となっていった。社会の「社会安全ネットワーク」構築が進む中で、調和のとれた社会の制度建設は軌道に乗り始めた。

(一)新欠乏時代の到来：民生問題の顕在化と社会政策モデルの転換

　1990 年代中後期以降、急速に経済が発展する過程で蓄積された社会問題が日々顕在化するにともない、社会矛盾や社会衝突はしだいに増加し、社会政策は全面的に重視されるようになった。特に党の第 16 回全国代表大会以降、科学発展観と調和のとれた社会の理念の提起により、社会政策の制定や実施は徐々に市場化のマインドから脱却し、次第に生活領域の構築のための重要な実践分野となっていった。社会政策が極めて重要な地位に位置付けられた背景には経済の急速な成長と同時にいわゆる「新たな欠乏時代」が出現したことがあった。

　改革開放後 30 年において、中国経済は年平均成長率 9% のスピードで急速に成長し、国力は日々増強し、社会の様相は日進月歩で変容した。現在、モノ不足を特徴とする計画経済時代はすでに過去のものとなっている。しかし、消費品「過剰時代」の到来と同時に、「新たな欠乏時代」がすでに訪れている。例えば資源の欠乏、社会保障、教育、医療等社会公共物品の欠乏等である。近年、財政収入は大幅に増加しているが、教育、社会保障、医療等の公共物品に対する投資は明らかに不足しており、衛生医療分野に投入される公共投資はさらに少なく、現在、公立病院の収入のうち、政府財源からの割当金はわずか 13% 未満であり、さらに教育や医療公共資源の分配は深刻な不均衡となっており、農村の教育や医療への投資も著しく不

第五章　調和：社会建設の新たな一章 | 297

足している[1]。急速な経済発展の過程において、市場領域での消費品の供給を重視し生活領域における公共物品の提供を軽視したことが、この「新たな欠乏時代」を招いた根本的原因である。

　公共物品の供給不足と同時に、これらの領域の制度改革には効率向上のために市場メカニズムが導入され、本来政府が生活領域に提供するべき公共製品、例えば、公共衛生、教育等をすべて市場に依存した結果、供給体制に歪みが生じ、欠乏現象を一層深刻化させてしまった。医療衛生体制改革、教育産業化改革や住宅商品化改革においては、制度設計に偏りがあったことで、多数の社会構成員が関連の公共製品やサービスを平等に享受できず、これはそのまま生活コストとして人々の負担を重くし、日常生活に影響を及ぼしたため、人々は改革に対する疑念や反省を強く抱くようになった。

　公共製品の供給不足及び市場化、産業化改革の方向性の相互作用により、公共物品の分配面で顕著な不平等が生じた。公共資源の供給不足という状況は確かに存在したが、いわゆるこの「新たな欠乏時代」における公共物品の欠乏は、根本的には制度設計の不合理によってもたらされたものである。よって、社会構成員間での公共物品獲得の不平等を解決するには、やはり制度の調整と転換が重要であり、これは2005 年以降の制度調整のメインテーマとなった。

　経済発展偏重によって引き起こされた社会問題は日増しに深刻化し、社会矛盾や社会衝突も日々激化していき、社会の公平、団結、安定は重大な危機を迎えた。同時に、「科学発展観」や「調和のとれた社会建設」の提起により、生活領域における自主性の育成が重視されるようになった。2005 年末、中共第 16 期 5 中全会で採択された『国民経済と社会発展についての第十一次五ヵ年計画の制定に関する意見』においては、今後中国は「社会の公平をより重視し、人民全体が改革発展の成果を享受できるようにする必要がある」と提起された。党の第 16 期 6 中全会においては、「社会の公正、正義は社会調和の基本条件であり、制度は社会の公平、正義を保証するものであり、これを速やかに建設する必要がある」ことが明確に指摘された。民生問題はかつてないほど言及されるようになり、「人民が最も関心をもつ、最も直接的かつ現実的な利益面の問題を真摯に解決し、社会の公平を一層重視する」ことの必要性が叫ばれた。こうした意見からわかるように、社会政策はこのころすで

---

1) 汝信等主編、『2006 年：中国社会形勢分析与予測』、社会科学文献出版社 2006 年版、7 頁。

に経済政策において従属的な地位から脱却し、調和のとれた社会制度建設の主軸となり始めた。こうした転換は学者たちから中国社会の「大転換」と称された[1]。

　経済政策から社会政策へと政策の方向性が転換したことは、経済改革の推進と同時に、社会建設とその発展が政府の議事日程に組み込まれ始めたことを意味する。「民生問題解決」の理念のもと、2005 年以降の社会政策が関わる領域や及ぼす作用はそれまでと比較してさらに広く、大きくなっていった。これらの政策と制度設計はその大部分が生活領域で発生した問題をめぐって展開され、生活領域における自主性が次第に制度の建設に影響を与えるようになっていった点は注目に値する。

(二)国民皆保険：論争の中、徐々に実現に近づく

　現代社会において、すべての社会構成員のために基本的な社会的生活保障を提供することは政府の重要な職責であり、これは「公民の権利」に基づく価値理念であるのみならず、経済発展をさらに推進させる重要な内容である。2005 年以降、「調和のとれた社会」建設が進むにしたがい、中国の社会保障制度改革もあらたな段階へと突入し、「国民皆保険」が理念から次第に現実へ向かい、「公平、正義」を実践するための重要な制度となっていった。

　改革論争において、社会保障制度の改革もまた焦点の一つとなった。中国の就業構造の転換にともない、非正規就業部門の就業者の給与水準は低く、大部分はいかなる福祉保障も受けられず、このほか、社会のメインストリームから外れた周辺層または社会の下層にいる貧困層にはいずれも基本的な社会保障が不足していた。このほか、収入等の経済資源だけでなく、公共事業、人のポジション等の社会的公共資源の分配にも重大な不平等が生じ、公共事業の経営は過度に市場化され、公衆の利益、特に貧しい人々の利益を損なった[2]。一方、社会保障制度がカバーする集団についてみてみると、個人の社会保障負担は日ましに重くなり、基本年金の納付額の割合も 3% から年々増えて 8% に達し、さらに納付基準も年々引き上げられた。制度設計と実施の不公平が最終的に社会構成員全体の不満を招き、それが論争において集中的に取り上げられたことは、社会保障制度にさらなる変化を促した。

　2005 年以降、社会保障は人々が注目する重要な課題となっていた。上は官僚学者から、下は一般市民まで、すべての人々が水面下でこの論争に加わった。この論

---

1)　王紹光、「大転型：中国社会的双向運動」、『中国社会科学』第 1 期、2008。
2)　楊団、「中国社会政策演進：焦点与建構」、『学習与探索』第 12 期、2006。

争の焦点は、中国は欧米の福祉国家のように全国民向けの社会保障体系を有する能力があるかどうか、そしてそれを実行する必要があるかどうか、であった。この話題の発端となったのは 2006 年 6 月に経済学者呉敬璉氏が「中国社会保障フォーラム第 1 回年度大会」上での発言である。同氏は、全国民向けの社会保障は最低限の生活保障から始めるべきであり、中国はすでにこの「全国民向けの最低限の生活保障」を実行するための条件を備えており、少なくとも、財政上はこの巨大な福祉体系を支えることは可能であるので、一刻も早くこれを第一の支柱とする社会保障システムを確立する必要があり、かつそれを「第十一次五ヵ年計画」期間の拘束的指標とするべきであるとの見解を示した。呉敬璉の意見は社会全体から広く注目を集め、例えば中国人民大学教授・温鉄軍は、社会政策を調整し、全国民向けの社会保障を確立するとの目標を打ち立ててそれを推進すべきであり、中国は貧しい農民が多いから実現が難しいというのは言い訳に過ぎないと主張する。国務院発展研究中心丁寧寧は「中国の GDP は目下 20 兆元を超えようとしており、財政収入は 3 兆元を突破しており、外貨準備高は 9000 億元余りに達している。中国経済の総量と実力からみて、我々はすでに全国民向け社会保障の問題を解決できる条件を備えている」との考えを示した。これらの意見は、政策の確立を積極的に後押しした。

　学会と社会世論における議論を基礎として、第 17 回党大会では「2020 年までに都市・農村住民をカバーする社会保障体系を確立し、全ての人が保証を享受できる体制を実現する」ことが明確に提起された。実践においては、政府は最低限の生活保障制度の建設から着手し、少しずつ全国民向けの社会保障制度の建設を推進していった。2007 年 8 月、『国務院の全国農村の最低限の生活保障制度の設立に関する通知』が公布され、各地で施行された。全国 31 の省（区、市）のすべてで農村に対する保障制度が成立し、年末までに農村における全面的な保障制度の建設を進め、保護費を各家庭へ支給するという業務目標を達成した。1998 年には、浙江省にて、全国に先駆けて都市・農村一体の最低限の生活保障制度が確立された。現在、省全体で受給対象者に対する動態管理を実施し、必要な人が制度をしっかり享受できる体制を実現している。農村の五保(衣、食、燃料、葬儀、教育の 5 項目の保障)対象者と都市部の三無(労働能力、収入源、法定扶養者のない)対象者の集中扶養率は 92.5％ から 97.6％ に上昇し、土地を接収された農民全省合計 280 万人が各種保障の対象に組み込まれた。中央政策が公布されてから、全国各省、直轄市では少しずつその推進がはじまり、農村における生活保護の制度、資金、カバー対象等の面

でさらなる改善が進んだ。

　全国民向けの生活保障制度の確立と同時に、2005 年から政府は三年連続で企業
退職者の年金を引き上げた。2007 年になると企業退職者の基本年金は三年で調整
目標ノルマを全面的に達成し、1 人毎月平均約 270 元増加し、保険に加入している
企業退職者の年金月額は平均 963 元まで上昇した。こうした基礎のもと、社会保
険制度改善の歩みはさらに加速、拡大し、都市部労働者の基本養老保険の個人口
座に関する試験事業は着実に推進され、企業年金の新規増加規模の推計が 400 億
元に達し、企業年金の総額規模は 1,300 億元に達した。このほか、国務院はさら
に 2008 ～ 2010 年の 3 年間連続で企業退職者の基本年金基準の引き上げを継続し、
上昇幅を過去三年の水準以上に引き上げることを決定した。2007 年 11 月、労働保
障部は各地に対し、最低賃金基準の調整、賃金滞納・未払い問題の解決、賃金上昇
メカニズムの確立・健全化、失業保険金基準の調整、企業退職者の基本年金の調整、
就業・再就職支援政策の徹底等、六方面での業務推進を要求した。2007 年末まで
に、全国 27 省において最低賃金基準の調整が、29 省で失業保険金基準の調整が行
われ、制度の公正性及び合理性が一層重視されるようになった[1]。

　中国社会保障制度の再構築の歩みは最低限の生活保障（生活保護）からはじまり、
その目指すところは調和のとれた社会における「公平、正義」という価値目標の実現
であった。その後、この理念は医療衛生、教育及び住宅分野において実践され、中
国社会の制度建設面での転換が一層進んだ。

(三)医療体制改革の再始動：市場化論争

　1990 年代以降、中国は医療衛生分野での体制改革が進み、都市部労働者の基本
医療保険、医療機関及び薬品の生産・流通体制改革及び一連の関連改革が並行して
進められた。しかし、この「三項改革」はどれも真の意味で目的は達成されなかっ
た。2003 年は「SARS」が発生し、従来の衛生体制の欠陥が露呈し、あわせて社会
全体の衛生体制を見直す声が高まった。「衛生事業は公益性と政府による主導を回
復せよ」との声が高まり、同時に公立病院の財産権改革を中心とする医療改革が実
践されたが、「医療を受けるのは難しく、費用が高い」という問題は解決されなかっ
た。この間、医療問題はさらに深刻化し、民衆の現行医療体制に対する不満が募っ

---

1)　汝信等編、『2008 年中国社会形勢分析与予測』、社会科学文献出版社 2008 年版、50 頁。

第五章　調和：社会建設の新たな一章　301

ていった[1]。

　学者は下記のように述べている。「解放以降、政府は一貫して費用負担が少なく全ての人々が恩恵を受けることができる基本医療サービス体系の確立に努めてきた。70年代末には都市部と大部分の農村の住民が基本的な医療保障を受けられるようになった。1978年、世界医療機関はアルマトイで会議を開き、「2000年までに人々が医療保健を享受できるようにする」という目標について議論したが、その際、中国の医療体制は世界各国の模範とされた。しかし2000年になると、世界保健機関が加盟国の衛生費用調達及び分配の公平性に対し行った評価序列において、中国は第188位、加盟国191ヵ国中、最下位から4番目となった[2]。国務院発展研究中心が2005年7月28日に発表した『中国医療衛生体制改革に対する評価と提起』においては、中国の20年近くにわたる医療改革が「成功しなかった」こと、ひいては「完全に失敗であった」ことが公式に認められている。この報告の内容は、失敗の理由が市場化改革にあったと広く解釈され、世論を強烈に刺激した。

　実際の社会生活において、医療体制改革の欠陥は次第に広がり、医療衛生サービスの面での不公平が常態化し、「医療を受けるのは難しく、費用が高い」ことが社会民生の重要課題となった。一般市民向けの医療資源が極端に不足し、病院が治療を受け付けない、見殺しに等しい行為も起こったが、一方で裕福な人々はお金や権力を利用して限りのある医療資源を最大限に占有し、入院費が異常に高い病院なども現れた。まさにこうした両極端の医療現象が発生し、人々が医療衛生制度改革に対し強い失望を抱くようになったことが、医療保障制度改革再始動を推進する直接的な動因となったのである。

　医療改革は社会全体の議論の焦点となり、政府中央あるいは権威のある部門においても注目されるようになった。2006年9月、14の部門、委員会（後に16）が医療改革協調グループを組織し、関連部門が4つのテーマについての調査研究を主導した。10月、第16期中央委員会第6回全体会議において、中央政府の決議により、「都市・農村住民をカバーする基本衛生保健制度を建設する」という医療改革の方針が明確にされた。同月、中央政治局第35回集団学習において医療改革の話題がクローズアップされた。民意の反映として呼びかけられてきた医療改革はついに中央レベルの政治的承諾として結実した。その後、具体的な政策をどのように制定

---

1) 王世玲等、「中国式"非常医改"：争論与抉択」、『21世紀経済報道』12月3日、2007。
2) 王紹光、「巨人的瘸腿：従城鎮医療不平等談起」、『読書』第11期、2005。

するかが論争の焦点となった。2007年3月には6つの試案（のちに8つ）が発表され、各試案の違いが注目され、比較検討の議論が新たに高まった。

　2007年7月、国務院は「都市住民の基本医療保険試験事業の展開に関する指導意見」を発表し、全国で都市住民の基本医療保険制度の試験事業を実施、三年以内に同制度を確立し、都市の非就業人員、特に小中学生、少年児童、高齢者、身体障碍者等の診療問題を解決するよう強く求めた。現在、この試験事業はすでに全国79の大・中都市において展開されている。2007年末になると、全国の基本医療保険の加入者は2億2051万人に達し、年間の新規加入者数は6000万人を超え、このうち都市住民の基本医療保険への加入者は4068万人だった。「第十一次五ヵ年計画」末期に入り同制度の確立及び、都市労働者基本医療保険、新型農村合作医療、都市・農村医療救助制度の普及や整備が進み、中国都市・農村住民の基本医療保障制度体系の基礎が形成された。

　医療衛生体制改革の過程においては、「市場主導」か「政府主導」という論争が未だに定まっていなかったが、こうした激しい議論の中に、社会公衆の生活に関する問題が専門家たちを通じて政府の決定に影響を与え始めたことを容易に見て取ることができる。「専門家と公衆の間、あるいは政府と人民の間での広範かつ深い話し合いを通じて、新たな医療改革においては公共管理の長所が引き出された。これにより、民意が反映された実行可能性のある具体的な医療改革案が誕生するのみならず、普遍的価値を有する民主的な公共政策意思決定メカニズムがもたらされ、公民社会、文化の成熟、発展につながるであろう[1]。」

（四）教育政策：バランスのよさで比較的平等を実現

　医療体制改革同様、中国における教育分野は90年代以降、急速に産業化の道をたどった。「産業化」という概念は政府のいかなる政策案件の中にも導入されていないが、教育体制改革の実施過程はすなわち産業化の思想の実践であった。国家教育財政支出が年々減少することで公衆による教育費の支出が増え、負担は増大した。同時に教育分野では学費の高騰や各種雑費の無断徴収という現実や、教育規律の違反や公民の利益を侵害する営利行為や腐敗現象が発生し、公衆の教育に対する不満は常態化した。2005年から、中国教育政策は産業化の思想を明確に放棄し、平等

1）張貴峰，「医改新方案呼喚“商議式民主”」、『青年時報』9月27日、2007。

な基本教育を保証する方向へと歩み始めた。

有識者によると、「教育の産業化」は国家内在の様々な利益主体による制度構築の結果であり、「政府の不作為は教育の産業化を進める客観的要因[1]」であったという。2004年1月から、教育部指導層は様々な場面において「教育の産業化」に対する否定的見解を示した。2006年3月、教育部スポークスマン・王旭明氏は、「教育の産業化に歯止めをかける」と表明、教育部の改革に対する決意を示した。2005年9月、国務院学位弁公室は通知を発表し、北京大学等9か所の大学において大学院生に対する学費徴収が一時的に停止し、もともと2006年より推進する予定であった大学院生に対する全面的な学費徴収政策が棚上げとされるなど、「教育の産業化」からの方針転換の兆しが見られるようになった。このほか、教育の都市・農村間、地域間格差が拡大する現実に対し、2005年5月から、教育部は「義務教育の均衡的発展の更なる推進に関する若干意見」を発表し、小中学校の入学手続きの規範化によりバランスのとれた教育の発展の促進を目指した。2005年11月10日、教育部は「中国全民教育国家報告」を発表し、無償の義務教育の実施に関するタイムスケジュールを初めて明確に提起、2010年までに全国農村地区における義務教育の無償化を実現し、2015年までにこれを農村以外の全土まで普及させることを表明した。しかし半月あまり後、温家宝総理は農村における義務教育無償化の実現を3年早め、2006年から2年間で目標を実現するよう指示した。

2006年以降、教育政策面では、教育負担の増大や教育の不平等などの問題に対し、党や政府は一連の重大な施策を発表した。全国農村における義務教育の学費・雑費無償化に関しては2006年に、西部農村で同政策を先駆けて実施し、2007年には全国農村に拡大し、政策により恩恵を受けた学生は1.5億人に上った。同時に、家庭が経済的に貧しい3770万人の農村地区学生に対し、無償で教科書を提供し、このうち学校に寄宿する780万人に対し生活費補助を実施した。教育の平等化については、2007年秋の新学期から、普通本科大学、高等職業学校に通う、経済的に貧しい学生に対する支援政策体系の確立と整備を進めた。新しい支援政策体系においては支援内容を強化し、支援範囲を拡大し、支援金額を引き上げた。2006年、国は中等職業教育学生奨学金制度を始動させた。同制度は一般向けの国家奨学金政策であり、全ての農村学生及び都市部貧困家庭の学生を援助の対象としている。教

---

1) 楊東平編、『2005：中国教育発展報告』、社会科学文献出版社2006年版。

育資源分配の面では、2007 年に国家発展改革委員会が義務教育段階の負担を主に政府による支出で賄い、平等な義務教育の発展を促進していくことを明確にした[1]。

(五)住宅政策：皆住処があるように

　直近の十年において、中国の住宅分野では住宅の福祉化から商品化への転換が急速に実現した。貨幣化、商品化は住宅改革を推進する上での主要な政策の方針となった。その意図は「経済適用住宅をメインとする多層的な住宅提供体系を形成し、収入に応じた住宅提供政策を実施し、経済適用住宅を重点的に発展させ、都市部での住宅問題を速やかに解決する」という政策の意図が甚だしく捻じ曲げられ[2]、都市部では新たに高すぎて「買えない」、「借りられない」という現象が起こり、「房奴(住宅ローンに苦しむ人々)」と呼ばれる新たな集団が都市部で発生した。人々は、従来の低水準の住宅保障を打破した後に、自分が完全に保障の外に置き去りにされたことに気づき、絶えず上昇していく分譲住宅の価格にため息をつくことしかできず、特に低所得者層は住宅価格に合わせて上昇した家賃に苦しみ、ローンで住宅を購入した人々も「負担が本当に大きい」と嘆くようになった。このような状況のもと、住宅政策についての議論は日増しに過熱していった。

　住宅に関する議論は不動産業界の発展に関する各領域へ及んだ。例えばバブル論と反バブル論、不動産開発投資過熱説と反過熱説、不動産業界健全説と反健全説などの議論や、空室率、不動産金融のリスク管理、土地供給制度の調整、建物の取り壊し・立ち退きなどの一連の議論がそれである。こうした議論において、不動産業者と一般公衆の不動産価格に関する議論は日増しに過熱していった。典型的なのがネット上での「全国人民が殴りたいと思う人」というアンケートで第三位に任志強・北京市華遠集団総裁が選出されたことであろう。同氏は 2005 年に「私には貧乏人のために家を建てる責務はない。我々デベロッパーは富裕層のために家を建てる」と発言し、また 2006 年には「かつて中国全土が『貧民区』であったが、現在は貧民区と富裕区が発生しており、これは正常なことである。一部の人が先に富めばよいというのと同じように、全体が富裕区になるには一部の人が先に富裕区に住むことが必要だ」といった発言をし、世論の強烈な反発を招いた。こうした論争に合わせて、デベロッパーに対する抗議活動などの社会運動も発生した。2005 年からは、

---

1)　汝信等編、『2008 年中国社会形勢分析与予測』、社会科学文献出版社 2008 年版、77 ～ 78 頁。
2)　孫立平、『失衡：断裂社会的運作邏輯』、社会科学文献出版社 2005 年版。

第五章　調和：社会建設の新たな一章　305

資金調達による住宅建設のブームがまたたくまに北京、上海などの国内の複数の都市を席巻した。人々はインターネットを通じて連携し、様々な方法で「自主的な住宅建設運動」を実行した。上述の論争と自主的な住宅建設運動の出現は、公衆が不動産価格の高騰に心底不満を抱いていたことや、最低限の住宅保障を獲得したいと強く希望していたことをよく表している。

　こうした住宅問題に対する関心が高まったのをうけ、政府は住宅調整政策に着手し、特に都市部の低収入家庭の住宅難の解決を重点的に進めた。2005 年、一部の地区における過剰な不動産投資、分譲住宅価格の急激な高騰、供給構造の不合理、市場秩序の乱れといった突出した問題について、国務院弁公庁は「住宅価格の安定化の徹底に関する通知」を発表し、「安定した住宅価格の実現に関する意見」を配布した。2007 年 8 月、「国務院の都市部低収入家庭の住宅難の解決に関する若干意見」が初めて明確に提起され、低収入家庭の住宅難問題の解決業務が政府の公共サービスの職能として組み込まれた。「若干意見」においては都市部の低収入家庭を対象に、健全な低価格賃貸住宅制度の確立、経済適用住宅制度の改善や規範化、バラック住宅の密集区域や旧住宅区の建て替えの強化を進めて、第十一次五ヵ年計画の期末までに顕著な改善効果を出すこと、農民工などの、都市部で住宅問題に直面するそのほかの集団の居住条件を徐々に改善していくことなどが求められた。当然、住宅平等化の実現には長い道のりが必要であったが、関連政策の転換は同問題に対する取り組みの端緒となり、解決に向けた道筋を示したことは間違いない。

　以上のように、2005 年から、調和の取れた社会建設の推進が全面的に始まり、社会福祉や社会保障の領域における関連政策や制度の制定、実施が重視された。これらの制度の実施による効果を評価するには長い時間にわたる観察が必要だが、政策の制定と意思決定の点から見ると、生活領域における社会民生問題が徐々に国家政策や制度建設の中心的内容となっていったことが容易に見て取れる。当然、これらの社会政策にのみに依拠していては、改革開放以降 20 年間で累積した課題を解決するには不十分である。しかし、1990 年代中期以降の社会制度の「市場化」の傾向はすでに明確に方向転換がなされ、社会政策制定の出発点は民生、民本へと変わった。こうした転換は政府の社会建設に対する投資や関心が継続的に拡大したことを意味しており、同時に生活の自主性の強化の推進を後押しした。

二、社会の利益構造調整：社会建設における関係調和

　社会の自主性を本当の意味で実現するには、社会内部の各集団が様々な面において比較的平等でなければならない。深刻な経済的不平等や政治参加メカニズムの不備が存在する現状においては、社会は往々にして自主的に適者生存競争へと、あるいはホッブズのいう「万人の万人に対する闘争」へと向かってしまう[1]。中国における社会改革の実践からみると、2005 年以降「調和の取れた社会」建設が急速に推進されたが、その背景には社会の自主性を実現するために社会的基礎を建設するという思想があった。均衡を失った利害関係を調整し、社会的平等を実現するという思想のもと、異なる集団(階層、労働者と資本家等)間の利害調整政策の制定や実施がはじまった。戸籍制度改革は大きく前進し、社会主義新農村建設が推進され、都市・農村の統一的発展の基礎的な成果が現れはじめた。以上は生活領域における自主性の強化を積極的に促した。

(一)労資関係の調整：労働関係の調整が政府施策の重点になった

　中国の社会主義市場経済体制の確立と整備が進むにつれ、様々な所有制経済が大きく発展し、労働関係は次第に重要な経済的関係へと変化し、その調整が企業や国民経済の発展、とりわけ社会の調和にとって重要な要素となっていった。近年、労働者と資本家の関係において、従業員の合法的な権利や利益を侵害する事例が後を断たない。収入が低く、労働負荷が重く、劣悪な労働環境におかれることは労働力そのものに対し悪影響を及ぼすばかりか、労資関係の衝突をいっそう深刻化させ、社会生活の調和の向上を阻害するようになった。

　2005 年以降、国は一連の法律、制度を制定して労資関係の規範化・調整を進め、労働者・資本家間の深刻な衝突の緩和を図った。中共第 16 期 6 中全会での「決定」において、社会関係調整体制建設の全面的なプランニングがなされ、「調和のとれた労働関係の発展」や「労働関係調整体制の改善」などが新たに叫ばれるようになり、さらに、「積極的な就業政策の実施」、「収入分配制度の改善、収入分配秩序の規範化」、「社会保障制度の整備、人々の最低限度の生活の保障」等の重要問題とも密接に結びつけて検討された。

---

1) 王紹光、「民間社会的自主性」、『21 世紀経済報道』12 月 25 日、2005。

第五章　調和：社会建設の新たな一章　307

　2006 年、労働関係の制度建設は大きく前進した。まずは労働契約制度建設が全面的に推進され、3 年間のうちに各種企業と労働者の間で法に基づく労働契約締結の実現をめざした。また国有企業改革における労働関係処理業務や、労働争議案件の処理業務を積極的に展開し、労働監督の法執行を強化した。このほか、政府は農民工問題を重視し、国務院は農民工工作合同会議を設立した。これと同時に、政府も様々な方法で労資双方の自主的な労働関係の調整を促す政策を講じた。2006 年、世間を騒がせたウォルマートの「労働組合事件」において、中華全国総労働組合は資本家側に対しチェーン店舗全 62 店全てにおいて労働組合を組織することを強く求め、さらにボトムアップで従業員が労働組合を設立し、資本側による労働組合のコントロールを抑制するような方法を積極的に模索した。以上は中国における調和のとれた労資関係再構築の努力を反映したものであり、即ち、労働者保護の強化を前提としたうえで、労働者が自らの主体性によって自己の合法的な権利、利益を守れるようにすることを推進するものであった[1]。

　2007 年、中国の労働立法は急速に前進し、「就業促進法」、「労働契約法」などが相次いで可決され、労働争議調停仲裁法草案、社会保険法草案などが成文化され、立法段階へと進んだ。これらの法律は労働者の保護を一層強化するものであった。例えば 2008 年から施行された「労働契約法」においては、従業員と企業は二度の固定期間の契約を結んだあと、三度目の契約以降は自動的に無期限の契約となることが明確に規定され、この無期限契約の保障により、企業は契約満了あるいはその他の理由で従業員を解雇することができなくなった。このほか、企業による人員削減の手続きもいっそう複雑化され、補償金額もさらに上昇した。これと同様に、2008 年から施行された「就業促進法」もまた雇用における差別問題に対し明確に反対しており、具体的な業務内容の要求と関係がないかぎり、企業は性別、年齢、容姿、学歴などの要素をもって就業者を篩い分けてはならないと規定している。総じて政府は各種政策において労資関係という国の根本に関わる社会問題を重視していることが見て取れる。

　しかし現在の労資関係において、資本の要素が分配過程において依然として労働の要素よりも高い地位にあり、この「強資弱労」の構図は労働者の立場をさらに弱め、労働者の権利と利益が保障されないケースも時々現れる。国家は同問題に対し初歩

---

1)　汝信等編、「2007 年：中国社会形勢分析与予測」、社会科学文献出版社 2007 年版、290 〜 291 頁。

的な対応努力はしていたものの、利益調整を促進し、最終的に分化する社会構造の中での社会融合の促進を果たすには、なお長い道のりを要したのである。

(二)収入分配体制の改革：利益関係調整の始まり

　調和のとれた社会建設の重点は関係の調和にある。この理念の根本的な目標とはすなわち、著しくバランスを失っている利益関係の転換を図り、生活領域における自主性を強化することであるといってよい。社会の平等、正義の実現は社会建設の核心である。過去十数年間において、中国社会は急速な社会の分化を経験し、異なる利益集団が共存する社会が形成され、それが次第に定型化していった[1]。社会の利益集団間の衝突は日増しに激化していき、それは特に不合理な収入分配の問題として表出した。2005 年以降、党や政府は同問題に対し積極的な政策を展開した。短期間で急速に分化した利益構造を転換することは難しかったとはいえ、これらの政策は社会の融合や関係の調和にとってプラスの作用を果たした。

　収入格差に対する直接的な反応として、ここ数年自発的にネット上で自らの給与を公開する人々が出てきている。この「給与をさらす」が広く現れたのは 2006 年 9 月頃からであり、北京大学副教授の阿憶氏がブログ上で給与明細を公開し、さらに 4,786 元では割に合わないと発言したことで物議をかもした。その後、多くのネット民がこれにならって自分の収入をネット上で公開し、そのブームは今に至るまで続いている。捜狐財経チャンネルは「全国各業界給与大全」を特別に制作し、全国の数百件にわたる給与情報を収集、整理した。その中には姚明や張芸謀等の大スターの給与明細も含まれていた。またこのネット上での給与明細公開行為により、石油、電力、通信などの大型国有企業従業員の収入はいずれも軍人、教師の数倍から十数倍であることがわかった。こうした直感的な比較を通じ、人々は「職業、都市間での収入格差はかくも大きいものなのか」、「一部の職業はありえないほど給与が高く、受け入れることができない」などと嘆いたのである[2]。

　2006 年、中国の収入分配領域における改革は加速を始めた。業界間、都市・農村間、及び地域間の収入格差の拡大に対し、「収入分配関係を調整し、収入分配秩序を規範化し、中低収入者の収入を増やす」、「都市・農村地域の発展格差拡大の傾向を徐々に改め、合理的で秩序のある分配構造を形成し、家庭の財産を増やし、人

---

1) 孫立平、「博弈：断裂社会的衝突与和諧」、社会科学文献出版社 2006 年版。
2) 「民調顕示：“晒工資”譲三成人感嘆収入差距太大」、『中国青年報』2月5日、2007。

民がより豊かな生活を送れるようにする」ことなどが調和のとれた社会建設の目標の一つとなった。

　具体的な政策として、2006 年、政府は国家公務員及び事業単位職員の収入分配制度改革を始動させ、給与構造の簡素化、等級の増設や等級機能の強化、給与調整方法の改善といった施策を通じて、業務に対するインセンティブの更なる強化をはかり、末端に対する配慮を行い、末端機関の事業単位の待遇を改善し、困難の多い遠隔地域への配慮を重視して手当支給制度の適正化を行い、手当の基準額を引き上げ、手当の種類を増やし動的な調整体制を確立した。同時に、都市部の生活保護対象者、一部の優撫配置（現役軍人、退役軍人およびその家族・遺族に対する優遇策であり、中国の社会保障政策の一つ）対象者及び退職者の保障水準の見直しを行い、生活保護、優撫配置、基本養老金の基準額は三年連続で引き上げられた。このほか、低収入労働者の報酬保障業務をさらに強化し、全国各地で賃金保障制度が次々に成立し、月・時間単位の最低賃金基準額が公布された [1]。2007 年、政府はさらに収入分配秩序の調整を進め、最低賃金の水準を引き上げて低収入者の増収をはかり、税制及び賃金の改革等を通じて中間レベルの所得層の増加を促し、「国有企業が国家に対し利益を上納する制度」を再度提起し、独占的な国有企業の収入の規範化を進めた。

　収入分配の実情をみると、その格差は依然として拡大を続けていた。世界銀行「世界発展報告 2006」で発表されたデータによると、中国居住者の収入のジニ係数はすでに改革開放以前の 0.16 から 0.47 まで上昇し、国際的な警戒ラインである 0.4 を超えているだけでなく、世界のすべての先進国の水準を上回っている。『瞭望』週刊では、中国のジニ係数は全ての先進国及び大部分の発展途上国よりも高く、また中国の歴史上のどの時代よりも高いと指摘されている。中国の収入格差はすでに合理的な限度を超えていたのである [2]。しかし上述の政府による収入格差調整からわかるように、政府は収入分配秩序の調整、収入格差の縮小といった方針を鮮明にしていき、施策は徐々に効果を発揮していった。共産党第 17 回全国代表大会の報告においてはまず「一次分配と再分配は効率的、公平に処理しなければならず、再分配においては一層公平性を重視しなければならない」ことや「労働報酬の一次分配における割合を高めなければならない」ことが提起された。一次分配における公

---

1)　汝信等編、『2007 年：中国社会形勢与予測』、社会科学文献出版社 2007 年版、257 ～ 258 頁。

2)　李欣欣、「校準分配領域的効率与公平」、『瞭望』週刊第 5 期、2008。

平性に関する問題が重視されたことは、貧富の差の拡大に対し国がより踏み込んだ、効果的な対策を打ち出そうとしていることの表れであった。

(三)都市・農村の発展を統一的に計画：新農村建設の漸進的推進

　都市・農村の二元社会構造は中国の社会経済発展の顕著な特徴のひとつであり、都市・農村の格差問題は、社会利益構造のバランスに一貫して影響を与え続けている。共産党第16回全国代表大会以降、政府は戸籍制度改革を加速し、同時に社会主義新農村建設を大々的に推進し、従来の都市・農村という二元構造の打破により都市・農村社会の開放と共同発展を目指した。これらの政策の実施は一定程度都市・農村社会の内在的な活力を刺激し、都市・農村間の格差を縮小させ、社会全体の利益関係の調整にとって現実的な選択肢を提供した。

　国内人口の流動性が高まるにつれ、戸籍制度改革は中国の都市・農村の一体的発展を推進する動力となった。2006年3月30日、国務院は公安部「小都市戸籍管理制度改革の推進に関する意見」に批准し、小都市の常住戸籍の手続きをしている人々に対する計画指標管理を廃止した。この後、各地方において次々と改革がすすめられた。2007年3月になると、中国はすでに12の省、自治区、直轄市で相次いで農業戸籍と非農業戸籍の二元区分が廃止され、都市・農村戸籍登録制度を統一し、公民の法律上の平等を実現した。2008年1月、『中国日報』の報道によると、国家発展改革委員会は、中国は今後3～5年以内に半世紀以上にわたって実施してきた戸籍制度を廃止することを提起した。公安部は依然として戸籍制度の維持の立場をとったが、戸籍の移転に対しては引き続き緩和していく方向に同意した[1]。

　戸籍制度改革の深化にともない、さらに深層の問題が顕在化しはじめ、これに加えて戸籍上の教育、産児制限、医療、就業、社会保障、賠償等の一連の改革の進展が強く求められるようになった。都市・農村の二元的経済構造を打破するには戸籍制度に関する深層の問題を解決しなければならず、根幹となる方法はやはり工業化及び都市化の推進を継続し、これに対応する一連の都市・農村総合改革を推進することであった。都市・農村をカバーする公共財政体制及び社会保障体制、そして統一的な労働力市場の確立が次なる改革における急務となった。改革の連続性を考慮し、戸籍制度改革と同時に農村の再興が政府の議事日程に組み込まれた。

---

1)「発改委専家建議三到五年内取消戸口制度」、『中国日報』1月23日、2008。

改革開放以降、学界における三農問題の議論は過熱し、2000年頃にピークを迎えた。2000年8月24日『南方週末』は湖北省監利県の郷党委員会書記・李昌平が国務院トップに宛てた封書を公開した。そこには「農民は苦しく、農村は貧困に陥り、農業は真に危険な状態である」と書かれており、中国の三農問題の深刻さを端的に示していた。そもそも農村問題と農民問題の主因は計画経済体制下において形成された一連の農村、農業政策がいまだに改変されていない点にあり[1]、一方で国民の収入分配、戸籍制等の不合理な政策や制度が農村問題の深刻性をさらに増大させていた。学者によると、都市・農村の格差は中国の収入格差の最大の要因となっており、全国の個人収入格差における関与は40%を超えているという[2]。中国農村問題の解決は、中国の改革開放をスムーズに推進する上でのボトルネックとなった。

　直近数年間において、政府はマクロ面では農産品の価格水準の調整を実施し、その一方で政策面では農民負担の軽減に注力した。2003年3月、国務院は「農村税制改革試験実施の全面的推進に関する意見」を発表し、農村税制改革業務の試験実施を全国的に推進、農村における分配制度の更なる規範化、農民負担の根本的な軽減を進め、国家、集団及び農民の間の分配関係を調整し、その他関連する農村改革制度の確立を進めた。2004年2月、「中共中央国務院・農民の収入増加促進のための若干政策に関する意見」が発表された。同意見では農業構造の調整、農民の就業拡大、科学技術進歩の加速、農村改革の深化、農業投資の増加、農業支援と保護の強化、農民収入の増加の速やかな実現、都市・農村住民の収入格差の拡大の是正が要求された。2005年1月「中共中央国務院・農村事業の更なる強化による農業の総合生産能力向上のための若干政策に関する意見」が発表された。同意見では各種農業支援政策の安定化、改善、強化、ならびに農業の総合生産能力の強化、農業及び農村の経済構造調整の継続、農村改革のさらなる深化、食料の安定的増産、農民収入の持続的増加の実現、農村経済社会の全面的発展の促進が要求された。一連の関連政策を基盤として、2006年2月、中共中央国務院は正式に「社会主義新農村建設の推進に関する若干意見」を提出し、社会主義新農村建設の全面的推進を促した。同意見では農業支援政策の改善、強化、現代農業の確立、食糧生産の安定的発展、積極的な農業構造の調整、インフラ建設の強化、農村における民主政治と精神文明の確立、社会事業発展の加速化、農村総合改革の推進、農民収入の持続的増加の促進、

---

1) 陸学芸、「科学発展観：統籌城郷発展破解"三農"難題」、『新華網』2月25日、2004。
2) 孔涇源編、『中国居民収入分配：理論与政策』、中国計画出版社2005年版。

社会主義新農村建設の良好な発展の確保が要求された。社会主義新農村建設の提唱は農村経済の急速な発展を後押しするだけでなく、農村社会における矛盾の緩和や、農村における調和のとれた社会建設の推進にもプラスに働いた。

　戸籍制度改革、都市・農村二元構造の打破から、各種農村優遇政策の発表、さらに社会主義新農村建設の提唱、ならびに一連の都市・農村総合改革試験地区の設立まで、これら一連の取り組みを見渡すと、都市と農村の利益関係が調和のとれた社会建設の重要な要素となり、国家制度建設の範疇に組み込まれたことが容易にみてとれ、これはまた社会生活の活力をいっそう刺激して都市・農村の社会融合を促進し、最終的に都市・農村の統一的発展の動力の形成を実現した。

（四）地域間格差の縮小：発展と振興

　改革開放以降、中国経済、社会は急速に発展したが、同時に地域間の不均衡や格差の広がりが顕在化し始め、これは経済発展の面のみならず、社会文化の発展においても明らかな「断裂」を生み出した。こうした社会発展の不協和音は経済の発展を制約し、同時に社会の安定や調和の促進においてもマイナスの影響を与えた。こうした地域間格差に対する認識にもとづき、党や政府は一連の政策や施策を実行し、地域間格差の拡大に歯止めをかけ、最終的なこうした格差をなくし、地域間の協調的、安定的発展を実現することを目指した。

　地理的視点からみると、中国の改革開放の推進は東南沿海地区からはじまり、1980年代以降、沿海部における発展戦略における推進のもと、東南部地域の経済、社会の急速な発展が実現した。「一部の人々が先に富み、後に他の人々が続く」という政策指導のもと、東南沿海地区は1980年代中期に率先して開放され、80年代中後期になると外向型経済へと発展し、経済・社会の両面で急速な発展を実現した。しかしこれと同時に中部、西部等の内陸地域の発展は相対的に停滞し、これがいわゆる「一つの中国、四つの世界」という現象を形成する要因となった。胡鞍鋼によれば、第一世界とは上海、北京、深圳等の高収入の発達地域のことである。1999年の上海と北京の一人当たりGDPはそれぞれ15516ドルと9996ドルで、世界で中流レベルの国家の同8320ドルを大きく上回っており、それぞれ高収入の国家の63.5％、40.9％に達している。上海、北京両市の人口は中国総人口の2.2％を占めている。第二世界は大中都市及び沿海地域の高〜中間レベルの収入の地域である。天津、広東、浙江、江蘇、福建、遼寧等の沿海省における一人当たりGDPは

世界で下流～中間レベルの国家の同 3960 ドルを上回っているが、上流～中間レベルの国家よりも低い。上記六省市の人口は中国総人口の 21.8% を占める。第三世界とは下流～中間レベルの収入の地域であり、沿海地域の河北、東北、華北中部地域などを含む。その一人当たり GDP は下流～中間レベルの国家よりも低く、世界第 100 ～ 139 位の間である。人口は中国全体の 26% を占める。第四世界とは中西部の貧困地域、少数民族地区、農村地区、遠隔地区および低収入地域のことである。現在、中国の約半分以上がこの第四世界に属しており、世界第 140 位以下の国家と同等の水準である[1]。人口は中国総人口の約半分を占める。こうした現象の存在により、同一国家の異なる地区の人々は公平な社会生活及び発展の機会を享受することが困難になっている。この地域間格差は「第三次改革論争」における中心的な争点となった。

　地域間格差の核心とは利益構造がアンバランスであるということである。地域間の調和や安定・持続的な発展の実現には利益分配構造の調整が必要不可欠である。後進地域には発展を促す政策を集中的に導入し、これらの地域の社会経済の発展を促進させた。2000 年から党と政府は率先して「西部大開発」戦略を開始した。国務院では西部地区開発を担うリーダーチーム（西部地区開発領導小組）を結成し、また前後して『西部大開発のための若干政策措置について』『西部大開発のための若干政策施策の実施に関する意見』（国務院西部開発弁）『第十次五ヵ年計画西部開発総体計画』（国家計委、国務院西部開発弁）などの政策を公布し、インフラ建設から、生態環境保護、科学技術教育と社会事業、経済構造及び少数民族地区の発展にまで及ぶ様々な面から精力的に開発に取り組むこととなった。また、国は西部地区の財政移転支出を増やし、その累計は 4 年で 4000 億元以上となっている[2]。2007 年、国務院はまた『西部大開発第十一次五ヵ年計画』の実施を批准し、西部地区の都市と農村人民の生活水準を持続的かつ安定的に上昇させることを強調している。具体的には、西部地区の建設インフラや生態環境保護を新たに発展させること、重点地区と重点産業の発展を新しい水準に引き上げること、公共サービスの均等的な普及において新たな達成を得ることが提唱された。調和のとれた社会建設という点から見れば西部大開発の目標は区域経済と社会発展の有機的な調和と相対的なバランスを促すことにあり、これにより、中国の経済社会は持続的な発展を実現することができるの

---

1) 胡鞍鋼編、『地区与発展：西部開発新戦略』、中国計画出版社 2001 年版。
2) 国務院西部開発弁、「実施西部大開発的基本情況」、『中国網』、2003。

である。

　また、このほかに、従来型の旧い工業地帯（老工業地帯）の問題がある。東北地区に改革開放後に現れ始めた「東北現象」である。体制的、構造的な矛盾が顕在化し、東北経済の発展を滞らせる原因となり、一部の国有企業を困難な状況に追いやっている。設備や技術の老朽化、競争率の低下、矛盾した就業状態が深刻化し、社会保障面や資源立地型都市への転換の面での悪影響が出ており、党と政府が特に重く見ている課題である。2002 年 11 月、中共第 16 回党大会報告においては「東北地区などの老工業地帯の調整と改革加速の支援、資源開発を中心とした都市および地域の発展的持続型産業の支援」が明言され、「東北老工業地帯の振興」が政府報告書の中に盛り込まれ、中央政治局の議題となっていった。党と政府の指導者たちは幾度にもおよぶ東北の調査研究を実施、2003 年 9 月に温家宝は北京で国務院常務会議を招集し、東北地区の老工業地帯を調整・改革・発展させ、合理的な構造で、良く機能し、はっきりとした特色を持ち、強い競争力を持つ工業地帯となるように努力し、国民経済における新たな重点成長地区へと段階的に発展させていくことを明確にした [1]。現在、3 年あまりにわたる開発により、東北地区の社会経済の発展はすでに初歩的な転換を果たし、深化の段階へと進んでいる。

　「西部大開発」と「東北老工業地帯の振興」戦略が推進されるにともない、「中部地区の置き去り」の問題が日に日に鮮明となり、党と政府は中部地区の発展を議事日程にあげるようになった。いわゆる「中部地区の置き去り」とは、「不均衡な発展戦略」の影響で、東部と西部が急速に発展していく中、中部地区の発展力は依然乏しく、結局、全国経済の発展構造に影響を及ぼしてしまっているということである。この問題を見て、2004 年 3 月温家宝総理は政府報告書の中で、中部地区の勃興について初めて明確に言及した。その後、中央経済工作会議や国務院常務会議で何度となくこの問題が取りあげられ、2005 年から中部地区勃興促進計画と施策研究の制定も併せて実施されるようになり、中部経済の発展に巨大な推進力をもたらすようになった [2]。

　「東部の率先的発展」から「西部大開発」、さらに「東北老工業地帯の振興」から「中部の勃興」に至るまで、中国の地域経済社会発展戦略は整合性を実現し、「西部は加速的に、東北は難所を攻め落とし、東部はスピード維持、東西は協力し、中部を引

1）　呉冬艶、「"振興東北等老工業基地"国策出台始末」、『新浪網』11 月 20 日、2003。
2）　「中部地域振興発展戦略」、『新華網』、2008。

き上げる」という発展の枠組を大筋で作り上げることができた。また、地域発展や地域経済の調和的発展を促進するメカニズムの確立は、中国の社会経済の全体的・安定的・持続的発展の促進に非常に重要な意義があるといえる。同時にさらに重要なのは、各地域の均衡的な発展を推し進める過程で、断続的に地域間格差を縮小し、地域間の社会文化発展を融和させ、調和のとれた社会建設の保障とすることである。

三、ソーシャル・ガバナンス構造の初出：調和のとれた社会の
内在的プロセス

社会公共管理という新理念を実現すべく、新方式や新方法、統治理論（ガバナンス）[1] は政府と、市民社会と市場の三者関係に対する再考察および、西側諸国政府の改革の潮流の中で生まれたものである。ガバナンス理論は単純に政府と市場の調和的協力を謳うだけにとどまらず、重要なのは政府と社会と市場の三者間での相互協力関係を模索することにある。この「模索」とは様々な力と資源の調整を通して得られる「良い統治（Good Governance）」[2] の社会体制である。次第に高度化する改革開放と社会主義市場経済の急速な発展に伴い、様々な社会問題と社会矛盾が日増しに増える中、従来の政府と社会の画一的な社会管理モデルは、既に社会変革のニーズに適応できなくなってしまっている。こうした中で、社会管理から社会統治への変遷が調和のとれた社会建設の内発的プロセスとなっている。党の第16期6中全会では「社会管理体制の刷新、社会管理資源の整合、社会管理のレベルアップ、党委員会による指導、政府への問責、社会の連携、一般大衆の参加を目指す社会管理システムを健全化し、サービスを提供しながら管理を行い、管理をしながら、サービスを提供していかなければならない。」と示された。2007年両会期中に胡錦涛総書記は「社会主義の調和のとれた社会の構築は共に立ち上げながら共に享受し、共に享受しつつ立ち上げるものだ」と言及した。そしてその基本に則り、党は17大の中で一歩進んで「各人が責任をもって努力して調和のとれた社会を建設しながら、それを共有する局面を作り出さなければならない」と呼びかけた。これ

---

1) ガバナンスとは共同の目的によって支えられる活動を指す。その内実は市場原理、公共利益・アイデンティティの上に確立された政治国家と公民社会、政府と非政府、公共機関と個人団体の協力にある。（兪可平編、『治理与善治』、社会科学文献出版社2001年版、2～6頁）
2) 善治とは公共利益を最大化する社会管理過程のことを指す。その基本要素には合法性、透明性、責任制、法制、レスポンスや実効性などが含まれる。（兪可平編、『治理与善治』、社会科学文献出版社2001年版、8頁）

らの理論と制度の実践が、まさしく今、現代中国の調和のとれた社会建設のプロセ
スで、政府、市場、民間社会組織そして一般市民がともに参加するインタラクショ
ン的な統治システムを形成させた。

(一)調和のとれたコミュニティのガバナンス：庶民の生活共同体を再建

　20世紀の80年代中後期から始まって、社会転換の断続的な深化に伴い、中国の
都市と農村の社会生活は大きな変化を強いられてきた。これらの変化は現在の経済
生活と社会構造上に変化をもたらしただけにとどまらず、末端の庶民生活にも変化
を波及させ、末端の庶民が参画できる領域はますます広まり、生活の自主性もどん
どんと増強し、それにより、庶民の社会生活の関係構造に大きな変化をもたらした。
2005年以来、調和のとれた社会理念が公に言い表されるようになるにつれ、調和
のとれた社会を建設する基礎的事業として、調和のとれたコミュニティのガバナン
スについても重点が置かれるようになる。

　有識者によると、20世紀90年代以来、コミュニティガバナンス構造の大規模な
変革は、中国の資源配分構造の急速な再調整と変化を源流としている。改革開放以
降、政府や組織は単なる資源配分の主体ではなくなってしまった。そして、その他
の経済組織や社会組織の育成や発展によって、「コミュニティ建設」理念が謳われる
ようになり、共同体の中での非営利組織の結成が励行されるのに従い、共同体の一
般市民が政府と共に公共事務管理に参画するようになり、コミュニティネットワー
クの統治構造を形成するようになる[1]。中国都市部のコミュニティで行われている
実践を見れば、末端にあるコミュニティの構造は、本来の行政一体化から「政府(パ
ブリックエリア)」「市場(プライベートエリア)」「社会(第三エリア)」の三者共存へと
転換していることがわかる。都市の末端コミュニティは、既に四つのシステム「党
の群衆工作システム・都市末端行政管理システム・社会生活サービスシステム・コ
ミュニティ住民による自治システム」が併存している現状である[2]。

　都市において調和のとれたコミュニティガバナンスが確立されると、農村コミュ
ニティ建設も調和のとれたコミュニティ建設の重要な要素となっていく。2006年
7月、中央政府により社会主義新農村建設の取り組みが推進されるのに合わせ、民

---

1)　馮玲、李志遠、「中国城市社区治理結構変遷的過程分析 ── 基於資源配置視角」、『人文雑誌』第1期、
　　2003。
2)　徐中振、徐珂、「走向社区治理」、『上海行政学院学報』第1期、2004。

政部は農村コミュニティのモデル地区建設を提起する。その後続いて「農村コミュニティのモデル地区建設プロジェクトの遂行が社会主義新農村建設を推進することの通達」を発表し、モデル地区プロジェクトのプラン作りが進められ、各地で積極的な反響を得ることとなる。山東・江蘇・浙江・広東・上海などの省レベルで農村コミュニティ建設の研究計画が立てられ、モデル地区プロジェクトが展開していく。現時点で、全国で 251 の県（市・区）において農村コミュニティ建設の実験プロジェクトが展開し、有益な成果があげられている。

　農村コミュニティガバナンスの転換の過程で、農村内部の自主的力が公共サービスの提供、社会秩序の維持や衝突と矛盾の解消など多くの分野においてその基礎的作用を十分に発揮し始めることになる。いくつかの地方で農村コミュニティ建設が模索され始め、例えば江西省では農村コミュニティ建設活動が展開され、江蘇省も調和的村落コミュニティ建設の活動推進などに取り組み始める。これらの名称は異なるものの、内容上は農村の基盤組織づくりの推進に他ならない。村の党組織と村民の自治組織の健全化、農村における農民のためのサービスの向上に特に焦点を当てているが、基本的考え方は都市と農村との総括的な相互作用という原則に立脚している。農村コミュニティ建設の段階で、基本的には「党の委員会政府が統一して舵取り役を担い、発展改革・民政などの主管部門が全体的な指導に当たり、関係部門も積極的にそれに取り組み、村民理事会が主催となり、非政府的資源も動員し、群衆も広範囲にわたり参加することができる運営メカニズムの大枠が形成された。村民自治の進展に伴い、党や政府の指導及び村民の主体的な参加が十分に機能し始め、末端組織建設と公共サービスがともに前進する局面が形作られた[1]。このようにして、政府による農村への直接統治で発生するコストを低減させ、政府の目が行き届かないがゆえにもたらす失敗を減らすことができ、また農村社会の内部にも活力をみなぎらせることができた。この新しい統治方式が目指す基本目標は末端の社会自体から沸き起こる問題を解決させ、農村社会の問題はできる限り農村内部で解決させることである。まさにこの「農村問題の社会化」のプロセスで、長期間にわたる村民の自治により、社会の活力はますます解放され強くなり、末端社会の自主性が刺激され、社会的リソースも社会主義新農村の建設、即ちコミュニティ共同体の再建過程においても、主導的な役割を果たし始めている。ある意味でいうと、末端コミュニティの統治方式の変化は、地域共同体の再建プロセスともいえる。このプ

1)「只有社区日趨和諧，構建和諧社会才有堅実基礎」、『人民網』6 月 28 日、2007。

ロセスの中で、コミュニティの生活自律性が高まるにつれ、調和のとれた社会関係も再生産されるようになる。つまり「相互信頼・相互扶助・奉仕精神・苦楽を共にする」ことを訴える関係が強化され、コミュニティの全体的意識・共感性・帰属感・団結力もますます強くなっていく。このような基盤の上で、民衆はコミュニティでの助け合いから、住民参加を実現し、共同体精神を培い、地域資源を創造することができる。また、それによって、末端社会の統治過程が社会共同体の再建過程となり、庶民の社会生活の自律性も強まることとなっていく。

(二)ガバナンスへの民間組織の参画：自律的な社会勢力の発展

　組織化された社会的リソースとして、民間組織は調和のとれた社会のガバナンスの中で非常に重要な役目を担っている。2005 年以来調和のとれた社会の建設が全面的に展開され、社会生活空間の急速な広がりが、民間組織の急速な発展に影響を与えた。これと同時に民間組織自体の機能と役割は社会統治の中で日増しに存在感を増し、政府や市場の暴走を制限し、バランスを取らせるうえでの決定的なパワーとなりつつある。

　社会建設が本格的に始まると、民間組織の発展のためにも良好な社会・政治環境が創出されるようになる。2005 年以来、民間組織は急速な発展を遂げている。ある統計によると、2005 年末、全国で登録された各種民間組織はすでに 31.5 万個にもなっており、そのうち社会団体は 16.8 万あまり、民間非営利組織 14.58 万あまり、財団 999 個となっている。2001 年の 21 万個から 50% も増え、年間増幅は 10% にもなっている。2006 年末までに、中国の民間組織数は 35.4 万個に達し、前年度より 10.6% も増加した [1]。その内訳は、社会団体は 19.2 万個・民間非営利組織は 16.1 万個・財団は 1144 個となっている。今現在の値として、全国で各種民間組織は 18.6 万個あり、去年より 8.8% 増加している。内訳は、民間非企業組織 15.9 万個で去年より 7.4% 増加、財団は 1138 個で前年度より 13.9% 増加している [2]。2007 年も引き続き民間組織の数はこのまま急速に増え続ける勢いである。社会の組織化力が高まるにつれ、民間組織の自律性も強まり、社会政策や福祉公共サービスの公共事務分野での参画が強く期待されている。

---

1) 蔵宝瑞、「民間組織健康発展　管理工作不断完善 ── "十五"民間組織発展与管理成就回顧」、『中国民間組織網』。
2) 中華人民共和国民政部、『二〇〇六年民政事業発展統計公報』、2007 年 1 月 17 日。

第五章　調和：社会建設の新たな一章　319

　現代社会において、利害対立は、すでに一般民衆 vs. 国家の単一状態から利益の異なる主体 vs. 国家の多元的状態へと変化した。社会公共利益の代表者としての民間組織は社会公共利益の保護や社会・経済政策策定への参画において果たす役割が日増しに重大になっていく。社会の中で、社会的弱者に仕えるそれぞれ異なった民間組織は、社会サービスの提供者としての役割がますます重要視される。例えば、HIV 感染防止や治療の分野などでは、北京・上海・広州・重慶などの多くの都市で、男の同性愛地域エイズ感染対策ボランティア組織が現れ、現在すでに一定の影響力を持つようになっている。女性権益保護の面では、例えば婦女法律支援センターといった民間組織は、積極的に社会的弱者である女性グループを性差別から守り、不平等待遇問題などに立ち向かい、良好な成果を得ている。また労働者の人権保護の面でも労働者の権利を代表する人権保護団体がセミナーなどを開催し、積極的に労働者の声を取り上げ、出稼ぎ労働者の法的権利を政府と社会に訴え、関心を呼んでいる。社会奉仕の分野で、民間組織は貧困地域の貧困者支援にも積極的に参加し、地域社会の社会的弱者をケアし、同時に彼らの生活が自立できるようにサポートを提供している。

　市場経済の分野では、業界団体は典型的な互恵的民間組織であり、会員企業の利益を守り、会員の意見を集め団体の名義で要望を提示し、公共政策がより良いものになるよう推進する。特に経済が高度に発達した地域では、例えば浙江省などでは、商工会は政府の経済政策制定において比較的安定した制度が策定できるよう政府と協力関係にある。同時に業界団体は企業の代表として国際訴訟に参画し、企業のためにグローバル化した状況でもより良いビジネス環境を得られるように努力している。典型的なのは、前文に記述したように、温州のライター業界団体が EU とのアンチダンピング訴訟で勝訴したケースで、民間組織の市場経済への影響力の拡大に一役買っている。このように、近年、市民社会の自律性は高まり続け、市民社会の自立性や助け合い精神が政府と企業の相互交流や協力関係の中で必要とされるようになり、こうして公共利益の実現が求められている。

　さらに顕著なのは、民間組織と政府間の関わり合いにも明らかな変化がみられ、徐々に自律と理性が求められるようになってきた。2006 年に行われた環境保護民間組織の調査が示すように 95％ 以上の環境 NGO 団体は「手伝うが迷惑はかけない、参加はするが干渉せず、監督するが代わりにはせず、違法なことは行わず」という方針のもと政府と提携を行う。61.9％ の環境 NGO 団体は「政府と直接コ

ミュニケーションがとれるパイプをもっている」と認め、「政府と連携する」という環境 NGO 団体は 64.6% あり、「提携もしなければ対立もしない」と選択したのは 32.1% だった [1]。ある NGO の管理職員が示すには、これは中国の NGO がまさに転換期にあることを示しており、「NGO はみな、政府と一致を保ち、政府の許可を取ることが活動を成功させる必要不可欠の前提条件であることをはっきり認識している。政府との相互作用のなかで、NGO がまず最初にすることとは、積極的に自分たちから政府とコミュニケーションを取り、政府の信頼と認可を取得することだ。その基礎を得てから、一歩一歩活動を進めていくのだ」という [2]。ここから中国の民間組織と政府との関係には大きな転換が見られることがわかる。様々な方式で合法化を実現させるという基本の下、国家権力もしくは政府の行政ネットワークを利用し自分たちの組織の目標を実現させていくのである。政治的な制限に適応し、国家をうまく利用し資源へのアクセスを実現すると同時に、あらゆる方法を尽くして政府の政策決定の中に入り込み、政府の行為に影響を与えていくという方法である。民間組織は今ますます増えつつある自律的な空間を利用し、国家と積極的な相互関係を築き上げつつある。彼らは国家に影響を与えようとしているし、自分たちの利益のために行う国との積極的な駆け引きが、草の根から湧き上がる自発的な市民社会と国家が率いる市民社会との共存を示すことになる [3]。

人本主義の持続的発展が提唱され、調和のとれた社会の戦略が打ち出されるにつれ非営利組織からその他の民間社会組織に至るまで、多くの組織は次々に社会の前面に登場するようになり、地方の各層においての調和のとれた社会の建設を推し進め、さらなる深層部においても市場経済改革以降の社会生活の転換を推進している。民間社会はまさに今組織化され始め、日を追うごとに生活の分野でそれぞれの自主性を発揮させている。これは中国社会の改革と建設の前進に大きく力を与えている。

(三)公衆の社会参画の発展：体制外から体制内へ

20 世紀の 90 年代から、伝統的政治の合法性が失われてきたため、世界の大多数の国家では経済発展に重点を置きながら社会の再建を進めてきているが、その核心は社会参画システムの変革で新しいソーシャルキャピタルを造りだすことにある。

---

1) 楊東平編、『2006 年：中国環境的転型与博弈』、社会科学文献出版社 2007 年版。
2) 林波、「中国"草根 NGO"：理性回帰之道」、『新快報』3 月 1 日、2007。
3) 趙秀梅、「中国 NGO 対政府的策略：一個初歩考察」、『開放時代』第 6 期、2004。

第五章　調和：社会建設の新たな一章 | 321

言い換えると、「調和のとれた社会」の建設は根本的に社会生活への参加メカニズムの再建であり、ソーシャルキャピタルの再創出によって社会の整合と均衡を保つことである。この目標達成の道筋は、大衆の社会参画を推進し、またそのプロセスの中で市民の寛容と妥協の精神を培い、市民社会の協調性を高めることによって、政治社会に対するより多くの賛同を得ることにあると言える[1]。

　近年、中国の社会構造、価値観念、組織形態がともに変化し、社会の構成員は社会の中で一定の自主的な空間を得ることになった。その参加意欲と参加頻度は同じレベルではないが同時に高まっている。特に権利意識の高まりから、大衆は個人の利益を守るその中で、政府の動員がなくても、自主的な参加ができるようになった。このほかにも、解決を得られない現場の様々な問題が、一般民衆の社会参加意識をますます高めている。同時に、中国の一般民衆の社会参加行為は少しずつ体制外から体制内へと移ってきている。草の根レベルの社会民主制度が推進されるにつれ、民衆は選挙を通して自分の意志で自主的管理をするようになり、また一方で、政府の政策の透明度が高まるにつれ、民衆の意見も政策制定に影響するようになってきた。

　近年、草の根レベルの社会民主がどんどんと広められ、市民は社会参画の自主性がさらに掻き立てられ、草の根レベルの民主制度建設は社会参画を推し進めるための重要な方法となっている。農村では人民公社が解体されてからというもの、農村組織が機能不全の状態に陥っており、農村社会は酷く秩序を失ってしまっている。広西省宜州市合寨・果地・果作などの村では、社会秩序を守るために、自発的な選挙により「村民委員会」を結成し、農民の自主性が農民による村落の管理というところに現れ始めた。従来の体制では、このような自主性は初期のころからずっと「もめごと」と扱われ続けてきたが、一部の地方では集団直訴や集団事件が頻発したように、自主性のある自立的な農民は一方的に指導されることにただ単に甘んじるだけという現状に嫌気がさし、自分たちにも才能があり、しっかりと自分たちのことを管理するだけの力があると、自信を持つようになり、これもその後の村民自治組織の成立の発端となった。1987年、『村民委員会組織法（試行）』が発布され、農民の村の自治参加に体制内から許可を得るに至った。その後「海選（直接選挙）」などの選挙方式を中心に、様々な方法が考案された。例えば山西省河曲などでの「両票制」

---

[1]　R.D.パットナム著、頼海榕訳、『使民主運転起来 —— 現代意大利公民伝統』、江西人民出版社2001年版。

は即ち、群衆の一票 + 党員の一票 = 村の書記長、という方式である。また、山東省や広東省などで採用された「一肩挑」自治方式とは、一人の人間が村の書記長と村の主任を兼任するというもので、同時にその他の両委員はそれぞれの任期を入れ替えるというものである。河北省武安市の「一制三化」とは、党支部の指導を受ける村民自治運営メカニズムであり、三化はすなわち支部の仕事の規範化・村民自治の法制化・民主監督のルーティン化というものである[1]。このような成熟した参加方式は、農民の村落事務への参加をさらに自主的にし、農村は単一民主選挙から全面的民主参加へと邁進していく。

　都市の末端地域社会においては、単位制度が解体され、大規模都市建設が展開されると、大量の一般行政業務がコミュニティの中で行われるようになる。日に日に煩雑になる一般行政業務をこなすために、全国の都市で管理体制が調整されると同時に、コミュニティの中で選挙や自治が積極的に推奨されるようになる。都市の居住区住民委員会（居委会）の選挙と自治は1998年7月に青島から始められ、2000年以降上海や南京、また広西省などの地方でも始まった。2002年、広西省の46%の住民委員会が直接選挙を実現し、当時最も広い範囲で行われた居住区選挙であった。2005年以降は、居住区の自治と選挙はさらに進んで推進されるようになる。2005年の5月深圳の塩田区住民委員会で直接選挙の改選があり、住民は自分の意思に沿って投票できるようになった。候補者は選挙民から直接推薦され、一枚の何も既定の候補者が書かれていない空白の選挙用紙を目の前に、自分たちの選択を書き記すのである。政府部門が初めから候補者を選ぶという方法は徹底的に変えられた。これは、有識者から「中国の草の根の民主のアイスブレーキングだ！」と評されたほどだった[2]。上海では2006年は市内の住民委員会・村落委員会改選の年にあたり、全上海で4767の住民委員会・村落委員会において改選が行われ（内住民委員会は3194個）、全市の住民委員会で直接選挙の割合は40%を下らず、つまり何百万もの人々が投票を通じて、自分の信頼のおける居民委員会の幹部を選択したということになる[3]。規模を拡大して広まる直接選挙制は、より多くの住民の心に強烈な民主意識や参加意識を植え付け、彼らに民主選挙の方法とルールをよく理解させることとなる。これ以外にも、直接選挙を通じて、住民委員会はこれまでの行政

---

1)　趙超英、「村民自治演進的歴史邏輯」、『学習時報』7月21日、2007。
2)　趙霊敏、「塩田直選：譲居会帰位」、『南風窓』第17期、2005。
3)　「上海進行建国後最大規模城市基礎民主試験」、『21世紀経済報道』7月25日、2006。

第五章　調和：社会建設の新たな一章 323

機能が外され住民自治組織という本来の意味を取り戻し、草の根のレベルでますます重要な役割を発揮するようになる。まさしくこのプロセスの中で、一般住民の参加と自主性が強烈に沸き起こるようになった。

　このほかに、政府の公共政策制定の透明度が高まるにつれ、公共事務の政策制定への一般民衆の参加を奨励する措置の導入（例えば、政府の公聴会や対話会・懇談会など）や、公衆参加を便利にするプラットフォームの構築、参加コストの低減（例えば携帯メールやインターネット、電話、電子メールなどの方式で人々の参画の需要に応えていく）などが進み、社会構成員の社会参加には顕著な変化が見られた。わずか3年間で、我々が目にした光景は大きく変わり、政府によって打ち出されたほとんどの政策や、様々な社会現象や社会問題を巡って人々は熱心に議論に参加し、異なる意見やコメントを表明するなどして、社会参画へより意欲的になった。2007年論争が絶えなかった厦門PXプロジェクト事件では、市民の社会参画に一つの変化を見ることができた。自身の生活環境や健康など自分の身に迫る問題にかかわると、専門家も含めた厦門市民は非常に強い民主の参加意識を現わし、インターネットや（ネット投票）、携帯メールや、市政府への『散歩』といったような行為に及んでまで、政府に対してそれぞれの意見を表明し、最終的にはPXプロジェクトの環境評価を一からやり直させることになった。その期間、民衆はホットラインや電子メール、手紙などの方法で環境評価報告に対して多くの意見や提言を掲げ、最後には政府にこのプロジェクトの建設延期を決定させ、真の民主参画のパワーを見せつけることになった[1]。PXプロジェクト事件を通じて、政府と民衆による直接対話によって市民の公共政策決定参与のチャネルが開くこととなり、世論の表出はまさに今政府の関連する政策領域に変化を与えている。

　改革開放から30年。急速に進む市場経済化は社会構成員を国家や「単位」の束縛の中から解放したが、それと同時に伝統的道徳倫理観は揺らぎ、社会への信頼が失われている。加えて民間組織はまだ公共利益の保護者として充分とは言えず、自主性の高まりは社会の構成員に空前の自由を与えはしたが、同時に調和的社会生活は失われている。今、このコントラストが、中国社会の自律性を築く中で内在する矛盾となっている。

---

1)　「アモイPXプロジェクト」の進展に関する『南方週末』の2007年の報道をまとめた。

第三節　調和のとれた多様化生活のはじまり

　新発展観と「調和のとれた社会」の提唱は、中国の社会生活が過去の画一的な時代
から多軸的な時代へと転換していることの表れであった[1]。現代中国の社会構造が
急速に分化すると同時に、生活方式や価値観念は次第に多様化しはじめ、社会生活
の内実はどんどん豊かになっていき、多様な調和のとれた生活を可能とした。社会
生活は生活の趣向や方式及び価値観の多元化を意味するだけでなく、こうした多元
化の基礎の上に有機的な関係や秩序を構築することで、社会の融和を実現すること
である。近年、社会構成員の「個性」意識が顕著になり、社会生活方式を自主的に選
択するようになったことで、多様な調和のとれた社会が出現しはじめ、調和のとれ
た社会建設の重要な推進力となった。

一、現実と仮想の間：多様化する生活の社会的基礎

　中国の経済・社会の急速な発展にともない、人々の現実生活には大きな転換が生
じた。空前に豊かになった商品は「豊かな社会」の到来を早め、先進的な現代ネット
技術は「仮想社会」を時代の特徴たらしめた。このような現実と仮想の相互作用のも
と、我々の現実生活は徐々に多様化を見せ始めた。こうした二つの異なるロジック
の作用のもとで、調和のとれた社会を実現する機会が生まれたが、同時に社会の不
和のリスクも潜在化するようになった。

（一）多元的生活世界：生活場面の分割

　21 世紀以降、中国の急速な成長に伴い、モノが極端に豊かになり、消費時代
が到来した。これにより中国社会はガルブレイスのいう「豊かな社会」へと突入し
た[2]。豊かな社会においては、「生活クオリティ」の追求が社会生活の発展を推進す
る内的動力となった。市民の生活水準をみると、2006 年以降は明らかに全体的な
向上が見て取れる。関連調査の結果によると、中国の四分の三あまりの家庭の生
活はすでにゆとりのある水準以上に達している。エンゲル係数（食費支出が家庭消
費の総支出に占める割合）の国際基準に基づくと、都市・農村において非常に豊か

---

1)　孫立平、『博弈：断裂社会的利益衝突与和諧』、社会科学文献出版社 2006 年版。
2)　ガルブレイス著、徐世平訳、『豊裕社会』、上海人民出版社 1965 年版。

な水準に達する家庭は 34.7%（エンゲル係数 30% 以下）、比較的豊かな水準にある家庭は 22.1%（エンゲル係数 30 ～ 39%）、ゆとりのある水準に達している家庭は 18.5%（エンゲル係数 40 ～ 49%）[1]をそれぞれ占める。これらのデータは中国経済・社会の発展が人民の生活レベルの向上に大きく貢献したことを十分に示すものである。

　しかし、一つの地域においても「一つの中国、四つの世界」のように、生活水準が普遍的に向上したのと同時に、社会の異なる集団間の生活にも極めて顕著な差異がみられるようになった。こうした差異は、急速に変化するそれぞれの利益集団の生活に反映され、またそれぞれの生活における自主性にも体現された。ある意味で、中国の社会生活には、全く異なる「四つの世界」、すなわち都市部上流層の貴族的生活、中産階級の現代風の生活、都市部下層・農村の生活及びグローバル化によりもたらされた外来の生活が存在したのである。この「四つの世界」において、それぞれの集団の生活様式は多様化し、その自主性もそれぞれ異なるものとなった。

　改革開放以降、急速に発展する経済と「一部の人から先に富めばよい」という先富論政策はわずか 30 年間で相当数の富裕層を育て上げた。英国人・胡潤（フールン、Rupert Hoogewerf）による 8 年間の中国大陸長者番付からわかるように、中国富裕層は急速に台頭し、資産が爆発的に増加している。その長者番付リストも長くなる一方で、年々派手さを増し、新しい概念を生んだ。この階層においては他とは異なる生活様式が形成された。彼らは高い経済力と品位を有したが、その生活は基本的にはつつましく、「見えない上流層」（フッサール）であった。しかし、その幸福度は富とは正比例しなかった。彼らは自由な外出・行動ができず、一挙手一投足において企業代表としてのイメージを考慮しなければならず、普通の楽しみを享受できなくなった。富の安全を考慮し、衣食も派手にならないよう気を配り、富をひけらかさないためにわざと質素に生活することもあった。

　これと対照的なのが、日々拡大を続ける中産階層の生活であった。中産階級は豪邸、マイカー、流行りの服や宝石を所有し、物質的豊かさと立派な社会的地位、優雅なブルジョワ気質を有する幸福な人々である。しかしそうした幸福を享受する一方で、彼らは大金持ちになれる望みはなく、休みなく働き続けることしかできず、またその階層的待遇も法的に確かな保障はなかった。彼らは一歩ずつ上を目指し、

1）　李培林等、「重視整体和諧下的不穏定因素」、『鞍山社会科学』第 2 期、2007。

豊かな物質を享受する一方で、仕事のプレッシャーにさらされ、立派な社会的地位を有する一方でいつその身分を失うかもわからない焦燥感にかられていた。もしかしたらそれは一時の病のようなもので、政策調整や大不況などが訪れれば、また一から極貧生活の深みへと落とされ、また一から闘いを始めなければならない[1]。中国の中産階級は今、非常に強い焦燥感に駆られており、その自主的生活シーンには矛盾が存在している。

　中上階級との大きな差というのは、社会底辺におかれる小市民と農民たちは、生活が平安であればそれが幸せ、体に病がなければ幸せ、雨漏りのない一軒の家があれば幸せ、外出中に何事もなければそれで幸せ、クビにならなければそれで幸せ、であるのだが、高級住宅を持つことは多くの人にとって至難の技でありながらも、家がなければ恋愛も結婚もできず、同居して老人の面倒を見ることもできないのである。病気の診察代が高ければ、治療が困難になり、一体どれだけの人々が持病を持ちながら耐え、大病になれば死を待つのみ、という状況になっているのだろうか。教育費が高いため、どれだけの子供たちが学校に行けず、外を徘徊しているのか。どれだけの家庭がますます重くなる経済負担を背負わなければならないのか。大学生は就職難で、労働者たちはいつ解雇されるのかわからない中で働き、仕事に安定感や安全感など無い[2]。一方農民は、国家の農村政策が重要視されるにつれ、重い税負担を免れるようになり、ようやく、自主的な生活のできる社会集団となり、幸福感は都市の社会集団より高くあるのだが、その背後にあるのは、自主性の無力感である。報道が示すように、農民の「知足常楽（分相応のところで満足できれば、人生は幸せだ）」のロジックの裏には、更に高い幸福感の生活を追求することができないことへのやるせなさがある。考えてみてほしいが、いったいこの世の中で誰が、安定した仕事、充実した保障、利便性の高い生活を考えないことがあるだろうか。いったい誰が、自分の子供にさらに良い教育を授けたいと思わないでいようか？しかし農民は理性的に予期しているのである。これらのことはみな、自分たちには望むことも追い求めることもできないものだ、と観念した彼らは、現状満足を選択するしかないのである[3]。

　これらの本土の異なる集団の生活のほかに、人々に深く影響を与えるグローバル

---

1)「中国人的幸福感哪里去了」、『騰訊網』、2007。
2)　同上。
3)「農村居民幸福感更強的背後」、『国際金融報』12月31日、2004。

化の要素に、中国で日ごとに増え続ける外国人の影響がある。彼らの生活スタイルは中国の伝統を拠り所とせず、まさに「飛び地」的なのである。経済のグローバリゼーションが進むにつれ、20世紀の後半から、人口の「越境移動」はますます普遍的な現象となっていった。改革開放以降、特に20世紀の90年代以降、中国の対外交流が急速に活発になり、国内では外国籍住民が増え続け、相当規模に達していった。北京・上海・広州などの大都市では、大量の外国人が居住する「国際エリア」が増えつつある。外国人の進入とその人々の中長期にわたる滞在によって、外国の文化や思考方式・生活方式が中国社会に持ち込まれるようになる。その中でも、華僑と滞在先の社会文化の融合は進んでおらず、彼らの生活は本土の生活スタイルとは別物になり、いわゆる外来の「優位的文化の孤島」が長きにわたって存在している[1]。これらの人々の日常生活では、自主性は制御不可能なものとして現れている。

　社会構造や利益関係の急速な分化に伴い、様々な集団の生活はその感受内容が大きく転換してきている。全体的に見ればではあるが、国民全体の生活の質は違った程度ではあるがそれぞれ上がってきている。しかし、今まで見知ったことのない社会生活のリスクを目の当たりにし、それぞれの社会集団が空前の自由を獲得すると同時に、まぎれもなくその自主性が失われている。それはつまり、普遍的社会の安全感が喪失しているという問題を反映しているということなのだ。

(二)ネット時代の苦境：自主性の獲得と喪失

　社会経済の急速な発展と同時に、現代のインターネット技術は日を追うごとに国民の生活方式に深く影響を与えている。インターネットの急速な発展が作り上げた仮想空間では、個人の自主性を表に出すことができるようになった。このように、ネットとは人々にその仮想空間において自我を表現させる場所となったのである。しかし個人の自主性が極端化するにつれ、その潜在的リスクも日に日に高まりつつある。

　現代情報技術によって支えられているシステムとして、インターネットはその利用者に開放的かつ双方向の情報流通方式を提供した。常にアップグレードされるインターネットのICQ、OICQ、MUDなどのソフトや隆盛を誇るBBSやブログのおかげで、ネットユーザーは情報の消費者だけでなく、生産者や提供者としても活

---

1)　楊燁等、「外籍人士的融入与中国城市国際化」、『都市管理』第3期、2005。

躍することができる。これによって、送り手と受け手の間の情報交換が直接に行われ、個人間の相互作用も実現できる。ネットでは人々は自分の意思に従って行動し、各種の情報ソースに自由にアクセスし、世界各地のネット住民と交流できる。まさに、このネットワークという仮想空間を頼って、個人は自主性を十分に表現することができるようになり、人の創造性は高度に刺激され、利用者の個性を惜しげもなく発揮することができるようになった[1]。まさに、インターネットという開放的で自立的な特徴はその現代生活に積極的な影響を与えたと言うことができる。民衆による社会参加という視点から見ると、充分に自分の意思や個性を表現できるインターネットこそ、社会生活の最も活力のある空間となったのである。しかしネット空間での自主性の行き過ぎた表現は、自主性の喪失につながる可能性も否定できない。ネット空間においては、人々は環境操作や自己表現が自由にできるという錯覚に陥りやすい一方、地理的空間の超越やコミュニケーションの匿名性などによって、強制に近い奨励メカニズムも機能するようになる。この二つの要因により、人々はネット世界の中で自主性を失いやすく、ネットにコントロールされてしまうのである[2]。このような状況下で、人々は自主性を喪失し、ネット上で全くのルール不存在の中、意のままに行動し、その一方で人々は自分の行為に対して責任を負うこともできず、自我は仮想的生活の中で自主を勝ち取ることが根本的にできないでいる。現実の生活では、インターネットで人々は自分の願いや思いを表現し、社会世論や政府の政策にまで影響を与えるほどになったのだが、ルール化されていないその自主性は考えが極端に偏向しやすく、「ネット暴力」に向かいやすい。情緒的な不満を極端に表現し、結局、現実生活に動揺をもたらしてしまうのである。近年、ネット上の社会問題に対する論争は「仮想世界」からすでに飛び出し、現実の社会生活にまで影響をもたらすようになってきている。

　2006年、インターネットは現実の社会生活に突出した影響力を与えるようになった。社会の醜悪な現象に対する「ネット上指名手配」が巨大な世論と圧力となり始めたのである。ネット住民の自主的パワーが押しすすめる中、ネット上では幾度にもわたる「ネット指名手配」により、犯人を社会的に追い詰める事件に発展しているのである。最初に起こったのは、猫虐待ビデオ中継事件である。ある女性が一匹の子猫を虐待死させる様子を、一つのビデオ映像としてネット上にアップしたことから、

---

1)　王静、「論網絡文化対社会的影響」、『西北工業大学学報(社会科学版)』第4期、2006。
2)　段偉文、『網絡空間的倫理反思』、江蘇人民出版社2005年版。

急速にそれが世間に広まり、ネット住民の激しい怒りを買った。その後、ネット住民はインターネットを通してその女の指名手配し、短い十数日の時間でその子猫の虐殺者の身元を判明させ、虐待者に対する強大な社会圧力を形成し、最後にはその女性はメディアに対して自らの過ちを認めざるを得なくなった、という事件である[1]。

　このネットでの個人特定事件の発生と発展は、ネットが現実生活にますます影響を及ぼすようになったことを意味している。更に重要なのは、これらの影響は一種のコントロールできない方式として表現されてきてしまっているということである。ネットの匿名性は、人々に自分の「原型」を失わせ、個人を集団の中に埋没させてしまう。個人としての自我のアイデンティティは集団的行動と目標への賛同に取って代わってしまった。そして個人は「無個性的状態」へと進んでいき、このような状態は個人の自我の観察と自己評価の意味を薄れさせ、個人の責任と個人の社会的評価への関心を低下させるのである。自我のコントロール力が弱くになるにつれ、暴力と反社会的行為はいつでも出現する可能性がある。まさにこのように、人々はネットに知らぬ間に流され続けるなか、自分の自主性を強め続けていくと同時に、自主性を失いつつもあり、これこそ人類の自主性のジレンマなのである。

二、細分化の中での選択：自主的生活

　現代社会とは一つの多元的文化の開放的な社会である。人々は社会生活の中で自分自身の価値と評価を求めて個性の表現できる生活を求め続けている。改革開放から 30 年、社会の開放性が徐々に深化する中で、個人の自主性も大きく高まり、同時に社会生活の多様化は人々に自主的な生活の創出を可能にさせるようになった。ただし、自主的生活のその背後には、社会的関係の秩序の崩壊を促す危険性も隠されている。

(一)個人消費：私の生活は私が決める

　近年、社会経済の急速な発展は物質や財産を極度に豊かにし、現代の生活レベルを高めさせた。中国の都市や農村の住民たちはすでに単純な物質的欲求のレベルを卒業し、健康、心地よさ、利便性、豊富さなどの要素に注目が集まっている。同時に社会構成員の自主性が高まるにつれ、彼らは個性化された生活を追い求めるよう

---

1) 「女子虐猫事件不完全調査」、『華商晨報』3 月 10 日、2006。

になり、人々と違った、自分だけの生活を求めるようになった。経済的実力も高まれば、消費欲求も同時に解放され、人々の消費はさらに自由になり、個人の好みによる選択的消費の機会が増加していく。都市の住民は消費を行う中で、個性と変化を追い求めることがますます重視されていく。人々の個性の重視は本質的に言えば差別化の内的心理欲求の表れといえる。この意義でいえば、現代中国社会は今まさしく「消費社会」[1]に突入し、消費はすでに一つの生活スタイルとなり、その記号性や生活的価値感が露呈してきている。

　近年、都市社会において徐々にさかんになる「オーダーメイド生活」はこうした傾向を体現している。オーダーメイド生活に対する偏愛は女性の服装オーダーメイド愛好から始まった。仕事や審美的なニーズから、多くの若い女性は服装のオーダーメイドを開始し、独特で洗練なスタイルを手に入れた。この後、この種の独自性や個性を追求する風潮は各領域で蔓延し、今では多くの都市部のコンシューマー向け雑誌を開くと、「オーダーメイド」を売りにした様々な広告が目につく。家具、家電や旅行の会食に至るまで、何でも個性的にオーダーメイド可能なのである。例えばあなたが今年結婚をしようとする場合、独自に婚礼の流れを企画し、服飾店でウェディングドレスやスーツをオーダーメイドしたり、宝石店で自分がデザインした結婚指輪をオーダーメイドしたり、家具メーカーに自分で設計した家具をオーダーメイドしたりすることができるのである。人々の選択や個性を尊重するオーダーメイドというサービス形態は、一層多くの支持を集めるようになっていった。

　同時に、流行の追求は個性を表現するための重要な手段となっていった。目下、消費は流行的な色彩を増し、機能をメインとする耐用品から、個人や独自の感性を表現する記号的な商品に対する消費へと変容していった。ある研究によると、74.5％の人々が「自分の服飾やモノは別の人とは違う、自分らしいものを所有する」ことを希望しているという。こうした差別化の欲求により商品は消費過程で内在的な競争力を生じ、商品の選択は多様化へと向かい、人々の消費空間は絶えず拡大していった。同時に、流行は都市部住民の経済生活の重要な構成部分となっていき、「流行が自分の生活においてとても重要である」、「お金を使ってもっと流行を追いかけたい」と考える人が中高収入の都市部住民の約40％を占めた[2]。特に「80年後（1980年代生まれの人）」の人々は、個性的で、自己顕示欲が強く、標準化、形式化

---

1)　Jean Baudrilltard 著、劉成富等訳、『消費社会』、南京大学出版社 2000 年版。
2)　零点研究諮詢集団、『2006 年中国中高収入城市居民時尚指数研究報告』、2006。

されたものに満足できず、独自の考え方や価値観を持っていた。彼らは「私が好き」であることを重視し、「自分なりのスタイル」を崇拝し、「自分のことは自分で決めたい」と考え、個性的で唯一無二な商品を好んだ。彼らは新しい物事を受け入れる能力が高く、流行や新鮮さ、目新しさを求める消費潮流を好み、商品の顕示性や記号性を重視した[1]。

この種の流行を追求する精神性は、「集団を重視し個人を軽視する」、「共生を重視し個性を軽視する」伝統的観念に対する挑戦であり、多くの中国人は流れのままに沿うことを望まず、みんなとは違うプライベートを追求するようになった。ある意味では、生活の中で流行を追求することは一種の逆説をはらんでいた。つまり、流行は個性の追求を目的とし、個人の生活的特質を体現したのだが、流行の拡散によって個性が消されることもしばしばである。流行を追い求める人は目立つことをしようとするが、同時にその普及は個人を大衆化の中に埋没させた[2]。人々が周りと違う、個性化を追求する過程では、個人の生活における安定感の欠乏が反映され、周囲との差によって自我の存在を示そうとしたといえる。この意味で、現代人は空前の自由を獲得したと同時に、生活上の安定感を失った。

注目に値するのは、都市部において次第に消費社会が形成されると同時に、農村社会もいわゆる「耐用消費品の時代」に入った。この時代は農民にとっては消費の自主性が日々失われ、都市部への依存が強まっていくことを意味した。まさに孫立平が言うように「このとき、私たちは都市と農村の間の新しい断裂をみるのである。この断裂は主に人為的な制度によってつくられたものではなく、市場によって造られたものである。しかしこの断裂は同様の断裂のなかでもより一層深刻なものである。」[3]

(二)婚姻家庭：理性と情熱の苦境

経済・社会の急速な発展にともない、人々の婚姻家庭の状況及び観念には大きな変化が発生した。生活の自主性が強まり、個性の顕示が進むにつれ、人々は婚姻の選択や家庭確立の過程においてより多くの選択をもつようになった。婚姻家庭の変遷過程において、人々は自分の感情的な体験を重視するようになり、様々な婚姻の

---

1) 「追求時尚"80後"消費現象調査」、『人民日報』3月27日、2007。
2) 王寧、『消費的欲望：中国城市消費文化的社会学解読』、南方日報出版社 2005 年版。
3) 孫立平、『断裂 —— 20 世紀 90 年代以来的中国社会』、社会科学文献出版社 2004 年版

かたちを体験し、模索することを好むようになった。まさにこうした状況の下、婚姻は形式から観念にいたるまで、徐々に多様化へと向かっていった。

　婚姻の観念についてみてみよう。現代人の婚姻に対する観念は一層感情の要素を重視するようになっていった。現代人は次第に自己の価値実現を追求し、自由を渇望するようになった。婚姻に対する態度において、現代人はまた前の世代の人々と比較してより理性的で冷静でもある。彼らは婚姻に対してロマンチックな想像とともに、プラグマティックな態度をとっている。言い換えると、感情を重視すると同時にまた理性も保持しているのである。北京市婚姻家庭研究会が 2003 年に実施した調査によると、「夫婦関係に影響を与える主要な要素は何ですか」という質問に対し、46.5％ の人は感情が最も重要であると答え、経済条件だと選択した人は14.4％ であった。このことからもわかるように、感情はやはり夫婦関係に最も重要な価値であるとされているのである。結婚相手探しは従来の「門当戸対（男女の家柄が釣り合っていること）」ではなく、相手の人柄及びお互いの愛情や相性等の要素を重視するようになった ¹⁾。夫婦間の人生に対する追求、生活態度、価値観に距離が生じたとき、夫婦のうち一方が婚姻生活の中で満足を得られなかったとき、往々にして心変わりが起こり、婚姻関係は不安定なものとなった。近年の離婚率の上昇はまさにこの点を説明しているといえる。

　また、人々は婚姻の観念において感情を重視すると同時に、ネット恋愛、婚外恋愛、婚前の性行為などの非伝統的な観念に対しても理解と寛容を示すようになった。ネット恋愛に対する観念はより開放的になり、億友網が艾瑞諮問公司に委託して実施した全国初のネット恋愛調査によると、半数の訪問者が、現実生活で社交の機会がなく、ネット上でのコミュニケーションはより便利でてっとり早いと感じており、また四割近い人々が婚活サイトは従来の結婚相談所より多くのチャンスを提供してくれると認識していることがわかった。また七割を超える回答者はネットを通じて交友の機会を増やすことができ、八割を超える人々はネットを通じて恋愛や結婚を受け入れることができ、このうち三割はこの方法を試してみたいと考えているという ²⁾。婚外恋愛の現象については、2005 年に実施された「中国都市青年生活形態調査」によると、33％ の回答者は婚外恋愛を理解できるものと認識している ³⁾。

---

1)　張迪、「婚姻観念の多様化」、『北京娯楽信報』9 月 26 日、2003。
2)　「全国首次網恋調査結果出爐：三成人願試網恋結婚」、『北京娯楽信報』7 月 21 日、2006。
3)　「中国城市青年生活形態調査：消費観念偏於享楽」、『北京娯楽信報』5 月 15 日、2005。

そして婚前の性行為に対する許容度はさらに高く、調査によると、成人の中で「婚前の性愛を道徳の問題であると認識していない」人の割合は 2000 年の 55.69% から 2006 年には 63.78% まで増加した。一方で社会の中堅や文化の先導者とされる人々の中で、婚前の性愛を許容する割合はすでに 70% 以上であった[1]。ここから、今時の中国人は婚姻に対する伝統的な観念を残しつつも、非伝統的な観念に対してもまた寛容と開放を示す特徴が見られた。これは現代社会が徐々に多元化に向かい、婚姻生活に対する異なる観念は調和と共生の方向へと向かっていることを意味している。

　婚姻の面でみると、「不婚」、「電撃婚」、「隠れ婚」、「ネット婚」等の様々な形式が登場した。これらの婚姻形態の出現、一方で現代人の感情を満足させる方式が多様化に向かったことが判明しており、また一方で大衆の多様化した観念に対する理解と寛容を体現していた。

　生活方式が高度に個人化するにともない、家庭形態は多様化の傾向が進み、通常の意味での「血縁、婚姻及び養育関係によって一体を構成する」家庭は多くの選択肢なかの一つに過ぎなくなった。離婚率、晩婚率及び生涯未婚率の上昇に伴い、婚前の性関係や性行為は日増しに一般的となり、いわゆる「変異」家庭が急速に増加した。例えば女性が経済の面で一定の独立性を要求し、「割り勘家庭」が発生した。家庭の貯蓄、支出、両親、子供の扶養、客人へのご馳走はすべて勘定をわけ、お互いのへそくりに深く干渉しなくなった。上海市婦連が上海市の 18 サンプル区県に対して行った調査によると、上海の女性のうち 68.4% が「家庭と自分の生活を維持するために」就職することを選択し、一方で 52% が「経済的自立」や「より高収入を獲得する」ために仕事をしていると答えている。このデータは 12 年前からそれぞれ 12.2 ポイント、5.9 ポイント上昇している[2]。このほか、「隠れ婚」が増加するに伴い、都市部の社会では「Solo 家庭」や「走婚（通い婚）家庭」が現れた。夫婦は平日はそれぞれ忙しく過ごし、週末にだけ団らんし共に過ごすのである。「丁克（子供をつくらない共働き夫婦、DINKS）家庭」は近年急速に増えており、深圳では丁克家庭は戸籍人口のうちすでに 10% 以上を占めている。さらに上海では調査によるとその数はすでに家庭総数の 12.41% を占めている[3]。人々の感情生活が日々豊かにな

---

1)　『中国人的性行為与性関係：歴史発展 2000-2006』、中国人民大学性社会学研究所、2007。
2)　「上海女性看重挣銭養家　AA 制家庭形式越来越多」、『新聞晨報』11 月 15 日、2002 年版。
3)　肖愛樹、「当代中国丁克家庭的社会歴史学考察」、『蘇州科技学院学報』第 3 期、2004。

ると同時に、家庭形態の多様化も人々が自分の生活を自主決定する努力を体現したのである。

　全体的に、現代中国人の結婚・恋愛の価値観念は単一性から多様性へと変化していった。これは人々が個性追求の特徴と一致し、人々の婚姻関係に対する異なる理解や期待を満たすものであった。人々は早期恋愛や婚前の性行為、離婚等に対し徐々に開放的な態度をとるようになり、婚外恋愛に対しても比較的寛容な態度をとるようになった。流行となった観念や現象、例えば、独身、丁克家庭等、これらはすべて多かれ少なかれ、拡大された個人の心理的空間を表している。しかし、個性化と自主性の過度な膨張が、伝統的な性道徳や家庭観念に危機をもたらし、いわゆる「性の放縦」、「性の開放」といった概念の出現は伝統的な家庭観念に対し深刻な衝撃をもたらし、社会関係や家庭関係に不安定な状態をもたらした。

(三)価値観：私には私なりの主張あり

　改革開放 30 年以降、社会全体の雰囲気に大きな変化が起き、政治環境は益々緩和し、人々はもはや決まった枠に縛られなくなった。人々の平等化が進み、社会構成員は特に、自主的な生活権利を獲得し、個人の主体性も益々顕著になった。環境の開放もイデオロギー領域の比較的単一な状況を改善し、各種文化が相互に刺激し合い、社会思想が活発化し流動化することによって、多様的な文化環境が作られたわけである。それと同時に、発達した交通、通信とメディアにより、人々の活動範囲はかつてないほどに拡大し、情報収集のルートもかつてないほど増えている。全面的に開放された社会環境においては、社会構成員の自主的価値観も急速に向上した。

　研究によると、現在の社会道徳や風習はある面で改革開放前に劣るが、価値観の本質から、全体から見ればやはり進んでいると言える。人々の主体的意識の覚醒なり、平等観念なり、効率観念と競争意識、そして支払う代価及びリスク意識の強化は、いずれも人類と社会が発展するための重要な基盤である[1]。現実生活では、人々のそれらの意識と観念は更に強まりつつあり、且つ様々な社会的事実によって表現されている。

　価値観の点で見れば、社会構成員には自己意識、主体意識が益々強く現れている。

---

1) 「北京市公民価値観状況調査研究」課題研究チーム、「関於価値観研究状況的調査報告」、『中国特色社会主義研究』第 1 期、2002。

ここ数年、ネット上で現れた「網絡紅人(ネット人気ユーザー)」及びそれぞれのオーディションショーのようなものは、いずれも社会構成員、特に若者による、自己を表現し、個性をアピールするための社会参加の一環と見て取れる。視聴者は「自由」投票で思いを表明するのみならず、メッセージやネットを通じてただひとつの声を発信する。

　それと同時に、市場経済に伴う平等観念、効率観念、競争意識、支払う代価及びリスク意識などは次第に強まり、社会の迅速な発展を推進する原動力になっている。就職観念から見れば、現在の人は「鉄の茶碗」に対する意識が徐々に希薄化し、職業に対するリスク意識が高まった。

　しかしながら、市場経済の迅速な発展及び市場原則が社会関係へ浸透するに伴い、社会価値観の発展を日々世俗化させ、困難を乗り越える努力の代わりに、功利的な追求となっている。世俗化は現世の追求、物質の享受、大衆生活を十分に認め、個人や現実、及び利益への志向を強調し、市場経済、民主政治、社会参与などのため、社会心理上の準備を行った。しかしながら、新たな価値観と規範、及び有力な指針が欠けていれば、世俗化は過激化し、人間の精神に巨大な影響をもたらし、更に精神世界の普遍的価値を深刻に弱め、又は消滅させる可能性もある[1]。調査によれば、個人的な価値と利益に関し、現在の都市の若者は利己的な価値観を示し、個人利益をより重視し、個人の意欲を満たすことに重きをおいており、42.9％の人は「人間関係は利害関係である」と考え、38.4％の人は「人は誰でも欲のために身を滅ぼす」という考えに共感し、63.2％の人は「人生はよい時期を無駄にせず楽しむ」という考え[2]に同意するという。いわば、ここ数年来、拝金主義、享楽主義と消費主義の流行は、既に人々の現実生活を深刻に変化させてしまった。

　改革開放の30年は、社会価値観念がスピーディに世俗化する過程でもあった。その過程では伝統的な社会主義価値観は激しい衝撃を受け、メジャーな価値観の再構築が社会の一体感を作り上げるための差し迫った要求となっている。多様化した価値観が形成する状況においては、ある価値観が別の価値観を支配したり、その代替品となったりすることがあってはならない。これを確保することによって、多様な価値観が互いに機能を補充し、社会の相互信頼と融合の程度を深めることが初めて実現されうる。

---

1)　「価値観和心態的変遷及其未来取向：沈傑訪談」、『北京青年報』8月、2002。
2)　「中国城市青年生活形態調査：消費観念偏於享楽」、『北京娯楽信報』5月15日、2005。

三、調和のとれた新生活を構築：価値観の統合及び秩序の再構築

　中国社会の急速な転換に伴い、社会のそれぞれの分野、それぞれのレベルにおいて、何れも激しい分化が発生しており、社会分化は更なる緊密な関連・関係に基礎の土台をもたらしたとは言え、既存の社会衝突や社会の秩序状態を乱し、直接社会融合に損害をもたらした。特に文化価値のレベルにおいて、社会の価値観は多様化し、且つ功利化の傾向が顕著であり、社会融合が困難な状況に陥り、信仰の欠落、精神上の惑い、それに社会倫理秩序の崩壊などが見られた。調和社会を構築するプロセスでは、高いレベルで社会の統合を実現しようとするならば、まず社会関係と価値観の再構築をより推進しなければならない。

(一)道徳の統合：社会主義の核心価値体系

　急速な社会転換と同時に、中国の社会価値観念もスピーディに転換している。ある研究者によると、現在、中国には価値観形態が三種類共存している。一つ目は計画経済体制に適応する集団本位の価値観、二つ目は市場経済体制の構築による功利と才能を重視する価値観、三つ目は西洋文化の影響によって形成する極端な利己主義、絶対功利主義の価値観である[1]。多様な価値観が並存する状態で、個人主義、消費主義及び功利主義価値観の台頭が伝統の主流価値観に衝撃をもたらし、一部の人々の間では「価値に対する虚無感、どうしたらいいのかわからない」状況が発生し、価値規範喪失の現象が起こり、価値観と価値観の衝突や信仰の危機を引き起こした。

　それらの価値観は、市場を構築すると同時に、人間の再構築にも寄与し、自分、自己承認の普遍的人生観、価値観の形成に可能性を創出した。消費主義において、個人は無限の欲望から無限の満足を手に入れ、公共社会生活との分裂を実現し、その結果、個人はアトム化した個人に成長し、国家と社会から解放される。しかしながら、個人のそういった自主性はまだ組織化されておらず、市民団体と公民組織の欠失は個人をアトム化した存在にさせる。そういった状況で、市場観念に馴染んだ個人は、権利意識がますます明確になり、自己意欲と自己の権利を主張することを身に付けた。一方では、公共生活に欠けるため、相応する義務感と責任感が欠失している[2]。特に若い世代は、「自己中心」を実現したが、公共生活、公共コミュニ

---

1)　袁貴仁編、『価値与文化(2)』、北京師範大学出版社、2004。
2)　許紀霖、「当代中国人的精神生活」、『解放日報』6月12日、2006。

ティとの「有機的な連携」を見いだせず、社会に必要な相応の責任感が湧いてこない。それで一部の人は「公共道徳の無い個人」になってしまうことで、個人主義、功利主義が流行り、道徳の理想目標や規範の喪失、道徳感情の麻痺、困惑、欠失、道徳的生活への原動力の欠乏や歪み、道徳人格の分裂をもたらし、道徳的信仰に危機が発生する[1]。

秋風はその現象を厳しく批判した。「我々の時代の問題は、個人は徹底的に解放され、自分は自分の主権者になった結果であり、彼らは他人のことを無視し、又は他人の存在を敵視する。規則の合理性に関わらず、彼らは規則に縛られない。彼らにはより良い生活を追い求める意欲がなく、追い求める能力すらない。より良い生活は道徳的内包を有し、純粋な物質面を超える生活である。彼らにはそういった良い生活を保証する良い制度 —— すなわち、公共生活への参与を追い求める意欲と能力はない。」彼は、「個人の解放」は正に中国の道徳空虚化と社会の軟弱化が発生する根本的な原因であると主張する。個人は道徳の指導や社会的生活から離れていれば、自由とプライドを言及する基礎が無くなり、制度の転換の下支えもなくなる[2]。

社会道徳や信仰の危機がますます深刻化している現状を前に、上述の考えに基づいて、2001年、中国共産党中央政府から『公民道徳建設実施綱要』が公布され、公民の道徳建設の重要性、指導思想と方針原則、主要内容、仕事の要求等に対して明確な規範が定められた。共産党第16回党代表大会において、公民道徳建設実施綱要を真剣に徹底させ、社会公共道徳、職業道徳と家庭美徳教育を強化し、基本行為準則を順守する上で更に高い思想道徳を目指すよう人々を導くことが提唱された。第16回党代表大会6中全会で採択された「社会主義調和社会の若干重大問題に関する決定」は、調和文化を建設し、社会調和の思想道徳基礎を固め、社会主義核心価値体系を構築し、文明道徳の気風を育てることを提起した。2006年3月、胡錦濤総書記は全国「両会」（全人代と政治協商会議）では、「八栄八恥」を主要内容とした社会主義的栄辱観を提唱した。一連の計画や呼びかけは公民道徳の構築や良好な道徳風習の形成において重要な指導の役割を果たした。党と政府は健康向上的な道徳風習で社会的潮流を引率し、時とともに前進する道徳規準で人々の行動を規範化するよう、努力し続けている。2007年9月、各地の住民投票によって選ばれた53名

---

1) 魏長領、「道徳信仰危機的表現、社会根源及其扭転」、『河南師範大学学報（哲学社会科学版）』第1期、2004。
2) 秋風、「中国需要道徳重建与社会建設運動」、『南方週末』2月8日、2007。

の全国道徳代表及び 254 名のノミネーターはまさにその努力の結果である。

　更に深い面から見れば、社会主義核心的価値観と調和文化の建設が目指す実質的な目標は、日々多様化した精神価値観に対し、国家、社会レベルから共有できる基本的社会主義核心価値を再構築することによって、社会を再統合し、社会の力を凝集するところにある。その意味では、道徳の再構築は将来の中国社会改革の更なる推進に極めて重要で戦略的な意義を有する。

(二)基礎秩序の構築：制度の統合とメカニズムの再構築

　文化的価値観の転換と同時に、中国社会の制度規範体系も新旧交代の転換を経験している。その転換の実質というのは、国家組織を核心とした制度規範体系が社会経済関係を基礎とした制度規範への移行である。この過程では、基礎秩序が解体状態にあることにより、制度規範の転換は関係協調と行為規範の役割を発揮していなかった。従って、基礎秩序の構築は、当面の制度と仕組みの構築にとって、非常に重要なことである。

　改革開放、市場経済の推進とそれに伴う社会の全面転換によって、社会融合の基礎は徐々に変化している。改革初期の「経済建設を中心に」という政策誘導により、経済の発展は益々社会運営における支配的目標となっており、政治システムの目標も日々既存の自己中心偏重から離れ、社会経済分野を目指すようになっている。その過程では、制度改革の浸透に伴って現れた各種の社会経済的パワーが各分野の分立を加速した。1990 年以来、市場経済目標の確立と推進は、様々な新たな社会関係の形成を引き起こし、既存の等級構造を揺るがし、破壊させ、各社会組織の性質と人々の行為方式を変質させている。これは人々に新たな機会を提供すると同時に、社会交際の範囲を拡大させ、しかも、既存の社会資源の分配構成を根本的に変えた。

　しかし、それと同時に、経済社会分野の急速な発展はある意味ではいわゆる基礎秩序の崩壊をもたらした。ある学者によると、「過去二十数年来、我々は具体制度の変革をより重視する傾向にあり、『基礎秩序』の構築に対する関心は低い。機会主義の考え方をたまに持っており、一時的な改革収益を獲得するために、『基礎秩序』を壊す方法をとることも惜しまない。その結果、制度の有効運行に不可欠な『基礎秩序』は崩壊した [1]。」市場原理の社会への蔓延によって、伝統社会が秩序を維持す

---

1)　孫立平、『守衛底線：転型社会的基礎秩序』、社会科学文献出版社 2007 年版。

る上で頼りとする道徳秩序、信頼構造及び基礎制度が壊されたが、それらのものは社会秩序の再構築にとっては一層重要である。ある意味では、制度運営は基礎秩序に組み込まれたものであり、その有効運営はまたそれ自身に組み込まれた基礎秩序によって支えられている。有効な規則や制度の多くは、そのもの自体は簡単で、シンプルで、粗削りで、抜け穴だらけである。基礎秩序が欠落していると、関係協調と行為規範を目指す制度は実践で逆転する —— 即ち社会構成員が自己目標を実現する道具になってしまう。これによって、社会全体が非正式的な方法で運営する局面に追い込まれ、制度自体の確実性が消え、社会秩序の再構築も影響を受ける。

　現在の社会構造からみれば、体制外の社会経済の力の急速な成長に伴い、ある程度では社会構成員による自主発展の空間が形成された。国家と社会の制度的分離は新たな社会関係を体制の束縛から解放させ、互恵的なコミュニケーションに向かわせた。それと同時に、社会の力の民間化も日々顕著になっている。社会は政治の原則ではなく、社会の、経済の原則によって構成されるようになり、過去に抑えられた、又はその他の関係に隠された社会関係は迅速に復興した。社会的関係の構成の複雑化は非常に深い程度で社会統合基礎の移転を引き起こした。即ち社会的つながり、社会的コミュニケーションの基礎はより広い社会的経済的分野へと移転し、社会的経済的絆は益々基本的なパワーになって、自分の方式で社会を組み立て直している。しかしながら、社会分野では、社会メンバーは自発的に多様な関係を結びつけ、自分の方式でその運行を推進する。それにより、社会関係の構造に離散化の傾向が現れ、社会秩序の再構築も肝心な基礎的問題となった。そのような状況では、社会制度の再構築、特に仕組みの構築をいかに促進するかということは、社会統合及び関係秩序の再構築を実現する重要なポイントである。制度レベルの調整と比べ、仕組みの構築のほうが直接的な影響を及ぼす。仕組みの構築によって、社会関係のかかわりやコミュニケーションを促進するルートは日々多くなり、社会メンバーは幅広い社会網に組み入れられやすくなる。全ての変化は中国社会の既存の離散性を根本的に克服することに有利である。それによって外からの制御の必要性が低くなり、新たな基礎の上で、社会統合の深さと広さが増し、現代社会の有機統合の実現が促進される。それと同時に、団体間の交流と社会の横のつながりをも拡大した。人々は更に多くの選択の自由を獲得した。それは社会構造の柔軟性を高め、社会の活発性と必要なテンションを保つことにつながり、社会の内的有機的連携と協調を実現する。

まとめ

　調和がとれた社会の提唱と社会建設の推進の実質は市場経済の発展を元に社会の自主性を建て直すことである。その自主性は関連の社会制度、仕組み及び関係の再構築によるものである。改革開放は経済の急速な発展を推進すると同時に、政治、社会及び文化などの分野の改革と発展をより一層推進した。そのうち、調和社会の構築をコアとする社会改革は社会を保護し、改革の更なる推進を支持しうる力として、経済構造の更なる合理化、政治体制改革及び文化精神のさらなる前進を支え、自主性を持って社会経済発展のより高い要求に対応した。その意味では、「四位一体」を目指す再構築プロセスにおいて、社会建設の実践は重要で基礎的な役割を果たしている。

　それと同時に、転換社会では、制度の急速な変遷や社会構造の急速な分化に伴い、社会生活分野の自主性が強化され、それによって基礎的社会的アイデンティティの形成がますます困難になる。日々分化し、多様化した社会では、社会的アイデンティティの分化も迅速に行われる。有効に社会統合を実現するには、多様化する利益、観念、生活において社会的アイデンティティの合法的基礎を再構築しなければならない。即ち福利の浸透、社会の価値体系及び社会組織等三つの面から、「社会関係を協調し、社会生活の新秩序を構築する」という目標をめぐり相互に整合する方向へ向かう[1]。そこから共有する基礎的アイデンティティを作り出し、その上で社会の基礎秩序を再構築する。それによって制度と生活の調和、安定を促進し、社会改革の順調な推進を促進する中で社会の自主的な発展を実現する。

---

1)　李友梅、「重塑転型期的社会認同」、『社会学研究』第 2 期、2007。

余論　グローバル化を背景とした
民族国家自主性の再構築

　私たちはグローバル化の時代に生きている。グローバル化はすでに現代世界の学術、政治、経済、文化の分野で最も注目される話題となっている。グローバル化は民族国家システムや各民族国家内の人々の生活にどのような影響をもたらしてきたのだろうか？具体的に言って、一般市民の日常生活が民族国家を超えて直接グローバル化とつながることができるのだろうか？グローバル化を背景とする民族国家の地位、役割及び構造―すなわち自主性―は変化するだろうか？変化するのならどのような変化が起きるだろうか？民族国家はグローバル化に直面してどのような行動戦略を確立しなければならないのか？人々のグローバル化に対する認識が日増しに理性的になり、それに対する態度が分かれ続けている今日、民族国家にとってこれらの問題を考え、積極的に行動することは、まさに急務である。

一、グローバル化が提起する新たな問題

　国際学術界において、グローバル化が存在するか否かという問題については今も多くの異なる意見があり、グローバル化を完全な幻想だと考える一部の学者さえ存在するものの、大多数の中国人にとって、グローバル化はすでに言うまでもない真実である。本書の述べる改革開放からの30年、つまり1978年から2008年は、中国がグローバル化に徐々に溶け込み、またグローバル化の波を拡大させてきた歴史と言えるだろう。さらに、この30年の間に、グローバル化には人類の歴史上で最も重要な一連の変化が生じた。例えば、中国の市場化改革、ソ連や東欧社会主義国家の解体、インターネットの普及、発展途上国のグローバル化への恐怖から一部先進国で起きた反グローバル化の波などである。しかし、本書はグローバル化を一種

の制度的な要素とみなし、その社会生活への直接的な影響を具体的に分析するわけではない。むしろ、一般民衆の日常生活に対するグローバル化の作用が、民族国家というフィルター及び変換器を通して実現し、グローバル化の力が国家の制度構築に融合された後、社会生活の分野に作用すると仮定しているにすぎない。言い換えれば、本書はグローバル化の社会生活に及ぼす影響が以下の予め設定された基礎の上に成り立つことについて考える。それは、グローバル化に直面しても、民族国家の自主性は影響を受けず、引き続き世界と交流する唯一の有効な主体であり、グローバル化を制御及び転化する能力を備え、グローバル化が一般民衆の日常生活に及ぼす作用は必ず、民族国家という変換メカニズムによって行われなければならない、という点である。このように、本書の研究パラダイムは伝統的な民族国家の範囲内にとどまっている。

　グローバル化に対するこの種の処理方法は、本書の手がかり、論理における相対的な簡易性と簡潔性を保証したが、二つの非常に重要な問題を回避している。第一に、グローバル化と個人或いは特定のグループとの間の相互作用には民族国家というフィルター及び変換メカニズムが必ず必要だろうかという問題がある。第二に、グローバル化の時代にあって、民族国家は今後もそれ以前のように機能できるのか、その機能、地位、自主性にはどのような変化が生じているかという問題がある。以下において、この二つの問題について中国の改革開放から30年の歴史を踏まえながら回答していく。

　疑うまでもなく、改革開放以前から初期にかけて、中国の民衆のグローバル化に対する認識や体験は全て、民族国家という一つのメカニズムを通して実現していた。具体的に言って、グローバル化は一種の歴史的現象としてヨーロッパの工業革命の時期に出現した。中国は、1840年のアヘン戦争以降にこの波に巻き込まれたが、1949年の建国以降より民衆がグローバル化を体験する戸口は基本的に閉められた。私たちの思考は、「輸出革命」の雄大な志を語る時にのみ国外へと広がったが、それも国外の世界への全くの無知な想像の上に成り立っていた。1978年に始まった改革開放は、民族国家を主体としてグローバル化に再び参加したある程度の現象と言える。ただ、この大きな戸口が開かれた後、中国の民衆は急速に、自主的にグローバル化に参加し始めた。各種の輸出又は外資企業への就職から各種の輸入製品、文化、トレンド商品の消費まで、また二重国籍の取得から自由、民主、人権等の西洋的な概念の受入れまで、さらには中国をアメリカ、イギリス又はNIES（シ

ンガポール、台湾、韓国、香港)と思わず比べてしまうことから、ベーナズィール・ブットーの死に思わず涙を流すことに至るまでだ。そのどれも、現代の中国人が衣食住、価値観のいずれにおいてもすでにグローバル化の烙印を深く押されていること、或いはグローバル化の生産と再生産に深く取り込まれていることを示している。ここまで来ると、民族国家には、一般民衆がグローバル化に参加し、これを体験することを再び阻止、制御又は操作する力はない。また、グローバル化と個人の生活の間の変換器及びフィルターとしての役割を引き続き果たすこともできない。このため、グローバル化が日常生活の分野に入り、日常生活を構築することには、民族国家の力から解放される強い傾向が存在するようだ。民族国家の自主性は一瞬にして問題に変わってしまった。

　そうすると、自然に上に述べた第二の問題が引き出される。第一の問題を肯定する回答は実際のところ、民族国家がグローバル化の時代にもそれ以前の職務能力、権力及び運営方法を継続できるか、それが従来有していた自主性を引き続き守れるかという問題に対する否定、又は疑いを向ける回答だからである。確かに、今日、いかなる国家も国内の事務を処理する際に、経済発展戦略、人権問題、環境政策、教育政策等のあらゆる面に関して、国際関係に配慮することを避けることはできない。或いは、どの国家も国内の事務の処理対策を、グローバル化の背景と対置して設計や選択してはならない。2003 年、中国政府が SARS 問題の対策方針を変更したのは、もちろん国内情勢が決定的な役割を果たしたからだが、国際的な圧力にも密接な関係があったことを否定できない。中国人民元のレート変動における政策の変化も世界の経済環境との直接的な因果関係がある。このほか、世界的な問題の顕在化に伴って、民族国家を超越した各種組織が出現し始めた。これらの国際組織や多国籍組織の発展、または世界的な問題に対処するにあたり、民族国家の主権の一部が引き渡されることが求められている。これには、為替レート、関税等、従来は民族国家の主権の象徴だった権力が含まれ、一部はすでに分割され委譲されている。民族国家が望むか否かに関わりなく、またこの種の譲渡が自主的か受動的かに関わりなく、全世界の各部分の緊密な関係が日増しに強まるにつれて、似たような現象はより頻出し、一般化すると想像できる。2007 年 12 月、アメリカがバリ島で決められた京都議定書に関するロードマップに対する態度と政策を劇的に変化させたことも、この点を非常に顕著に説明している。また、今日の世界には、「人権が主権に勝る」との理論が存在し、人類には一定の普遍的な価値が存在し、各主権

国家はこれを順守し保護する義務を有し、且つそれにしたがって国内の法律や政策を制定する必要がある、と主張する。さもなければ、他国や組織が普遍的価値への侵害との理由で干渉を行うことができると、この理論は強調する。この種の理論が存在し、一般に受け入れられていることは、「他国の内政に干渉しない」との国際規則に対する脅威となるだけでなく、民族国家の主権の概念に対する挑戦ともなっている。

　もちろん、グローバル化の民族国家に対する影響は一方向だけではない。グローバル化の程度が深まり、民族国家の地位や合法性がさらに試される時、民族国家の主権意識や市民の民族国家に対する帰属意識はむしろさらに刺激され、民族国家によりグローバル化を制御する欲望が沸き起こる。当然、強烈な民族国家意識は人類社会が再び非グローバル化状態に突入することを示すわけではなく、グローバル化がこのためにより複雑になり、グローバル化を背景とする民族国家の地位と役割及び自主性の具体的な意味も非常に複雑で曖昧になることを示しているにすぎない。

二、複雑な社会における民族国家

　グローバル化の要素を取り入れた最も深刻な結果は、この論述がもはや制度と生活という相対的に単純な論理に制約して論じることができないことである。又は、民族国家の境界と視野の中だけで社会生活の分野の変遷を論じることができない。逆に、制度、生活、グローバル化の三つの要素の間には非常に複雑な関係性が構築され、民族国家の制度制定と実行能力に対して非常に大きな挑戦を形成することになる。ここで、私たちはこれらの挑戦の具体的な内容及びその運営メカニズムを完全に示すことはできない。非常に限りある幾つかの面について簡単な分析を行うのみである。

　「個人化」の民族国家に対する超越と依存。「個人化」の成長とその逆境については、本書の序論ですでに自主性の角度から論じた。ここでは、グローバル化を背景とする個人と民族国家との関係というコンテクストの中に個人化を置いて考慮し、グローバル化を背景とした日常生活の主体がどのように民族国家を超越してグローバル化の境地に入り、自己の逆境をもたらすかを分析する。

　「グローバル化」と「ローカル化（localization）」は同一の過程であり、グローバル化の要素は全て、最初はローカル性のものである。一種のローカル性の現象が自己のグローバル化を実現するためには必ず、空間の制限を超えて世界各地で具体的な

余論　グローバル化を背景とした民族国家自主性の再構築 | 345

付着点を見つけ、これらの付着点のローカル的な要素と結合されなければならない。学術界は「グローカライズ（glocalized）」という言葉を用いてグローバル化のこの種の実現メカニズムを表現している。個人の「生物学的親」（biography）はグローバル化の最終キャリアである。つまり、グローバル化の各種要素は各社会行動者上でのみ結合され、その衣食住や行動、思考パターン、価値観に影響し、その「生身」に対して構築と再構築を行う際に初めて、グローバル化が現実となる。逆に言うと、各個人も全てグローバル化の構築者であり、彼ら自身のローカル性、個人性の存在要素がグローバル性の要素と一体となることで、多種多様なグローバル化形式を生み出す。

　「個人化」がグローバル化を原因として増大することは、個人自身にとっての結果の一つである。つまり、自主性の発展は特定の主権の境界の制限を超越し、就職、教育、イデオロギー、ステータス・アイデンティティ等についてのより広範な選択の機会を個人に備えさせる。例えば、ステータス・アイデンティティの面で、グローバル化における個人は恐らく、自由、民主、平等、人権等を人類の普遍的な価値として受け入れる。国家、民族への帰属意識が世界的価値観への共感と異なる場合、彼らは「人権が主権に勝る」との原則を堅持し、世界的価値観への共感を選択することを望むかもしれない。この点は中産階級においてより明らかに現れると言えるだろう。なぜなら、脱工業社会において、知識を把握したグループは往々にして自己の運命をより意識でき、さらに自己の運命を掌握しようとして、民族国家を主体とする社会管理制度と中産階級を主体とする知識社会との間で、一種の新しい権力競争関係が出現する可能性があるからである[1]。このため、民族国家にとって「個人化」がもたらす直接の結果の一つは、民族への帰属意識に現れる衰退であると容易に理解できる。特に、多くの知識、技術資源を有する個人（人材資源）の民族国家に対する帰属意識の希薄化は、国家主権の個人への影響力を弱まらせ、民族国家の合法的な基礎を弱体化させる可能性がある。このほか、個人化は民族国家の社会管理制度への挑戦を形成する可能性もある。上に述べたように、個人化の直接的な表れの一つは、個人層での自由度の増加と計算能力の向上である。この種の増加と向上は、組織層、ひいては全社会の構造層に必然的に作用し、組織層に各種の対立や衝突を充満させ、「全人類の構造がより大きな緊張や対立に耐えられる」よう要求す

---

1)　D. ベル著、高銛等訳、『後工業社会的来臨』、新華出版社 1997 年版、13 頁。

る。例えば、「個人の権利とグループの需要が互いに対立し、制約と安全が互いに対立し、積極性の動員と管理参与の需要が互いに対立し、安定と革新が互いに対立する」[1]といった具合である。これらの対立が発展させる要求にどのように適応し、自身の社会管理制度を改革するかは、民族国家制度の制定と構築にとっての一つの重要な使命である。

　しかし、具体的な個人にとっての「個人化」の結果は多重的である。このうち最も顕著なのは、個人が必ず自己の「自主性」の増大のために各種のリスクや不確実性を負わなければならないという点である。ベックの言葉を借りれば、個人化とは個人をシステム理論の安定した社会構造から解放して、流動的で不確実なグローバル市場の状況の中に置くことである。言い換えれば、民族国家体系において、民族国家は社会福祉制度、イデオロギー、法律等の各種制度の構築を通して、相対的に確定された生存環境と活動スペースを個人に対して創造するが、グローバル化は多くの面で正に世界的リスク社会を形成する過程である。担保は消失し、全ては不確実で、全ては選択が可能で、全ての選択にリスクが存在する。要するに、グローバル化の状況において、個人生活に安定した影響を及ぼすことができる、共通した標準によって組織される全ての行動、個人の「生身（biography）」を形成する制約は全て消失した。教育、専門、仕事、婚姻、居住地、帰属意識等に関する全ての決定はもう必然ではなくなる。その種の意識や代替案に既成のものはなく、個人が必ず自分で確実性を模索し発見しなければならない。「ひいては自己の社会的帰属意識と組織構成員の関係をやむを得ず選択する方式により自己を管理し、その意向を変えなければない。」さらに注意しなければならないのは、神と運命がすでに消失したこの社会、失業や離婚等が神の御意志ではなく「個人の失敗」とみなされることの多いこの社会において、社会の能動者である個人は必ず、自己の行動、決定に全責任を負わなければならず、自己が行わなかったある種の決定がもたらす想定外の結果に「代価を払わなければならない」。自己の「生身」の構造に責任を負うだけでなく、この種の構築の活動が社会構造にもたらす「想定外の結果」にも責任を負わなければならない。なぜなら、「個人化の社会において、リスクは数量上の増加だけではなく、新しい性質の個人的リスクを生み出し、個人の帰属意識を選択し変化させるリスクも増加する」[2]からである。

---

1)　ミシェル・クロジエ著、狄玉明等訳、『被封鎖的社会』、商務印書館 1989 年版、203 頁。
2)　Beck. U. Risk Society: Towards a New Modernity, Sage, London, 1992, p.135-137.

余論　グローバル化を背景とした民族国家自主性の再構築　347

　「個人化」の逆境は、実際のところ民族国家の逆境である。ライシュは、グローバル化の時代にあって、「国家の境界内に残されたのは一つの国家を構成する人民にすぎない」と述べている[1]。上記を踏まえると、この判断は半分しか正しくないことが容易に理解できる。すでにある人が指摘しているように、民族国家はやはり人民の利益の最終的な保護者であり、この半分とは、民族国家が「個人化」した個人の本質的な安全と確実性を追求する役割を担わざるを得ないことを指している。実際、民族国家の制度設計、境界の確定の目的は、統治階級から見ても、その統治を受ける民衆から見ても、全て確実性の追求にある。しかし、グローバル化の要素の介入のため、民族国家の国家を根拠とする伝統的な社会福祉制度、イデオロギー及びその他制度の設計は全て、個人の生活の要求を満たすことが難しくなってしまった。社会生活分野の確実性を再構築する新しい有効な制度をどのように設計するかは、民族国家がグローバル化を背景として直面している重要な任務である。

　世界リスク社会と民族国家が直面する新たな挑戦。ドイツの社会学者、ベックが 1986 年に『リスク社会』を出版して以降、「リスク社会」はすでに現在の人類の生存状態を判断する一つの基本的概念となっている。「リスク社会」は、グローバル化を背景とした「個人化」の進展がもたらす個人の本質的安全の喪失を指すだけでなく、テクノロジーの内在のパラドックスと、その制約されない拡張及び使用がもたらす生態と環境の危機も指している。これには、地球温暖化、環境汚染、放射能汚染、各種伝染病が含まれる。このほか、金融危機、テロリズム等、グローバル化の過程でもたらされる様々な新しい不平等等による各種の結果も指している。「グローカライズ」という概念が示すように、全てのリスクが特定の空間において発生する訳ではないが、その結果は全世界規模であり、これにより一つの世界リスク社会が形成される。世界リスク社会の生産は、グローバル化のシンボルであると同時に、逆にグローバル化の発展を推進する。これは主に、各種のリスク現象を巡って、民族国家の境界を超えた各種の非政府組織が台頭し、各民族国家の経済、政治、軍事及びテクノロジー発展戦略とその経路の選択に積極的に干渉することによって示される。すなわち、「サブ政治」の風潮が高まり、また異なる民族国家が各種政府間組織をプラットフォームとして積極的な論争や対話を展開することである。ベックは、世界リスク社会において、リスク回避を含むすべての行動が同時にリスクを形成し

---

1)　R. ライシュ著、上海市政協編訳チーム、東方編訳所訳、『国家的作用』、上海訳文出版社 1998 年版、1 頁。

ているため、リスクの生産はその根源を見出すことも、その責任者を見つけること
もできず、全世界はリスクに直面する時、完全に組織的に責任を負わない状態に置
かれると考えた。しかし、現実的な人々はいつでもリスクの根源と責任者を探すも
ので、「サブ政治」の目的はここにあり、国際組織間の目的もここにある。このほか、
ベックは、リスクを前にして人は平等だと考えたが、社会学の角度から分析すると、
この種の平等は究極及び絶対の意義でのみ道理にかなっている[1]。現実の生活の角
度から見ると、リスクの平等は高いレベルで相対的であり、社会経済の発展の不平
等、政治制度、文化の種類の差異が大きい異なる人々にとって、リスクを前にして
平等であるのは不可能だ。先進国はより多くのエネルギーを消費し、より多くのリ
スクを生み出すにもかかわらず、これらのリスクをその他の地域や国家に転嫁する
こともできる。これに対し、発展途上地域の人々は、「貧困と飢餓はリスクよりさ
らに恐ろしい」との意見により賛同するだろう。

　このため、リスク社会の世界的な拡大と再生産は必然的に、一つの民族国家の経
済社会発展水準、目標及び経路の選択、国家主権及び世界的責任と密接に結びつい
ている。それは、制度と行動の上で解決しなければならない一連の問題を民族国家
に提起する。例えば、自国の経済社会発展戦略とリスク社会の制御との間の関係を
どう処理するか、国家主権、自主性と各種サブ政治組織との関係にどう向き合うか、
自国の利益とその他国家の民族利益との間の関係においてどのようにバランスを取
るか、等である。

　世界の利益と権力の構造の変動と民族国家の地位及び役割。グローバル化の出現
以降、学術界はグローバル化時代の人類社会の各種の変化を討論する際にはいつで
も、世界の利益と権力の構造に最も多く注目してきた。ネグリ＝ハートが発表し
た「帝国」は一種の新しい主権の形式であり、グローバル化の時代の世界の利益構造
に出現した重大な変化をある程度指摘している。この新しい利益構造には、経済の
グローバル化、世界リスク社会に呼応して出現する様々な多国籍組織があり、それ
らが各種の方法で従来は民族国家の主権範囲内に属していた事務に干渉するだけで
なく、グローバル化の規則制定権を掌握したアメリカ等の一部の強国も存在する。
このほか、多国籍企業も存在し、後者はすでに民族国家の制限を超越している[2]。

---

1) Beck. U. Risk Society: Towards a New Modernity, Sage, London, 1992.
2) ハート、ネグリ、「全球化与民主」、『控訴帝国』に掲載、スタンリー・アロノヴィッツ、Heather
　 Gautney編、肖維青等訳、広西師範大学出版社 2004 年版。

余論　グローバル化を背景とした民族国家自主性の再構築 | 349

　ある研究によると、世界の通貨発行権を掌握することは世界の権力を掌握すること
に等しい。17世紀末以降のヨーロッパや北米の民族国家の権力と国際政治経済関
係は基本的に、金融資本家の制御下にあり、民族国家と世界の金融資本家との闘争
は資本主義の全歴史を貫いている[1]。別の学者は、国際貿易の角度から見て、先進
国には非グローバル化の波が出現していると考えている。具体的に言うと、グロー
バル化は本来、西洋の先進国で興り操作され、これらの国家の安定した利益獲得に
サービスするもので、発展途上国はやむを得ずグローバル化に組み込まれた部分が
大きかった。しかし、グローバル化の浸透に伴い、その実情と先進国がグローバル
化を推進した当初の目的に矛盾が生じた。中国、インド、ブラジル、ロシアからな
る「BRICs」等の人口の多い発展途上国はすでに、グローバル化の最大の受益者と
なっている。これらの国は安価な労働力によって自国を世界の工場に変えただけで
なく、資本やハイテク製品市場を絶えず先進国と争い、自然が与えた強みに基づい
て国際的業務分担に参与する原則を打ち破り、先進国の企業をグローバル化の被害
者に変えた。このため、先進国内部ではすでに、グローバル化に反対し、貿易保護
政策を実施する流れが起きている[2]。もちろん、先進国に出現している非グローバ
ル化の流れには重要な経済的原因もある。つまり、発展途上国が安価な労働力等の
恵まれた条件により先進国から投資を獲得し、従来は明確な国家的属性を備えてい
た企業に世界で利益を獲得するチャンスを模索させ、その国家との距離がますます
離れ、先進国の失業率の上昇をもたらしている点である[3]。

　上記の様々な観点はいずれも、グローバル化を背景として、世界の権力と利益の
構造は高度に複雑化しており、「グローバル」が示す国家と国家の間の関係を用いて
概括することは難しいことを示している。民族国家は、異なる国家との関係だけで
なく、国家の境界を超えたその他の様々な非政府組織との関係も処理しなければな
らない。これは、一つの国家の具体的な利益に係わるだけでなく、国家主権、民族
国家の自主性に関する伝統的な境界にも深刻に影響している。このほか、世界の権
力と利益の構造の変化は最終的に、自国の事務の管理の面に回帰してくる。例えば、
ある学者は、中国の打ち出した「社会主義和諧（調和のとれた）社会の構築」は単純に

---

1)　宋鴻兵編、『貨幣戦争』、中信出版社 2007 年版。
2)　高柏、「2008 年全球化的選択：釈放市場還是保護社会」、『21 世紀経済報道』1 月 5 日、2008。高柏、
　　「準備後全球化時代的来臨」、上海大学「東方教壇」、2007 年 12 月 13 日。
3)　R. ライシュ著、上海市政協編訳チーム、東方編訳所訳、『国家的作用』、上海訳文出版社 1998 年版、
　　7 頁。

社会主義の核心的価値の角度から理解してはならず、世界の利益構造に生じている変化の角度からも理解することが必須だと考えている。具体的に言うと、グローバル化は先進国に損害を被らせたように見えるが、先進国は依然としてグローバル化の主導権を掌握しており、この種の主導権を利用して非グローバル化の行動を起こし、中国のような発展途上国がグローバル化において利益を獲得するメカニズムを破壊することができる。従って、中国は必ず、国外市場に過度に依存する経済発展モデルを変え、国内市場に転向するよう努力しなければならない。そして、この目標を実現する前提となるのは、国内の民衆がともに豊かになることである。社会主義和諧社会の建設は国民生活の問題を第一にしており、その実質は国家が社会を保護する方式によって国内市場の開拓を実現しようとするところにある[1]。

　脱工業化社会と民族国家の戦略の選択。20世紀末期以降、グローバル化の再生産と脱工業化社会の到来は、人類の同一の活動が生み出した2種類の異なる結果のようだ。ダニエル・ベルの理解によれば、「脱工業化社会」が社会構造の変革に次のような根本的な衝撃をもたらした。経済の面では、製品生産経済からサービス経済へと移行する。職業分布の面では、専業職及び技術職階級が主導的地位に立つ。中軸原則の面では、理論的知識が中心的な意義を持ち、それが社会革新と政策決定の源泉となる。将来の方向付けの面では、技術発展の制御が鍵を握る。政策決定の面では、新しいスマート技術を創造する[2]。ダニエル・ベルが1959年に発表した「脱工業化社会」は、その後の学術思想に持続的で広範な影響をもたらし、21世紀の今日、現実によって実証されるか実現した。「脱工業化社会」の到来は社会構造と国家管理制度に非常に大きな衝撃をもたらした。第一に、現代社会は経済から政治、文化に至るまで、知識と情報の生産、テクノロジーのたゆまぬ進歩にますます依存するようになっており、これが、リスク社会の出現に備えさせた。第二に、異なる民族国家間の領土、エネルギー紛争以外に、新しい競争の意義が追加された。すなわち、知識と情報生産の競争、及び知識と情報を制御するために生じる各種の紛争である[3]。第三に、知識と情報の生産が「革新」の重要性を歴史の舞台に押し上げ、革新のために社会全体は絶え間ない変動の中に置かれており、民族国家は自己の社会

---

1) 高柏、「2008年全球化的選択：釈放市場還是保護社会」、『21世紀経済報道』1月5日、2008。高柏、「準備後全球化時代的来臨」、上海大学「東方講壇」、2007年12月13日。
2) D.ベル著、高銛等訳、『後工業社会的来臨』、新華出版社1997年版、14頁。
3) リオタール著、車槿山訳、『後現代状況』、三聯書店1997年版、3〜4頁。

管理制度と権力構造を絶えず変革して、社会構造の変動傾向に対応することが必須となった。第四に、知識経済、情報経済、無重力経済及びその革新性と流動性の全ての非常に頻繁な要求に対応するため、企業構造に変化が生じ始めた。柔軟性を絶えず向上させ、世界的な競争に参与している。第五に、脱工業化社会は高度に流動的な社会であり、人材資源、知識と情報の頻繁な流動から、企業のローカル化の傾向に至るまで、それらが民族国家の伝統的な地位や役割、管理対象及び方式の境界に対して疑いを提起した。

　伝統的な民族国家理論において、民族国家は一つの独立した行動者であり、確定された領土の範囲内で、民族国家の代理人は全ての支配権力、すなわち自主性を有し、内政の範疇に属し、内政に干渉するいかなる行動も全て民族国家主権に対する侵害であり、国際法に対する公然とした違反である。異なる民族国家間は、互いに全く接触しない平和的共存か、ある特殊な利益のために食うか食われるかのゼロサムゲームを繰り広げるかである。しかし、グローバル化を背景として、この種のデフォルト有効性にはある程度の退化が生じている。その根本的な原因は、グローバル化が異なる地域の人々の間の関係を変えたことにある。まず、民族国家の基盤パラダイムにおける確実性が失われている。大衆の確実性の衰退のように、一人一人に明確な国籍があり、具体的な職業と技能があり、固定された社会資本ネットワークがあった状況が、グローバル化を背景として、多重国籍、多国籍企業によって打ち破られている。資源の確実性は、領土、鉱物等の有形資源の分野のみに残され、知識、情報、人材資源といった新しい資源は逆に流動性の水準が高い。次に、世界的な価値感が各種の地方的価値感を打ち破っており、伝統的な民族国家パラダイムの合法的な基礎を骨抜きにしている。例えば、自由、民主、平等、人権は全人類が受け入れる普遍的な価値となっており、民族国家が地方的集団の利益に基づき個人の生活や行動に干渉する権力の正当性は日増しに普遍的な疑念を浴びている。さらに、人類社会の普遍的な利益がますます突出し、異なる地域、異なる国家、異なる集団間がますます苦楽を共にして緊密につながっている。現代テクノロジーの発展と限度のない使用、経済のグローバル化はすでに人類社会を一つの大きな船の上においており、いかなる鎖国行為、利己的で短絡的な行動も自己の国家・地域の利益を損なうだけでなく、最終的には世界リスク社会の起爆剤となって、全人類の利益を脅かすことになる。それゆえ、伝統的な民族国家パラダイムに基づき行動するすべての国が全人類の敵になる可能性がある。

もちろん、すでに指摘したように、グローバル化は民族国家の伝統的な地位、役割、自主性を非常に強く揺り動かしているものの、グローバリズムの唱道するグローバル化時代が民族国家衰退の時代と等しいわけではない。実際、不平等なグローバル化の時代にあって、民族国家だけが特定の地域や階層の人々の守護神の役割を引き続き果たすことができる。インドの学者である M. ジョンと T. ニランジャンの二名による中国とインドのグローバル化を背景とした二種類の異なる運命の起因分析からこの点を深く理解できる。

中国の状況とインドの状況は異なると感じる。中国には社会主義の背景があり、これを背景として「グローバル化」を開始した。「グローバル化」の過程で、中国には強い国家の保護効果があり、政府は多くの事柄に対して制御が可能であり、社会主義制度という伝統も、国家の主権と一般市民の利益を強調している。インドにはこれらがなく、一人一人がまるで裸のまま「グローバル化」の波にさらされているかのようだ。強大な西洋諸国の勢力、多国籍資本に直面して、無力と孤独を感じており、一致団結して反対する時のみ力を持てる。

インドにおいて、「グローバル化」は多くの新しい企業をもたらし、新たに投資、設立された企業が多くの就職の機会を生み出した。一部の職業は女性労働者をより多く募集しているのも事実である。農村にいる農民や農場主は「グローバル化」とは何か知らない。彼らにとっては、今年の農産品が値下がりし、売れなくなったため、数千人が自殺するということにすぎない。「グローバル化」はこのような人たちにとって正に災害である。例えば、綿花会社が売り込む遺伝子組み換えの種子がある。あなたは毎年、種子を買わねばならなくなり、こうして罠にはめられてしまう。これには全て、世界銀行が関わっており、農民への影響は非常に大きい。中国でもいつの日か、この点、「グローバル化」の別の面を見ることになるだろう[1]。

従って、グローバル化のコンテクストにおいて、民族国家にとっての問題の鍵は伝統的な民族国家パラダイムに戻ることにあるのではなく、民族国家自身の価値を疑うことにあるのでもない。むしろ、自己の民族国家及びその人々の利益にサービスするため、情勢に応じて有利に導くためにどのような戦略を取り、グローバル化の発展の方向性に有効に参与し、これを制御し、導くかにあるのである。次節では、非伝統的な安全の概念、世界主義パラダイム及びフランスの組織意思決定分析理論

---

1) 李小江、「全球化：性別与発展」、『読書』第 3 期、2005 を再掲。

を踏まえてこの問題を討論する。

三、民族国家：グローバル化のコンテクストにおける積極的な行動者

今日、民族国家間の関係、民族国家内部の社会構成や日常生活はいずれも、グローバル化の作用に完全にさらされており、個人、民族国家、グローバル化間の複雑で循環性のある権力関係が形成され、民族国家の地位は高度に相対化、流動化している。しかし、民族国家の根本的な利益が変化したわけではない。積極的にグローバル化に参加し、またその参加過程において積極的に革新し、より多くの、より実用的な行動戦略を把握してのみ、民族国家はその根本的な利益を保障し、強化することができ、その自主性も有効に生産または再生産される。たゆまぬ革新は、民族国家がグローバル化に参加し、グローバル化において主導的な地位を目指す根本的な原則である。革新は脱工業化社会の内発的要求であり、革新なくして知識と情報の生産はあり得ず、グローバル化の技術発展をリードすることも不可能である。同時に、革新はポスト伝統的社会の本質的な要求でもある。グローバル化を背景として、革新は再帰的に増殖する循環へと入る。技術と知識のたゆまぬ革新と運用、及び異なる行動者のグローバル化への積極的な参加は、全ての固定されたものを霧散させ、全ては流動と変動の中に置かれることになる。一方、この種の変動性に直面しては、いかなる伝統及び経験による蓄積も不十分である。自己の社会の状況に対する即時的な把握に基づいて、革新的な行動を取ることによってのみ、新たな状況に有効に対応し、それを構築できる可能性がある。この種の革新の要求は、グローバル社会の各行動者に対するものだけでなく、民族国家に対するものでもある。民族国家は自国の知識と情報の革新を推進しなければならないだけでなく、自己の管理制度、管理理念の革新も絶えず実現しなければならない。そうすることによってのみ、グローバル化の進展と方向性に有効に対応し、これを推進し、制御できる。中国政府は、グローバル化時代における「革新」の価値についてすでに深い理解を持っている。共産党第16回全国代表大会の報告では「革新」という言葉が90回も使用され、党の指導者が「与時倶進（時代とともに進む）」や「思想解放」を高く重視していることもこの点を示している。

しかし、グローバル化及びグローバル化における利益争奪に終わりがないように、革新にも終わりはない。革新は、テクノロジーにおいて示されるだけでなく、行政能力、管理制度、行政理念、及び民族国家のイメージの刷新においても示されなけ

ればならない。

民族国家の社会管理理念と体制を革新する。グローバル化の不確実性、流動性、複雑性等の特徴に適応するためには、たゆまぬテクノロジーの「革新」と同時に、組織と制度を絶えず革新して、新たな組織論を確立する必要がある。フランスの組織意思決定分析の第一人者であるクロジエは、脱工業化社会における新たな組織論について詳細な研究を行っている。彼は、新たな組織論は官僚制度の組織論とは全く別なものであり、簡約化の原則、自主性の原則、そして文化的統治の原則という三つの基本原則を含まなければならないと考えた。このうち、簡約化の原則とは、瞬時に変化する行動分野に対し、組織の枠組みはできる限り簡素化し、組織構造はフラット化することを指す。組織を無駄に重複設置し、あるいは規則や指令のみによって管理を行うようなやり方で、社会生活の複雑性に対応しようとしても必ず失敗する。それとは反対に、「人の知恵は複雑性に対応する最良の統合手段」である。組織自体は目的ではない。組織の目的は、できるだけ組織の人材資源を活性化し、人の自主性と創造性を前面に出し、組織内の人を積極的行動者へと変化させ、必要な行動の自由を持たせ、行動の責任を負わせることである。複雑な組織の枠組みにより人の創造性や能動性を制約することではない。組織内の行動者は、簡約化された組織の枠組みによって与えられる自由を十分に活用し、自己の積極性や創造性を発揮しなければならない。組織の規定や規則にただ縛られるのではなく、具体的な社会情勢や交流対象に基づいて行動対策を調整し、組織が瞬時に変化する社会においてチャンスを掴めるよう助け、自己の発展に有利となる条件を創造しなければならない。もちろん、組織の枠組の簡約化はもろ刃の剣となりかねず、人の創造性を解放する一方、必然的に組織内の行動者の行動に必要な制約や指導を解除することになる。クロジエによれば、組織のために文化は組織内の行動者の制約及び指導発揮の面において積極的な役割を発揮しなければならず、文化をよりどころとすることにより組織の成員を統合することは極めて重要となる [1]。

このほか、組織は急激な社会変革に有効に対応できなければならず、さらに「組織能力」と「システム能力」を育成する必要がある。前者は、「より直接的でより明確な対立を意識的に解決する」能力であり、この能力を通して人々は「さらに自由になり、選択に対する明確な理解が生み出す結果を受け入れ、結果に対する評価がもた

---

[1] クロジエ著、孫沛東訳、『企業在傾聴』、上海人民出版社 2008 年版。

らす影響を受け入れることもできる」。後者は、「規定、習慣、人間関係システム及び社会制御方法を制定し維持する能力」を指し、各種グループ、機関、階級又は部門の間で情報連絡、協議、衝突及び協力関係を確立する。これによってのみ、情報伝達経路が円滑に機能し、機関の各方面が真の意味でそれぞれの責任を負い、その任務を全うし、より有効で合理的な対策を制定することができる[1]。

　しかし、高度に官僚化され、すでに相対的に安定した利益構造を形成している組織の変革は非常に困難である。この点を踏まえて、クロジエは一つの対応策を提案した。まず「機関投資」を強化し、それから社会の危機を適切に活用し、場合によってはこれを誘発させて、こうした「建設的危機」を利用してフランス社会の管理体制を改革するというものだ。

　具体的に見ると、機関投資は主に、教育投資、実験投資及び思想機関投資等のいくつかの種類が含まれる。このうち、教育投資は、技術と理性能力の育成を含むだけでなく、個人の精神力の教育、すなわち「個人が前進の意欲を受け入れ、衝突と妥協を受け入れるよう改善でき、不信感から解放され、社交的になり、より大きな自由を受け入れる精神的能力の教育」も含み、後者は組織とシステムの能力をより決定できる。実験投資とは、既存の組織と関係の形式を大胆に改革し、既存の機関を「軟弱無能で、互いに対立する悪循環から脱却」させることを指す。思想機関投資は、中国の言葉を用いれば正に思想を解放することであり、フランス社会の「徹底した無政府主義の等級制と演繹法の伝統と密接に関連した」不変の思想論理方式を変えることである[2]。

　危機を引き起こすことも、機関投資の一種に属する。すなわち、クロジエが特に強調した「体制投資」である。いわゆる体制投資とは、「政策上非常に困難で、経済上非常に効果的で痛みの伴う努力を払うことにより、より複雑、より開放的、より分かり易く、より有効な関係と協議システム、規則と習慣、及び様々な調節モデルの段階的な発展を促すことである[3]。」言い換えるなら、様々な危機を利用し、反応の緩慢さ、責任の分散、人員過剰等、組織の様々な官僚制度の弊害を見つけ出し、より高効率で、機敏な組織体制を確立することである。この点で、2003 年春から夏にかけて中国大陸で広く流行した SARS が中国の衛生防疫体制の再編促進に積

---

1)　ミシェル・クロジエ著、狄玉明等訳、『被封鎖的社会』、商務印書館 1989 年版、184 ～ 190 頁。
2)　ミシェル・クロジエ著、狄玉明等訳、『被封鎖的社会』、商務印書館 1989 年版、191 頁。
3)　ミシェル・クロジエ著、狄玉明等訳、『被封鎖的社会』、商務印書館 1989 年版、203 ～ 205 頁。

極的な効果を発揮したことは、危機を利用し組織改革を促進した参考例として大いに検討すべきであろう。

　非伝統的な安全の概念を導入し、新たな人類協力メカニズムの構築に努める。世界的リスク社会の出現とその独特な運営論理は、人類社会が直面する脅威の性質が今日すでに重要な変化を遂げていることを示している。以前の脅威は主に、自然災害、異なる国家間の領土やエネルギー等の有形物の争奪によるものだった。前者に対する国際社会の主な対策は、人道主義的な援助の実施である。後者に対して、人々の受け入れている基本的なデフォルトは、現代国家間の関係は基本的に無政府状態にあり、それぞれの民族国家は自己の利益を防衛又は獲得するために、自助するか武力に頼るか、以外の選択肢はない[1]。国家と国家の間はある種のゼロサムゲーム関係にあるといえよう。これを前提とするならば国家の安全保障上で考えられる脅威は主に他国や他国の支援する敵対勢力によるものである。領土の保全とエネルギーの安全維持はグローバル化時代の国家の安全保障システムにおいて非常に重要な位置を占めていることはもはや疑いの余地がない。しかもその重要性は日増しに高まっている。しかし、こうした有形物の安全維持は国家安全保障の一部にすぎないことも理解しなければならない。グローバル化が進む中で国家の安全に関わる内容は、文化の安全、情報の安全、金融の安全、人材資源の安全のように、絶えず増加している。こうした安全の維持は武力での対抗により防衛できるものではなく、新たな措置を取ることが必須となる。国家の安全の境界にも変化が生じており、安全への脅威は他国からにとどまらず、国内から、環境汚染、伝染病、生態系の破壊等の民族国家自身の行動からも生じる可能性がある。国家の安全を脅かすこれらの現象は、一つの国や地域にとどまらず、全人類が共に受け止め直面しなければならない可能性がある。例えば、温暖化、各種の伝染病、金融危機、テロリズム、新植民地主義等がそれである。これらのリスクの制御と防止も一つの国家が担えるものではなく、異なる国家間での協力や協議、また民間の参加、様々な多国籍の非政府組織の活動が必要となる。危機解決の戦略において、単純な武力対抗の類のゼロサムゲームの有効性も広く問われている。逆に、協議、共有、win-win 等の概念が次第に国際関係論に定着し世界各国の学者や政治家に受け入れられ活用されている。国家の領土やエネルギーのような「見える」国家利益の争奪についても、人々は

---

1)　王逸舟、「論"非伝統安全"——基於国家与社会関係的一種分析理路」、『学習与探索』第 3 期、2005。

武力以外の解決方法を模索している。以上の認識を踏まえ、国際政治学者は「非伝統的安全」理論を提案した。この理論は、安全の内容においてグローバル化を背景とする人類社会が共に直面する脅威を強調し、解決方法において異なる地域、国家間の共同の利益を強調し、協議や国際協力といった非軍事手段による解決を主張している[1]。

「非伝統的安全」という概念の本質は、新たな人類協力メカニズムの構築を目指すことである。人類の歴史において、人類協力メカニズムは、社会の深層構造の変化に伴って何度も変革されてきた。今日の人類社会は、「ネット社会」の特徴をより多く示している。「このネット社会は、世界的な資本、文化、情報を中心として組織されたもので、無限に拡大できるシステムであり、高度な開放性と柔軟性及び多重性を備えている。これは、単に人と人、個人と組織、個人と社会が交流するための仲介ではなく、ネットを基盤とした社会構造と社会関係も同時に形成し、さらには新たな権力の源、新たな社会秩序、新たな時空の帰属意識も構築している。」このような「ネット社会」は、人類協力の新たなメカニズムに基礎を提供し、新たな特徴を付与した。すなわち、異なる行動者間の関係は、支配と支配される側の垂直な関係ではなく、あらかじめ完全に定められた法律や法規の基礎に基づいて確立されるわけでもない。逆に、「利益交換を主なメカニズムとする取引的権力は、行政命令を主なメカニズムとする権力の再分配に徐々に取って代わり」、「ガバナンス」論理が「統治」論理に徐々に取って変わり、協力メカニズムは、水平方向で互恵の原則に基づいて確立される[2]。

具体的な民族国家にとって、人類協力の新たなメカニズムを再構築する鍵の一つは、民族国家パラダイムや国家の安全保障、という伝統的思考様式から脱却し、「コスモポリタン・カントリー（世界主義国家）」の思考パターンを確立することである。コスモポリタニズム又はコスモポリタン・カントリーはグローバル化時代に、行動主体としての民族国家はすでに時代遅れであるというわけではなく、「民族国家」が一種の思考パターンや行動パラダイムとして、民族国家のために利益確定と利益実現手段の選択の際の自己閉鎖性を打破すべきであることを示している。具体的に見ると、「コスモポリタン・カントリー」のパラダイムには主に下記の基本的な内容がある。（1）民族利益の獲得は引き続き民族の手段によって実現することはで

---

1) 何忠義、「"非伝統安全和中国"学術検討会総述」、『世界経済与政治』第 3 期、2004。
2) 李友梅、「全球化背景下的人類合作新機制的生成」、『社会理論』第 1 集、2006。

きない。むしろ、「我々の政治生活においてコスモポリタニズムの要素が増せば増すほど、民族の要素も増加し、成功も容易となる[1]」というコスモポリタニズムの権力政治の格言を傾聴すべきである。一国家がグローバル化の関係ネットワークにおいてより多くの利益を得るためには、純粋な目的合理性や、端的さ、利益のための利益といった行動を捨て、他の組織との交流や協力関係の構築を学び、民族国家を含むこうした組織の利益要求を十分に考慮し、妥協と痛みに耐えることを学ばなければならないともいえる。(2) 人類社会の全体的構造から民族国家の形態、さらには民族国家内部の組織構造に至るまで、全ては変動するものであり、全ては絶え間ない構築と再構築の中にある。「旧式の基本制度や規範システムであっても、特定の制度形式や行動者の役割であってもそうである。逆に、それらはゲーム自体の過程において瓦解され、再構築され再協議される」。このため、具体的な環境の変化に基づき、適時に行動戦略を調整することを学ぶ必要がある。(3) 水平方向の協力関係を構築する。他の民族国家とだけでなく、様々な多国籍の非政府組織、国内の公民組織及び個人とも、水平方向の協力関係を確立しなければならない。様々なパワーの幅広い参加と協議を通して、社会の変革や再構築を実現する[2]。民族国家はグローバル化のなかで、もはや完全に独立した自主的な「アトム」のような行動者ではなく、国内外の様々なパワーの牽制を受けている。民族国家及びその代理人自身の短期的な利益のみを出発点とし、自己と関係する対象を主体 vs. 客体の二元論の範疇に置き、主体の立場により単一方向で垂直的な権力支配関係を築こうとする努力は全て、様々な挫折に直面し、ひいては失敗に至る。新型の人類協力メカニズムの構築など論外である。それとは反対に、重要なポイントは、自由、民主、人権、平等等、人類の普遍的な価値に対する尊重、受け入れ、実践である。今日の人類世界において、自国の人民に対するだけでなく、世界の人々に対してこれら最も基本的な人類の価値を尊重し実践することは、民族国家が民族国家のアイデンティティを再構築する基本的な前提である。それはまた、自己のイメージを改善し、その他のグローバル化行動者の信頼を勝ち得て、人類の新たな協力メカニズムの構築や運用に参加する資格でもある。

---

1) Beck, U. Power in the Global Age: a New Global Political Economy, Polity, London, 2005, p. xvi.
2) Beck, U. Power in the Global Age: a New Global Political Economy, Polity, London, 2005, p. 4-5.

余論　グローバル化を背景とした民族国家自主性の再構築 | 359

　非伝統的な安全の概念にせよ、「コスモポリタン・カントリー」パラダイムにせよ、或いは組織の意思決定分析理論にせよ、その新型の人類協力メカニズムに対する定義はいずれも、グローバル化時代に置かれる民族国家間の対立や衝突が消えるとは述べていない。むしろ、この種の協力メカニズムは民族国家が自己のグローバル化時代における様々な利益を強化し保護することを目的とする、より戦略的な選択と言える。ベックが述べるように、世界中には様々な差異が存在するが、これらの差異が多元化した文化の楽しい共存を意味するのではなくなる時、経済、政治、社会をめぐる様々な境界が取り除かれるのに伴い、権力と反権力をめぐる新たな闘争がすでに幕を開けた時[1]、その「コスモポリタニズムのリアリズム」の意義は誰の目にも明らかとなるだろう。

　人類協力の新メカニズムを構築し制御する能力を絶えず学習し、向上させる。人類協力の新メカニズムがリアリズムの角度から始まったのであれば、「環境変化に影響する有効的な対策を自ら優先して運用できるようにするだけでなく、より重要なのは『権力ゲーム』において鍵となる行動者となる能力を身に付ける」ことである。これこそが、グローバル化の背景における各行動者の自然な選択となる。この目的実現の鍵となるのは、行動者が複雑な社会活動の中で努力して自己育成する一連の能力の学習を絶えず強化しなければならない点である。例えば、権力の源を再構築する能力、合法的基礎を構築する能力、変化の傾向に影響を及ぼす能力、より新しい思考パターンにより自己を高める学習の能力がある[2]。このほかにも非常に重要な能力がある。それは、グローバル化により地縁的社会へのアイデンティティが絶えず流失する中で、社会のアイデンティティを再構築する能力である。新たな社会のアイデンティティの再構築を通してのみ、完全にツール化された偶然のものではなく、一定の感情や価値感を共有する社会団結の新たなメカニズムと、人材資源を保護する民族国家性を、特定の民族国家又は集団の行動者に提供できる。もちろん、これらの能力の獲得は、人類協力メカニズムの構築と運営に外在するのではなく、まさしくこの種の権力ゲームの中に存在している。このため、肝心なのは、権力ゲームの外に能力獲得手段を再構築するのではなく、これらの権力ゲームの中にこうした要素を意図的に浸透させることにある。

---

1) Beck, U. Power in the Global Age: a New Global Political Economy, Polity, London, 2005, p. xvi.
2) 李友梅、「全球化背景下的人類合作新機制的生成」、『社会理論』第 1 集、2006。

中国は現在、グローバル化の最前線に立っている。国内も世界も中国に対して多くの注目と、多くの希望、期待を抱いている。一部の国家や学者に至っては、中国の30年にわたる発展の道のりと成果を英米の主導による新自由主義発展モデルに挑戦するパワーとみなし、中国が社会経済の調和の取れた発展の成功の道のりを発展途上国のために指し示すことを望んでいる。同時に、中国は一部の先進国からもライバル視され、グローバル化の舞台における自らの地位や影響力へ脅威をもたらすパワーとみなされている。これらの国家は協力の過程で、様々な機会を利用して中国を抑圧し、打撃を加えようとしている。さらに、中国国内でも、複雑で包括的に解決できない経済、政治、社会及び文化の問題が多く発生しており、対応が求められている。改革は未だ天王山である。このような数多くの問題、このように複雑な世界の権力構造に直面する私たちは、調和の取れた世界の建設推進と国内での和諧社会の構築を結びつけ、抽象的な目標を具体的な操作戦略へと転化させ、グローバル社会という複雑に絡み合ったネットワークにおいて、時代を見極め、絶えず革新し、進退自在に行動することによってのみ、中国の台頭を首尾よく実現させることができるだろう！

あとがき

　中国の改革開放三十周年を記念し、上海市社会科学界聯合会は、政治、経済、社会、文化及び外交等の五つのテーマを含む研究書シリーズを出版することを決め、このうち社会の巻の執筆任務を上海大学社会学部に任せた。

　私たちは執筆任務を受けた後、直ちに李友梅教授を責任者とするプロジェクトチームを設立し、2007 年 7 月より本書の目標、内容、枠組みの分析、章の構成等の構想と考察作業を開始し、9 月中旬より執筆段階に入った。完成するまで半年以上かかった。

　本書の執筆の分担は下記の通りである。要綱 (李友梅、肖瑛、黄暁春)、序論 (李友梅、肖瑛)、第一章(李友梅、汪丹)、第二章(湯艶文)、第三章(耿敬)、第四章(黄暁春)、第五章(張虎祥)、余論(肖瑛)、総稿(李友梅、肖瑛)。

　上記の執筆者の他に、本書の出版には多くの人々の知恵と心血が注がれている。社会学部の多くの先生方が本書の準備段階において構想や考察作業に参加してくださった。優れた見解を惜しみなく披歴する先生方もおられれば、お忙しい中本書の初稿を査読し、拙作の論理構成、具体的な内容、ひいては文言表現に対し多くの貴重な修正意見を下さった先生方もいらっしゃる。名前をいちいち申し上げる紙幅がないが、陰ながらご助力いただいた先生方に対し、ここにて深い謝意を表するとともに、上海市社会科学会聯合会指導部の私たちに対する信頼と支持にも心からの感謝を表する。

　本書の執筆は、国家社会科学基金の重大プロジェクト「新時期社会協調メカニズム研究」、上海市重点学科建設プロジェクト(Y0104)及び上海大学社会学 E－ 研究院の支持と援助も受けており、著者等はここに深い感謝の意を表する。

　時間に限りがあり、さらに当然のこととして私たちの学識に限りがあるため、本書には多くの誤りや漏れも存在する。読者の皆様のご指摘をお願いしたい。

2008 年 1 月 10 日

上海大学社会学部

■著者紹介

李　友梅（り　ゆうばい）

　1956 年生まれ。パリ政治学院社会学専攻博士課程修了。博士(社会学)。中国社会学会会長。中国社会科学院 - 上海市人民政府上海研究院第一副院長。上海大学元副学長。上海大学教授。専門は組織社会学。

■訳者紹介

毛　文偉（もう　ぶんい）

　1973 年生まれ。上海外国語大学大学院日本言語学専攻博士課程修了。博士(文学)。上海外国語大学教授。専門は言語学、コーパス研究、第二言語習得研究。

戴　智軻（たい　ちか）

　1972 年生まれ。東京大学大学院人文社会系研究科博士課程修了。博士(社会情報学)。京都外国語大学教授。専門は社会情報学、ツーリズム、地域研究(中国語圏)。

中国社会生活の変遷

2018 年 4 月 1 日　第 1 刷発行

著　者　　李　友梅 等
訳　者　　毛　文偉・戴　智軻
発行者　　池上　淳
発行所　　**株式会社　現 代 図 書**
　　　　　〒 252-0333　神奈川県相模原市南区東大沼 2-21-4
　　　　　TEL　042-765-6462（代）　　　　FAX　042-701-8612
　　　　　振替口座　00200-4-5262　　　　ISBN　978-4-434-24403-2
　　　　　URL　http://www.gendaitosho.co.jp　E-mail　contactus_email@gendaitosho.co.jp
発売元　　**株式会社　星 雲 社**
　　　　　〒 112-0005　東京都文京区水道 1-3-30
　　　　　TEL　03-3868-3275　　　　　　FAX　03-3868-6588

印刷・製本　モリモト印刷株式会社

落丁・乱丁本はお取り替えいたします。　　　　　　　　　　　　　Printed in Japan
本書の内容の一部あるいは全部を無断で複写複製（コピー）することは
法律で認められた場合を除き、著作者および出版社の権利の侵害となります。